REIHE SPORTWISSENSCHAFT
ANSÄTZE UND ERGEBNISSE

HERAUSGEGEBEN VON OMMO GRUPE

Zwischen Verein und Vereinzelung

Jugend und Sport
im Individualisierungsprozeß

KLAUS-PETER BRINKHOFF

VERLAG KARL HOFMANN SCHORNDORF

Die vorliegende Arbeit wurde von der Fakultät für Psychologie und Sportwissenschaft der Universität Bielefeld als Dissertation angenommen. Gutachter waren Prof. Kurz (Sportwissenschaft) und Prof. Hurrelmann (Pädagogik). Für die längjährige Förderung und die umfassende Betreuung möchte ich beiden Gutachtern ausdrücklich danken.

Die Deutsche Bibliothek — CIP-Einheitsaufnahme
Brinkhoff, Klaus-Peter:
Zwischen Verein und Vereinzelung: Jugend und Sport im Individualisierungsprozeß/ Klaus-Peter Brinkhoff. — Schorndorf: Hofmann, 1992
  (Reihe Sportwissenschaft; 23)
  Zugl.: Tübingen, Univ., Habil.-Schr.
  ISBN 3-7780-6721-4
NE: GT

Bestellnummer 6721

© *1992 by Verlag Karl Hofmann, 7060 Schorndorf*

Alle Rechte vorbehalten. Ohne ausdrückliche Genehmigung des Verlags ist es nicht gestattet, die Schrift oder Teile daraus auf fototechnischem Wege zu vervielfältigen. Dieses Verbot — ausgenommen die in § 53, 54 URG genannten Sonderfälle — erstreckt sich auch auf die Vervielfältigung für Zwecke der Unterrichtsgestaltung. Als Vervielfältigung gelten alle Reproduktionsverfahren einschließlich der Fotokopie.

Umschlagentwurf: Prokot, Köln

Gesamtherstellung in der Hausdruckerei des Verlags
Printed in Germany · ISBN 3-7780-6721-4

Inhalt

Einleitung 9

1	Jugend und Sport im Individualisierungsprozeß	19
1.1	Jugend und Sport als soziale Symbiose	19
1.2	Die These vom Identitätsverlust des Sports	21
1.3	Individualisierungstendenzen im modernen Sportsystem	23
1.4	Juventalisierung und Versportlichung	26

2.	Individualisierung als gesellschaftlicher Tatbestand Konstituierung eines theoretischen Bezugsrahmens	29
2.1	Das Individualisierungstheorem — Annäherung an einen zentralen Erklärungsansatz sozialen Wandels	29
2.2	Individualisierung und wohlfahrtsstaatliche Modernisierung ..	34
2.3	Individualisierung als Normierung und Pluralisierung von Sozialisationsbedingungen	38
2.4	Zur Ambivalenz gesellschaftlicher Individualisierungsprozesse	40

3.	Zwischen Statuspassage und individualisierter Jugendbiographie. Über die Neudefinition der modernen Jugendphase	45
3.1	Abschied vom Mythos Jugend	45
3.2	Zur Plastizität der Jugendphase	47
3.3	Neuere theoretische Vorstellungen von Entwicklung und Sozialisation	51
3.4	Die gesellschaftliche Entstrukturierung von Jugend	56

4.	Zum Wandel von Jugend- und Sportkulturen	67
4.1	Sport als Gegenstand und Inhalt jugendkultureller Differenzierung	67
4.1.1	Bestimmungselement Jugendkultur(en)	67
4.1.2	Versuch einer Typologisierung von Jugend- und Sportkulturen	69
4.1.3	Der heuristische Wert sport- und jugendkultureller Differenzierungsversuche	77
4.2	Sport als jugendspezifische Altersnorm	78
4.3	Über den Zusammenhang von Bildungs- und Sportexpansion	85

4.4	Bedürfnisaufschub und sportbezogene Gratifikationsleistungen	91
4.5	Sportliches Engagement und Bedeutungsgewinn der Gleichaltrigengruppe	95
4.6	Zwischen Wertschätzung und Krise zur Ambivalenz des jugendlichen Körpers	100
4.7	Sportive Praxen vor dem Hintergrund sexueller Enttabuisierung, neuer Körperlichkeit und Idealisierung von Jugendlichkeit	105
4.8	Zur Kommerzialisierung von Jugend und Sport	111
4.9	Das „neue" Strukturdilemma der Sportvereine	114
5.	**Sport und Jugendarbeit**	121
5.1	Zum Stellenwert des Sports in der Jugendverbandsarbeit	122
5.2	Organisationsstruktur des Jugend-Vereinssports	126
5.3	Die Konzeptionsproblematik sportlicher Jugendarbeit	127
5.4	Neuere Entwicklungen im organisierten Jugendsport	129
6.	**Ein Stück Wirklichkeit sportlicher Jugendarbeit Qualitative Studie über Übungsleiter und Jugendliche im Sportverein**	133
6.1	Eingrenzung des Untersuchungsgegenstandes	133
6.2	Methodologische und methodische Überlegungen	134
6.3	Entwicklung des Untersuchungsdesigns	142
6.4	Bestimmung der Kategoriensysteme	144
6.4.1	„Übungsleiter"	144
6.4.2	„Jugendliche"	147
7.	**Auswertung und Interpretation der erhobenen Daten**	151
7.1	Kategorialanalyse: Übungsleiter	151
7.1.1	Interview mit W: „Nein Alkohol oder Zigaretten ... das ist ne klare Sache, wer erwischt wird, der ist weg vom Fenster, der fliegt raus".	151
7.1.2	Interview mit U: „Ich wollte es eben besser machen, als die Jugendtrainer, die ich in meiner Jugend zu ertragen hatte".	160
7.1.3	Interview mit R: „Die lokalen und familiären Bindungen ... haben mich doch sehr an den Verein gebunden, so wollte ich es dann dem Verein wieder zukommen lassen, daß er mich von der Straße geholt hat".	169
7.2	Kategoriale Abstraktion: Interviewergebnisse im thematischen Vergleich	177
7.3	Kategorialanalyse: Jugendliche	184

7.3.1	Interview mit K: „Ich kann mir vorstellen, wenn der Übungsleiter sich nicht engagiert, daß dann die Bindung zum Verein wegfällt".................................	184
7.3.2	Interview mit P: „Es möchten immer mehr Leute in den Verein hinein, nur keiner möchte die Verantwortung übernehmen, diesen zu führen".........................	195
7.3.3	Interview mit C: „Und dann ist es auch so, daß ich mich halt mit diesem Vereinsleben und mit den Leuten, die im Verein organisiert sind, gar nicht mehr identifizieren kann"..	208
7.4	Kategoriale Abstraktion: Interviewergebnisse im thematischen Vergleich...	220
8.	**Jugend auf Distanz. Neue Herausforderungen für den organisierten Sport?**.............................	227
8.1	Systemische Globalgefährdung und „Sport für alle".........	227
8.2	Zur „Irreversibilität" konsumistischer Orientierungen im modernen Sportsystem	229
8.3	Neun Thesen zum Wandel von Jugend und Sportvereinsengagement................................	232
Literatur	....	243

Einleitung

Sozialer Wandel ist auch im Sport zu einer vorherrschenden Erfahrung geworden. Besonders in den letzten Jahren ist neben einer kontinuierlich steigenden Wertschätzung sowohl eine quantitative als auch qualitative Veränderung des Sports zu beobachten. Der Tatbestand gesellschaftlicher Differenzierungs- und Individualisierungsprozesse führt nicht nur zu einer Neudefinition der modernen Jugendphase, sondern — so lautet die Ausgangsthese — läßt auch die ehemals klaren Kriterien der Bestimmung dessen, was Sport ist bzw. nicht ist, zerfasern. Die vorliegende Arbeit versucht, die offensichtlich in einem engen Zusammenhang stehende zunehmende Differenzierung und Individualisierung von Jugend und Sport analytisch zu präzisieren und mögliche Konsequenzen für den organisierten Jugendsport herauszuarbeiten. Die spezifische Verknüpfung von Jugend und Sport erscheint in diesem Zusammenhang äußerst lohnend und für den Gang der Arbeit gewinnbringend, da Jugend und Sport sowohl in historischer als auch sozialisationstheoretischer Perspektive seit jeher eng aufeinander bezogen sind. Bis heute bildet Jugend die ideelle Mitte des Sports, von der man glaubt ablesen zu können, was alles unter Sport zu fassen ist und welche Entwicklungen bevorstehen (vgl. Kurz 1989). Jugend und Sport sind wechselseitig aufeinander bezogen und bilden mittlerweile eine wie selbstverständlich wirkende soziale Symbiose (vgl. Zinnecker 1989).

Gegenwärtig hat die Rede von der Versportlichung der Gesellschaft und der gleichzeitigen Entsportlichung des Sports im Sinne eines allmählichen Abschiednehmens von der ehemals einheitlichen Verfassung des in Vereinen und Verbänden organisierten Sports Hochkonjunktur. Diese an zahlreichen Einzelbeispielen zu plausibilisierende Entwicklung scheint weder zufällig zu sein noch einer sportspezifischen Entwicklungslogik zu folgen, sondern in benennbarem Zusammenhang mit gesamtgesellschaftlichen Differenzierungs- und Individualisierungsprozessen zu stehen. Die ersten Spuren des Wandels sind längst entdeckt. Doch welche künftigen Entwicklungsrichtungen lassen sich aus ihnen ablesen? Wie läßt sich das Momentane verstehen oder zumindest deuten? Welche Relationen bestehen zwischen der Intensivierung und Ausdifferenzierung von Sportinteressen (inklusive ihrer Organisationsformen) und der gleichzeitigen Indifferenz gegenüber formellen Sportrollen und traditionellen Sportbindungen? Welche neuen Ideale und Leitvorstellungen hat der generelle Trend zur Individualisierung des Sporterlebens geprägt? Welche Rolle spielen Jugend und jugendliches Körperkapital bei der zunehmenden Versportlichung von Gesellschaft und Kultur? Welche ideengeschichtliche Nähe besteht zwischen Jugendmythos und Sportkult? Welcher aktuelle Zusammenhang existiert zwischen der Popularisierung eines jugendkulturellen Habitus und entsprechender Lebensstile, Fitneß- und Gesundheitskonzeptionen sowie einer generellen Aufwertung des Sports? Welche gesellschaftlichen Steuerungskräfte liegen der Juvenalisierung und Versportlichung von Gesellschaft und Kultur zugrunde? Hierbei handelt es sich um zentrale Fragestellungen der gesamten Arbeit, die im *ersten Kapitel* in einer vorläufigen und zunächst deskriptiv angelegten Übersichtsskizze aufgearbeitet werden.

Im *zweiten Kapitel* werden im Anschluß daran die Voraussetzungen, Merkmale und weitreichenden Folgen gesellschaftlicher Individualisierungs- und Differenzierungsprozesse dargestellt, die gewissermaßen den theoretischen Ausgangspunkt für die Analyse des Strukturwandels von Jugend und Sport und der durchaus ambivalenten „Erosion" ihrer traditionellen Konzepte, Inhalte und Organisationsformen bilden. Die aktuelle sozialwissenschaftliche Forschung (MOOSER 1983; BECK 1983; 1986) hat vor dem Hintergrund gesellschaftlicher Ausdifferenzierung einen „sekundären" Individualisierungsprozeß innerhalb der Moderne herausgearbeitet, in dessen Folge es zu einer Neubestimmung des Verhältnisses von Gesellschaft und Individuum kommt. Die Mehrheit der Menschen, so die Grundthese, trifft aufgrund der zunehmenden Auflösung teilgesellschaftlicher Gemeinschaften in immer stärkerem Maße auf individualisierte Handlungsstrukturen. Während in früheren Generationen soziale Schicht, Familienleben, politische Orientierung und Freizeitengagement meist aus einem Guß waren, zerfällt dieses biographische Paket jetzt in seine Bestandteile (vgl. BECK 1990). Der soziale Leim kollektiver Identitäten hat in den letzten drei Jahrzehnten spürbar an Kraft eingebüßt.

Im Rahmen dieses gesellschaftlichen Freisetzungsprozesses entsteht nicht nur ein Handlungsspielraum für Individualität, sondern entwickelt sich gleichzeitig auch ein gesellschaftlicher Bedarf dafür. Lebensstil, Wertvorstellungen, Kultur und Sport lösen sich immer mehr aus allgemeinverbindlichen Vorschriften heraus. Statt dessen kommt es zu einer Selbstthematisierung und Biographisierung der eigenen Lebensplanung und -führung. Es gilt zu klären: Welche gesellschaftlichen Prozesse werden mit dem Begriff „Individualisierung" zu fassen versucht? Was sind deren gesellschaftliche Voraussetzungen? Wie läßt sich Individualisierung im einzelnen bestimmen? Was zeichnet das Individualisierungstheorem im sozialwissenschaftlichen Verwendungskontext aus? Welche spezifischen Relationen spiegeln sich in Jugendforschung und Sportwissenschaft wider? Welche Auswirkungen haben die Normierung und Pluralisierung von Sozialisationsbedingungen auf die Gestalt der modernen Jugendphase? Was kennzeichnet die veränderten Lebenslagen und neuen subjektiven Verarbeitungsformen, die nicht zuletzt auch — so lautet die These — die Vorraussetzungen für die Individualisierung des Sporterlebens, für die Entsportlichung des traditionellen Sports und für die strukturellen Veränderungen der Institution Sportverein — von der Solidargemeinschaft hin zum Dienstleistungsbetrieb — bilden?

Das *dritte Kapitel* arbeitet den grundlegenden Strukturwandel der modernen Jugendphase heraus, der — wie noch zu zeigen sein wird — auch erhebliche Auswirkungen auf das Sportsystem hat. Trotz großer Differenzen der besonders von den zugrundeliegenden gesellschaftstheoretischen Positionen geprägten unterschiedlichen Beschreibungs- und Bewertungsansätze besagt die Kernthese vom Strukturwandel, daß sich zum gegenwärtigen Zeitpunkt aufgrund tiefgreifender ökonomischer, kultureller, sozialer und politischer Wandlungsprozesse nicht nur einzelne Orientierungsmuster und Verhaltensweisen verändern, sondern daß vielmehr sowohl äußere Gestalt und innerer Sinn von Jugend immer unausgewogener und widersprüchlicher erscheinen und das gesellschaftliche Programm Jugend deutliche Auflösungserscheinungen zeigt (vgl. HURRELMANN u. a. 1985; HORNSTEIN 1985). Jugend heute ist in sich sowohl in horizontaler als auch in vertikaler Perspektive mindestens so homogen bzw. heterogen wie die Gesellschaft, der sie angehört. Es scheint daher geboten, sich in doppelter Hinsicht sowohl vom „bildungsbürgerlichen pädagogischen Entwurf" als auch vom „Einheitlichkeitsmythos" Jugend zu verabschieden.

Diese Lebensphase, die mit der Herausbildung der Moderne sowohl realhistorisch als auch ideengeschichtlich ihren klassischen Gestaltwandel erfuhr, der auch unmittelbare pädagogische Implikationen nach sich zog, kann heute längst nicht mehr durch einen festen Anfangs- und Endpunkt markiert werden, sondern läßt sich allenfalls als eine Vielfalt sukzessiver und einander überschneidender Teilübergänge beschreiben. Auch das traditionelle Bild von Jugend als Übergangszeit, Spiel- und Schonraum hat in der Zwischenzeit deutlich an Programmatik und Trennschärfe eingebüßt, da Anfänge und Endpunkte sich dermaßen im Nebulösen verlieren und auch die ehemals für diese Lebensphase verbindlich erscheinenden „Entwicklungsaufgaben" (HAVIGHURST 1972) zunehmend an Eindeutigkeit einbüßen. Für Eltern, Wissenschaftler, Lehrer, Jugendarbeiter, Sportfunktionäre und Politiker hat dies weitreichende Konsequenzen: In vielerlei Hinsicht gilt es, sich von antiquierten Betrachtungsweisen und allzu generalisierenden Erkenntnissen zu lösen und gleichzeitig ein hohes Maß an Sensibilität für dieses neue, äußerst variantenreiche Bild von Jugend(en) zu entfalten. Erkenntnisleitende Fragestellungen sind daher in diesem Kapitel: Welche strukturellen Veränderungen lassen sich in sozialgeschichtlicher sowie sozialisationstheoretischer Forschungsperspektive erkennen? Wie läßt sich das neue — äußerst differenzierte — Profil der modernen Lebensphase Jugend näher charakterisieren? Welche neuen wissenschaftlichen Vorstellungen von Entwicklung und Sozialisation liegen parallel zur Veränderung von Jugend vor? Welche Merkmalsverschiebungen lassen sich im zeithistorischen Vergleich herausarbeiten? Welche Chancen aber auch Risiken sind mit dieser weitreichenden „Entstrukturierung" der Jugendphase verbunden? Welche möglichen pädagogischen Implikationen zieht diese Entwicklung nach sich?

Das *vierte Kapitel* versucht, sowohl den grundlegenden Wandel von Jugend- und Sport(-kulturen) aufzuzeigen als auch die beispiellose Faszination, die der

Sport in all seinen Varianten seit jeher auf große Teile der Jugend ausübt, aus sozialisationstheoretischer Perspektive genauer zu analysieren. Der Versuch, die Bedingungen dieser bisherigen besonderen Jugendnähe des Sports besser zu verstehen, kann wichtige Anhaltspunkte für seine künftige pädagogisch wirksame und attraktive Gestaltung zutage fördern. Auch neuere Ergebnisse der Jugendforschung weisen inzwischen darauf hin, daß eine angemessene Würdigung bzw. Analyse der zunehmenden gesellschaftlichen Versportlichung gleichzeitig auch einen geeigneten Zugang zum besseren Verständnis der modernen Kindheits- und Jugendphase und deren Strukturwandel ermöglicht.

Obwohl in diesem Zusammenhang einiges für die These spricht, daß den Veränderungen von Jugend- und Sportkulturen Prozesse der wechselseitigen Adaptation und Ausdifferenzierung zugrundeliegen, stehen bis heute beide Phänomene, wie zahlreiche Beschreibungs- und Erklärungsversuche dokumentieren, seltsam unverbunden nebeneinander. Neben Mode, Musik und Film bedienen sich heute unterschiedliche Jugendkulturen insbesondere auch sportiver Praxen als Medium kultureller Selbstdarstellung und Differenzierung. Unter der Prämisse des generell eher heuristischen Wertes sport- und jugendkultureller Typologisierungen wird im *Kapitel 4.1* versucht, ein facettenreiches Bild von Sport als Gegenstand und Inhalt jugendkultureller Differenzierung zu zeichnen.

Für einen Großteil der Jugendlichen zählen sportive Praxen heute zu den Selbstverständlichkeiten des Alltags, ist Sport so betrachtet zur Altersnorm geworden. Die Faszination, die vom Sport auf große Teile der Jugendlichen ausgeht, wird im *Kapitel 4.2* auf dem Hintergrund der im Vergleich zu anderen Jugendverbänden sehr hohen Organisationsgrade von Jugendlichen in den Sportvereinen (inzwischen sind auf der Grundlage der Daten der DSB-Bestandserhebungen mehr als 50 % eines Altersjahrgangs in den Sportvereinen organisiert), der wachsenden Teilnahme an kommerziellen und informellen sportbezogenen Aktivitäten sowie der jugendkulturellen Anverwandlung und Durchdringung sportiver Elemente rekonstruiert. Neben diesem allgemeinen Wachstum sind allerdings grundlegende Umverteilungsprozesse erkennbar, die sich im Wandel von Altersstruktur, Geschlechtsunterschieden und Attraktivitätsgewinnen bzw. -verlusten einzelner Spitzenverbände niederschlagen. Die deutlichsten Entwicklungen (vor allem im Kindes- und Jugendbereich) werden auf der Grundlage der DSB-Bestandserhebungen aufgearbeitet und thesenartig skizziert.

Im Anschluß an diese Bestandsaufnahme werden im *Kapitel 4.3* mögliche Zusammenhänge von Sport- und Bildungsexpansion herausgearbeitet. Die Ausweitung des Bildungssektors hat nicht nur maßgeblichen Anteil am umfassenden Abschied breiter Kreise der Bevölkerung von ehemals vorgegebenen klassenkulturellen Bindungen, sondern verändert — so lautet die These — auch sehr nachhaltig das Sportsystem. Argumentiert man nur auf der Basis der Bildungsexpansion, läßt sich pointiert sagen, daß durch die deutliche Zunahme von Realschülern, Gymnasiasten und Studenten erheblich veränderte und zugleich verbesserte Zugangsvoraussetzungen zum Sport entstanden sind, die in benennbarem Zusammenhang mit latenten Idealen dieser Bildungsinstitutionen und ihres spezifischen Umfelds stehen und zu einer deutlichen Popularisierung eines bildungsbürgerlichen, elitären Körper-Habitus und Sportcodes geführt haben.

Im *Kapitel 4.4* wird die Wechselbeziehung von Verzichtleistungen bzw. Bedürfnisaufschub und möglichen sportbezogenen Gratifikationsleistungen thematisiert. Im Kontext der fortschreitenden psycho-sozialen Akzeleration und der ausgedehnten Scholarisierung der modernen Jugendphase stellen insbesondere die „cross-pressures" des Gratifikationsaufschubs auf der einen Seite und das immer frühere Streben nach Autonomie und rascher Wunscherfüllung auf der anderen Seite zentrale Merkmale zum besseren Verständnis der inneren Belastung und gesellschaftlich vermittelter Inkonsistenzen Jugendlicher dar. Daß sich Jugendliche vor diesem Hintergrund ihres ureigensten Kapitals besinnen und mit Hilfe sportlicher Modellierung und modischer Stilisierung ihren Körper in das soziale Kräftefeld effektvoll einzubringen versuchen, scheint verständlich zu sein. Neben den körperbezogenen „Selbst"-Thematisierungs- und Profilierungschancen, die insbesondere die neuen weichen Sportformen ermöglichen, enthält auch der im wesentlichen über Leistung und Wettkampf definierte alte Jugendvereinssport Elemente, die speziell von Jugendlichen durchaus als orientierungs- und ich-bedeutsam angesehen werden.

Das *Kapitel 4.5* versucht, die besondere Bedeutung sportlicher Aktivitäten im Rahmen von Gleichaltrigengruppen herauszuarbeiten. Vor dem Hintergrund der zunehmenden Inkonsistenz der klassischen Sozialisationsmodi (vgl. HORNSTEIN 1985) gewinnt neben den verschiedenen Institutionen des Konsums in besonderem Maße die Gleichaltrigengruppe an Bedeutung. Obwohl Sport als attraktiver Anlaß und Inhalt gemeinsamer Aktivitäten Gleichaltriger einen hohen Stellenwert einnimmt, wurde in der Vergangenheit innerhalb der Jugendforschung der spezifischen Bedeutung sportlicher Aktivitäten im Rahmen von Gleichaltrigengruppen nur wenig Bedeutung beigemessen. Um etwa in der Gleichaltrigengruppe Statusgewinne verzeichnen zu können, ist neben demonstrativem Konsum und einem in der jeweiligen peer-group allgemein anerkannten Lebensstil in besonderem Maße auch ein spezifisches Leistungsvermögen notwendig, das insbesondere im Sport auf der Grundlage weitreichender Akzeptanz immer wieder präsentiert und beim Kampf um die „Gunst" der peers effektvoll eingesetzt werden kann.

Das *Kapitel 4.6* untersucht den ambivalenten Charakter der Versportung jugendlicher Körper. Der jugendliche Körper stellt ohne Zweifel das wohl symbolträchtigste Merkmal von Jugendlichkeit dar. Er ist sowohl Kapital als auch Krisenpotential. In dem sich drastisch verändernden Körper Sicherheit zu erhalten bzw. zurückzugewinnen, zählt zu den klassischen Entwicklungsaufgaben dieser spezifischen Lebensphase, deren weitere theoretische Zuordnung oft über Deutungen im Zusammenhang mit Identitätskonzepten erfolgt. Der Körper kann für viele Jugendliche — vor allem nach Vollendung des Wachstums — verläßlicher Bezugspunkt in einer von normativer Unsicherheit geprägten Zeit sein. Das allmähliche Wegschmelzen verbindlicher Milieus und bestandsfester Instanzen hat besonders für Jugendliche den Bedarf nach individueller Stimmigkeit und Selbstbestimmung verstärkt. Inmitten dieser entwurzelnden Veränderungen zeichnet sich immer deutlicher eine Orientierung auf die Gewißheit und normative Kraft des eigenen Körpers ab. Die Intensität dieser Entwicklung kommt besonders deutlich darin zum Ausdruck, daß immer mehr (junge) Menschen davon ausgehen, daß durch die sportive Veränderung des Körpers neue Eigenschaften buchstäblich gestiftet, modelliert und verkörpert werden.

Das *Kapitel 4.7* arbeitet die Bedeutung sportiver Praxen vor dem Hintergrund sexueller Enttabuisierung, neuer Körperlichkeit und Idealisierung von Jugendlichkeit heraus. Eine deutliche Lockerung von „repressiven" Verhaltensstandards vollzog sich in den letzten drei Jahrzehnten, die dem im klassischen Sinne körperasketischen „Moratorium" Jugend nun neue, von weiten Kreisen der Erwachsenen tolerierte Erfahrungsräume öffnete, die nicht ohne grundlegende Folgen auch auf alternative Bewegungs- und Körpertechniken geblieben sind. Im Gegensatz zu den etwa vor 1960 Geborenen, deren Aufwachsen noch mit vergleichsweise repressiven Formen von Körperunterdrückung durchsetzt war, sind für heutige Jugendliche auf der Grundlage einer massenkulturell verbreiteten „Freigabe des Körpers" und „sexuellen Enttabuisierung" entsprechende Befreiungsanstrengungen weitgehend überflüssig. Auch auf die Erscheinungsformen und Sinnzuweisungen des Jugendsports blieben diese Entwicklungen nicht ohne Folgen. Während sportliche Aktivitäten „früher", zumindest in der Lesart der Erwachsenen, neben anderen in der Regel erfreulichen Wirkungen nicht unwesentlich zur Sublimierung sexueller Triebe und spezifischer Bedürfnisse Jugendlicher dienten und in entsprechend rigider Form durchgeführt wurden, scheinen heute insbesondere die neuen sportbezogenen Körper- und Bewegungstechniken für viele Jugendliche willkommene Formen zu sein, die sexuelle und körperliche Freiheit auf der Basis eines allgemein anerkannten „Sportcodes" an sich und in der Wirkung auf andere erfahren zu können.

Im *Kapitel 4.8* wird die in den letzten Jahren erheblich zugenommene Kommerzialisierung von Jugend und Sport thematisiert, die — so lautet die Kernthese — neben den Tendenzen zur Verwissenschaftlichung und Professionalisierung maßgeblich den Strukturwandel von Jugend und Sport vorangetrieben hat. An eine sich dynamisch verändernde, hochgradig expansive moderne Sport- und Bewegungskultur lagern sich in immer stärkerem Maße dynamisch wachsende Märkte mit unterschiedlichen Marktsegmenten an (vgl. HEINEMANN

1989). Jenseits der in der Öffentlichkeit kontrovers diskutierten Kommerzialisierung des Hochleistungssports und den damit verbundenen spezifischen Problemlagen (z. B. Doping) dürften die wohl langfristig folgenreichsten Auswirkungen dieser Entwicklung die Kommerzialisierung der Mitgliederbeziehungen im Freizeit- und Breitensport darstellen.

Während die Vereine „früher" fast ausschließlich durch die finanziellen und ehrenamtlichen Leistungen ihrer Mitglieder getragen wurden, führen nun die sich deutlich abzeichnenden Veränderungen in den Ressourcenstrukturen der Vereine zu grundlegenden Verschiebungen von Zielen und Inhalten, setzt eine immer stärkere Dienstleistungsorientierung der Mitglieder ein, und verstärken sich die Oligarchisierungs- und Professionalisierungstendenzen. Das *Kapitel 4.9* bilanziert die grundlegenden Veränderungen, die diesen Prozeß maßgeblich beeinflußen und nun ein „neues" Strukturdilemma im organisierten Sport offen zutage treten lassen. Hierbei handelt es sich insgesamt um problematische Strukturverschiebungen, die — so lautet die These — sich nicht zuletzt im Jugendvereinssport verdichten und erhebliche Auswirkung auf die zukünftige Gestaltung der Jugendarbeit in den Vereinen haben.

Das *fünfte Kapitel* analysiert die besondere Bedeutung und den Stellenwert des Sports innerhalb der außerschulischen Jugendarbeit, ordnet die Jugendabteilungen der Turn- und Sportvereine in die Vielzahl der Jugendorganisationen ein, setzt sich mit der umstrittenen Position der Deutschen Sportjugend innerhalb der übrigen Jugendverbände auseinander und interpretiert die Konzeptionen der Sportjugenden und ihre Konsequenzen vor dem Hintergrund ihrer paradoxen Legitimationsproblematik, in der seit jeher die allzu offensichtliche Diskrepanz zwischen „konzeptionellem" Anspruch und der tatsächlichen „Wirklichkeit" der über 65000 Sportvereine begründet liegt. Im Gegensatz zu den „konzeptionellen Apparaten" auf der Ebene der Fachverbände und Bünde stehen an der Vereinsbasis keine Legitimationszwänge oder die Umsetzung von neuem Wissen um bildenden und erzieherischen Wert bzw. Nutzen des sportlichen Engagements von Jugendlichen im Vordergrund, sondern allzu pragmatische Zwänge wie z. B. Bestandssicherung. Das tatsächliche Leistungs- und Umsetzungspotential der Vereine wird im wesentlichen durch die Multifunktionalität und die meist ehrenamtlichen Grundstrukturen dieser „freiwilligen Interessenorganisation" (LENK 1972, 9) weitgehend festgelegt. Hier richten sich Stellenwert, Inhalt und Zielsetzung sportlicher Jugendarbeit zunächst nur nach dem sportpraktischen und pädagogischen Credo der dort zentral engagierten und agierenden Individuen. Die Verantwortlichen für die Vereinsjugendarbeit entwickeln dabei in der Regel naive Konzeptionen und Vorstellungen, die an eigenen sportlichen bzw. pädagogischen Erfahrungen und dem gesunden Menschenverstand orientiert und von höchst unterschiedlicher Qualität sind. In der hierarchisch, mit festgeschriebenen Kompetenzen aufgebauten Organisationsform Sportverein entwickeln sich vom Vereinsvorstand bis zum zentral agierenden Übungsleiter Vorstellungen von Inhalten und Schwerpunkten sportlicher Jugendarbeit, die schließlich im Miteinander von Übungsleitern und Jugendlichen ihre oftmals variantenreiche Realisierung finden. Die angemessene Einschätzung der tatsächlichen Möglichkeiten der Basis erweist sich somit als entscheidende Voraussetzung für — derzeit durchaus kontrovers diskutierte — innovative Ansätze (vgl. Kurz/Brinkhoff 1989, 95—113), die nicht nur leere Formeln oder schlechte Ratschläge bleiben, sondern konstruktiv dazu beitragen, die Jugendarbeit der Vereine langfristig zu verbessern. In diesem Zusammenhang ist es von zentraler Bedeutung,

— die Interessen und die Bedürfnisse der Jugendlichen,
— die Fähigkeiten und das Engagement der Übungsleiter sowie
— die Funktionalität und die erwachsenenorientierten Grundstrukturen der Vereine

als ein System voller Abhängigkeiten und Bedingtheiten zu verstehen, das es — zumal vor grundsätzlichen Veränderungen — genauer zu analysieren gilt. Um dies zu ermöglichen, sind sowohl fundierte theoretische Kenntnisse als auch empirische Befunde besonderer Art erforderlich, die Erfahrungszusammenhänge bzw. Handlungsorientierungen der Jugendlichen und ihrer Übungsleiter als Systemteile und die Art ihrer Einbindung in das Gesamtsystem Sportverein erfahrbar und erklärbar machen.

In den *Kapiteln sechs* und *sieben* folgt daher eine empirische Untersuchung, bei der mit Hilfe problemzentrierter Interviews und inhaltsanalytischer Auswertungsverfahren versucht wird, in die von Zahlen und Tabellen bestimmte Wirklichkeit sportlicher Vereinsjugendarbeit tiefer vorzudringen, um auf diese Weise eine „qualitative" Analyse der Rekonstruktion von Handlungsorientierungen und Erfahrungszusammenhängen des vereinssportlichen Alltags einzelner Jugend-Übungsleiter und Jugendlichen zu ermöglichen. Es kommen dabei Jugendleiter/Übungsleiter und aktive Jugendliche zu Wort. Der Personenkreis wird nach Kriterien wie Alter, Geschlecht, Schichtzugehörigkeit, Bildungsgrad, Praxisdauer, Größe und Struktur ihres Vereins genauer bestimmt. Es sind insgesamt zehn Interviews geführt worden, von denen sechs als Fallstudien im Rahmen dieser Arbeit ausgewertet werden. Diese biographischen Portraits verteilen sich zu gleichen Teilen auf die beiden Untersuchungsgruppen. Mir kommt es bei der Wahl dieser qualitativen Methode besonders darauf an, ein Stück Wirklichkeit sportlicher Vereinsjugendarbeit möglichst unverstellt einzufangen.

Das *achte Kapitel* (Schlußbemerkungen) diskutiert schließlich grundsätzliche bzw. aktuelle Probleme der Jugendarbeit in den Sportorganisationen auf dem Hintergrund der gewonnenen Erkenntnisse aus der Verbindung der theoretischen und empirischen Teile der Arbeit. Alternative Ansätze bzw. eigene Positionen werden kritisch hinterfragt und die „neuen" Herausforderungen, die sich aus dem folgenreichen Wandel von Jugend- und Sport(-kulturen), der allzu leichtfertigen Programmatik eines „Sports für alle" und der irreversiblen Verschmelzung des modernisierten Systems sportiven Handelns mit den Elementen der individualisierten Konsum- und Dienstleistungsgesellschaft für den in Vereinen und Verbänden organisierten Sport insgesamt ergeben, in konstruktiver Absicht entfaltet.

1 Jugend und Sport im Individualisierungsprozeß

Sport hat in unserem gesellschaftlichen Leben eine neue Dimension gewonnen. In Hinblick auf Sichtbarkeit und Transparenz des Sports im System moderner Gesellschaft spricht vieles für die These, daß es allenfalls der Wissenschaft, der Wirtschaft und der Kunst noch gelingt, eine mit dem Sport vergleichbare Zentralität in der Weltgesellschaft einzunehmen und ein entsprechend effektives Kommunikationsnetz aufzubauen (vgl. STICHWEH 1990)[1]. Das Funktionssystem Sport, das sich gewissermaßen in einem Prozeß der Synthese von Athletik, Leibeserziehung und Sport im Rahmen der Moderne allmählich herausbildet, setzt — wie die systemtheoretische Analyse von STICHWEH zeigt — an die Stelle der Heterogenität der klassischen „Trias" „ein neues Muster interner hierarchischer Differenzierung, das sich durch Subsysteme wie Hochleistungssport — Leistungssport — Breitensport — Freizeitsport beschreiben läßt" (ebenda 1990, 12ff.).

Diese moderne Bewegungskultur, die am Anfang unseres Jahrhunderts in besonderem Maße Vorrecht männlicher Jugendlicher war und dabei von bildungsbürgerlichen Vertretern älterer Generationen nicht selten als „öde Sportnarretei" bezeichnet wurde, ist längst zu einem generations- und geschlechtsübergreifenden „Faszinosum" (v. KROCKOW 1980) geworden. Trotz zeitweilig populärer Mahnrufe mehr oder minder überzeugender „Entfremdungsdechiffrierer" zählt Sport in zunehmendem Maße zu den kulturellen „Universalien" (GRUPE 1987).

1.1 Jugend und Sport als soziale Symbiose

In sozialgeschichtlicher Perspektive sind Jugend und Sport sehr eng miteinander verbunden. Die gesellschaftliche „Entdeckung" bzw. „Erfindung" der Jugend scheint mit der gleichzeitigen Ausbreitung des Sports auf dem europäischen Kontinent wesentlich zu korrespondieren. Während für den Übergang vom Spiel zum Sport in England der Gentleman die entscheidende Sozialfigur darstellte (vgl. MANDELL 1984), wurde die kontinentale Verbreitung des noch jungen Sports vor allem von männlichen Jugendlichen bürgerlicher Provenienz getragen.

---

[1] Nach STICHWEH kann man die Plausibilität der Zentralitätsthese u.a daran ermessen, „daß, während das 19. Jahrhundert den Weltstadtstatus von Städten über Weltausstellungen, d. h. technisch-wissenschaftlich-wirtschaftliche Großveranstaltungen, ratifizierte, heute die Ausrichtung einer Olympiade das auffälligste Kriterium für Weltstadtstatus ist" (STICHWEH 1990, 3).

Dies waren die ersten Repräsentanten einer eigenständigen, modernen Lebensphase Jugend, die sich — so wie wir sie heute kennen — in allen westlichen Industrienationen etwa seit Mitte des 19. Jahrhunderts ausprägte und allmählich verbreitete (vgl. GILLIS 1984; MITTERAUER 1986; HERRMANN 1987). Hierbei handelte es sich zunächst um eine relativ kleine Gruppe privilegierter Jugendlicher, die aufgrund ihres Sonderstatus über das für sportliche Betätigung notwendige Budget an verhaltensbeliebiger Zeit verfügten und nicht zuletzt durch familiale und schulische Vorsozialisation die Neigung zu scheinbar zweckfreiem Handeln — jene grundlegende Dimension des Ethos der bürgerlichen Eliten (vgl. BOURDIEU 1985) —, recht früh adaptierten und als die zukünftigen Exponenten einer Leistungsgesellschaft, insbesondere auch die vom Sport verkörperten Werte[2], (wie z. B. den Status nach dem Maß der eigenen Leistung zu erreichen, Gratifikationsaufschub im Sinne des Trainierens für ein späteres Ziel oder aber auch die besondere Betonung von Autonomie und Außergewöhnlichkeit) zu schätzen wußten und sich eine Verstärkung durch ein Engagement im Sport erhofften (vgl. KURZ 1987, 11 ff.)[3].

Trotz der sich im Anschluß an die zunächst bürgerliche Verbreitung des Sports recht bald formierende Arbeitersportbewegung und den sich insbesondere auf dem Feld des Sports artikulierenden sozialen Aufstiegsmentalitäten hat der Sport in seiner Gesamtheit die Zeichen seiner Herkunft bis heute nicht verloren. Der Zugang zum Sport war und ist nicht allen gesellschaftlichen Gruppierungen gleichermaßen offen. Bis heute hat er — ungeachtet der sich in den letzten Jahren abzeichnenden Nivellierungstendenzen — eine größere Anziehungskraft auf Männer als auf Frauen, gewinnt er mehr Mitglieder aus den mittleren und oberen Sozialschichten als aus den unteren, ist er für Jugendliche wesentlicher attraktiver als für Erwachsene (vgl. HEINEMANN 1989, 22).

Entsprechend ist auch das traditionelle Erscheinungsbild des Sports hauptsächlich von (männlichen) Jugendlichen bestimmt. Sie bilden die ideelle Mitte,

---

[2] Sport als idealtypisches Modell der Leistungsgesellschaft, so kennzeichnen ihn Autoren wie ADAM, LENK und v. KROCKOW, ist danach wesentlich durch jene „Werte geprägt, die auch die Idee der Leistungsgesellschaft konstituieren" (KURZ 1986, 7).

[3] Für die Genese des Sports ist von zentraler Bedeutung, „daß der Sport in einer reinen, selbstreferentiellen Form, für deren Darstellung sich der Körper aus zahlreichen Gründen eignet, etwas vertritt, was sonst für die Gesellschaftsordnung zentral ist. Insbesondere dadurch, daß die äußerst heterogenen sportlichen Vollzüge im wesentlichen als Leistungen gedeutet werden, wird Leistung zum zentralen, die „Ausdifferenzierung des modernen Sports katalysierenden Gesichtspunkt der Selbst-und Fremdbeobachtung des sportlichen Handlungsgeschehens" (STICHWEH 1990, 25). So gesehen liegt die Besonderheit des Sports als gesellschaftliches Teilsystem darin begründet, „daß nur in ihm die Produktion und Kommunikation von Leistung als Identitätsbestimmung fungiert, während überall anderswo Leistungen als infrastrukturelle Voraussetzungen für ein bestimmtes Systemgeschehen gedacht werden. Insofern wählt die moderne Gesellschaft die interessante Option, das für sie überall bestimmende Leistungsprinzip ausgerechnet in einem körperbezogenen Funktionssystem in reiner Form zur Darstellung zu bringen" (ebenda, 19).

von der man glaubt ablesen zu können, was alles unter Sport zu fassen ist und welche Entwicklungen bevorstehen (vgl. KURZ 1989, 9f.). Jugend und Sport sind wechselseitig aufeinander bezogen und bilden mittlerweile eine wie selbstverständlich wirkende „soziale Symbiose" (ZINNECKER 1989).

Auch im Kontext der ideengeschichtlichen Genese des Jugendmythos und Jugendkults stellen Jugend und Sport zwei zentrale Projektions- und Rekrutierungstopoi dar. Während etwa noch in den zwanziger Jahren dieses Jahrhunderts der prosperierende Kult der Jugendlichkeit die wirtschaftliche, politische und soziale Unterdrückung von Jugendlichen nicht zu verdecken vermochte, sondern im Gegenteil aufgrund verschlossener Arbeitsmärkte eher verschärfte und das populäre Jugend-Image im scharfen empirischen Kontrast zur gesellschaftlichen Lage eines Großteils der Jugendlichen stand, liegen heute Jugendlichkeitsmetapher und Lebenssituation wie auch das Bewußtsein von Jugendlichen wesentlich enger zusammen. Neben Mode, Medien und Werbung spielt insbesondere der Sport sowohl für Jugendliche als auch für die Protagonisten des Jugendkults eine zentrale Rolle.

1.2 Die These vom Identitätsverlust des Sports

Besonders in den letzten Jahren ist neben einer kontinuierlich steigenden Wertschätzung sowohl eine quantitative als auch qualitative Ausweitung des Sports zu beobachten. Die klaren und eindeutigen Kriterien der Bestimmung dessen, was Sport ist bzw. nicht ist, zerfallen: Stattdessen kommt es auch im Sport zu einer neuen Unübersichtlichkeit. Die äußerst vielschichtigen Varianten der modernen Sport- und Bewegungskultur und die komplexen Verknüpfungen mit anderen gesellschaftlichen Teilsystemen wie z. B. Ökonomie, Medien, Gesundheits- und Erziehungssystem versperren in immer stärkerem Maße den Zugang zu einem umfassenden Beschreibungs- und Erklärungsansatz: „Das einzige Eindeutige in den heutigen Wirklichkeiten des Sports scheint deren Vielfalt zu sein" (SCHULKE 1989, 99).

Die These vom Identitätsverlust und vom Abschiednehmen von der ehemals einheitlichen Verfassung des in Vereinen und Verbänden organisierten Sports macht Karriere (vgl. GRUPE 1987; CACHAY 1988; HEINEMANN 1988; SCHULKE 1989). Diese an zahlreichen Einzelbeispielen zu plausibilisierende These besagt, daß die Erweiterung des klassischen Sportkonzepts (Vorselektion der Mitglieder, ehrenamtliches Engagement, der Sportverein als Solidargemeinschaft, Amateurstatus, Sport als Selbstzweck und hohes Bildungsgut) und auch die völlige Abkehr davon, nicht zufällig zu sein scheint oder einer sportspezifischen Entwicklungslogik folgt, sondern in benennbarem Zusammenhang mit gesamtgesellschaftlichen Differenzierungs- und Individualisierungsprozessen steht.

Immer mehr Menschen versprechen sich — so scheint es — vom Sport konkrete Effekte für ihre individuelle Lebensführung. Da in hochdifferenzierten Gesellschaften unseres Typs (im Gegensatz zu stratifizierten Ordnungen) den Individuen ein Höchstmaß an Freiheit und persönlicher Autonomie strukturell zugestanden werden muß, fällt selbstverständlich auch die „sportliche" Aktivierungskomponente, wie BETTE (1989, 46) treffend beschreibt, „in den Bereich individuellen Entscheidens, sozioökonomischer Möglichkeiten und schichtspezifischer Vorlieben und Abneigungen. Sie kann gänzlich vernachlässigt, dosiert wahrgenommen oder auch monomanisch bis zum Exzeß gesteigert werden".

Mittlerweile existiert über alle Bevölkerungskreise hinweg kaum noch Zweifel daran, daß der „richtige" Sport einen umfassenden Beitrag zur individuellen Gesundheitssicherung, zur individuellen Regulierung von Wohlbefinden und Entspannung sowie zur Selbstdarstellung im Sinne individueller Souveränitäts- und Modernitätsdemonstration zu leisten vermag. Insbesondere RITTNER (1988, 160 ff.) hat die zunehmende Individualisierung des Sporterlebens dezidert herausgearbeitet: „Die Ausdifferenzierung von Nutzenorientierungen tritt in Kontrast zu einer vergleichsweise ‚ungeteilten' und spontanen Sportbegeisterung der Tradition." Den grundlegenden Strukturwandel des Sports führt RITTNER auf Wandlungen des Lebensgefühls und der Persönlichkeitsideale in den fortgeschrittenen Industriegesellschaften zurück. „Die veränderten Dispositionen liefern die Energie für die Abwandlung der Sporttradition. In folgenreichen Verschiebungen der Sportmotivation, des Sportzugangs, der Sportsozialisation und in Veränderungen des Zuschauerverhaltens findet dies seine Bestätigung" (ebenda, 160). Die prinzipielle Umrüstung des Sports plausibilisiert er anhand der allmählichen Verdrängung der den traditionellen Sportrollen als Voraussetzung dienenden Begrenzung der Subjektivität. Die im Rahmen grundlegender gesellschaftlicher Individualisierungs- und Differenzierungsprozesse zutage tretenden empfindlicheren Ich-Vorstellungen lassen auch im Sport neue Ich-Maßstäbe, neue Engagementformen sowie neue Inhalte entstehen. Diese neue Bewegungskultur wird eher nach „Lust und Laune" betrieben. Es werden sanftere und weniger verbindliche Sportformen favorisiert, die den ausgeprägten Individualitätsansprüchen entgegenkommen, dem Narzißmus schmeicheln und im Sinne der Jugendlichkeitsmetaphorik distinktiv in bunten bisweilen grellen Farben celebriert werden können.[4]

---

[4] Die beispiellose Erfolgsgeschichte der Jogging-Bewegung bietet hierfür umfassendes Anschauungsmaterial. Mittlerweile gehört es zum festen Stadtbild hochentwickelter Industrieregionen, daß alle — auch die „Großväter" und „Großmütter" — in bunter bisweilen greller Sportbekleidung ihr „individuelles" Lauferlebnis suchen. Die prinzipielle Verfügbarkeit des eigenen Körpers und die nur wenig auf soziale Kontexte angewiesene, unkomplizierte und damit auch zeitsparende Möglichkeit des individuellen Zugriffs bildet, wie insbesondere BETTE (1989, 76 f.) herausarbeitet, in unmittelbarer Verbindung mit den nicht selten überreizten Gesundheits- und Wohlbefindlichkeitssemantiken einen zentralen Erklärungsansatz für den breiten Zuspruch, den die Jogging-Bewegung seit Jahren erfährt.

Für immer mehr Menschen wird dabei der Körper zum neuen Prestigeobjekt und dient in einer Zeit, in der gesellschaftlich vermittelte Norm- und Orientierungsdiffusion insbesondere bei jungen Menschen offensichtlicher in Erscheinung treten, der Suche nach neuen Formen der Selbstvergewisserung, Individualisierung und „Ich"-Zentrierung. Diese Ansprüche auf Selbstvergewisserung und Selbstverwirklichung haben zu einer inzwischen möglich gewordenen Auswahl geeigneter Sportformen geführt. Offensichtlich besteht ein enger Zusammenhang zwischen der Popularisierung eines jugendkulturellen Habitus, entsprechender Lebensstile, Fitneß- und Gesundheitskonzeptionen sowie einer öffentlichkeitswirksamen Aufwertung des Sports (vgl. RITTNER 1987; RITTNER/MRAZEK 1986).

Besonders die hochgradige Ästhetisierung und spezifische jugendkulturelle Anverwandlung machen den Sport für einen Großteil der (jungen) Menschen, wenn nicht als Garanten, so doch als Zuträger von Identität[5] und Lebenssinn neben den genuin sportspezifischen Codes (z. B. „time-out-Situationen", Eigenleistungen, Spannungsbögen, Bewegungsfreude und -ästhetik) immer mehr über den Nexus von Lebens- und Sportstilen attraktiv. „Im Rahmen gewandelter Selbstdefinitionen" ist sowohl die „Sportsemantik" als auch die Jugendsemantik zu „neuen symbolischen Leistungen getrimmt worden" (RITTNER 1987, 41). Sportliche Fitneß und Schönheitstechniken verbunden mit ausgeprägten Ästhetisierungsritualen (und tänzerischen Elementen), wie z. B. beim Bodybuilding, Bodystyling, Jazz-dance, Fitneß-Training, in der Regel (medial vermittelte) amerikanische Exportschlager, scheinen neben den zunehmend populärer werdenden ostasiatischen Kampf-, Bewegungs- und Meditationsformen den Interessen und Bedürfnissen vieler (junger) Menschen zu entsprechen und gemäß der Logik von Warenmärkten in das Handlungssystem Sport weiter vorzudringen.

Sport ist zumindest in der Variante des Breitensports nicht mehr nur Spezialsache besonders begabter und privilegierter (männlicher) junger Menschen, sondern im Zuge der allseits geschätzten und nicht selten hofierten Jugendlichkeitsmetapher und der ausgeprägten Fitneß-, Gesundheits- und Schlankheitsbewegung längst eine Angelegenheit vieler, wenn auch nicht aller Bundesbürger.

1.3 Individualisierungstendenzen im modernen Sportsystem

Die offensichtlich erfolgversprechende, reflexive Instrumentalisierung des eigenen Körpers und die oftmals sanften Einbindungsmodi dieser neuen Sportan-

---

[5] In dem sich durch sportliches Training verändernden Körper äußere wie auch innere Sicherheit zu erhalten, stellt eine über den eigenen Körper vermittelte Erfahrung dar, deren Deutung im Zusammenhang mit unterschiedlichen Identitätskonzepten naheliegt (vgl. HORNSTEIN u. a. 1975, 401 ff.)

bieter deuten einige Autoren (vgl. BERNING 1986; HEINEMANN 1986; BRETTSCHNEIDER/BAUR/BRÄUTIGAM 1989) als wesentliche Indikatoren für eine Neudefinition der „Sportlerrolle", die auch für die Strukturen der Sportvereine mit ihren tendenziell verpflichtenderen Einbindungsformen nicht ohne Folgen bleibt.

Vor dem Hintergrund unterschiedlicher gesellschaftlich vermittelter, latent wirkender Individualisierungsprozesse erscheinen dann auch die zunächst überraschenden und ambivalenten Effekte verständlich, daß die verstärkte Sportnachfrage und die Intensivierung und Ausdifferenzierung der Sportinteressen gleichzeitig mit einer gewissen Indifferenz gegenüber formellen Sportrollen und traditionellen Sportbindungen einhergehen. In einer Zeit, in der bürokratische, unpersönliche und flüchtige Beziehungen den individuellen Interaktionshorizont immer mehr justieren und die kommunikative Hinwendung zur „sportiven" Gesamtperson zu einem sozial-prämierten und therapeutisch wertvollen Gut avanciert, zählt neben der allerorten zu beobachtenden Vermischung der alten und neuen Elemente des Sports insbesondere der deutliche Wandel in den sozialen Engagements- und Bindungsformen wohl zu den aussagekräftigsten Phänomenen der „neueren" Sportentwicklung.

Während etwa vor zwei Jahrzehnten noch ein hohes Maß an Bindungsintensität und Identifikation mit der Institution Sportverein bei vielen Jugendlichen zu beobachten war, sprechen erste Anzeichen dafür, daß heute besonders bei Jugendlichen — aber nicht nur bei ihnen — die Vereinsmitgliedschaft eher im Sinne eines Dienstleistungsverhältnisses (und insofern ein Stück weit vergleichbar mit den neuen Organisationsformen des kommerzialisierten Handlungssystems Sport) betrachtet wird. Die Zeiten, in denen etwa Jugendliche noch mit „ganzem Herzen" Schwimmer, Handballer, Leichtathleten oder Fußballer bzw. Turner waren und ihrem Verein „lebenslange" Treue hielten, dürften sich allmählich — in Abhängigkeit vom Alter, Geschlecht, jugendkulturellem Stil, von sportlichen Erfolgen und Gruppenkohäsion, von unterschiedlichen Vereinsstrukturen bzw. konkurrierenden Freizeitangeboten und der damit verbundenen Optionsvielfalt — dem Ende nähern.

Inzwischen kommt es neben einem noch längst nicht abgeschlossenen Prozeß des Wettbewerbs und der Auseinandersetzung zu ersten Tendenzen der Annäherung beider unterschiedlicher Organisationsformen. Während die kommerziellen Anbieter darum bemüht sind, besonders die geselligkeitsstiftende Dimension des Vereinslebens auf ihre Art zu kopieren, reichern eine Vielzahl von Sportvereinen in zunehmenden Maße nicht zuletzt auf der Grundlage der Verbreitung eines jugendkulturellen Habitus und den damit verbundenen Bemühungen um Dynamik, Fitneß, Körperlichkeit und erfolgversprechendes bzw. -dokumentierendes Outfit, ihr traditionelles Sportrepertoire mit „sanfteren", gut verpackten körper- und gesundheitsbezogenen Varianten an[6]. Individualisierung an und im Sport hat neue Ideale, Leitvorstellungen und Semantiken geprägt. Schlüsselmotive werden nun Fitneß, Wohlbefinden, Gesundheit und Ästhetik. Besonders in den Fitneß-Studios wird die Unverbindlichkeit der Mitgliedschaft, die disponible-individuelle Möglichkeit der Nutzung und die Entpflichtung des gemeinschaftlich-kollektiven Handelns sowohl als spezifisches Charakteristikum und auch als Qualitätsmerkmal moderner Sportanbieter wahrgenommen, für das man höhere Beiträge zu zahlen bereit ist, die nicht selten als Repräsentationskosten von Individualität „abgeschrieben" werden. Lockere unverbindliche Gespräche an der Vitaminbar demonstrieren jenseits des klassischen Konzepts der Sportfreundschaften, des gemeinsamen Engagements für eine Sache und der eher konventionell biederen — in vielen Fällen aber auch sehr bedeutungsvollen — Geselligkeitsstruktur traditionellen Vereinslebens eine andersartige, hochgradig individualisierte Sportbeziehung (vgl. RITTNER 1986, 10ff.).

Am Beispiel der kommerziellen Anbieter wird auch die hochgradige Individualisierung und Differenzierung der sportlichen Angebotspalette deutlich. Das individuelle Programm wird hier exakt auf der Basis des individuellen Einstufungstests und gemäß den individuellen Modellierungswünschen abgestimmt. Daneben sind die kommerziellen Anbieter in der Regel stets darum bemüht, durch ein Höchstmaß an Angebotsdiversifikation die Risiken fluktuierender Nachfragepräferenzen und nicht überschaubarer Marktentwicklungen zu minimieren (vgl. KOSINSKI/SCHUBERT 1989, 142). Das Ausmaß und die Intensität dieser neuen Wahlfreiheit und gleichzeitigen Bindungs- und Verpflichtungslosigkeit wird bspw. auch an einem Vergleich der Fluktuationsdimensionen von kommerziellen Anbietern einerseits und den Sportvereinen andererseits deutlich. Während die derzeit über 4500 kommerziellen Fitneß-Studios in der Bundesrepublik Deutschland einen jährlichen Mitgliederschwund von 600000 (40%) zu kompensieren haben, um den bisherigen Bestand von 1,5 Millionen Mitgliedern zu sichern, ist die Fluktuationsrate mit 2,6 Millionen (13%) bei 20,5 Millionen Mitgliedern (1989) in den über 65000 Sportvereinen deutlich geringer.

Eine durch beschleunigten sozialen Wandel erzwungene Verschiebung in den Präferenzen für individuelle Eigenschaften, Fähigkeiten und Leistungen verändert nicht nur die moderne Jugendphase, sondern schreibt — so könnte man pointiert formulieren — auch neue Sportgeschichte.

---

[6] Wie bedeutsam und attraktiv diese neuen Sportformen sind und in welchem Ausmaß sie neue Mitglieder zu rekrutieren vermögen, kann am Beispiel eines der ältesten und größten bundesrepublikanischen Sportvereine, der Hamburger Turnerschaft von 1816 veranschaulicht werden, der durch ein neu geschaffenes Vereins-Fitneßstudio innerhalb eines Jahres 1200 Studioteilnehmer gewinnen konnte, von denen wiederum 1000 neue Vereinsmitglieder wurden (vgl. PALM 1989, 6f.).

1.4 Juventalisierung und Versportlichung

In der Vergangenheit entstanden in immer schnellerer Abfolge neue Sportformen, -inhalte und Interpretationsmuster, die maßgeblich von Jugendlichen initiiert und hoffähig gemacht wurden und mittlerweile über die expansive Stilisierung von Jugendlichkeit Eingang in weite Kreise der Erwachsenen gefunden haben. Im Zuge allgemeiner sozialstruktureller, zeitgeistiger und kultureller Entwicklungen spielt Jugend als „Reklamierungspotential" in den Bereichen Sport, Mode, Werbung, Konsum und Vergnügungsindustrie gewissermaßen als „Drehscheibe des Neuen" eine bemerkenswerte Vorreiterrolle (vgl. FERCHHOFF 1988)[7]. Neben der „Juventalisierung" der Elterngeneration hat gleichzeitig auch eine Vertauschung der Rollen, eine „Neu-bilanzierung" der Macht etwa im Sport- und Freizeitbereich, im Musikbetrieb, im Computerbereich, im Bildungssektor usw. (vgl. ZINNECKER 1987, 336) zugunsten der Jugendlichen stattgefunden. Jugendliche haben heute speziell vor dem Hintergrund erhöhter Kaufkraft bzw. eines vielerorts über Eltern und Großeltern zugewiesenen und somit selbstverständlich gewordenen „Jugendeinkommens" (BÖHNISCH/BLANC 1989, 58) und der Ausweitung von Konsummärkten in der Nutzung und Gestaltung von Sport, Freizeit, Medien und Mode immer stärker eine gesellschaftliche Vorbildfunktion gewonnen.

Viele Jugendliche nutzen und variieren zugleich diese kulturellen Felder, um bspw. den Älteren zu demonstrieren, daß es in diesen Fällen einmal die Söhne und Töchter sind, die den Ton angeben. Sie sind gewissermaßen zu kompetenten Sport-, Konsum-, Medien- und Lebensstilspezialisten geworden, an denen man sich orientiert (vgl. MITTERAUER 1986, 50). In diesem Zusammenhang sei besonders auf jene kleine, sportlich enorm leistungsbewußte, höchst erfolgreiche, medial stets präsente und nicht selten heroisierte Gruppe von jungen Spitzenathleten/innen hingewiesen, die sowohl die Popularität ihrer jeweiligen Sportart erhöhen als auch eine damit einhergehende spezifisch jugendkulturelle Habitualisierung quasi über alle Altersklassen hinweg kultivieren und verbreiten. Die beispiellose Expansion und Ausdifferenzierung des Sports, die immer weiter in die alltägliche Lebenspraxis vordringt, ausschließlich mit jugendlichen Innovationspotentialen erklären zu wollen, scheint allerdings wesentlich zu kurz zu greifen. Vielmehr spricht vieles dafür, daß der grundlegende

---

[7] Bereits Mitte der 70er Jahre hat TENBRUCK (1976, 95) die kulturelle Überformung der Gesellschaft durch eine Heroisierung und Idealisierung von Jugend herausgestellt. Für TENBRUCK entwickelte damals schon der Jugendkult ein Maß an Eigenständigkeit und Autarkie, das dazu führe, so TENBRUCK, die Generationen der Erwachsenen kulturell und moralisch fast vollständig zu vereinnahmen. Wenn TENBRUCK es damals auch noch aus guten Gründen als eine unrechtmäßige und folgenreiche Nivellierung der Altersunterschiede ansah, so hat diese Entwicklung mittlerweile eine Eigendynamik erreicht, der die Erwachsenen in vielen kulturellen Bereichen nun noch wesentlich schärfer dem Druck spezifischer jugendkultureller Privilegien, Machtquellen und Inszenierungen aussetzt.

soziale Wandel unserer Gesellschaft und die damit verbundene fortschreitende Pluralisierung, Individualisierung und Normdiffusion bedeutsame Auswirkungen auch auf die hier behandelte Thematik von Jugend und Sport besitzt. Vor diesem Hintergrund ist es mehr als plausibel, daß in der Jugendforschung die grundlegenden Auswirkungen dieser Wandlungsprozesse in Zusammenhang mit Veränderungen der modernen Jugendphase diskutiert werden (Strukturwandel der Jugendphase) und gleichzeitig in sportwissenschaftlicher Forschungsperspektive die ebenfalls erkennbaren, erheblichen Veränderungen des Sportsystems (Strukturwandel des Sports) immer mehr zum Thema werden. Die angedeutete Zunahme und Ausdifferenzierung sowohl der modernen Jugendphase als auch des Sports inklusive ihrer bedeutungsvollen Interdependenzen scheinen im wesentlichen an grundlegende, strukturelle Veränderungen in den Bereichen Arbeit, Qualifikation und Bildung, Freizeit, Konsum und damit verbundene Tendenzen zur Individualisierung gebunden zu sein.

Auch neuere Ergebnisse der Jugendforschung weisen inzwischen darauf hin, daß eine angemessene Würdigung bzw. Analyse der zunehmenden gesellschaftlichen Versportung gleichzeitig auch einen Schlüssel zum besseren Verständnis der modernen Kindheits- und Jugendphase und deren Strukturwandel ermöglicht. „Versportung geschieht in erster Linie an und mit ‚jugendlichen Körpern' — wenngleich der Prozeß sich auf ‚Jung und Alt' ausweitet und verallgemeinert" (ZINNECKER 1989, 133). Die zunehmende Ausdehnung und Modernisierung des Sports finden dabei in mehrfacher, oft verschränkter Form ihre Ausprägung. Sowohl in den Bereichen der individuellen Lebensführung, gesellschaftlich vermittelter latenter Ideale, als auch organisierter, sportlicher Handlungssysteme mit zunehmender Verfügungsgewalt wächst bei gleichzeitigen Interdependenzen die Bedeutung von Sport erheblich an — eine dynamische Entwicklung, deren Prozeßcharakter und zugrundeliegende Steuerkräfte nicht ohne größere Probleme darzustellen sind. Zu komplex erscheint die Verknüpfung miteinander konkurrierender Handlungs- und Machtbereiche (vgl. ELIAS/DUNNING 1984; ZINNECKER 1989). Einzelne Erklärungsversuche rekurrieren dann auch aus gutem Grund auf die von Norbert ELIAS entwickelten zivilisationstheoretischen Überlegungen, indem sie den „Prozeß der Versportung" mit jeder anderen, beliebigen zivilisierenden Entwicklungstendenz gleichsetzen, bei dem es sich „um einen zielgerichteten gesellschaftlichen Wandel" handelt, der, „obwohl in seiner Zielrichtung beschreibbar, letztlich ungeplant in diese Richtung verläuft" (ZINNECKER 1989, 134f.).

Wenn im folgenden unter dieser Prämisse trotzdem der Versuch unternommen wird, den Strukturwandel der modernen Jugendphase und die gleichzeitige Ausdifferenzierung des Sportsystems in ihren Abhängigkeiten (aber auch Eigenständigkeiten) vor dem Hintergrund gesellschaftlich wirkender Individualisierungsprozesse zu beschreiben, kann es sich daher allenfalls um einen ersten Zugang zum besseren Verständnis der grundlegenden Veränderungen von Jugend- und Sportkulturen handeln. In dieser konstruktiven Absicht sind die folgenden Überlegungen zu sehen.

2 Individualisierung als gesellschaftlicher Tatbestand Konstituierung eines theoretischen Bezugsrahmens

In der jüngeren Vergangenheit hat wohl kaum ein anderes allgemeines soziologisches Theorem die Sozialwissenschaften derart umfassend beeinflußt, wie es das „Individualisierungstheorem" getan hat. Der Begriff der Individualisierung zählt derzeit zu den inflationären Zauberformeln, mit deren Hilfe sowohl gesamtgesellschaftliche Strukturveränderungen als auch Wandlungen im individuellen Lebens- und Erfahrungsbereich äußerst variantenreich dargestellt und analysiert werden.

„Individualisierung" meint in einer ersten Annäherung gesellschaftliche Prozesse, die mit dem Aufkommen der Moderne — in den letzten Jahrzehnten allerdings wesentlich forcierter — die Lebenslagen und -formen der Individuen gewissermaßen kontinuitätszerstörend aus bindenden Normen und kollektiven Lebenszusammenhängen herauslösen und aufgrund der fortschreitenden Atomisierung der Gesellschaft in individuelle Akteure ehemals gesellschaftlich vorgezeichnete Lebensläufe zu individualisierten Biographien werden lassen (vgl. BECK 1983 und 1986; MOOSER 1983).

2.1 Das Individualisierungstheorem — Annäherung an einen zentralen Erklärungsansatz sozialen Wandels

Dieser im wesentlichen sozialstrukturell beeinflußte Prozeß ist allerdings als solcher nicht neu, sondern kennzeichnet vielmehr einen gesellschaftlichen Tatbestand, der seit dem Übergang in die Moderne zentrale Merkmale der spezifischen, sich zunehmend ausdifferenzierenden Sozialstruktur und den damit verbundenen normativen Anforderungen an die Individuen erfaßt (vgl. ARBEITSGRUPPE BIELEFELDER JUGENDFORSCHUNG 1990, 11 ff.). Individualisierung stellt bereits seit Ende des 19. Jahrhunderts ein vielschichtiges Thema der modernen Kulturkritik[8] dar, das nicht zuletzt auch in der Arbeiterschaft „charakteristischerweise in der Spannung zwischen den Generationen virulent wurde" (MOOSER 1983, 296) und im Zuge der Ausbreitung einer Massenkultur zu einem Auseinanderklaffen der Sozialisationsbedingungen zwischen den Generationen

---

[8] Im Rahmen einer ersten sozialwissenschaftlichen Thematisierung bilden die Arbeiten von DÜRKHEIM, SIMMEL, MARX, WEBER und TÖNNIES einen vorläufigen Höhepunkt.

selbst führte[9]. Wenn somit auch nicht von einer historischen Präzedenz gesprochen werden kann, scheinen in unseren Tagen zumindest Intensität und Dynamik dieser Individualisierungsprozesse bis dahin ungekannte Ausmaße erreicht zu haben.

Die neuere sozialwissenschaftliche Forschung hat vor dem Hintergrund zunehmender gesellschaftlicher Ausdifferenzierung einen „sekundären" Individualisierungsprozeß herausgearbeitet, in dessen Folge es zu einer Neubestimmung des Verhältnisses von Gesellschaft und Individuum kommt. In systemtheoretischer Rekonstruktionslogik ist mit der fortschreitenden Ausdifferenzierung von Teilsystemen gleichzeitig auch eine erhöhte Rollendifferenzierung verbunden, die die Ansprüche in Hinblick auf individuelles Handlungsmanagement deutlich erhöhen. Anders formuliert: „Die Umsetzung der gesellschaftlichen Systemdifferenzierung ist ein sachlich und zeitlich je einmaliges Rollenmanagement — das ist der Mechanismus, der nach soziologischer Vorstellung die Individualisierung der Personen erzwingt" (LUHMANN 1987, 126).

Die aktuellen Individualisierungsprozesse, die den Zeitraum der letzten drei Jahrzehnte umfassen, sind insbesondere seit den Arbeiten von BECK (1983 und 1986) und MOOSER (1983) zum bedeutungsvollen Gegenstand neuerer soziologischer Theoriebildung geworden. Für die von BECK und MOOSER so facettenreich beschriebenen umwälzenden Wandlungen der Arbeitsgesellschaft, die sich im Kern zunächst einmal an veränderten Linien der sozialen Schichtung, neuen Phasen des Lebenszyklus, Geschlechtsrollenverschiebungen und Sozialmilieuauflösungen festmachen lassen, gibt es vielfältige empirische und theoretische Evidenzen, die im Rahmen dieser Arbeit nur in den großen Entwicklungssträngen rekonstruiert werden können (vgl. bspw. ZAPF u. a. 1987). Der im wesentlichen durch diese Arbeiten angestoßenen neueren Individualisierungsdebatte liegt die Kernthese zugrunde, daß auf dem Hintergrund eines vergleichsweise hohen materiellen Lebensstandards und weit vorangetriebener sozialer Sicherheiten „die Menschen in einem historischen Kontinuitätsbruch aus traditionalen Klassenbindungen und Versorgungsbezügen der Familie herausgelöst und verstärkt auf sich selbst und ihr individuelles (Arbeitsmarkt-) Schicksal mit allen Risiken, Chancen und Widersprüchen verwiesen" werden (BECK 1983, 486)[10]. Während in früheren Generationen, so BECK (1990, 35),

---

[9] Für die Arbeiterschaft hatte diese allmähliche Freisetzung und Distanzierung von den Bedingungen ihrer Herkunft, wie MOOSER (1983) eindrucksvoll herausarbeitet, einen grundlegenden Wandel ihrer Kultur, der spezifischen Sozialisation in den Familien, sowie der Bedeutung kollektiver Bindungen zur Folge (vgl. MOOSER 1983, 296 ff.).

[10] MOOSER (1983) bewertet die Verbesserung der Lebenshaltung für den Bereich der Arbeiterschaft nach 1950 in seiner preisgekrönten Arbeit „als spektakulär, umfassend und sozialgeschichtlich revolutionär, da mit ihm große Ungleichheiten der Lebensformen abgebaut wurden, während diese selbst sich in wichtigen Hinsichten änderten" (MOOSER 1983, 286). An drei zentralen Entwicklungslinien macht er die historische Überwindung der traditionellen „Enge und Unsicherheit des proletarischen Lebenszuschnitts" fest:

soziale Schicht, Einkommensstruktur, Beruf, Ehepartner, politische Orientierung und Freizeitengagement „meist aus einem Guß waren, zerfällt dieses biographische Paket jetzt in seine Bestandteile". BECK (1986, 206) stellt drei zentrale Dimensionen von „Individualsierung" besonders heraus: die Herauslösung aus historisch vorgegebenen Sozialformen und -bindungen (Freisetzungsdimension), den Verlust von traditionalen Sicherheiten im Hinblick auf Handlungswissen, Glauben und leitende Normen (Entzauberungsdimension) und schließlich eine neue Art der sozialen Einbindung (Reintegrationsdimension). Mittlerweile liegt eine Vielfalt weiterer Diskussionsbeiträge und Kritiken (vgl. ZAPF 1987; ESSER 1987; LUHMANN 1987; HABERMAS 1988; HONNETH 1988; JOAS 1988; HOFFMAN-NOWOTNY 1988) vor. Aufgrund der hohen Kompatibilität des Individualisierungstheorems hat in der Zwischenzeit auch ein umfassender Transfer in die unterschiedlichen sozialwissenschaftlichen Einzeldisziplinen (z. B. Arbeitssoziologie, Freizeitsoziologie, Familiensoziologie, Wert- und Einstellungsforschung, Lebenslaufforschung) eingesetzt.

Im Rahmen der Sportwissenschaft spiegeln sich erste Relationen wider,
— in den von RITTNER (1983) entfalteten Thesen zum Strukturwandel des modernen Sports und der Individualisierung des Sporterlebens,

---

1. Vollbeschäftigung: Nach den Hungerjahren der Nachkriegszeit, der Phase des Krieges und der damit verbundenen „rüstungs- und kriegswirtschaftlichen Erzeugungsschlachten", sowie der „katastrophisch wirkenden Arbeitslosigkeit um 1930, der in der ökonomischen Stagnation der 1920er Jahre schon eine relativ breite Beschäftigungslosigkeit vorausgegangen war, entschärfte sich im Zuge der Vollbeschäftigung die Dramatik der Daseinsfürsorge, und es entstand zum ersten Mal so etwas wie kollektive Sicherheit.
2. Dauerhafte Reduktion der Arbeitszeit: Vor dem Hintergrund einer vergleichsweise stabilen Existenzsicherung kam es allmählich zu einer Steigerung des Einkommens, und die Masse der Arbeiter bekam zum erstenmal die Chance „für eine nicht mehr durch Mühsal, sondern auch durch Muße bestimmte Freizeit, für ein stärker individuell bestimmtes Privatleben".
3. Ausbau der sozialpolitischen Leistungsbereiche: In besonderem Maße „bewirkte die institutionelle wie materielle Erweiterung der Sozialpolitik einen fundamentalen Wandel im lebens- und familienzyklischen Einkommen" und den damit verbundenen Sozialformen. Diese im historischen Vergleich beispiellose Absicherung und Verbesserung der materiellen Lage hat für einen großen Teil der Arbeiterschaft „den Spielraum materieller Dispositionen und individueller Bewegungsfreiheit" deutlich erweitert und damit auch Lebensqualität und Optionsvielfalt über die alltägliche Enge von Arbeit, Familie und Nachbarschaft hinaus generalisiert (vgl. MOOSER 1983, 287 ff.)
Aufgrund dieser Entwicklung kommt es:
— zu einer Homogenisierung der ehemals stark differenzierten Arbeiterschaft,
— zu einer Privatisierung der Lebensformen,
— zu einer allmählich einsetzenden Aushöhlung der Grundlagen der unmittelbar an das Klassenschicksal gebundenen (politischen) Sozialisation sowie einer grundlegenden Veränderung der Bedeutung kollektiver Bindungen.
MOOSER (1983, 299) charakterisiert diesen Wandel „als die Transformation umfassender Gesinnungsgemeinschaften zu partikularen Interessengruppen".

— in den von KURZ (1986; 1988), GRUPE (1987), HEINEMANN/DIETRICH (1987; 1988) vorgelegten Thesen zur Differenzierung bzw. Entsportlichung des Sports und
— in den von DIGEL (1986; 1988), CACHAY (1988), KURZ (1990) entwickelten Thesen zu grundlegenden strukturellen Veränderungen der Institution Sportverein, die als Wandel vom „Solidarverein zur Gemeinschaft von Individualisten" (DIGEL 1988) bzw. als Übergang „von der Vereinsfamilie zur Verbrauchervereinigung" (KURZ 1990) näher charakterisiert werden.

Auch in fast allen Arbeiten, Debatten und Kontroversen, die innerhalb der letzten Jahre im Bereich der sozialwissenschaftlich orientierten Jugendforschung (FUCHS 1983; BILDEN/DIEZINGER 1984; HORNSTEIN 1985; HURRELMANN 1985; KOHLI 1985; NUNNER-WINKLER 1985; BAETHGE 1985; OLK 1985; HEITMEYER 1986; ZIEHE 1986; BAACKE 1987; FERCHHOFF 1985 und 1988; ARBEITSGRUPPE BIELEFELDER JUGENDFORSCHUNG 1990) geführt wurden, schimmern die grundlegenden Auswirkungen des Individualisierungstheorems immer wieder durch[11]. Dies hat insbesondere auch forschungspragmatische Gründe. Was zeichnet das Individualisierungstheorem im sozialwissenschaftlichen Verwendungskontext aus?

Um die derzeitige Dynamik gesellschaftlicher Modernisierungsprozesse adäquat beschreiben und analysieren zu können, sind Forschungsansätze unentbehrlich, die sowohl den Wandel gesellschaftlicher Rahmenbedingungen erfassen als auch auf der subjektiven Ebene spezifische Veränderungen von Verarbeitungs- und Verhaltensformen im individuellen Erfahrungsbereich verstehen (helfen). Das Individualisierungstheorem wird diesem forschungsstrategischen

---

[11] Die spezifische Rezeption und Adaptation des Individualisierungstheorems scheint offenbar auch zu einem Perspektivwechsel innerhalb der Jugendforschung geführt zu haben. Die Zentralität der Frage nach der Integration von Jugend in das gesellschaftliche System ist zumindest ein Stück weit von dem neuen Interesse an den Jugendlichen als Subjekt abgeschwächt worden (vgl. BÖHNISCH 1983, 259; BILDEN/DIEZINGER 1984, 192). „Die Bezugnahme auf die Ansätze einer kritischen Modernisierungstheorie bietet die Möglichkeit, die historische Entwicklung und aktuelle Verfaßtheit jugendlicher Lebenszusammenhänge vor dem Hintergrund der ambivalenten Folgen gesellschaftlicher Modernisierungsprozesse zu analysieren, die nicht nur zu einer Ausdifferenzierung gesellschaftlicher Teilsysteme", sondern „insbesondere durch den Ausbau des Bildungssystems seit der Nachkriegszeit zu einer Universalisierung" und gleichzeitigen Entstrukturierung „der Lebensphase Jugend geführt haben" (KRÜGER 1988, 18). In diesem Zusammenhang entfalten BILDEN/DIEZINGER (1984) eine interessante — wenn auch kontrovers zu diskutierende — Erklärungsvariante: „Wenn Forschung, vor allem qualitative, die Jugend nicht vorrangig als Garant oder Risiko für die Fortsetzung der bestehenden Gesellschaft in die Zukunft untersucht, sondern Lebenswelt(en) und Problemdefinitionen einigermaßen aus der Sicht der Jugendlichen zu betrachten sich bemüht, dann setzt und sieht sie diese Jugendlichen stärker als Subjekte, als Individuen. Insofern könnte man die These aufstellen, daß sich die angeblich beobachteten „Individualisierungsprozesse" wenigstens teilweise auch dem Perspektivwechsel zu subjektorientierter Forschung verdanken" (BILDEN/DIEZINGER 1984, 192).

Postulat in mehrfacher Hinsicht gerecht: Individualisierung nimmt sowohl Bezug auf bestimmte von „außen" herangetragene sozialstrukturelle Entwicklungen, die zu veränderten Verhaltensanforderungen und normativen Erwartungen führen, als auch auf die „subjektive" Seite des gesellschaftlichen Modernisierungsprozesses. Im Mittelpunkt der Aufmerksamkeit stehen hier „subjektive Strategien der Bewältigung gesellschaftlicher Anforderungen sowie biographischer Prozesse der Selbstkonstitution". Die hohe Leistungs — und Anschlußfähigkeit des Individualisierungstheorems läßt sich nicht zuletzt darauf zurückführen, „daß es gewissermaßen an der Nahtstelle unterschiedlicher Analyseebenen und Denktraditionen angesiedelt ist" (ARBEITSGRUPPE BIELEFELDER JUGENDFORSCHUNG 1990, 11 ff.).

„Mit dem Theorem der Individualisierung wird ein Verhältnis von Individuum und Gesellschaft sozialwissenschaftlich ausgedeutet; auf diese Weise lassen sich sowohl gesellschaftstheoretische Diskurse führen als auch sozialisations- und identitätstheoretische Fragestellungen bearbeiten. Und gerade diese Lokalisierung an den Verbindungslinien zwischen subjektiven Lebensplänen, Sichtweisen und Kompetenzen der Individuen und gesellschaftlich verfaßten Gelegenheitsstrukturen macht ihn auch für die Jugendforschung so relevant" (ebenda).[12] Insbesondere die Lebensphase Jugend wird im wesentlichen dadurch bestimmt, „daß einerseits der gesellschaftliche Plazierungsprozeß der jeweils nachwachsenden Generation ... in seine entscheidende Phase tritt und andererseits lebensbiografische Projekte, moralische Urteilsfähigkeit, Wertbindungen sowie subjektive Kompetenzen ausgearbeitet, verfestigt und einem ersten Test unterzogen werden müssen" (ebenda). Jugend hat so gesehen immer etwas mit der Herausbildung von Individualität im Sinne des pädagogischen — wesentlich von bildungsbürgerlichen Idealen geprägten — Individuum-Begriffs zu tun. „Insofern kann man Jugend überhaupt als gesellschaftliche Anforderung und Chance zur Ausbildung einer Individualität und (Ich-)Identität verstehen" (BILDEN/DIEZINGER 1984, 202).

---

[12] FUCHS (1983) hat bereits vor einigen Jahren die These von der Individualisierung jugendlicher Lebenslagen und -formen prononciert vorgetragen: „Der Lebensabschnitt, der der Herausbildung von Individualität dient, enthält zunehmend Handlungsräume und Handlungsaufforderungen, die Individualität voraussetzen. Das Lebensalter, das der Vorbereitung auf individuelle Lebensführung dient, wird selbst individualisiert. Die Statuspassage nimmt Züge einer Jugendbiographie an" (FUCHS 1983, 341). KRÜGER (1988) bspw. konstatiert fünf Jahre später wesentlich schärfer: „Die systemischen Imperativen folgenden Vergesellschaftungsprozesse kapitalistischer Rationalisierung haben zugleich Arbeitsplätze vernichtet, Beschäftigungsrisiken privatisiert, traditionelle sozialkulturelle Milieus und überlieferte sinnstiftende Weltbilder zerstört, gewachsene Lebensräume entmischt und damit ‚auch' zu einer Destandardisierung und Flexibilisierung der Jugendphase und zu einer Zersplitterung und Atomisierung jugendlicher Lebenswelten geführt" (KRÜGER 1988, 18).

2.2 Individualisierung und wohlfahrtsstaatliche Modernisierung

Die vorangestellten Überlegungen werfen sicherlich eine Vielzahl weiterführender Fragen auf: Individualisierung ist die Antwort, was aber ist deren gesellschaftliche Voraussetzung? Wie läßt sich Individualisierung im einzelnen bestimmen? Der Gedankengang, der im folgenden entfaltet wird, versucht zunächst, die wesentlichen Individualisierungslinien näher zu charakterisieren und strukturell zusammenzufassen[13].

MOOSER (1983, 306) hat den gesellschaftlichen Kontext der „neueren" Individualisierungslinien innerhalb der Arbeiterschaft eindrucksvoll herausgearbeitet: „Für die Bundesrepublik ist ihre zeitspezifische Beschleunigung, Verknüpfung und kumulative Wirkung neben der endgültigen Auflösung der seit dem Kaiserreich politisch bindenden sozial-moralischen Milieus charakteristisch, die in einem sozialgeschichtlichen Kontinuitätsbruch in den 1960er Jahren mündeten. In dieses Jahrzehnt fiel der größte Schub einer historisch beispiellosen Anhebung des Lebensstandards und der Angleichung der Lebenshaltungsformen sowie eine verstärkte Mobilität, während eine Arbeitergeneration in den Vordergrund trat, die nicht mehr durch die alten sozialistischen und katholischen Arbeiterkulturen und nationalistischen Spannungen sozialisiert war, sondern durch die kontinuitätszerstörenden Prozesse des relativen Wohlstands, der Mobilität und Massenkultur, durch welche die Arbeiter aus den typischen kollektiven Bindungen an eine schichtspezifische Lebensweise und an politisch-soziale Gesinnungsgemeinschaften gelöst wurden. Sie nahmen gewissermaßen Abschied von der Proletarität, ohne jedoch in eine ökonomisch, sozial und politisch vergleichbar kohärente Lage einzugehen. Insofern hat der Kontinuitätsbruch ein offenes Ende und symbolisiert nicht die vielberedte Verbürgerlichung der Arbeiter."

Pointiert formuliert, scheinen wir Zeitzeugen eines Individualisierungsschubes von bislang unerkannter Reichweite und Dynamik zu sein, der sich „unter dem Deckmantel weitgehend konstanter Ungleichheitsrelationen" in der wohlfahrtsstaatlichen Nachkriegszeit vollzogen hat (und noch vollzieht) und in dessen Verlauf das Gefüge der konventionellen Organisationen und der bislang prägenden arbeitsbezogenen Berufskulturen und Arbeitsrollen, Lebensformen und soziokulturellen Wertmuster aufgeweicht und ein Großteil der Menschen aus der industriellen Gesellschaft und ständisch und klassenkulturell geprägten und intersubjektiv erlebbaren Gemeinschaftsbindungen, Arbeits-, Sozial- und Lebensformen „individualisiert" und „freigesetzt" werden, „ähnlich wie sie im

---

[13] Um Mißverständnisse zu vermeiden und den Verlockungen der Gleichsetzung von Individualisierung mit der Emphase des bürgerlichen Begriffs vom autonomen Individuum frühzeitig zu begegnen, sei an dieser Stelle auch noch einmal betont, daß mit dem Begriff der Individualisierung nicht ein Prozeß der Angleichung an jene legendäre „bürgerliche" Individualität gemeint ist und Individualisierung keinesfalls als schlichter Verbürgerlichungsprozeß verstanden werden kann.

Laufe der Reformation aus der weltlichen Herrschaft der Kirche in die Gesellschaft entlassen wurden" (BECK 1983, 485f.). In Hinblick auf die von BECK aus Gründen der Dramatisierung bisweilen überstrapazierten historischen Vergleiche sei noch einmal kurz auf die grundsätzliche Problematik der Einstufung und tatsächlichen Bewertung der historischen Dimension der bereits angedeuteten neueren Individualisierungs- und Differenzierungstendenzen verwiesen.

Die zentralen Fragen nach den historischen Ausmaßen und der Komparabilität dieser Entwicklung lassen sich auf unterschiedliche Weise beantworten. In der Regel — und hierbei handelt es sich um eine rein subjektive Einschätzung — neigen allerdings Gesellschaftswissenschaftler, so scheint es, in besonderem Maße dazu, das Ausmaß individueller sozialer Mobilitätsströme in der Vergangenheit zu unterschätzen. Zunächst einmal — und dies ist leicht zu plausibilisieren — wird der aktuelle Stand in vielen Fällen dramatisiert und eine historisch komparative Perspektive einseitig entfaltet. Vergegenwärtigt man sich in diesem Zusammenhang, welch hohes Maß an individuellen Mobilitätsprozessen dem Übergang von der agrarischen in die industrielle Kultur oder von der industriellen Gesellschaft hin zur Dienstleistungsgesellschaft zugrunde liegt, so wird man bereits für die erste Hälfte dieses Jahrhunderts erhebliche individuelle Mobilitätsströme diagnostizieren können.

Im Gegensatz zu diesen klassischen, relativ naturwüchsig abgelaufenen Individualisierungstendenzen scheint jenseits quantitativer Vergleichsformeln vielmehr das eigentlich „Neue" in der ausgeprägten sozial- und wohlfahrtsstaatlichen Regulation und damit verbundenen Eigendynamik liegen. Die wohlfahrtsstaatliche Aufschwungsphase, die erst allmählich in den 1950er Jahren einsetzt, hat bei relativ konstant bleibenden sozialen Ungleichheitsrelationen, die folgenreiche kulturelle Erosion und Evolution der Lebensbedingungen ausgelöst.

Erst im Zusammenwirken von folgenden — in einer kurzen Übersichtsskizze aufgearbeiteten — sozialstrukturellen Veränderungen entwickelt die Dynamik des Individualisierungsprozesses seine strukturverändernde Intensität und bricht die traditionellen Lebenszusammenhänge auf:

1. Die enorme Steigerung des materiellen Lebensstandards bei gleichzeitiger Absicherung der materiellen Reproduktion (Arbeitsmarktregulierung, Kranken- und Sozialversicherungssystem) bedeutet für einen Großteil der Arbeiterschaft „Abschied von der proletarischen Enge" und eröffnet neuartige Chancen und Bewegungsspielräume für die Realisierung individueller Konsum- und Lebensstile.
2. Der deutliche Anstieg selbstbestimmter erwerbsarbeitsfreier Lebenszeit im Zuge sinkender Arbeitszeiten und steigender Lebenserwartung ermöglicht nun in Verbindung mit sozialen Sicherheitsstandards und relativ hohen materiellen Ressourcen die Verwirklichung individueller Bedürfnisse im Be-

reich der Freizeit (z. B. die aktive Teilhabe an körperbezogenen Sozialsystemen) und befreit ein Stück weit vom vorgezeichneten Klassenschicksal.
3. Die „existentielle" Entdramatisierung von kollektiven Arbeitsrisiken und -konflikten und die mittlerweile abgesicherten — in einem langen Prozeß erkämpften — sozialen und politischen Rechte der Arbeiterschaft befreien aufgrund des erreichten „hohen" Status quo von „existentiellen" Solidarisierungszwängen und haben heute — im Gegensatz zu früher, wo gerade die Solidarisierungsnotwendigkeit sozial, politisch und kulturell handelnde Klassen zusammenschmolz und entsprechende Organisationsformen entstehen ließ — eine Individualisierung von Klassenzusammenhänge und -schicksale in Richtung auf ein Höchstmaß an Eigenverantwortlichkeit zur Folge.
4. Durch die sich im Zuge der wohlfahrtsstaatlichen Expansion und ökonomischen Modernisierung vollziehende erhebliche Ausweitung des Dienstleistungssektors sowie den damit verbundenen sozialen und geographischen Mobilitätsströmungen werden nun ehemals klassen- und schichtspezifisch getrennte soziale Kreise miteinander vermischt, herkunftsfremde Soziallagen zugänglich und ehemals vorgezeichnete Lebensentwürfe in Frage gestellt.
5. Durch die wachsende Erwerbstätigkeit von Frauen werden Individualisierungsprozesse auch in die Familie hineingetragen. Ehemals unumstrittene Hierarchien geschlechtsspezifischer Arbeitsteilung und geographischer Mobilitätspräferenzen in Hinblick auf die Karriere des Mannes werden von dem Streben nach gleichberechtigten Beziehungsformen — ohne die Möglichkeit eines Rückgriffs auf traditionelle Handlungsmuster — abgelöst.
6. Der Ausbau des Bildungsbereichs, der vielfältige individualisierende Effekte aufweist, wie z. B. individuelle Selbstfindungs- und Reflexionsprozesse, individuelle Leistungsmotivationen und Aufstiegsorientierungen, individuelle Tätigkeiten (Lernen) hat insgesamt eine generelle Infragestellung traditioneller Lebensentwürfe und Lebensziele zur Folge.
7. Ein deutlicher Wandel von ehemals kollektiven Ansprüchen an Arbeit artikuliert sich darin, daß ein Großteil der (insbesondere jungen) Menschen im Bereich der Arbeit sich nicht mehr als „jedermann" verstanden wissen will, der seine Arbeitskraft zunächst einmal im Sinne des lutherisch pflichtethischen Verständnisses der Berufsrolle oder einer calvinistischen Selbstverantwortungsethik zur eigenen Reproduktion auf dem Markt anbietet, sondern vielmehr als ein Subjekt, das mit bestimmten individuellen Neigungen und Kompetenzen ausgestattet ist, die es längst nicht mehr nur im Bereich von Lebensstil und Freizeit, vielmehr auch in der Arbeitssphäre sinnvoll und ökonomisch relevant umzusetzen gilt.

Die Konsequenz dieser Entwicklungen ist keineswegs die Auflösung sozialer Ungleichheitsrelationen, sondern vielmehr die spezifische Überlagerung von sozialer Ungleichheit und ihre Verknüpfung mit sozialmoralischen Milieus durch Tendenzen einer „Individualisierung sozialer Ungleichheit" und einer „Enttraditionalisierung sozialmoralischer Milieus", die immer deutlicher individualisierte Existenzformen und Existenzlagen mit all ihren Chancen und Risiken erzwingen (vgl. BECK 1986).

KOHLI (1986) hat diesen „Zwang zu einer subjektiven Lebensführung" besonders herausgestellt. Die Mehrheit der Menschen, so die Grundthese, trifft in immer stärkerem Maße auf individualisierte Handlungsstrukturen, so daß zahlreiche lebensbedeutsame Entscheidungen inclusive der damit verbundenen Chancen und Risiken in wachsendem Maße in eigener Regie zu treffen sind. Als die wohl folgenreichste Konsequenz dieser Entwicklungen betrachtet z. B. BAETHGE die allmähliche „Aushöhlung" traditioneller Organisationsformen gemeinschaftlichen Handelns, indem die fortschreitenden Individualisierungs- und Differenzierungsprozesse, „deren subjektiven Voraussetzungen in Gestalt der individuellen Orientierungs- und Handlungsmuster sowie Verhaltensmuster demontieren und die traditionellen Sozialcharaktere auflösen" (BAETHGE 1990). Die Spaltung von „ein in den Institutionen geltendes Selbstbild, das die alten Sicherheiten und Normalitätsvorstellungen der Industriegesellschaft konserviert", und der tatsächlichen „Vielfalt lebensweltlicher Realitäten", läßt nicht nur immer mehr Menschen durch die Normalitätsmaschen des sozialen Sicherungsnetzes fallen, sondern erodiert auch die lebensweltlichen Grundlagen der Institutionen und Konsensformeln, „die diese in ihrem Bestand getragen haben". Institutionen wie politische Parteien, Gewerkschaften, Jugendverbände, aber auch Sportvereine, „werden zu Konservatoren einer sozialen Wirklichkeit, die es immer weniger gibt" (BECK 1986, 158). In neueren Veröffentlichungen spricht BECK in diesem Zusammenhang von einer „Individualisierung der Institutionen", „denn Institutionen können nicht länger individuenunabhängig gedacht werden" (BECK 1990, 35).

Wenn empirische Belege auch erst in Ansätzen vorliegen, so spricht dennoch vieles dafür, daß von dieser Entwicklung die politischen Großorganisationen ebenso betroffen sind wie Jugendverbände oder Sportvereine. Für BAETHGE (1990) gehen die Auswirkungen dieser Entwicklung noch wesentlich weiter, und zum gegenwärtigen Zeitpunkt ist nicht ersichtlich, „wo und wie neue Formen organisierten gesellschaftlichen Handelns mit einer gewissen Dauerhaftigkeit und Stabilität entstehen können". Individualisierung wird von BECK entsprechend als ein historisch widersprüchlicher Prozeß der Vergesellschaftung verstanden, der die Individuen aus stabilen Bezugsrahmen freisetzt und immer mehr „zum Akteur ihrer marktvermittelten Existenzsicherung und der darauf bezogenen Biographieplanung und -organisation" macht (BECK 1989, 119).

2.3 Individualisierung als Normierung und Pluralisierung von Sozialisationsbedingungen

Die beschriebenen Individualisierungsprozesse haben gleichzeitig auch eine Normierung und Pluralisierung der Sozialisationsbedindungen zur Folge. Die Konsequenzen dieser Veränderungen sind insbesondere von BAETHGE (1988 und 1990) dezidiert herausgearbeitet worden. Was bereits an anderer Stelle als historischer Kontinuitätsbruch und Auflösung der Bindung sozialmoralischer Milieus dargestellt wurde, beschreibt die neuen Lebensbedingungen, unter denen ein Großteil — insbesondere der Söhne und Töchter aus (ehemals) Arbeiterfamilien — aufwächst. „Historische Individualisierungsprozesse formen also die Sozialisationsprozesse dieser Jugendlichen. Ihre Vergesellschaftung nimmt die Form der „Individualisierung" an (vgl. BILDEN/DIEZINGER 1984, 195). Hieran sind folgende zentrale Fragen geknüpft: Wie werden Kinder und Jugendliche an diese Gesellschaft herangeführt und integriert? Welche Art von Sozialcharakter entsteht dabei?

Für BAETHGE z. B. ist für den Prozeß der Sozialisation in Gesellschaften unseres Typs die Etablierung und Generalisierung eines bestimmten in sich differenzierten, arbeitsteiligen Sozialisationsmusters kennzeichnend, das sich als zunehmende Auslagerung von Sozialisationsvorgängen aus dem unmittelbaren Lebensfeld der Familie, der Nachbarschaft und der Arbeit in ein eigens dafür geschaffenes Feld unterschiedlicher Institutionen (Kindergärten, Schulen, Hochschulen) beschreiben läßt (vgl. bereits HURRELMANN/ULICH 1980). Die sich parallel zur Industrialisierung allmählich entfaltende Struktur einer familial, schulisch und betrieblich gemischten Sozialisation schuf zwar auf der einen Seite neue Muster klassen- und geschlechtsspezifischer Erziehung, trug aber in dem Prinzip der öffentlich organisierten Schulbildung den Keim, wenn nicht der Auflösung, so doch zumindest der Verdünnung klassen- und geschlechtsspezifischer Sozialisation in sich (vgl. BAETHGE 1990). Im Kontext der allgemein zunehmenden Vergesellschaftung von Lebensbedingungen drängte die sukzessive Generalisierung und Ausweitung öffentlicher bzw. öffentlich normierter Bildungskonzepte den Einfluß unmittelbar lebensweltlich bestimmter Formen sozialen Verhaltens in Hinblick auf die kindliche bzw. jugendliche Persönlichkeitsentfaltung und Identitätsgewinnung in den Hintergrund.

In den letzten zwei bis drei Jahrzehnten erfuhr die Sozialisationsstruktur in der Jugendphase einen neuen Schub, an dessen Verlauf man sich das Ausmaß dieser Entwicklung klar machen kann. Ein genauer Blick auf die im wesentlichen sozialstaatlich initiierte und für die im Rahmen dieser Arbeit behandelte Problematik von Jugend und Sport besonders bedeutungsvolle Bildungsexpansion Mitte der 60er Jahre mag dies verdeutlichen. Die Analyse von quantitativen und qualitativen Veränderungen im Bereich des Bildungswesen und der damit unmittelbar verbundenen Generalisierung der modernen Jugendphase bringt bereits aufschlußreiche Erkenntnisse.

So hat sich bspw. die durchschnittliche Ausbildungsdauer allein nur im Bereich der allgemein bildenden Ausbildungseinrichtungen in den letzten zwei Jahrzehnten um fast drei Jahre verlängert; betrachtet man ferner die erheblichen Verschiebungen in den Relationen von Schülern, Auszubildenden und Studenten, inklusive der Nivellierung der geschlechtsspezifischen Unterschiede, so scheint das hervorstechendste Merkmal dieses Wandels in der — lebenszyklisch gesehen — deutlichen Rückverlagerung von Arbeit und dem Bedeutungsgewinn von Lernen als unmittelbares Tätigkeits- und Erfahrungsfeld zu bestehen. BAETHGE hat die grundlegenden Auswirkungen dieser Umstrukturierung des jugendlichen Erfahrungsfeldes von einer vornehmlich arbeitsintegrierten oder arbeitsbezogenen Lebensform zu einer vornehmlich kognitiv-schulischen herausgearbeitet. Nach BAETHGE läßt sich dieser Wandel in all seinen Dimensionen nur dann richtig erfassen, wenn dieser Prozeß nicht nur als schlichter Wechsel von Bezugspunkten für das Handeln in der Jugendphase betrachtet, sondern als langsame Umwälzung der Sozialisationsmodi in der Adoleszenz versteht. „Was sich äußerlich als Wechsel institutionell definierter Aufenthaltsräume darstellt, beinhaltet einen die ganze Person und ihre Entwicklung betreffenden Wandel" von spezifischen Formen der Erfahrung und der inneren Auseinandersetzung mit Umwelt in dieser Altersphase (vgl. BAETHGE 1990).

BAETHGE charakterisiert diese Veränderung begrifflich „als Wandel von einem produktionistischen hin zu einem konsumistischen Sozialisationsmodell"[14]. Dieser grundlegende Perspektivwechsel hat weitreichende Konsequenzen. So betont BAETHGE in diesem Zusammenhang, daß eine derartige Umstrukturierung unweigerlich „auch eine Aushöhlung kollektiver gesellschaftlicher Erfahrung nach sich zieht und die Tendenz zur Vereinzelung verstärkt" (ebenda). Wenn die Verlängerung von Lern- und Ausbildungszeiten auch mehr individuelle Entfaltungsspielräume eröffnet und das deutlich höhere Budget an verhaltensbeliebiger Zeit größere Chancen in Hinblick auf ein Engagement in kulturellen Bereichen ermöglichen oder auch die Gleichaltrigenkommunikation zu intensivieren vermag, das Gefühl gesellschaftlicher Nützlichkeit und unmittelbarer Gratifikation wird sich trotz aller pädagogischer Inszenierungen und höchst artifizieller kompensatorischer Akte kaum einstellen können.

---

[14] Um Mißverständnisse zu vermeiden, sei an dieser Stelle noch einmal verdeutlicht, daß die von BAETHGE verwandten Begriffe „produktionistisch" und „konsumistisch" in erster Linie nicht materielle Prozesse fokussieren, sondern vielmehr die unterschiedlichen ideellen Formen der Aneignung der Welt begrifflich zu fassen versuchen. Unter konsumistischer Sozialisation versteht BAETHGE Erfahrungsprozesse, in denen rezeptive und reflexive Akte vor allem solche des Lernens dominieren", wo hingegen mit dem Begriff der „produktionistischen Sozialisation" Erfahrungsprozesse gedacht sind, die „nach außen gerichtete und in sich vorzeigbare, sichtbare Resultate „spezifischer Handlungsakte sind, „deren Gelingen oder Mißlingen Auswirkungen auf andere hat" (BAETHGE 1990).

Im Gegensatz zu den Erwartungen der Protagonisten der Bildungsexpansion tritt aus diesen sozialstaatlich regulierten und im Ansatz verallgemeinerten neuen Sozialisationsbedingungen allerdings nicht das pädagogisch konzipierte klassisch bürgerliche Individuum hervor, das spezifische Bildungsformen durchläuft und gewissermaßen Individualität, wie Mᴏᴛᴛᴇʀᴀᴜʀ (1986, 124) zeigt, als unmißverständliches Merkmal eines spezifischen kulturellen Verhaltenscodes von Geburt an implantiert hat und sich auf entsprechendes kulturelles Kapital stützen kann, sondern es entsteht vielmehr ein neuer Typus von Einzelkämpfer, der seine Herkunft abzustreifen versucht und dabei im Wechselbad von Hoffnung und Resignation seinen eigen nicht mehr vorgezeichneten Weg selbst finden muß. Auch das von Eʀɪᴋѕᴏɴ bereits in den 50er Jahren für die amerikanische Mittelschicht-Jugend entworfene Modell eines sozialpsychologischen Moratoriums Jugend scheint den tatsächlichen lebensweltlichen Realitäten eines Großteils der Heranwachsenden kaum noch gerecht zu werden. Was Eʀɪᴋѕᴏɴ als „Schonraum" analytisch konzipierte, charakterisiert Bᴀᴇᴛʜɢᴇ heute eher als „Hindernisrennen", dessen Bewältigung zunächst einmal durch die Entfaltung individueller Verhaltensstrategien bestimmt wird.

Der „Massenkonsum höherer Bildung" hat nicht nur zu einem erheblichen qualitativen wie auch quantitativen Wandel der modernen Jugendphase geführt, sondern gleichzeitig „einen Riß zwischen den Generationen im Nachkriegsdeutschland entstehen lassen, der erst ganz allmählich in seiner Breiten- und Tiefenwirkung auf das Verhältnis zwischen den Geschlechtern", die Erziehungsstile, die (politische) Kultur, das Freizeitverhalten sowie in Hinblick auf die Veränderung traditioneller Wertorientierungen sichtbar wird. Früher stellte das Hineinwachsen in die Gesellschaft ein für den einzelnen „vorwiegend naturwüchsigen Prozeß dar, der auf der Familienerfahrung und dem sich in ihr immer (interpretiert) spiegelnden Herkunftsschicksal" aufbaute, dann über die Stationen von Nachbarschaft, Jugend-Sportverein etc. bis zur betrieblichen Sozialisation gleichsam vorgezeichnet in eine der politischen Strömungen . . . hineinführte. Heute ist dies übergreifende Erfahrungs- und Kontrollband eines klassenkulturell geprägten Sozialmilieus vielfältig gebrochen . . ." (Bᴇᴄᴋ, 1986, 128 f.).

2.4 Zur Ambivalenz gesellschaftlicher Individualisierungsprozesse

Die konkrete Beschreibung der Folgen gesellschaftlicher Individualisierungsprozesse zeigt ambivalente Effekte: Mit der Auflösung traditioneller Lebensprägungen etwa durch Klassen-, Konfessions-, Sozial-, Verbands- und Familienmilieus (der Arbeiterschaft, des [Bildungs-, Besitz-]Bürgertums, der ländlich-bäuerlichen Gesellschaft, der christlich-religiösen Gemeindearbeit, der Nachbarschaft, des ortsbezogenen Sportvereins etc.) kommt es in systemtheoretischer Perspektive aufgrund fortschreitender „funktionaler Differenzierung" zu einer „kontinuierlichen Ausdehnung einer Sphäre der sozialstrukturellen Unbestimmtheit" (Bᴇʀɢᴇʀ 1987, 69).

Zwei gegenläufige Entwicklungslinien gilt es dabei besonders herauszustellen: Auf der einen Seite ist nicht zuletzt angesichts der zunehmenden Aufhebung und des Verlustes des sozialkulturellen Hintergrundes von traditionalen Identitäten (mit Familie, Lebensmilieu, Kirche, Partei, Nachbarschaft etc.) und Lebensentwürfen ein — durchaus nicht immer freiwilliges — Anwachsen von beweglichen Selbstorientierungen, Selbstbehauptungen und Individualisierungsschüben festzustellen, während auf der anderen Seite gleichsam eine „Entindividualisierung" im Sinne erhöhter Austauschbarkeit von Personen infolge von „Mobilitätsprozessen, Anonymisierung und Fragmentierung" stattfindet (NUNNER-WINKLER 1985, 470). Vieles deutet darauf hin, daß die strukturell eingeräumten Möglichkeiten, sich etwa gegenüber gesellschaftlich institutionalisierten Normalitätserwartungen und standardisierten bzw. chronologisierten Lebenslaufmustern reflexiv zu verhalten, nicht nur im Zuge dieser sogenannten „Destrukturierung" bzw. „Destandardisierung" des Lebenslaufs (KOHLI 1985) neue Handlungsspielräume eröffnen, sondern auch Entscheidungslasten und unkalkulierbare Risiken mit sich bringen können. Der „Segen" einer solchen entstrukturierten und -normierten Lebensführung wird allerdings nicht selten mit dem „Fluch" zum Zwang dieser Lebensweise eingetauscht. Auf der einen Seite wird der einzelne zwar aus den ehemals vorgezeichneten traditionalen Bindungen und damit oftmals verbundenen Klassenschicksalen befreit, auf der anderen Seite wird er nun mit den Zwängen gesellschaftlicher Institutionen und ihrer spezifischen Spielregeln konfrontiert, auf die er selbst nur wenig einwirken kann.

So gesehen ist allemal eine Gleichzeitigkeit von Individualisierungschancen — im Sinne der erhöhten Erfahrung räumlicher und sozialer Mobilität (sozialer Aufstieg) und neuen Formen der Selbstverwirklichung und Eigenleistungen — und Individualisierungsrisiken in Form der Institutionalisierung bzw. Standardisierung von Lebenslagen, im Sinne von Kommerzialisierung, Vereinsamung, Atomisierung und Entfremdung zu beobachten. Eine sich dynamisch verändernde soziale Wirklichkeit weist immer weniger solidarisch kollektive Bezüge auf. An die Stelle sozialkulturell vermittelter und (sozial-)politisch angestrebter Solidaritätsmuster tritt immer mehr die freie Betätigung des einzelnen.

Mittlerweile existiert ein ganzes Arsenal von verfügbaren biographischen Handlungsmustern, die nicht nur Optionsvielfalt garantieren, sondern gleichzeitig ein Höchstmaß an Entscheidungszwängen in die verschiedenen — ehemals sozial vorstrukturierten — Lebensbereiche verlagern. Eine Vielzahl von Entscheidungen sind heute ununterbrochen ohne institutionelle Regelungen und ohne kollektive Zwänge und Absicherungen zu treffen und „werden somit immer weniger selbstverständlich im Lebensvollzug gelöst, sondern durch entscheidungsfähige und entscheidungsnotwendige Handlungsalternativen gekennzeichnet" (FISCHER/KOHLI 1987, 40). Lebensstil, Wertvorstellungen, Sexualität, Kultur, Mode und Sport lösen sich immer mehr aus allgemeinverbindlichen Vorschriften heraus. Statt dessen kommt es zu einer Selbstthematisierung und „Biographisierung" (FUCHS 1983, 366) der eigenen Lebensplanung und -führung. Die ersten Folgen dieser Entwicklung sind offensichtlich.

Im Rahmen des gesellschaftlichen Freisetzungsprozesses entsteht nicht nur ein Handlungsspielraum für Individualität, sondern entwickelt sich gleichzeitig auch ein gesellschaftlicher Bedarf dafür. Ein Zurechtkommen mit solchen strukturellen Individualisierungsschüben und -zwängen erfordert nicht selten eine enorme biographische Flexibilisierung von Verhaltensformen und Lebensweisen, die zudem auch auf neue „Institutionalisierungen von Lebenslaufmustern" hinweisen (vgl. FISCHER/KOHLI 1987, 41). Hieraus ergibt sich ein „neues" Anspruchsprofil, das HABERMAS in scharfer Abgrenzung zur systemtheoretischen Negativbilanz von Individualisierung wie folgt charakterisiert: „Die den Subjekten aufgebührdeten Eigenleistungen bestehen hier in etwas anderem als in der durch eigene Präferenzen gesteuerten rationalen Wahl; was sie leisten müssen, ist jene Art von moralischer und existentieller Selbstreflektion, die nicht möglich ist, ohne daß der eine die Perspektive der anderen übernimmt. Nur so kann sich auch eine neue Art der sozialen Einbindung der individualisierten Einzelnen herstellen. Die Beteiligen müssen ihre sozial-integrierten Lebensformen selber erzeugen, indem sie einander als autonome handlungsfähige Subjekte und überdies als Subjekte, die für die Kontinuität ihrer verantwortlich übernommenen Lebensgeschichte einstehen, anerkennen" (HABERMAS 1988, 240).

Wie schwer die tatsächliche Umsetzung dieser neuen Art der sozialen Einbindung den individualisierten einzelnen tatsächlich fällt, verdeutlicht die zunehmende Zahl von umgekehrten Fluchtbewegungen aus der freien Selbstbestimmung in Richtung kollektiver Sicherheitszonen sowie die Suche nach einfachen Bindungen, Lösungen und neuen Hilfsofferten. Die zunehmende Verantwortlichkeit für ein Leben in eigener Regie trifft auf Gefährdungslagen und gesellschaftliche Widersprüche, die ständig die Selbstverwirklichungstendenzen der biographischen Entscheidungen unterminieren können. „Es entsteht — paradox genug — eine neue Unmittelbarkeit von Krise und Krankheit in dem Sinne, daß gesellschaftliche Krisen als individuelle erscheinen und nicht mehr oder nur noch sehr vermittelt in ihrer Gesellschaftigkeit wahrgenommen werden. Hier liegt auch eine Wurzel für die gegenwärtige „Psychowelle" — und den Körperboom (BECK 1986, 159).[15] Der Zwang zur Teilhabe an einer hoch-

---

[15] Die wachsende Notwendigkeit einer Sinnabstützung der Individuen an der körperlichen Nahwelt plausibilisert BETTE (1989, 33) damit, daß der Körper durch seine generelle Verfügbarkeit und Beeinflußbarkeit zu einem zentralen „Symbol für eine noch kontrollierbare Wirklichkeit" geworden ist. „Die Verbindung zur organischen Sphäre bekommt eine gänzlich neue Qualität, wenn sozietale Umbauprozesse überindividuelle Überlastungen dauerhaft hervorrufen und festschreiben" (25).

komplexen, intransparenten und parzellierten Gesellschaft erfordert — so gesehen — Identitätsentwürfe, die immer wieder in Hinblick auf Kontingenz und Kohärenz kritisch hinterfragt werden müssen. Die vorangestellten Überlegungen sollten deutlich machen, daß Individualisierung keinesfalls nur isoliert als Eröffnung neuer Lebensgestaltungsmöglichkeiten für die einzelnen Individuen gedacht werden kann. Individualisierung muß vielmehr auch im Kontext der Erhöhung und Differenzierung gesellschaftlicher Anforderungen bei beschränkten individuellen Ressourcen und den damit verbundenen Entsolidarisierungszwängen und Anpassungszwängen thematisiert werden (vgl. bereits BILDEN/DIEZINGER 1984). Die Widersprüchlichkeiten und Ambiguitäten der unterschiedlichen Individualisierungslinien gilt es daher auch bei der Rekonstruktion und Analyse von Individualisierungsprozessen im Bereich von Jugend und Sport im Blick zu halten, um die damit verbundenen Chancen als auch Gefährdungslagen adäquat herausarbeiten zu können.

3 Zwischen Statuspassage und individualisierter Jugendbiographie
Über die Neudefinition der modernen Jugendphase

Auf der Basis abgesicherter sozialstruktureller Daten besteht in sozialgeschichtlicher Perspektive heute kein Zweifel mehr daran, daß die Lebensphase Jugend — so wie sie die Moderne hervorgebracht hat — sich in den letzten Jahrzehnten grundlegend verändert hat. Angesichts des bereits skizzierten gesellschaftlichen Wandels und den damit verbundenen veränderten Bedingungen des Aufwachsens heute wird insbesondere die Jugendphase neu definiert.

HORNSTEIN (1985, 158) hat diese Entwicklung prägnant beschrieben: „Es findet gegenwärtig eine weitreichende Neudefinition der gesellschaftlichen Rolle der Jugend statt, an der ökonomische, kulturelle, soziale und politische Wandlungen beteiligt sind, auf die Jugend auf ihre Weise antwortet, der sie sich teilweise unterwirft, der sie sich aber auch" in vielen Varianten zu entziehen sucht, „insofern sie unter modernen Bedingungen nicht nur" sozioökonomisch reduktionistisch betrachtet „ihre Geschichte hat", sondern etwa im Sinne der sozialhistorisch belegten These von GILLIS (1980) auch „ihre Geschichte macht".

3.1 Abschied vom Mythos Jugend

Ein Großteil der klassischen Bilder und Vorstellungen wie auch wissenschaftlichen Erkenntnisse über Jugend sind immer weniger geeignet, den vielfältigen Realitäten und Schattierungen von Jugend noch gerecht zu werden. Für Eltern, Wissenschaftler, Lehrer, Jugendarbeiter, Sportfunktionäre und Politiker hat dies weitreichende Konsequenzen: In vielerlei Hinsicht gilt es, Abschied zu nehmen von antiquierten Betrachtungsweisen und generalisierenden Erkenntnissen und gleichzeitig ein hohes Maß an Sensibilität für dieses neue, äußerst variantenreiche Bild von Jugend(en) zu entfalten, um — sowohl auf der subjektiven als auch gesamtgesellschaftlichen Ebene — auf die weitreichenden Konsequenzen der veränderten Lebenslagen und -formen der jungen Generationen adäquat reagieren zu können.

Je realistischer und differenzierter bei Erwachsenen und auch bei Jugendlichen selbst dabei die Vorstellungen vom Strukturwandel der Lebensphase Jugend — und den damit verbundenen neuen Chancen, aber auch Risiken — sind, desto größer erscheinen die Möglichkeiten, diesen einerseits sehr turbulenten und belastenden, andererseits aber sehr anregenden und ertragreichen Lebensabschnitt pädagogisch sinnvoll und produktiv auszugestalten (vgl. HURRELMANN u. a. 1985, 9).

Insbesondere der Jugendforschung kommt in diesem Zusammenhang eine zentrale Bedeutung zu. Angesichts der neuen Qualität des Forschungsgegenstandes und der vielfach angeprangerten „Zerfaserung" und „Zersplitterung" (vgl. HORNSTEIN 1982, 1985; OLK 1986; HEITMEYER 1986; KRÜGER 1988) in unterschiedliche Forschungsstränge erscheint eine konstruktive Neuorientierung notwendig. Die eingeführten Sichtweisen, Fragestellungen und Problemfokussierungen würden, so die Hauptkritikpunkte, der neuen Vielfalt von jugendlichen Lebenslagen, ihren spezifischen Verarbeitungskonzepten und Handlungsmöglichkeiten immer weniger gerecht.[16] Während BAACKE/HEITMEYER (1985) die hohe Komplexität und die Fülle von Paradoxien zunächst einmal als zentrales Label ansehen, unter dem Jugend neu gedacht werden muß und es auf der Basis interdisziplinärer Forschungskonzepte zu einer Neubestimmung des Verwendungszusammenhangs „Interdisziplinärer Jugendforschung" (vgl. HEITMEYER 1986) zu kommen hat, geht es OLK (1986, 44) eher „darum, die komplexen Wechselbeziehungen zwischen Struktur und Entwicklung der Jugendphase einerseits und Struktur und Entwicklung gesellschaftlicher Zusammenhänge in den Blick zu nehmen". Diese waren zwar, wie OLK betont, bereits bei den jugendsoziologischen Klassikern SCHELSKY (1957); TENBRUCK (1965) und EISEN-

---

[16] Der Stand der Jugendforschung wurde in der Vergangenheit vor allem durch drei Problemlagen bestimmt:
1. Durch die mangelhafte Kooperation der mit dem Gegenstandsfeld Jugend befaßten Fachdisziplinen ist der Stand der Theoriebildung unabgeschlossen und unzureichend interdisziplinär angelegt.
2. Aufgrund der offensichtlichen Theorie-Empirie-Diskrepanz stehen sich globale Theorieansätze und theoriearme problem- und institutionenorientierte empirische ad-hoc Studien unvermittelt gegenüber.
3. In Hinblick auf methodologische Grundlagen und gegenstandsadäquate methodische Vorgehensweise existierte lange Zeit ein hohes Maß an Unsicherheit. Durch die enorme Ausdifferenzierung und Pluralisierung jugendlicher Lebenszusammenhänge stießen sowohl breit angelegte quantitative Forschungsansätze etwa in der Gestalt der „repräsentativen" Panoramastudien als auch die neu belebten, allerdings noch wenig elaborierten und methodisierten Verfahren der qualitativen Jugendforschung an ihre Erklärungsgrenzen.

In den letzten Jahren zeichnen sich allerdings bei allen angesprochenen Problemlagen deutliche Fortschritte ab. Mittlerweile liegen zahlreiche Arbeiten vor, die mit unterschiedlicher Schwerpunktsetzung darum bemüht sind:
— stärker interdisziplinäre Forschungsperspektiven zu entfalten,
— empirische Untersuchungen enger an theoretische Überlegungen zu koppeln und
— Kompatibilitätsansätze hinsichtlich der Verbindung von quantitativen und qualitativen Forschungsdesigns zu verfolgen (vgl. KRÜGER 1988, 7ff.).

Im Bereich der Sportwissenschaft sei in diesem Zusammenhang auf die Arbeit („Sport im Alltag von Jugendlichen") von BRETTSCHNEIDER/BAUR/BRÄUTIGAM (1990) verwiesen, die alle angesprochenen Problemfelder konstruktiv wenden und sowohl im Theorieteil um eine interdisziplinäre Perspektive bemüht sind, als auch bei der eigenen empirischen Untersuchung quantitative und qualitative Forschungsmethoden einsetzen.

stadt (1966) von besonderem Interesse, im Anschluß daran wurden sie allerdings durch die disziplinäre Verengung forschungsleitender Fragestellungen allmählich aus dem Blickfeld verdrängt.

Im Rahmen der vorliegenden Arbeit wird das von OLK (1986) vorgetragene forschungsstrategische Postulat zumindest ein Stück weit für den Bereich von Jugend und Sport zu realisieren versucht, indem in den Kapiteln 4.1—4.9 die offensichtlichen Wechselbeziehungen zwischen dem grundlegenden Strukturwandel der modernen Jugendphase und den gleichzeitigen Veränderungen des gesellschaftlichen Teilsystems Sport thematisiert werden. Neben dieser auf Interdependenz fokussierten Strukturanalyse erscheint es ferner geboten, die äußerst vielschichtig wirkenden Einflüsse der verschiedenen Institutionen und Organisationen (z. B. politische Parteien, Kirchen, Sportvereine, Jugendkonsummarkt) — inklusive ihrer spezifischen Inhalte und sozialstrukturellen Bedingungskonstellationen — näher zu analysieren. Auch diese Forschungsperspektive bemüht sich die vorliegende Arbeit für das äußerst vielschichtige Feld der Jugendarbeit in den Sportorganisationen umzusetzen.

3.2 Zur Plastizität der Jugendphase

Wenn heute von Jugend die Rede ist, liegen höchst unterschiedliche Ausgangspunkte bei den Überlegungen zugrunde, was alles unter den Begriff Jugend zu fassen ist (vgl. FERCHHOFF/NEUBAUER 1989, 99ff). Der Terminus Jugend ist vieldeutig und hat viele Gesichter (vgl. LENZ 1986, 1988).[17] Die einzige abgesicherte Basisthese der sozialwissenschaftlichen Jugendforschung ist die Feststellung, daß Jugend kein Naturprodukt ist, sondern ein soziokulturelles Phänomen (vgl. ALLERBECK/ROSENMAYR 1976, 23; GRIESE 1982, 19). ALLERBECK/ROSENMAYR sprechen in diesem Zusammenhang von der „Plastizität der Jugend", d. h. Jugend als Lebensphase wird nicht als eine biologische Konstante aufgefaßt, die zu allen Zeiten hinweg in derselben Ausprägung vorzufinden ist, sondern insbesondere vor dem Hintergrund kulturanthropologischer und sozialgeschichtlicher Forschungsergebnisse wird die ungeheure Variationsbreite der Lebensphase Jugend in den unterschiedlichen Kulturen und Industrialisierungsphasen herausgestellt.

---

[17] Aufgrund der weitreichenden Differenzierung und Pluralisierung von Jugend erscheint es einigen Autoren begrifflich unpräzise, noch von „Jugend im Singular" zu sprechen. PÖGGELER (1984, 72ff.) bspw. schlägt vor, diese traditionelle Begrifflichkeit durch „Jugenden" oder „Jugend im Plural" zu ersetzen. Aus forschungspragmatischer Sicht erweist sich allerdings, wie insbesondere ZIEHE (1990) betont, eine Unterscheidung zwischen einer analytisch notwendigen Abstraktionsebene und einer unzulänglichen Überverallgemeinerung als durchaus sinnvoll. Beim Versuch bspw. ein theoretisches Konzept kultureller Modernität (in das insbesondere Jugendliche maßgeblich verwickelt sind) zu entwickeln, würde die Kritik jeglicher Abstraktion als unzulässige Verallgemeinerung, etwa im Sinne von HONNETH (1984, 893—902) als Affekt gegen das Allgemeine, den Zugang wesentlich verstellen.

In den hochentwickelten Industrie- und postindustriellen Dienstleistungsgesellschaften unseres Jahrhunderts wird in der Regel eine bestimmte Phase zwischen Kindheit und Erwachsensein damit gekennzeichnet. Mit dem Begriff werden die Heranwachsenden charakterisiert, die nicht mehr Kind und noch nicht vollends mündig-selbständige Erwachsene sind. Gemäß dieser klassischen Vorstellungen von Jugend handelt es sich bei dieser Lebensphase um eine Übergangszeit, von der, wie ERIKSON (1968) es nennt, „family of orientation" zur „family of procreation".

Allerdings verliert dieses traditionelle Bild von Jugend als Übergangszeit, Spiel- und Schonraum in dem Augenblick an analytischer Trennschärfe[18], wo Anfänge und Endpunkte sich dermaßen im Nebulösen verlieren und auch die ehemals für diese Lebensphase verbindlich erscheinenden „Entwicklungsaufgaben" (HAVIGHURST 1972) zunehmend an Eindeutigkeit verlieren.

Bereits beim Versuch, Jugend begrifflich zu präzisieren, gilt es daher besonders herauszustellen, daß biologische Faktoren wie Alter, aber auch Geschlecht nicht als solche zur Wirkung gelangen, sondern stets sozialkulturell überformt sind und in ihren jeweiligen sozialhistorischen Kontexten betrachtet werden müssen und entsprechend in gesellschaftliche Wandlungsprozesse eingelagert sind. Es scheint gleichzeitig auch zum Schicksal von Jugend zu gehören, daß Lebensbedingungen und -chancen zunächst einmal wesentlich von exogenen Faktoren bestimmt werden, auf die nur indirekt Einfluß genommen werden kann. Demographische Entwicklungen[19] wirtschaftliche Gesamtlage, Arbeitsmarkt, Stand des Bildungssystems sind hier genauso zu nennen wie innen- und außenpolitische Lage, technologischer Entwicklungsstand, ökologische Risiken, etc... (vgl. TENORTH 1988, 295).

In sozialhistorischer Fokussierung von Jugend fällt auf, daß derzeit eine „Entritualisierung der Statusübergänge" sowie eine „Differenzierung der Jugendzäsuren" stattfindet. Doch auch im Rahmen dieser Differenzierung und

---

[18] Die Jugendphase wird aber auch als häufig scharf umgrenzte oder bewußt kalendarische Auswahl von menschlichen Subjekten definiert, die einer bestimmten biologischen und demographischen Klasse von Altersjahren, einer bestimmten Alterskohorte oder einer bestimmten Generation angehören. Dabei drängt sich sogleich die Frage auf, ob eine solche Wahl von Altersgruppen, -kohorten und -generationen zur definitorischen Bestimmung von Jugend überhaupt angemessen und sinnvoll sein kann. Mit welchem Recht werden etwa bestimmte Altersgruppenbegrenzungen physiologisch-biologischer Art gewählt? Macht es Sinn, in der sogenannten Phase der Pubertät von Jugendlichen zu sprechen? Oder gehören auch die noch im juristischen Sinne Volljährigen 18–21jährigen zu den Jugendlichen? Oder sind gar noch viele 30–35jährige Studenten als sogenannte postadoleszente Jugendliche aufzufassen? Wäre es nicht angemessener, soziologische Kriterien als Teilzäsuren bzw. Teilreifen wie bspw. Eintritt in die Erwerbstätigkeit nach einer Lehrzeit, ökonomische Verselbständigung durch Berufsausübung und eigenes Einkommen, Eheschließung, Geburt des ersten Kindes zu wählen?

[19] BERTRAM (1987, 9) spricht bspw. für die Jugend der 80er Jahre in diesem Zusammenhang von der „Erfahrung der großen Zahl".

Zersplitterung der Jugendzäsuren in solchen sozial definierten, eher fließenden Übergängen werden kalendarische Abgrenzungen benötigt, um Verteilungen solcher Definitionsmerkmale ermitteln zu können. Alle „undifferenziert verallgemeinernden" Aussagen über Jugend sind „irreführend" (HERRMANN 1987, 148). Jeder Gesamtüberblick über die Sozialgeschichte der Jugend muß daher außer der Tatsache, daß dabei vor allem die männliche Jugend (zunächst die bürgerliche, vornehmlich städtische Jugend und später auch die Arbeiterjugend) im Blickpunkt stand und die Entwicklung der weiblichen Jugend allenfalls nur gestreift wurde, zwei Aspekten besondere Aufmerksamkeit widmen: einmal der prinzipiellen Vagheit des Begriffs „Jugend" (TROMMLER 1985, 20), zum anderen, daß sich Feststellungen zur Jugendphase nur im Kontext sozialhistorischer Wandlungen des „Lebenszyklus im ganzen" und seiner klassen-, schicht-, milieu- und geschlechtsspezifischen „Erscheinungsformen im jeweiligen Familien- und Kinderleben, im Schul- und Bildungssystem" (HERRMANN 1987, 149) sowie im Kontext der jeweiligen Entwicklung moderner oder postmoderner Arbeits- und Dienstleistungsgesellschaften treffen lassen. Wenn man also über „Jugend" nachdenkt, hat man stets zu berücksichtigen, daß es sich in einer je spezifischen historischen Periode um ein unterschiedliches (Jugend-) Phänomen handelt.

Die These von der Plastizität des Jugendalters wird insbesondere auch durch die Sozialgeschichte der Jugend in Europa belegt (vgl. ARIES 1960/75; VAN DEN BERG 1960; FLITNER/HORNSTEIN 1964; HORNSTEIN 1966; GILLIS 1974/80). Die Entdeckung oder Erfindung von Kindheit und Jugend in den differenzierten Industriegesellschaften ist sehr eng an die mit den gesellschaftlichen und geistigen Umbrüchen einhergehenden Veränderungen des Erwachsenenlebens, die verstärkte Ausprägung genetischen Denkens sowie spezifischen Formen von Zweckrationalität und Subjektivität verbunden, die sowohl zu einer Ausgliederung der Heranwachsenden aus der Erwachsenenwelt führte als auch eine bewußte (pädagogische) Zuwendung zu dieser neuen Gruppe implizierte.

Erst mit der Herausbildung der modernen industriellen Gesellschaft im 19. Jahrhundert wandelten sich die ökonomischen, politischen, demographischen und kulturellen Lebensbedingungen derart tiefgreifend, daß auch Kindheit und Jugend sowohl realhistorisch als auch ideengeschichtlich einen grundlegenden Gestaltwandel erfuhren und damit eigenständige Konturen bekamen. In der modernen, funktionsspezifisch ausdifferenzierten Gesellschaft sind die sozialstrukturellen Voraussetzungen für die Entstehung und Ausbreitung einer homogenen Jugendphase tendenziell über alle Klassen und Schichten hinweg gegeben. Allerdings haben aus unterschiedlichen Sichtweisen sozialhistorisch orientierte Jugendforscher (vgl. ROTH 1983; TENBRUCK 1986; REULECKE 1986; MITTERAUER 1986 sowie HERRMANN 1987) darauf hingewiesen, daß zur Entstehung der Jugendphase in ihrer heutigen, modernen Form zweierlei zusammenkommen muß: Zum einen die Herausbildung der entsprechenden sozialstrukturellen Voraussetzungen, die gewissermaßen die „notwendigen" Ausgangsbedingungen bildeten; und zum anderen die Entwicklung entsprechender Leitvorstellungen und Ideale als Reaktion und Antwort auf die sich verändernden strukturellen Lebensverhältnisse etwa im Sinne der pädagogischen „Erfindung" oder „Entdeckung" von Jugend. Ganz in diesem Sinne kann neben Locke, Pestalozzi, Herder und Jean Paul insbesondere Jean Jacques Rousseau als der Erfinder bzw. Architekt der Jugendphase gelten. Seine Bestimmung des Jugendalters als Lebensphase eines eigenen „positiven Wertes" mit entsprechenden inhaltlichen Bestimmungen (pädagogisch auszugestaltender Schonraum etc.) hat auch den späteren literarischen und pädagogischen Propagandisten der Jugend als Vorbild und Leitlinie vor allem gegen Ende des 19. Jahrhunderts und zu Beginn dieses Jahrhunderts gedient. „Diese Erfindung des Jugendalters ist Rousseaus spezifische Leistung: die Vision einer gelingenden Identität in einer den Einzelnen entfremdenden Gesellschaft" (HERRMANN 1987, 137). Bis in die Mitte dieses Jahrhunderts gab es Vorstellungen über die soziale Gestalt und Lebensform der Jugend, die Rousseau im 18. Jahrhundert im bürgerlichen Lebensmilieu „entdeckte", die allerdings in nicht-bürgerlichen, also in erster Linie in bäuerlichen, handwerklichen und später auch in proletarischen Lebenskreisen nie gegolten hatten (HERRMANN 1987, 138).

Die Jugendzeit wurde als eine „Zeit der Ideal-Bildung", als eine Phase der idealistischen „Ich-Entwürfe" sowie als eine Zeit des „sozialen Moratoriums" aufgefaßt, in der die sexuelle Reifezeit absolviert und dabei in eine erwachende erotische Sexualität verwandelt bzw. sublimiert werden mußte und in der die Aneignung spezifisch bürgerlicher Lebenstugenden wie Fleiß, Pünktlichkeit, Sparsamkeit, berufliche Tüchtigkeit, Erwerbsstreben etc. abgeschlossen sein sollte, um dann gemäß dem bürgerlichen Selbstverständnis in der Leistungsgesellschaft existieren zu können. Diese bürgerlichen Vorstellungen von der Jugendphase, die generell als überzeitlich gleichbleibende „jugendgemäße" Grundmuster angesehen und zu quasi „natürlichen" Attributen der Jugendphase per se erhoben wurden, schienen von vornherein ein erhebliches kulturelles Potential einzuschließen und standen im engen Zusammenhang mit den Hoffnungen und Ängsten insbesondere des Bildungsbürgertums, das sich gegen verschiedene „Bedrohungen" und „Abstiegsprozesse" von innen und außen zu behaupten suchte.

Was die Veränderung der sozialstrukturellen Kontextbedingungen anbelangt, so muß auch noch auf die Durchsetzung eines neuen Vergesellschaftungsmodells der Individuen oder mit anderen Worten: auf die Herausbildung eines neuen Lebenszeitregimes verwiesen werden. Hervorstechendes Merkmal der Modernisierung in dieser Perspektive war der Wechsel von einem Modus der Integration der Individuen in die Gesellschaft über ständische Lebensformen zu einem chronologisierten und lebenslaufbezogenen Integrationsmodus in der modernen Gesellschaft. Insbesondere KOHLI (1985; 1986) hat herausgearbeitet, daß mit dem Übergang zur modernen, funktionsspezifisch ausdifferenzierten Gesellschaft auch ein Übergang zu einem verzeitlichten, standardisierten Lebenslaufregime erfolgte, das in der Folge auch zu einer Verzeitlichung und Standardisierung der Jugendphase führte.

3.3 Neuere theoretische Vorstellungen von Entwicklung und Sozialisation

Für die verschiedenen wissenschaftlichen Disziplinen stellt die Analyse der Lebensphase Jugend seit jeher eine besondere — vielfach kontrovers diskutierte — Herausforderung dar.[20] In keiner anderen Lebensphase erreicht „der Prozeß der menschlichen Entwicklung in produktiver Auseinandersetzung mit der sozialen und gegenständlichen Welt" (HURRELMANN 1985) eine vergleichbare Dichte und Differenziertheit. Für die Heranwachsenden gilt es, rapide Veränderungen ihrer psycho-physischen Dispositionen bezüglich der Struktur von Motiven, Gefühlen, Denkweisen und Reaktionsmustern als auch einen völligen Aufbau von personaler Identität zu bewältigen. Dies alles in einer Zeitspanne, in der mit massivem Nachdruck soziokulturelle Anpassungen und ökonomisch relevante Qualifizierungserfahrungen verlangt werden (ebenda, 27).

In entwicklungspsychologischer Forschungsperspektive galt das Erkenntnisinteresse in der Vergangenheit besonders der spezifischen „Synthetisierungsleistung" des Individuums in Hinblick auf die gleichzeitige Verarbeitung von grundlegenden psycho-physischen und psycho-sozialen Veränderungen. Eine „erfolgreiche" Lösung dieses Spannungsverhältnisses bildete gewissermaßen die

---

[20] Insbesondere das Erkenntnisinteresse der modernen Sozialwissenschaften an der Erforschung der Jugend wurde in der Vergangenheit immer wieder aufgrund der offensichtlichen politischen, sozialplanerischen und forschungsmethodischen Funktionalisierung diskreditiert. Selbst renommierte Jugendforscher haben diesen Zustand öffentlich kritisiert: „Jugend beschäftigt die Sozialwissenschaften in dem Maße, in dem sie gesellschaftlich in Erscheinung tritt und Institutionen und Verhaltensformen der Gesellschaft mitprägt" (SÜSSMUTH 1978) oder: „Je häufiger über Jugend gesprochen wird, um so mehr ist das ein Indiz dafür, daß die Erwachsenenwelt sich über ihre eigene Zukunft die Köpfe zerbricht" (ZIEHE 1985). Jenseits dieser in bestimmten Zyklen immer wiederkehrenden Kritik an bisweilen inflationären, hochgradig instrumentalisierten Forschungsprojekten zeigt eine kritische Würdigung der Geschichte der bundesrepublikanischen Jugendforschung recht deutlich, „daß in der Regel Jugendforschung, wenn es um eine wirklichkeitsnahe Deutung und Erklärung von Jugendphänomenen, Jugendproblemen und Jugendkulturen ging, zeitlich immer weit hinterherhinkte. Die Jugendlichen waren stets ‚weiter' bzw. woanders und damit der jeweils aktuellen, ohnehin weitgehend nur politisch-administrativen bzw. verbands- und organisationsbezogenen Jugendforschung enteilt" (FERCHHOFF/NEUBAUER 1989, 124). Darüber hinaus mahnt bspw. HORNSTEIN (1988, 35 ff.) selbstkritisch an, „daß Jugendforschung in der Vergangenheit viel zu wenig den Entstehungskontext, die Produktion, den Verwendungszusammenhang, also die Verwertung und Abnehmer ihrer Ergebnisse etwa durch politische Parteien, Jugendverbände, Industrie, Marketing und Werbung, Medien, Schulen, Kirchen, Wohlfahrtsverbände, Gewerkschaften, Bundeswehr, Institutionen der Erwachsenenbildung, Sportverbände etc. reflektiert hat".

Grundvoraussetzung für die „gesunde" Herausbildung individueller Persönlichkeitsstrukturen (vgl. DÖBERT/NUNNER-WINKLER 1975; SIEGERT 1979; HURRELMANN 1985). Für jedes Individuum — insbesondere im Jugendalter — existieren so gesehen in bestimmten situativen Lebenslagen objektiv vorgegebene Erwartungshaltungen und Anforderungen, die es aktiv und produktiv zu bewältigen gilt. Dieses besonders im entwicklungstheoretischen Kontext verwandte Konzept der „Entwicklungsaufgaben"[21] (HAVIGHURST 1972; NEWMAN/NEWMAN 1975) definiert Handlungsprobleme, die als Bezugssysteme dienen, innerhalb derer sich personelle und soziale Identität herausbilden muß[22] (vgl. HAVIGHURST 1972; HURRELMANN et al. 1985).

Im Anschluß an HAVIGHURST (1972), COLEMAN (1980), OERTER (1982), DREHER/DREHER (1985) und HURRELMANN u. a. (1985) lassen sich für die Jugendphase im menschlichen Lebenslauf unter Berücksichtigung ihrer historisch-kulturellen Relativität folgende Entwicklungsaufgaben klassifizieren:
1. Akzeptanz der individuellen körperlichen Erscheinung und effektive Nutzung des Körpers, d. h., in dem sich veränderten Körper wieder Sicherheit zu erlangen, ihn souverän in Freizeit und Sport einzusetzen lernen, aber auch im Rahmen der Erwerbs- und Alltagsarbeit sinnvoll zu nutzen.
2. Erwerb intellektueller und sozialer Kompetenzen, um in eigener Verantwortung schulischen sowie betrieblichen Qualifikationsanforderungen mit dem Fernziel der selbständigen Existenzsicherung und (optimalen) sozialen Plazierung gerecht zu werden.

---

[21] Nach HAVIGHURST (1972), COLEMAN (1980), OERTER (1982) und OLBRICH (1984) werden mit dem Konzept der „Entwicklungsaufgaben" allgemeine Anforderungen klassifiziert, die spezifisch für bestimmte Lebensphasen sind. Drei Quellen für derartige Handlungsprobleme sind herauszustellen:
1. Der biologische Wandel des Organismus.
2. Die Anforderungen von Kultur und Gesellschaft.
3. Die individuellen Wertvorstellungen und Erwartungen.
Die Chance einer produktiven Anpassung wie auch das Risiko des Scheiterns und damit verbundener Störungen im Entwicklungsprozeß beinhaltet das Konzept der Entwicklungsaufgaben gleichermaßen.
[22] Neuerdings wird dieser Entwicklungsprozeß auch im Sinne des „coping" als „aktiv-prozessuale Handlung im Kontext" (SILBEREISEN 1986) interpretiert. Mit dieser Hinwendung zu einem „produktiv realitätsverarbeitenden Subjekt" (HURRELMANN 1983, HURRELMANN u. a., 1986) wird auf der Grundlage eines modifizierten Subjektsmodells der Entwicklung besonders akzentuiert, daß Jugendliche auch aktiv und kompetent handeln und nicht nur passiv auf vorgegebene starre Bedingungskonstellationen eingehen. Insbesondere für diese Lebensphase gilt, daß sich Entwicklung nur auf der Basis der Beteiligung des Subjektes selbst vollzieht. Jugendliche werden so gesehen mit Bedingungskonstellationen konfrontiert, aus denen sich je nach situativer Lebenslage spezifische Entwicklungs- oder auch Handlungsaufgaben herausbilden, die aktiv angegangen und produktiv sinnbezogen verarbeitet werden müssen.

3. Entwicklung eines individuellen Lebensplans auf dem Hintergrund mehr oder weniger institutionalisierter Ablaufmuster von Lebensläufen (DREHER/DREHER 1985).
4. Entwicklung der männlichen bzw. weiblichen Geschlechtsrolle. Vor dem Hintergrund stereotyper geschlechtsgebundener Verhaltensstandards und gesellschaftlich induziertem Anpassungsdruck gilt es, die eigene individuelle Lösung zu finden.
5. Aufbau eines sozialen Bindungsverhaltens zu Gleichaltrigen beiderlei Geschlechts. Insbesondere die Gleichaltrigengruppe gewinnt heute für immer mehr Jugendliche und zu einem immer früheren Zeitraum sozialisierende Funktionen.
6. Entwicklung personaler Autonomie: Allmähliche Lösung aus der emotionalen und materiellen Abhängigkeit von Eltern und/oder anderen Kontrollinstanzen.
7. Aufbau einer intimen und emotional gefärbten heterosexuellen Partnerbeziehung als Basis für die langfristige Gründung einer eigenen Familie; Erwerb der entsprechenden sozialen Kompetenzen zur Bewältigung des damit verbundenen Aufgabenprofils.
8. Entwicklung eines individuellen Werte- und Normensystems sowie eines politischen und ethischen Bewußtseins als Richtschnur für das eigene verantwortungsvolle Handeln
9. Entfaltung geeigneter Handlungskonzepte für den hochgradig expansiven Konsumgüter- und Freizeitmarkt „mit dem Ziel, einen eigenen Lebensstil zu entwickeln und zu einem" weitgehend „autonom gesteuerten und bedürfnisorientierten Umgang mit den entsprechenden Angeboten zu kommen" (HURRELMANN 1985, 13).

Über das theoretische Konzept der Entwicklungsaufgaben läßt sich auch eine Abgrenzung von Kindheits- und Erwachsenenphase vornehmen. Der Übergang vom Jugendalter in das Erwachsenenalter etwa kann — puristisch gedacht — erst dann als vollzogen gelten, wenn alle jugendalterstypischen Entwicklungsaufgaben gemäß der dargestellten entwicklungspsychologischen Prozeßlogik umfassend bewältigt worden sind. In entwicklungspsychologischer Forschungsperspektive ist das Jugendalter demnach nicht „nur" eine Statuspassage, sondern eine eigenständige, in Hinblick auf Quantitäten und Qualitäten in den letzten Jahren stark modifizierte Lebensphase, in der der Prozeß der Individuation und Identitätsbildung einen ersten vorläufigen Abschluß findet.

Insbesondere die Entwicklung einer eigenständigen Identität stellt gewissermaßen seit den Arbeiten von ERIKSON (1959/1973), KRAPPMANN (1969) und DÖBERT/HABERMAS/NUNNER-WINKLER (1976) „das" Thema dieser Lebensphase dar. Es erscheint durchaus symptomatisch, daß sowohl in den großen Panoramastudien (vgl. JUGENDWERK DER DEUTSCHEN SHELL 1985) als auch in anderen aktuellen

Jugendtheorien (z. B. HORNSTEIN, u. a. 1975, 376—413; BAACKE 1979, 107—163; DÖBERT/NUNNER-WINKLER 1982; OERTER 1982; HURRELMANN, u. a. 1985) weiterhin die Identität als geeignetes theoretisches Konzept für das Verständnis der modernen Lebensphase Jugend angesehen wird; ein Konzept, das ERIKSON bereits in den 50er Jahren im Rahmen psychoanalytischer Theoriebildung aufgegriffen und für das Verständnis des psycho-sozialen Moratoriums der damaligen (privilegierten) Jugendlichen in den Vereinigten Staaten wesentlich weiterentwickelt hat (z. B. ERIKSON 1959/1975; vgl. GRIESE 1987, 75). Als Sozialpsychchologe, der Freuds Theorie der Ontogenese differenziert und erweitert, stellt ERIKSON im Rahmen seiner psychoanalytischen Phasenkonzeption für den Lebensabschnitt Jugend das Problem der Identität bzw. Identitätsdiffusion in den Mittelpunkt der Überlegungen. Für ERIKSON bildet das krisenhafte Ringen um bzw. die Suche nach Identität eine wesentliche Voraussetzung für Aufbau und Festigung einer eigenen Persönlichkeit. Den Lebenszyklus sieht er als „Epigenese der Identität" an.

Stellvertretend für andere aktuelle Jugendforscher können HURRELMANN, u. a. (1985) stehen, die nach wie vor „die Gewinnung der Identität gegenüber der drohenden Zerstückelung und Diffusität des Selbstbildes und des Selbstverständnisses" als den Kernkonflikt des Jugendalters verstehen. „Identität wird in intensiver Auseinandersetzung mit den gesellschaftlich vorgegebenen Normen, Werten und Handlungsanforderungen gesucht, mit denen sich der Heranwachsende bei der Bewältigung der Entwicklungsaufgaben konfrontiert sieht" (HURRELMANN et al. 1985, 13).[23]

---

[23] Nach ERIKSON (1966, 18) beruht auf der psychologischen Analyseebene das bewußte Gefühl, eine persönliche Identität zu besitzen, auf zwei gleichzeitigen Beobachtungen: „der unmittelbaren Wahrnehmung der eigenen Gleichheit und Kontinuität in der Zeit und der damit verbundenen Wahrnehmung, daß auch andere diese Gleichheit und Kontinuität erkennen. Was wir hier Ich-Identität nennen wollen, meint also mehr als die bloße Tatsache des Existierens, vermittelt durch die bloße Identität; es ist die Ich-Qualität dieser Existenz. So ist Ich-Identität unter diesem subjektiven Aspekt das Gewahrwerden der Tatsache, daß in den synthetisierenden Methoden des Ichs eine Gleichheit und Kontinuierlichkeit herrscht und daß diese Methoden wirksam dazu dienen, die eigene Gleichheit und Kontinuität auch in den Augen der anderen zu gewährleisten." Aus handlungstheoretischer Forschungsperspektive hatte zuvor schon G. H. MEAD konzeptionelle Überlegungen zu einer Theorie der Identität entwickelt. Unter besonderer Berücksichtigung der symbolischen Formen des Bewußtseins entsteht nach MEAD Identität aus dem Spannungsverhältnis zwischen dem Organismus des Individuums, den gesellschaftlichen Vorgaben und dem Selbstbewußtsein (vgl. MEAD 1934/1968 187 ff.; HURRELMANN 1990, 171 f.). Soziologische Konzepte zur Identität sind im Bereich der deutschen Soziologie vor allem von KRAPPMANN (1969) und DÖBERT/HABERMAS/NUNNER-WINKLER (1976) entfalten worden. Für DÖBERT/HABERMAS/NUNNER-WINKLER ist auf soziologischer Analyse-Ebene der Identitätsbegriff das soziologische Äquivalent des Ich-Begriffs. „Identität nennen wir die symbolische Struktur, die es einem Persönlichkeitssystem erlaubt, im Wechsel der biographischen Zustände und über die verschiedenen Positionen im sozialen Raum hinweg Kontinuität und Konsistenz zu sichern ... Indem die einzelnen ihre Identität erhalten, sichern sie nämlich zugleich die Intersubjektivität möglicher Verständigung untereinander" (DÖBERT/HABERMAS/NUNNER-WINKLER 1976, 9 f.).

Da es den Rahmen dieser Arbeit sprengen würde, die vielfältigen identitätstheoretischen Vorstellungen in einer vergleichenden Darstellung umfassend zu rekonstruieren, sei an dieser Stelle darauf verwiesen, daß die konkreten Indizien und Überlegungen dazu, wie insbesondere auch ein Engagement im Sport den Prozeß der Identitätsbildung entscheidend beeinflussen kann, in den Kapiteln 4.5—4.8 behandelt werden (vgl. auch Kurz/Brinkhoff 1989,103ff.).

An diesen vornehmlich entwicklungs- und sozialpsychologischen Konzeptionen zum Aufbau und zur Struktur der modernen Jugendphase wurde in den letzten Jahren besonders von Jugendforschern soziologischer Provenienz immer wieder kritisiert, daß zumindest tendenziell die Thematisierung sozialer Strukturen und materieller Lebensbedingungen vernachlässigt und auch dem grundlegenden Strukturwandel der modernen Jugendphase und der damit einhergehenden Differenzierung und Pluralisierung jugendspezifischer Lebenslagen und Lebensformen kaum Rechnung getragen werde (vgl. Ferchhoff/Neubauer 1989, 122f.)

Auf der Grundlage systematischer Überlegungen im Bereich der Sozialisationsforschung (vgl. Geulen/Hurrelmann 1980), die zu einer Überwindung der eindimensionalen Theoriekonstruktionen in den Einzeldisziplinen führten und mit dem „Modell der produktiven Realitätsverarbeitung" (Hurrelmann 1983, 1986) eine neue Sichtweise des interdependenten Zusammenhangs von individueller und sozialer Veränderung brachten, entwickeln nun immer mehr Wissenschaftler aus dem Bereich der Jugendforschung (Hurrelmann, u. a. 1985, 19ff.; Olk 1986, Heitmeyer 1986; Krüger 1988; Ferchhoff/Neubauer 1989) die programmatische Zielsetzung, daß eine ausgereifte Theorie der Jugend, „das Wechselverhältnis zwischen Persönlichkeitsentwicklung und ökologischen und sozialen Lebensbedingungen, die durch informelle und institutionalisierte Umweltkonstellationen bzw. durch die übergreifende ökonomische, soziale und kulturelle Formation des gegebenen, historisch gewachsenen Gesellschaftssystems strukturiert werden, zum Gegenstand der Analyse machen muß" (Krüger 1988, 17).

In der Jugendphase, so wird konstatiert, entstehe das, „was gemeinhin auch als sozial-kulturelle Handlungsfähigkeit charakterisiert wird". Die Jugendphase stelle den (entscheidenden) Lebensabschnitt dar, „der erst den mitwirkenden Entscheidungsraum etwa für die Schul- und Berufslaufbahn, die Ehe und den Familienzyklus, Wahl des Freizeit- und Konsumverhaltens, Wahl der Freundschaftsbeziehungen, der Arbeitsstelle, des Wohnortes, der politischen, religiösen und alltagspragmatischen Einstellungen etc. eröffnet" (Ferchhoff/Neubauer 1989, 123). In systemtheoretischer Forschungslogik bedeutet es, daß etwa während der Kindheit „noch" die Steuerung durch systemexterne Reglergrößen dominiert und die systeminterne Rückkoppelung auf Verarbeitung der vorgegebenen beschränkt bleibt, es in der Jugendphase nun zu ausgeprägten systeminternen Rückkoppelungen aufgrund von Umwelt-Kontakten kommt (vgl.

Rosenmayr 1969, 9; Ferchhoff/Neubauer 1989, 123). Silbereisen et al. (1986) sprechen in diesem Zusammenhang von „Entwicklung als Handlung im Kontext", um auf eine notwendig erscheinende Revision des klassischen Entwicklungsmodells hinzuweisen. Jugendliche werden entsprechend in neueren Forschungsansätzen auch als produktive Gestalter ihrer Entwicklungsaufgaben verstanden, indem der Verlauf und das Ergebnis von Entwicklung im Rahmen vorgegebener Bedingungskonstellationen vom Subjekt selbst produktiv beeinflußt wird.

3.4 Die gesellschaftliche Entstrukturierung von Jugend

In der bundesrepublikanischen Jugendforschung hat in den letzten Jahren eine sehr differenzierte Diskussion zum Thema „Strukturwandel der Jugend" eingesetzt. Bei der stets intensiv, bisweilen auch kontrovers geführten Debatte sind grundlegende Beobachtungen und Analysen, die die zunehmenden Probleme des heutigen Aufwachsens betreffen, mit Thesen von einem „Verschwinden der Kindheit" bzw. dem „Ende der Jugend" (vgl. von Trotha 1982), einer „Individualisierung der Jugendbiografie" (Fuchs 1983), einer „Um- bzw. Entstrukturierung der Jugendphase" (vgl. Hurrelmann et al. 1985; Olk 1985), einer „Neudefinition der Jugendphase" (Hornstein 1985), einer „Dechronologisierung des Lebenslaufs" (Kohli 1985) und einem „tiefgreifenden Strukturwandel der inneren und äußeren Gestalt von Jugend" (Ferchhoff/Olk 1988) artikuliert worden.

Trotz großer Differenzen der besonders von den zugrundeliegenden gesellschaftstheoretischen Positionen geprägten unterschiedlichen Beschreibungs- und Bewertungsansätze besagt die Grundthese vom Strukturwandel, daß sich zum gegenwärtigen Zeitpunkt aufgrund tiefgreifender ökonomischer, kultureller, sozialer und politischer Wandlungsprozesse nicht nur einzelne Orientierungsmuster, Verhaltensweisen sowie Strukturen von Motiven, Gefühlen, Denkweisen und Reaktionsmustern entscheidend verändern (vgl. Hornstein 1988, 70 ff.), sondern daß vielmehr sowohl Gestalt und Sinn von Jugend — also alles das, was vor sozialhistorischem Hintergrund Jugend ausgezeichnet hat — immer unausgewogener und widersprüchlicher erscheint und das gesellschaftliche „Programm" Jugend deutliche Auflösungserscheinungen zeigt, die auf ein baldiges Ende der Status-Rollenkonfiguration Jugend hinweisen, so wie sie die Moderne hervorgebracht und maßgeblich geprägt hat (vgl. Hurrelmann, u. a. 1985, 51 ff.; Hornstein 1988, 71; Ferchhoff/Olk 1988, 9).

Weitgehend Konsens besteht auch darüber, daß die zentralen Entwicklungsaufgaben von Jugend zunehmend Inkonsistenzen und Spannungen aufweisen und Sinn, innere Qualität und Zuschnitt dieser Lebensphase sich weitgehend enttraditionalisiert, entstrukturiert und individualisiert haben. Angesichts der bereits angedeuteten abnehmenden Verbindlichkeiten von Traditionen und

Milieus, der Flexibilisierung, Aufweichung und Verschiebung von Ordnungs- und Normalitätsmaßstäben sowie einer damit unmittelbar zusammenhängenden Pluralisierung von Lebensformen, Rollenbildern, Identitätsmaßstäben und Lebenssinndeutungen wird folgerichtig eher von einer „intrakulturellen Inhomogenität" (VON TROTHA 1982), „Ethnographie kultureller Vielfalt" (ZINNECKER 1981) oder „Heterogenität der heutigen Jugend" (ALLERBECK/HOAG 1985) als von einer unter einen Generalnenner zusammengefaßten „einheitlichen" Jugendgestalt bzw. „hypothetischen Jugendeinheit" gesprochen (FERCHHOFF 1985; LENZ 1986, 1988). Die einheitlichen generalisierenden Jugendbilder zerfallen. Es kommt mit der gleichzeitig milieuspezifischen Wahlfreiheit und der gestiegenen Selbstverantwortung sowie Entscheidungsnotwendigkeit nicht nur zu einem „äußeren Pluralismus" von Lebenslagen und -stilen, sondern auch zu einer „inneren Differenzierung" von Lebensentwürfen und -orientierungen. Dies gilt selbstverständlich erst recht für solche – der Differenzierung und Pluralisierung von Lebensformen und Jugendkulturen nicht gerecht werdenden – Thesen und Portraits einer Jugendgeneration, die das Ensemble jugendlicher Handlungsformen und Lebensstile etwa aus den normativen Anforderungen eines einzigen gesellschaftlichen Teilsystems reduktionistisch deduzieren wollen – handelt es sich dabei nun um die Bereiche Familie, Schule, Peers, Erwerbsarbeit, Sport, Medien etc. In diesem Sinne ist Jugend in sich, sowohl in horizontaler als auch in vertikaler Perspektive, mindestens so homogen bzw. heterogen wie die Gesellschaft, der sie angehört, so daß es geboten scheint, sich in doppelter Hinsicht sowohl vom „bildungsbürgerlichen pädagogischen Entwurf" als auch vom „Einheitlichkeitsmythos" Jugend zu verabschieden.

Die möglichen Konsequenzen dieses „Abschiednehmens" werden von sozialwissenschaftlich orientierten Jugendforschern im Zusammenhang der Auswirkungen des Strukturwandels der Jugendphase diskutiert und höchst unterschiedlich bewertet. So betonen Jugendforscher wie FUCHS, ZINNECKER und FERCHHOFF sehr dezidiert und ZIEHE eher implizit in einer kulturalistisch überhöhten Perspektive die Erweiterung von Möglichkeitshorizonten und die damit verbundenen Chancen individueller Lebensgestaltung. Andere Jugendforscher wie etwa BAETHGE und HEITMEYER weisen allerdings immer wieder darauf hin, daß auch eine enorme „Sprengkraft" von der Auflösung altersspezifischer, kollektiver und sozialer Identitätsmuster ausgeht. Insbesondere für BAETHGE (1985) stellt dieser Verlust von kollektiver Stabilität und Identitätsbildung das vielleicht entscheidende bisher ungelöste Problem fortgeschrittener Industriegesellschaften dar. Er betont vornehmlich unter berufssoziologischen und arbeitsmarktspezifischen Gesichtspunkten insbesondere die „Schattenseiten" dieser Desintegrationsprozesse, die Orientierungslosigkeit, Vereinzelung, Anomie, Handlungsunsicherheit zur Folge haben, und bringt deutlich zum Ausdruck, daß individualisierte Biographien nur dann sicher zu stellen sind und als gelungen bezeichnet werden können, wenn eine Verbindung an ökonomisches und kulturelles Kapital parallel dazu gegeben ist.

Vor dem Hintergrund des rekonstruierten Individualisierungstheorems und den damit unmittelbar zusammenhängenden veränderten Bedingungen des Aufwachsens heute werden im Anschluß die zentralen Merkmale des Strukturwandels der Jugendphase entfaltet, die auch für das Verhältnis von Jugend und Sport von großer Bedeutung sind (vgl. BRINKHOFF/FERCHHOFF 1990, 30—34). Folgende Strukturveränderungen der modernen Jugendphase gilt es besonders herauszustellen:

1. Die moderne Jugendphase bekommt „neue" quantitative und qualitative Dimensionen

Es findet sowohl eine zeitliche Vorverlagerung der Jugendphase als auch eine zeitliche Ausdehnung nach hinten statt, mit der eine Vielfalt psychosozialer Neuorientierungen verbunden ist, die derzeit unter dem Stichwort „Postadoleszenz" diskutiert wird. Nicht zuletzt durch die wohlfahrtsstaatliche Modernisierung der Nachkriegszeit und den erheblichen Ausbau des Dienstleistungssektors sind immer breitere Bevölkerungskreise umfassender in das ehemals vornehmlich bildungsbürgerliche Reformprojekt „Jugend" miteinbezogen worden. Zwei gegenläufige Entwicklungslinien sind besonders hervorzuheben: Die Pubertät setzt mittlerweile immer früher ein, und eine Vielzahl ehemals jugendtypischer Verhaltensformen (wie z. B. Engagement in Peer-groups, kulturelle Teilhabe [Disco-Besuch], erotische Praktiken, etc.) ist aufgrund veränderter körperlicher, psychischer und sozialer Bedingungen des Aufwachsens heute ins Kindesalter vorgedrungen. Parallel dazu hat insbesondere die Bildungsexpansion und die damit verbundene erheblich gestiegene Verweildauer im Bildungssystem zu einer grundlegenden Veränderung des jugendlichen Erfahrungsfeldes, einer zeitlicher Verlängerung und zumindest in Ansätzen erkennbaren Generalisierung dieser Lebensphase geführt.

2. Es finden ein Abbau arbeitsbezogener Lebensformen und die Ausweitung schulisch-kognitiver Lernarbeit statt

Ein weiteres zentrales Merkmal des Strukturwandels dieser Lebensphase stellt der umfassende Abbau arbeitsbezogener Lebensformen dar. An die Stelle ehemals früh einsetzender erwerbsmäßiger Arbeit als unmittelbares Erfahrungsfeld trat die schulisch-kognitive Lernarbeit. Die Verantwortlichkeit für die eigene materielle Existenzsicherung sowie die Erfahrung produktiver Tätigkeit und damit verbundener spezifischer Gratifikationsformen rückt lebensgeschichtlich in immer weitere Ferne (vgl. HURRELMANN et al. 1985, 51). Im Zuge der Bildungsexpansion hat „Jugend" oder „Jungsein" für fast alle Bevölkerungskreise die Form der „Schuljugend" oder des „Schülerseins" angenommen. Schulzeit und Adoleszenz haben sich lebensgeschichtlich parallelisiert. Die deutliche Ausdehnung von Schule und Schulzeit stellt zumindest in Ansätzen eine Homogenisierung von Jugend dar, gleichzeitig aber auch eine folgenreiche

„Entkoppelung von System und Lebenswelt" (HABERMAS 1981, 569). Durch das — lebenszyklisch betrachtet — sehr lange „Verharren in einem Typ rezeptiver Tätigkeit und praxisentzogener Lernprozessse" anstelle der ehemals selbstverständlich erscheinenden „frühen Erfahrung konkreter Arbeit" kommt es zu einer „mentalen Entkoppelung von Lernen und Arbeiten" und damit zu einer inneren Verselbständigung von Lernen (BAETHGE 1989, 305). Der Prozeß des Lernens wird zunehmend reflexiv, abstrakt auf das Individuum selbst rückbezogen und nicht in irgendeinen praktischen Verwendungskontext gestellt. Kollektive Identitätsmuster treten in den Hintergrund. Lernen stellt zunächst einmal einen individuellen Akt dar, dessen Leistungen und Ergebnisse individuell gratifiziert werden. Die mittlerweile längst nicht mehr so abrupte Begegnung mit den Institutionen der Arbeit und die damit verbundene, nicht immer unproblematische, Konfrontation mit betrieblichen Normen und ökonomischer Zweckrationalität rückt in immer weitere Ferne und eröffnet neue Spielräume für eine experimentelle Selbstsozialisation und eine reichere und umfassendere Herausbildung der eigenen Persönlichkeit vor der eigentlichen Phase der Arbeitsbiographie. Durch die erhebliche Verlängerung der Schulzeit verweilen Jugendliche wesentlich länger in altershomogenen Gruppen und treten erst relativ spät in eine von Erwachsenen dominierte Kommunikation ein. HORNSTEIN (1985) spricht in diesem Zusammenhang von dem „Ghetto der Gleichaltrigen", das generationsübergreifende Kommunikationszusammenhänge immer schwieriger erscheinen läßt.

3. Die Chronologie des Lebenslaufes wird zunehmend diffuser

Mit dem grundlegenden Strukturwandel der modernen Jugendphase kommt es auch zu einer folgenreichen Entchronologisierung und Individualisierung des Lebenslaufes. Besonders spektakulär ist in diesem Zusammenhang die Destandardisierung des Familienzyklus. Während sich das durchschnittliche Heiratsalter über viele Jahrzehnte spürbar nach vorne verlagerte, ist seit Mitte der 70er Jahre ein deutliches Umkehrverhalten zu beobachten. Immer häufiger vollzieht sich der Eintritt in die Ehe erst im 4. Lebensjahrzehnt oder findet erst gar nicht mehr statt. Parallel dazu hat der Anteil der „Singles" im Alter von 20 bis 30 Jahren in den letzten Jahren dramatisch zugenommen (vgl. FUCHS 1983; ROSENMAYR 1986; KRÜGER 1991). Auch die Aufnahme der Erwerbsarbeit setzt aufgrund der Bildungsexpansion und der Labilisierung der Übergänge ins Beschäftigungssystem immer später ein. Mit dieser sich oftmals über drei Jahrzehnte hinziehenden Freisetzung von der Erwerbsarbeit verlängerte sich — lebenszyklisch betrachtet — gleichzeitig auch die Zeit der ökonomischen Abhängigkeit. Dies wiederum korrespondiert mit einer immer früher einsetzenden Teilhabe an der politischen, konsumistischen und sexuellen Welt der „Erwachsenen". Die Folgen des ins „Straucheln" geratenden jugendlichen Lebenslaufes sind offensichtlich: Die ehemals trennscharfen Differenzen der einzelnen Lebensphasen (Kindheit, Jugend, Erwachsenenalter) verblassen, und stattdessen kommt es zu einer Entstrukturierung der klassischen Statusübergänge (Eintritt in die Erwerbsarbeit, Heirat, erstes Kind), der jugendspezifischen Verhaltensnormen und Orientierungsmuster (vgl. Kohli 1985; Olk 1988).

4. Jugend als Statusübergang gewinnt deutlich an gegenwartsorientierter Ich-Finalität

Die Lebensphase „Jugend" hat sich von einer relativ sicheren Übergangs-, Existenz- und Familiengründungsphase zu einem eigenständigen und weitgehend diffusen, relativ offenen Lebensbereich gewandelt. Die Erosion lebenszyklischer Strukturhilfen hat zu einer folgenreichen Entkoppelung traditioneller Statusübergänge geführt. Die in diesem Zusammenhang zentrale These lautet: „Jugend als Vorbereitungszeit zum Erwachsenendasein wird überlagert und durchsetzt von Formen, mindestens Möglichkeiten eines Lebens aus eigener Verantwortung und eigenem Recht" (Fuchs 1983, 341). Der traditionelle Sinn des Jugendalters, der durch Anstrengung und Gratifikationsaufschub im Sinne des „deferred gratification pattern" bestimmt werden kann, ist brüchig geworden. Jugend kann demnach nicht mehr nur als bildungsbürgerliches psychosoziales Moratorium verstanden werden, sondern weist durch neue Quantitäten und Qualitäten in wachsendem Maße gegenwartsorientierte Ich-Finalität auf. Die Statuspassage nimmt Züge einer „individualisierten" Jugendbiographie an (ebenda 1983, 341).

5. Individualisierung und Differenzierung von Lebensformen und -orientierungen nehmen zu

Lebensorientierungen und -ziele Jugendlicher pluralisieren und individualisieren sich zunehmend: „Dem sozialhistorischen Prozeß der Individualisierung der Lebensmöglichkeiten und -perspektiven entspricht auf individualgeschichtlicher Seite der Prozeß der Individuation" (Fend 1988; 1989, 167). Die Sonnen- und Schattenseiten von Individualisierungs-, Selbstfindungs- und Selbstverwirklichungsprozessen werden erstmals von größeren Anteilen der nachwachsenden Generation „authentisch" wahrgenommen; denn Jugendliche können nicht „nur", sondern müssen auch immer mehr ihre Lebensbiographie jenseits verbindlicher Orientierungsmuster und „Fahrpläne" in die eigene Hand nehmen. Einer der Preise der Individualisierung von Jugend scheint in diesem Zusammenhang zu sein, daß Jugendliche trotz mehr oder minder sozialer Absicherungsmechanismen, die Erfahrung machen, in erster Linie für die Verortung im sozialen Gefüge selbst verantwortlich zu sein (vgl. Baacke 1988, 10).

6. Zunehmender Wertedissens erhöht strukturelle Verarbeitungsleistungen

Jugendliche werden heute mit mindestens zwei diametralen Werthorizonten konfrontiert. Zum einen gilt es, in Schule, Universität, Arbeitswelt, Kirche die klassisch abendländischen Tugenden, wie z. B. Leistungsethos, Disziplin, Pünktlichkeit, Planungsverhalten zu leben, zum anderen werden in der hedonistischen Freizeitwelt eher Bereitschaft zur Lust, Spontaneität, zum freudvollen Genuß und schier grenzenloser Konsum abverlangt. Dieser Wertedissens, der strukturell im kapitalistischen Wirtschaftssystem angelegt ist, stellt eine große Verarbeitungsleistung dar und mündet nicht selten in einem Orientierungsdilemma. Besonders junge Menschen sind in einer Zeit, in der sozial vermittelte Weltdeutungen, monolithische Verbindlichkeiten und Ideologien verblassen, darauf angewiesen, aus dem diffusen (Waren-)Markt der religiösen, politischen, ökonomischen und sportbezogenen Angebote ihre (Lebenssinn-)Bedürfnisse in eigener Regie zu befriedigen.

7. Ein doppelter Wechsel der Sozialkontrolle vollzieht sich

Von besonderer Bedeutung sind insbesondere auch die veränderten Formen der sozialen Kontrolle der Lebensphase Jugend. Keine Gesellschaft kann darauf verzichten, ihre normativen und qualifikatorischen Existenzbedingungen mit Hilfe spezifischer Kontrollmechanismen an die nachfolgenden Generationen zu vermitteln (vgl. FEND 1989, 162). Heute zeichnen sich in zweifacher Hinsicht deutliche Verlagerungen der sozialen Kontrollformen ab, die ZINNECKER (1987, 313) prägnant herausgearbeitet hat. Einerseits geht die Kontrolle vom tendenziell altersheterogenen, physisch belastenden, kurzfristig sanktionierenden und gratifizierenden Arbeitsbereich auf den lebensbedeutsame „Bildungstitel" verteilenden altershomogenen, langfristig sanktionierenden und gratifizierenden Bildungsbereich über. Während 1953 ca. 70% der 15—17jährigen bereits berufstätig waren, waren es 1984 gerade noch 20%. Andererseits verlagern sich zentrale Kontrollformen aufgrund der latent wirkenden Differenzierungs- und Individualisierungsprozesse von den personen- und ortsbezogenen traditionalen soziokulturellen Lebensmilieus auf die marktvermittelten und von wirtschaftlichen Interessen geleiteten Institutionen der Konsum- und Dienstleistungsökonomie. Während in den 50er und 60er Jahren die traditionellen Milieus der Nachbarschaft, Kirche, Vereine und des Dorfes „noch" entscheidende sozialisierende Kontrollinstanzen darstellten, gewinnen nun in zunehmendem Maße die verschiedenen Institutionen der marktorientierten Dienstleistungsökonomie an Bedeutung. An die Stelle der klassischen person- und ortsbezogenen Kontrollmechanismen traditioneller Milieus, die im wesentlichen durch „das Senioritätsprinzip, durch die Teilung in Führende und Geführte, in Leitende und Folgende bestimmt" war, ist nun die Gleichheit und Freiheit der am Markt partizipierenden Konsumenten getreten (FEND 1989, 163).

8. Die Familie wandelt ihre Bedeutung als Sozialisationsinstanz

Das Familiensystem verliert trotz Aufwertung als Raum intimer Geborgenheit und Emotionalität zu einem früheren Zeitpunkt Erziehungs- und Kontrollfunktionen. Hingegen nimmt die Abhängigkeit hinsichtlich Dauer und Ausmaß der wirtschaftlichen Unterstützung für viele Jugendliche gegenüber dem Elternhaus vornehmlich aufgrund langer Qualifizierungsphasen wesentlich zu. Ferner läßt das dauernde Jonglieren mit bisweilen auseinanderstrebenden Mehrfachambitionen wie etwa Erziehungsaufgaben, Emotionalitätsaustausch (Mutter- und Vaterrolle) vs. berufliche Qualifikation und Weiterbildung den Typ der „Verhandlungsfamilie auf Zeit" (BECK 1986, 118) entstehen, „in der sich verselbständigende Individuallagen ein widerspruchsvolles Zweckbündnis zum geregelten Emotionalitätsaustausch auf Zeit eingehen". Die in allen westlichen Industrienationen seit Jahrzehnten kontinuierlich steigenden Scheidungsziffern sprechen in diesem Zusammenhang eine deutliche Sprache. Mittlerweile wird in der Bundesrepublik nahezu jede dritte Ehe geschieden; auch die Scheidungsquote für wiederverheiratete Paare steigt seit Jahren an. Entsprechend unstabil wird die Familie als Ort, an dem kontinuierliche Erziehungs- und Kontrollfunktionen wahrgenommen werden und partikularistische Geborgenheit — etwa im Sinne von ARIES — umfassend und ohne einschneidende Zäsuren noch erlebt werden kann. Der oftmals undurchschaubare Dschungel elterlicher Beziehungen trägt seinen Anteil wesentlich dazu bei. „Meine, deine und unsere Kinder" und die jeweils damit „verbundenen unterschiedlichen Regelungen, Empfindlichkeiten und Konfliktzonen" verdeutlichen die erheblichen Auswirkungen der allerdings hier nur in die private Form der Beziehungsproblematik (Ehe, Familie) verkleideten gesamtgesellschaftlichen Individualisierungs- und Differenzierungsprozesse (BECK 1986, 161 ff.).

9. Die Erziehungsstile werden offener und liberaler

Die Erziehungsstile von Eltern, Lehrern, Jugend- und Sozialarbeitern sind sozialhistorisch betrachtet offener, liberaler, aber auch uferloser und permissiver geworden. Die Erziehung selbst ist nicht mehr so strikt und rigide auf bestimmte lebensmilieuspezifische und sozialkulturelle Tradierungen, Wert- und Zielvorstellungen, sondern mehr auf Selbstbestimmung, -verwirklichung und Lebensautonomie hin ausgerichtet. ZINNECKER (1985) etwa beschreibt diesen Wandel sehr pointiert mit der Formel: „Von der Erziehung zur Beziehung". Während in den 60er und 70er Jahren große Teile der Jugend ihren Eltern bestimmte Freiräume (z. B. abendliches Ausgehen, Urlaubsreisen) mühsam abringen mußten, handelt es sich heute vielfach „nur" noch um Detailfragen, die in der Regel diskursiv ausgehandelt werden. Insbesondere der „Diskurs" gewinnt als Erziehungsmethode immer mehr an Bedeutung. Jugendliche erwarten heute in wachsendem Maße einen gleichberechtigten und stärker argumentativ ausgerichteten Erziehungs- bzw. Beratungsstil (vgl. FEND 1989, 119—132).

10. Das Kompetenzmonopol der älteren Generationen verliert an Geltung

Das Monopol der älteren Generationen, mit Weisheit und Klugheit die jüngeren Generationen anzuleiten, verliert vor allem durch die Dynamik technischer und (jugend-)kultureller Innovationen und der Allgegenwart der Medien an Bedeutung. Jugendliche sind wesentlich umfassender eingeschlossen in das Allgemeine. Neue Kompetenzen, wie bspw. geometrisierende Wahrnehmungsfähigkeit, die etwa beim Umgang mit den neuen Technologien von großer Bedeutung sind, stellen sie sogar oftmals über die Erwachsenen. Bestimmte Vorrechte der Älteren werden nicht mehr einfach so hingenommen, sondern diskursiv verhandelt. Erfahrungswissen und ehemals bewährte Lebensplanungskompetenzen werden für viele Jugendlichen den heutigen Lebensanforderungen längst nicht mehr gerecht. In Auseinandersetzungen über Zukunftsorientierungen, Lebensstile, Werthaltungen etc. wollen Heranwachsende als gleichberechtigte Diskussionspartner verstanden werden, die zumindest ideell über vollständige Entscheidungsautonomie verfügen (vgl. FUCHS 1983, 341 ff.). Dabei kommt es vielfach zu einem besonders faszinierenden Phänomen: der sogenannten „retroaktiven Sozialisation" (BAACKE 1988). Die Shell-Studie „Jugend und Erwachsene 85" hat in diesem Zusammenhang interessante Befunde geliefert. Ein Großteil der Erwachsenen steht demnach heute hinsichtlich ihrer Lebenseinstellung wesentlich näher bei den heutigen Jugendlichen als zu sich selbst in ihrer damaligen Jugendzeit. Die intergenerativen Jugendverhältnisse erscheinen mehrfach gebrochen. Immer mehr Erwachsene (in den neuen Mittelschichten mehr als im Arbeitermilieu) lassen sich von Jugendlichen beeinflussen und leben selbst ein Stück Jugendlichkeit insbesondere im Sport. Inzwischen lernen längst nicht mehr nur die Jüngeren von den Älteren, sondern mittlerweile gehören auch retroaktive Sozialisationsprozesse zur Tagesordnung. Jugend ist so gesehen längst nicht mehr nur die Lebensphase, in der man unter Anleitung der Erwachsenen für das Leben lernt, sondern mittlerweile finden auch umgekehrte Prozesse statt.

11. Hohe gesellschaftliche Inklusion wird konterkariert durch radikalen Perspektivismus

Die aus systemtheoretischer Perspektive hohe „Inklusion" von Jugend in die großen Themen und Inhalte unserer Zeit, d. h. die erhebliche Teilhabe an gesellschaftlichen Kommunikationsprozessen und die starke Einbezogenheit in das vergesellschaftete Allgemeine wird konterkariert durch einen sowohl von den Jugendlichen bewußt eingesetzten als auch von den Erwachsenen tolerierten radikalen Perspektivismus. Argumentationssemantiken, wie „ich weiß, ich meine aber . . ." stehen heute in wachsendem Maße auf der pädagogischen „Tageskarte". Der dauernde Aufprall großer Themen und die gleichzeitig scharfe perspektivische Wendung löst — so gesehen — Selbstverständlichkeitszonen zunehmend auf (vgl. ZIEHE 1990).

12. Latenter Optionszwang erfordert motivationalen Mehraufwand

Im Vergleich zu früheren Generationen ist es in den letzten Jahren zu einem erheblichen Anstieg der Optionsvielfalten gekommen. Während die Wahlmöglichkeiten bezüglich der Freizeitgestaltung bspw. eines Gymnasiasten in den 60er Jahren noch vergleichsweise eingeschränkt waren, ist heute die Fülle der Angebote und möglichen Aktivitäten scheinbar grenzenlos. Dieser indirekte Zwang zur Option zwischen bspw. Sportverein, Musikschule und/oder Jugendkonsummarkt läßt bei vielen Jugendlichen allerdings das Gefühl aufkommen, etwas verpassen zu können. Während sie noch in einen spezifischen Kontext eingebunden sind, denken viele schon wieder an weitere Optionen. „Gib Gas, ich will Spaß", lautet eine bekannte Formel, die diese Problematik treffend charakterisiert. Es gilt, möglichst viel mitnehmen zu können, ohne allzu viel zu verpassen. Dieser latente Optionszwang bedeutet im Vergleich zu früher allerdings auch einen deutlichen motivationalen Mehraufwand, um eine Sache längerfristig durchzuhalten (vgl. BAACKE 1988; ZIEHE 1990).

13. Eine deutliche Intensivierung der sozialen und ökonomischen Teilhabe ist zu verzeichnen

Kinder und Jugendliche bekommen im zeithistorischen Vergleich immer früher und umfassender Zugang in die Welt der Erwachsenen. Bereits Zwölfjährige haben aufgrund der umfassenden Entzauberung der Welt durch die Medien und der „Neubestimmung" des intergenerativen Kompetenzmonopols konkrete Vorstellungen über ihre Rechte und Pflichten. Mit dem frühen Ende „patronisierender" Jugend und ehemals unmißverständlicher Statusdifferenzen wachsen auch die Ansprüche an wirtschaftlicher, sozialer und politischer Teilhabe. Lüste, Vergnügungen und hochgeschätzte Güter werden sowohl in materieller als auch immaterieller Hinsicht immer früher in Anspruch genommen. So sind im zeithistorischen Trend vom bescheidenen Taschengeld zum selbstverständlichen Jugendeinkommen und der Ausweitung jugendspezifischer Märkte Kaufkraft und Konsum von Jugendlichen deutlich angestiegen.

14. Objektive Gefährdungslagen weiten sich aus

Parallel dazu nehmen allerdings auch die objektiven Gefährdungspotentiale der Jugendphase auffallend zu. In den letzten zwei Jahrzehnten ist der Zugang zu Alkohol, Nikotin und Drogen für Heranwachsende deutlich erleichtert worden. Die Vergrößerung und Intensivierung der Konsumanreize (z. B. Auto, Motorrad, Alkohol, Nikotin etc.), die psychosozialen Kosten (Streß), die Jugendliche für die gestiegene Bedeutung von Schule als Ort ökonomischrelevanter Qualifizierungserfahrungen zu zahlen haben, die Verschärfung der Berufseinmündungsproblematik oder ganz allgemein die zunehmende Diffusität ehemals klar vordefinierter Statusübergänge und Lebensperspektive sind zentrale Aspekte, die deutlich machen, daß die frühe, enttraditionalisierte sozio-kulturelle Mündigkeit gleichzeitig mit erheblichen psychosozialen Belastungs- und Gefährdungspotentialen korrespondiert (vgl. FEND 1988; ENGEL/HURRELMANN 1989; MANSEL/HURRELMANN 1991).

15. Es kommt zu Verschiebungen im demographischen und psycho-sozialen Verhältnis von Jugendlichen und Erwachsenen
Aufgrund der veränderten Familien- und Haushaltsformen (von der Mehr-Generationenfamilie zur Zwei-Generationen-Kern-Familie; von der kinderreichen Familie zur Ein-Kind-Familie/Lebensgemeinschaft; von der festen und ein Leben lang währenden Institution zur Verhandlungssache auf Zeit) hat sich auch der Eltern-, Kind(er)- und Geschwisterstatus im Binnenraum der Familie/Lebensgemeinschaft individualisiert. Auch das proportionale Verhältnis zwischen Jugendlichen, Erwachsenen und Alten hat sich verschoben, so daß Jugendliche durchaus in Elternhaus, Schule, Jugendorganisationen, Vereinen und auf dem Arbeitsmarkt zu begehrten „Luxusgütern" und Objekten werden (können). Während sie etwa im Elternhaus jenseits ökonomischer Funktionalisierungen immer mehr affektiv-psychologische Nutzenfunktionen gewinnen, dienen Jugendliche den anderen Bereichen in oftmals konkurrierender Weise der Bestandssicherung.

16. Gleichaltrigengruppen gewinnen an Bedeutung
Jugendliche verbleiben heute für einen längeren Zeitraum in einer Gesellschaft der Altersgleichen. Gleichaltrigengruppen gewinnen für immer mehr Jugendliche nicht zuletzt durch die zunehmend inkonsistenter werdenden klassischen Sozialisationsagenturen an Bedeutung. Angesichts der Pluralisierung von Lebensformen und Wertvorstellungen und unklarer werdenden Lebenssinnorientierungen ermöglicht die Gleichaltrigengruppe ein vergleichsweise überschaubares und normative Sicherheit versprechendes Sozialisationsfeld. Jugend heute vollzieht sich im wachsenden Maße, wenn man einmal vom gewollten oder aber erzwungenen Alleinsein absieht, im Anschluß an innerschulische Sozialbeziehungen in peer-gruppenbezogenen Jugendkulturen. „In der Gleichaltrigengruppe liegt das Potential, zum dominierenden Orientierungs- und Handlungsfeld im Jugendalter zu werden, wenn dies von der Lebenslage und Interessenorientierung der Jugendlichen aus angesteuert wird„ (MANSEL/HURRELMANN 1991, 17). Peers eröffnen den Jugendlichen in sozialkultureller Hinsicht kompetente Teilnahmechancen, die ihnen im Rahmen von Familie, Schule und Erwerbsarbeit in diesem Ausmaß nicht gewährt werden.

17. Ausdifferenzierte Lebensstile übernehmen identitätsstiftende Funktionen
Für einen Großteil der Jugendlichen hat sich „das Spektrum freizeitbezogener Öffentlichkeit und die Wahlmöglichkeit für kulturelle Lebenstile enorm vergrößert" (KRÜGER 1991, 14). Während in den 50er Jahren nur wenige, „milieuspezifisch klar eingrenzbare Szenen in Gestalt der proletarischen Halbstarken und der aus bildungsbürgerlichen Milieu stammenden Existentialisten, zu denen etwa fünf bis zehn Prozent aller Jugendlichen gerechnet werden konnten", existieren heute eine kaum noch zu überblickende Vielzahl von soziokulturel-

len Orientierungen und expressiven Jugendstilen (ebenda). Aus der Kombination von Musik, Mode, Film und Sport entstehen differenzierte Jugendstile, die für viele Jugendliche und für einen immer länger werdenden Zeitraum identitätsstiftende Funktionen wahrnehmen. Sie ergänzen bzw. ersetzen die durch fortschreitenden Individualisierungsprozesse geschwächte sozial-moralische Milieubindung. Dieser Pluralismus von Bewegungen, Orientierungen und Szenen ist vielfältig gebrochen und nur begrenzt verbindlich.

18. Enttabuisierung des Körpers und sexuelle Liberalisierung setzen sich fort

Spätestens seit Ende der 60er Jahre hat insbesondere für Jugendliche eine deutliche sexuelle Enttabuisierung eingesetzt, die das bildungsbürgerliche Reformprojekt Jugend in den bis dahin diese Lebensphase wesentlich mitkonstituierenden Bereichen von körperlicher Askese und antisexueller Aufklärung (vgl. ELSCHENBROICH 1980; VAN USSEL 1979) grundlegend verändert hat. Waren noch vor 30 Jahren Erotik, Sexualität und voreheliche Paarbeziehungen traditionelle Tabuzonen, denen man sich allenfalls zum Ende der Jugendphase sehr vorsichtig, rigiden Regeln folgend, näherte, zählt heute die sehr frühe Eröffnung erotisch sexueller Möglichkeiten gewissermaßen zu den „Zugewinnen" der modernen Jugend. Im Gegensatz zu den etwa vor 1960 Geborenen, deren Aufwachsen noch mit vergleichsweise repressiven Formen von Körperunterdrückung durchsetzt war, sind für heutige Jugendliche auf der Grundlage einer massenkulturell weit verbreiteten „Sexuellen Liberalisierung" entsprechende Befreiungsanstrengungen weitgehend überflüssig. Auch die Aufnahme heterosexueller Beziehungen findet vor dem Hintergrund der Enttabuisierung der Sexualität und der Veränderung der Geschlechterrollen in allen Schichten und lebensaltersspezifisch gesehen sowohl für Jungen als auch für Mädchen zu einem immer früheren Zeitpunkt statt. Angesichts der Eröffnung neuer erotischer Möglichkeiten entwickelten sich auch veränderte Formen der beidgeschlechtlichen Begegnung, Anziehung und Werbung sowie neue Formen von Freundschaft und des Zusammenlebens.

19. Tendenzen zur Angleichung der Geschlechterrollen zeichnen sich ab

Über alle Altersklassen hinweg sind generelle Tendenzen zur Angleichung der Geschlechterrollen festzustellen, die sich allerdings zur Zeit insbesondere in der Jugendphase verstärken. Besonders im Bildungsbereich haben Mädchen und junge Frauen die männlichen Jugendlichen in Hinblick auf zahlenmäßige Repräsentanz, Verweildauer und Leistungs-Output erreicht und sogar übertroffen. Nach dem Übergang in die Hochschulen gewinnen allerdings die männlichen Jugendlichen wieder deutlich an Übergewicht (vgl. BAACKE 1988, 7). Geschlechtsspezifische Separierungen treten in vielen gesellschaftlichen Teilsystemen (Kultur, Sport etc.) zurück, werden aber nicht gänzlich aufgehoben.

4 Zum Wandel von Jugend- und Sportkulturen

4.1 Sport als Gegenstand und Inhalt jugendkultureller Differenzierung

In den letzten Jahren hat im Rahmen der sozialwissenschaftlichen Jugendforschung, wie im vorangegangenen Kapitel bereits angedeutet wurde, neben der klassischen arbeits- bzw. schulorientierten Zentrierung, eine kulturalistische Jugendinterpretation an Bedeutung gewonnen: „Kulturbezogene Aspekte sind relativ neu und deshalb ungewohnt in der Jugenddebatte; aber nur von ihnen aus, so ist die These, lassen sich viele Entwicklungen beschreiben und verstehen, die auch gesamtgesellschaftlich wirksam sind" (BAACKE 1987, 6).

Neben diesem neuen (wissenschaftlichen) Interesse an Jugendlichen als Rezipienten, aber auch produktiven Gestaltern kultureller Modernitätsprozesse hat sich nicht zuletzt durch die Erosion der „alten Heimat" sozialstruktureller Milieus eine kaum noch überschaubare Anzahl individualisierter Jugendkulturen herausgebildet, in denen Jugendliche sich im wachsenden Maße zu realisieren versuchen. Im Gegensatz zu den klassischen Jugendkulturkonzepten und Praktiken, die bereits bei WYNEKEN und BERNSFELD pädagogisch thematisiert wurden, sind die heutigen Jugendkulturen (ganz anders bspw. als die starke Schulbezogenheit der allzu emphatisch wirkenden Konzeption von WYNEKEN; vgl. HERMANN 1985, 224 ff.) allerdings entschieden schulferner.

Der außerschulische Bereich hat in den letzten Jahrzehnten nicht nur für immer breitere Kreise von Jugendlichen an zeitlicher Ausdehnung und freier Verfügbarkeit gewonnen, sondern gleichzeitig auch ein äußerst reichhaltiges kulturelles Handlungsrepertoire entstehen lassen, das Jugendliche selektiv aufnehmen, produktiv ausgestalten und das ihnen in wachsendem Maße auch entscheidende Impulse für Lebenssinn, Lebensstil und Lebensgestaltung verleiht (vgl. ZIEHE 1990).

4.1.1 Bestimmungselement Jugendkultur(en)

Jugendkulturen stellen heute funktionalisierte, freizeitorientierte Absatzbewegungen in einem kulturellen Kontext dar, der mit dem Abschied normativer kultureller Traditionalismen in den letzten Jahren durch vielfältige kulturelle Modernisierungsprozesse neue Dimensionen gewann. Kultur in den Jugendkulturen meint in einer deskriptiven Annäherung zunächst: Ausgestaltung von Stilen über Medien, Mode, Musik und Sport, Schaffung sozialer Treffpunkte — die in der pädagogischen Tradition bereits in der Idee der Sprechsäle angelegt sind — sowie inhalt- und gegenständliche Orientierung an kulturelle Themenfelder und spezifische Aktivitätskerne.

Im Hinblick auf ihre Sozialisationsfunktion sind Jugendkulturen durchaus mit den klassischen „Agenturen" wie Familie, Schule, Arbeit und Beruf zu vergleichen. Im Gegensatz zu Schule und Elternhaus garantieren Jugendkulturen allerdings kaum Kontinuität der Entwicklung. Das pädagogische Prinzip der Identitätskontinuität wird in den Jugendkulturen abgelöst durch strukturelle Offenheit. Mittlerweile existiert eine bunte Vielfalt jugendkultureller Differenzierung und Pluralisierung, die eine konkrete Beschreibung aufgrund der vielfachen Brechungen, extremer Binnendifferenzierungen, flüchtiger Mitgliedschaften, diffuser Alters-, Schicht- und Geschlechtsstrukturen sowie der ungeheuren Innovationsdynamik äußerst schwer erscheinen läßt. Die Zeiten, in denen eine Jugendgestalt im Sinne des Einheitlichkeitsmythos (vgl. LENZ 1986, 29 ff.) für eine bestimmte Epoche zumindest in der theoretischen Aufarbeitung verbindlich war, scheint für immer vorbei zu sein. Wohin wir blicken: Pluralismus, Vielfalt, Weltoffenheit und partielles Engagement. Jugendliche Verkehrsformen, ihre Sprache, ihre Medien, ihre Moden, ihre sportiven Praxen, ihr entäußertes Lebensgefühl, ihre Erwartung an die Zukunft, ihre Einstellung zur Schule und zur Berufsarbeit, ihr Umgang mit den Gleichaltrigen definieren Erscheinungsformen und Habitus der jeweiligen Jugendstile und Jugendkulturen.[24]

[24] Von PARSONS (1970) wurde der Terminus „youth culture" in die soziologische Jugendforschung eingeführt. Für PARSONS stellt die Jugendkultur ein Phänomen der Moderne dar, das sich am Übergangspunkt zur Adoleszenz ausprägt und eine Vielzahl von spezifischen Verhaltens- und Orientierungsmustern beinhaltet, die in ihrer eigentümlichen Verbindung nur in dieser Lebensphase in Erscheinung treten. Obwohl er an einigen Stellen bereits von einer „variety of adoleszent world" spricht, verfolgt er zunächst einmal ein Konzept einer einheitlichen Jugendkultur. Die „youth culture", so PARSONS, erfülle wichtige Übergangsfunktionen, indem in begrenztem Bereich Verhaltensmuster zugebilligt würden, die in der Erwachsenengesellschaft in der Form und Dichte nicht zugestanden würden. Das Hauptthema der Jugendkultur sei zunächst einmal, sich im Rahmen der peer group — dem eigentlichen Träger der Jugendkultur — gut zu amüsieren. Als zentrale Inhalte nennt er Versuche der beidgeschlechtlichen Annäherung und Attraktivitätssteigerung sowie die Demonstration spezifischer Kompetenzen und ihrer Wirkung auf andere. Für die männlichen Jugendlichen betont er die besondere Bedeutung des Sports, da sie Erfolg und Anerkennung zunächst einmal im sportlichen Wettkampf suchen. PARSONS differenziert in Hinblick auf die Richtung des sozialen Wandels zwischen „regressiven" (im Sinne von gegenläufigen) und „progressiven" (im Sinne von zukunftsorientierten) Tendenzen in der Jugendkultur. Sport verortet er innerhalb der regressiven Tendenzen, da sich hier durch die Betonung spezifisch männlich körperlicher Tüchtigkeit ein Reflex auf die veränderten Berufsrollen artikuliere. Im Anschluß an Parsons untersuchte insbesondere auch EISENSTADT Funktion und Bedeutung der (amerikanischen) Jugendkultur. Unter der forschungsleitenden Fragestellung der Sicherung der Kontinuität des Gesellschaftssystem wurde von ihm Jugend(kultur) ebenfalls als Einheit gedacht. Für EISENSTADT, der Jugend als „funktionale Übergangszeit" bestimmt, die im modernen Sinn erst im gesellschaftlichen Modernisierungsprozeß einer universalistischen Konstruktion gesellschaftlicher Zustände entstand, besteht die Funktion der Jugendphase und einer sich ausprägenden Jugendkultur primär darin, den Widerspruch zwischen familiärer Ganzheit und funktionaler Differenzierung in der Erwachsenenwelt allmählich zu überwinden. Seine Basisthese lautet, daß die Existenz von Jugend und Jugendkulturen „nicht zufällig ist, sondern, daß sie nur unter ganz spezifischen sozialen Bedingungen entstehen und bestehen" (EISENSTADT 1966, 7).

Jugendkultur(en) dienen daher in unserem Zusammenhang als Begriff, der sowohl den in den 60er und 70er Jahren dominierenden Terminus der (jugendlichen) Subkultur[25] ersetzt als auch die theoretische Homogenisierung, die sich in einer Vielzahl von generationsspezifischen allzu generalisierenden Typologisierungsversuchen jugendlicher Lebenswelten und Ausdrucksformen widerspiegelt, (die bspw. in der Nachkriegszeit von SCHELSKYS Analyse einer „skeptischen Generation" über Viggo Graf von BLÜCHERS „unbefangenen Generation", über eine „kritische Generation" bis zu einer „überzähligen" und „verunsicherten Generation" reichen) auflöst und nicht mehr beansprucht, eine Generation insgesamt unter ein Label zu subsumieren (vgl. REULECKE 1987; FERCHHOFF/NEUBAUER 1989).

Die Bedeutung kultureller Praktiken haben insbesondere die Wissenschaftler des Centre for Contemporary Cultural Studies in Birmingham in ihrer differenzierten und breit rezipierten Studie über proletarische Jugendkulturen herausgearbeitet. Auf der Basis eines vornehmlich alltagsbezogenen Kulturkonzepts wird gezeigt, daß kulturelle Praktiken für Jugendliche eine wichtige Funktion als Überlebenshilfe, als Andeutung von Widerstands-Optionen und Alternativen sowie als Einlösung des Grundbedürfnisses nach Spiel, Spaß, Vergnügen und Kreativität besitzen (vgl. auch BAACKE 1987, 106).

4.1.2 Versuch einer Typologisierung von Jugend- und Sportkulturen

Neben Mode, Musik und Film bedienen sich heute unterschiedliche Jugendkulturen insbesondere auch sportiver Praxen als Medium kultureller Selbstdarstellung und Differenzierung. Hierbei handelt es sich um eine bunte Palette sportiver Praxen und spezifischer Sportcodes, die vom aktiven sportlichen Engagement über direkte und/oder medialvermittelte Rezeptions- und Kommunikationsformen bis hin zu umfangreichen alltagsweltlichen Stilisierungen, Ästhetisierungen und Veredelungen mittels sportiver Accessoires und sportlichem Ambiente reichen und in wachsendem Maße als integrative Elemente jugendkultureller Pluralisierungen und Differenzierungen in Anspruch genommen werden.

Obwohl einiges für die These spricht, daß der Veränderung von Jugend- und Sportkulturen Prozesse der wechselseitigen Adaption und Ausdifferenzierung zugrundeliegen, stehen bis heute beide Phänomene, wie zahlreiche Beschreibungs- und Erklärungsversuche insbesondere aus dem Bereich der Sportwissenschaft (vgl. RITTNER 1984; DIGEL 1987; HEINEMANN 1987; SCHULKE 1989; BRETTSCHNEIDER/BRÄUTIGAM 1990) dokumentieren, seltsam unverbunden nebeneinander.

---

[25] Zur Jugendsubkultur-Diskussion vgl. umfassend: BAACKE (1987, 86—96) sowie BAACKE/ FERCHHOFF (1988, 315—322).

In einer zwangsläufig immer noch zu undifferenziert angelegten deskriptiven Typologisierung, die zum einen in Form einer Sekundäranalyse auf die Vielzahl jugendkultureller Typologisierungsversuche (JUGENDWERK DEUTSCHE SHELL 1981; FISCHER, u. a. 1982; SINUS-INSTITUT 1985; BECKER, u. a. 1984; LENZ 1986, 1988, 1989; BAACKE 1987,1989; BAETHGE 1988, FERCHHOFF 1989) zurückgreift und zum anderen durch neuere sportwissenschaftliche Forschungsergebnisse (BETTE 1989; BRETTSCHNEIDER/BRÄUTIGAM 1990; SCHRÖDER 1991) ergänzt wird, läßt sich folgendes äußerst facettenreiche und farbenprächtige Bild von Sport als Gegenstand und Inhalt jugendkultureller Differenzierung bewußt pointiert zeichnen (vgl. BRINKHOFF/FERCHHOFF 1990, 35—45):

Sport in den manieristischen Jugendkulturen

Wenn man zu Anfang der 90er Jahre jugend- und sportkulturelle Erscheinungsformen untersucht und dabei sozialphänomenologisch gesprochen „hellwach" in der Tradition der großen Gesellschaftstheoretiker unseres Jahrhunderts in den von der Moderne vordergründig objektivierten Räumen deutscher (Groß-)Städte unterwegs ist, fällt einem besonders die Vielfalt und das Nebeneinander unterschiedlicher Lebensstilformen und Jugendkulturen auf. Karriereorientierte postadoleszente Yuppies, die sonnengebräunt und körpergestylt, mehr oder minder sportiv ihre Identität an der demonstrativen Qualität ihres Lebensstils und Outfits messen und denen Luxus kein schlechtes Gewissen bereitet, treten besonders in Erscheinung. Sie definieren sich mehr über ihr äußeres Erscheinungsbild, über Bekleidung, Frisur, Körper und anderer von der angepaßten Normalität des sogenannten Alltagsbürgers abweichende Ausdrucksmittel. „Kleidung und Outfit sind wichtig für sie. So richtig wohl fühlen sie sich erst, wenn sie sich entsprechend zurechtgemacht haben. Sie betrachten sich selbst gern im Spiegel und sind zufrieden mit dem Resultat. In ihren Körper sind sie bisweilen geradezu verliebt. Sie sehen — so finden sie — einfach gut aus" (BRETTSCHNEIDER/BRÄUTIGAM 1990, 140). Sie favorisieren vornehmlich Sport- und Organisationsformen, die sich eher an einem elitären Sportcode orientieren, Individualisierungsansprüchen gerecht werden, sozial selektiv sind und hohe Distinktionsprofite (vgl. BOURDIEU 1988, 328 ff.) versprechen. Ihren Körper thematisieren sie — in vielen Fällen mit entsprechender Musikuntermalung — ganz nach dem Motto: „fit for success". Ihnen geht es weniger um das langsame Genießen des eigenen Körpers, sondern vielmehr um das „schnelle, möglichst effektive, streßabsorbierende" individuelle Sporttreiben (BETTE 1989, 77).

Diese hedonistisch orientierten Jugendlichen sind in verschiedene Kreise von Peers eingebunden, die sich vornehmlich um exklusive Räume (wie bspw. Szene-Lokale, Diskotheken, Sportclubs oder Fitneßcenter) bilden. Das Streben nach Spaß und Freude stellt ein zentrales Prinzip ihrer Alltagsorganisation dar. „Nicht nur in der Gegenwart, sondern auch in der Zukunft möchten sie ein

Maximum an Lebensfreude realisieren. Sie streben nach materiellem Wohlstand und Luxus — sie möchten das Leben in vollen Zügen genießen" (LENZ 1989, 55).

In der Regel sind sie zufrieden mit sich. Selbstbewußt gehen sie ihren Weg. Sie geben sich abgeklärt, proklamieren den Ausstieg aus einer allzu überdrehten Reflexionsspirale. „Von naiver Unschuld ebensoweit entfernt wie von reflexivem Selbstverlust" halten sie „jenen Mangel an Absichtslosigkeit und Ichlosigkeit für korrigierbar, mit dem uns die Allgegenwart der Ichsuche beständig schlägt" (GUGGENBERGER 1988, 29). Sie betreiben „Ego-Placement", inszenieren sich selbst, kokettieren mehr oder minder mit der wahren ästhetischen Form und dem Stil, der durchaus via Edelmarken prämiert und kulturindustriell hergestellt werden darf. Was ihnen nicht ins Konzept paßt, halten sie sich vom Leib. Gegenüber alten Sozialtugenden (wie z. B. Hilfsbereitschaft, ehrenamtliches Engagement etc.) verhalten sich diese — in Typologisierungsversuchen als manieristische oder auch hedonistische Jugendkulturen (vgl. BECKER et al. 1984; LENZ 1986, 1988, 1989; BAACKE 1987, 1988) gekennzeichneten — Jugendlichen eher distanziert.

Der Ablösungsprozeß von den Eltern ist bei diesen vergleichsweise „alten" Jugendlichen schon recht weit fortgeschritten. Die Beziehung zu den Eltern wird von ihnen in der Gesamtschau abgesehen von kleineren Konflikten als durchweg positiv beurteilt. Konfliktthemen sind allenfalls extensive Konsumformen und übertriebener Freizeitgenuß (zu häufiges und langes Weggehen). Das Leben der Eltern besitzt in ihrer Wahrnehmung allerdings nur dann Modellcharakter, wenn der elterliche Lebensstandard als hoch erlebt wird (LENZ 1989, 51f.).

Sport in (marginalisierten) körperkraft- und/oder action-orientierten Jugendkulturen

In Erscheinung treten allerdings auch ins Abseits gedrängte, von Alkohol und von anderen Drogen geschädigte, oftmals noch sehr junge, gleichzeitig aber schon sehr alt und verbraucht wirkende „Gestalten", die gemeinsam mit anderen marginalisierten und stigmatisierten jugendlichen Gruppierungen wie z. B. Punker, oder Skinheads, die sich seit über zehn Jahren in den Fußgängerzonen ihre eigenen Terrains und Areale geschaffen haben, die ihre „Lesart" vom Sport bspw. mit Graffitis wie: „lieber rauchen und saufen als bockspringen und laufen" ironisch karikieren oder allenfalls wie einige Skins als Sportkonsumenten aus unterschiedlichen Motiven heraus sich in die sportfanatischen Fußball-Fan-Szenen mischen und dort Action suchen und Randale machen; oder die verschiedenen, größer werdenden Gruppierungen der Neo-Nazis, die nicht nur mit den Symbolen der Nazi-Zeit spielen und kokettieren, sondern Wehr- und Kampfsport gezielt propagieren und trainieren sowie bei gewalttätigen Aktionen auch praktizieren;[26] oder auf jene Hip-Hop-Bewegten „Surfer" und „Sprayer", die sich nicht auf Hawaii oder vor der australischen Südküste tummeln, sondern sich auf der Straße bewegen (müssen), dabei von „MC Hammer" oder „New Kids on the Block" im Walkman oder Power-Pack inspirieren und warmlaufen lassen und sich entweder damit begnügen, Cartoon-Szenen auf S- und U-Bahn-Wagen und Betonwände zu sprühen oder im Angesicht von Trostlosigkeit und Langeweile Spannung und Abenteuer nicht im Abseits der Natur suchen, sondern direkt vor Ort in ihrem großstädtischen Milieu. Hierbei handelt es sich insgesamt um provokative Präsentations- und Aktionsformen mit denen sich diese Jugendlichen auf den öffentlichen Straßen, Plätzen und in den U-Bahnschächten mit ihren spezifischen physischen Mitteln nachdrücklich zu Wort melden (vgl. BETTE 1989, 75).

Die Auffälligkeit im Alltag dieser jugendlichen Subkulturen, die in Typologisierungsversuchen als „körperkraft- oder actionbetonte Jugendkulturen" gekennzeichnet werden, besteht darin, daß sie wesentlich von den traditionellen proletarischen Lebensformen, -strategien und auch Sportcodes mitbeeinflußt sind und weiterhin eher an den Rändern unserer leistungsorientierten sportiven Gesellschaft stehen. Der lebensaltersspezifisch gesehen relativ frühe Kontakt mit der Arbeits(losen)welt läßt sie im Sinne bürgerlicher Erziehungsvor-

---

[26] BAETHGE, u. a. (1988, 231—235), die in einer auf die Bedeutung von Arbeit und Beruf fokussierten Forschungsperspektive das Lebenskonzept eines Punks mit Hilfe qualitativer Untersuchungsmethoden herausarbeiten, dokumentieren bspw. folgende rekonstruktiven Wirklichkeitsdeutungen des Beforschten: „*Die (Eltern) malochen sich einen ab, mein Vater geht um 5.30 Uhr los, kommt um 3 Uhr nach Hause, ißt zu Mittag, legt sich auf die Couch, liest die Zeitung pennt ein, wacht um 6 Uhr auf, macht das Fernsehen an und geht um 10 Uhr pennen — so ist das, den ganzen Tag. Meine Mutter ist da etwas anders, sie fährt schon mal zu einer Kollegin, zu einer Tante, zu meiner Oma. So möchte ich nicht enden: Essen, pennen und Zeitung lesen — darauf habe ich keinen Bock! Ich möchte eigentlich mit ein bißchen Pep im Arsch durch die Gegend laufen- bzw. durch das Leben wandern, ich bin ja auch noch jung*". „*Jeder Punk hat eigentlich eine andere Ansicht. Das ist ganz komisch, irgendwie machen sie aber alle dasselbe: Saufen und so rumlaufen, frei sein, und die Bullen sind Arschlöcher und alle so was. Ich meine es stimmt ja auch: Die Bullen sind Arschlöcher, aber die Jungs machen ja auch nur ihren Job. Das muß man irgendwie auch verstehen. Punk? Kleidungsmäßig finde ich das gut, und die Haare sind auch nicht schlecht. Irgendwie hast du es schwer, Punk zu sein, weil die Leute immer reden: der Abschaum! Daran habe ich mich aber nicht gestört, laß sie doch reden, sie können mich am Arsch lecken! Wenn sie dich angemacht haben, dann hast du sie angepflaumt oder du hast sie angerülpst, wenn du einen auf Lager hattest. Leck mich doch am Arsch — irgendwie auf die Tour. Ich habe meine Ruhe, du hast deine Ruhe — fertig! Und wenn man angegriffen wurde, dann hat man eben draufgehauen — das ist klar. Gefallen lassen darf man sich nichts!*"
Für BAETHGE, u. a. (1988, 235) stellt das angedeutete Lebenskonzept des Punks eine der extremsten Positionen von Jugendlichen dar, die bewußt auf Distanz zur Sphäre der Arbeit gehen bzw. sogar vollständig ablehnen. Dieses Verhalten — so ihre Interpretation — läßt sich „auf ein starkes Bedürfnis an spontaner Erlebnishaftigkeit in Musik, Bewegung, Sport und Zusammensein mit Gleichaltrigen zurückführen" und ist insgesamt durch eine starke „konsumistische Grundhaltung" bestimmt (ebenda).

stellungen eine vergleichsweise verkürzte und eingeschränkte Jugendphase durchlaufen. Sie leben häufig an der Armutsgrenze, kommen nicht selten aus „broken homes". Sie gehen ihr Leben nicht selten ungestüm an und tragen Konflikte und Auseinandersetzungen vornehmlich körperbetont und „direkt", mit „schlagkräftigen" Argumenten aus. Alternative weltverbesserische Gesellschaftskonzepte sind ihnen genauso suspekt wie aktuelle Politikbezüge. An Demonstrationen nehmen sie weniger aus ideologischen Motiven teil, sondern zuächst einmal, weil dort Action und Randale ist. Ihr leeres, trostloses und vielfach als ungerecht empfundenes Alltagsleben braucht „Kicks". Die Hervorhebung körperlicher Kräfte und physischer Präsens, derbe Sprache und rüde Umgangsformen sind binnenperspektivisch betrachtet völlig normale kulturelle Eigenschaften. Hierbei handelt es sich um ein Erfahrungsmilieu von körperkraftbezogenen Interaktionsformen im spezifisch maskulinen Sinne. Ihre eigene Jugend betrachten sie zunächst einmal als Sturm- und Drangphase. Bei der Ausgestaltung dieser Lebensphase wollen sie sich von keinem reinreden lassen. Gegenüber pädagogischen Bemühungen versperren sie sich entsprechend. Zentrales Merkmal dieser „action-orientierten" Jugendlichen ist die Sozialform Clique oder auch das Kumpelnetz. Diese Gruppen zeichnen sich durch relativ feste, teilweise ritualisierte und in der Öffentlichkeit zur Schau gestellte, informelle Bindungen aus (vgl. LENZ 1989, 56ff.). Den offiziellen institutionellen Formen von Jugendarbeit (auch der Sportorganisationen) entziehen sie sich zum größten Teil oder „schauen allenfalls mal rein".

Sport in alternativ-progressiven Jugendkulturen

Man sieht aber auch die „alternativ-progressiven" Jugendlichen, in jugendkultureller Abgrenzungsterminologie oftmals als Naturapostel, Rübezahls oder Müslis bezeichnet, die ökologisch und postmaterialistisch gewendete Lebenssinnfragen in den Mittelpunkt ihres Daseins stellen und dementsprechend auch den Sport in Anlehnung an grün-alternative Bewegungen für ökologische (Überlebens-)Fragen hochgradig sensibilisieren und in ihrer sportlichen Praxis der Entfremdung und Kommerzialisierung durch Verschiebung der zentralen Sinngebungen zu begegnen versuchen, alternative Organisationsformen und umweltverträgliche Sportarten entwickeln und favorisieren. Im Gegensatz zu den action-orientierten Jugendlichen verfügen sie über Konzepte und Programme. In gewisser Hinsicht können sie als die (letzten) Erben der Kritischen Theorie angesehen werden. Sie selbst ordnen sich mehr oder weniger den sogenannten „Neuen sozialen Bewegungen"[27] (BRAND et al. 1986) zu. Oftmals sind sie in der Anti-Atomkraft-, der Friedens-, der Öko- und Frauenbewegung engagiert.

---

[27] Die ideologische Nähe der alternativen Sportkulturen zu den „Neuen Sozialen Bewegungen" beschreibt KLEIN (1986, 11) wie folgt: „Im Begriff der neuen Kultur schlägt sich die Verbindung zu Bürgerinitiativen und anderen Bewegungen unmittelbar nieder, zu Bewegungen gegen Aufrüstung, Kriegsgefahr und Gewalt, gegen Umweltzerstörung und Arbeitslosigkeit gleichermaßen."

Der Sport gilt in diesen Jugendkulturen oftmals als Abbild und Stabilisator der in die Krise geratenen Industriegesellschaft: „Auch seine Prinzipien von Wachstum, Fortschritt, Leistung und sportlicher Aufrüstung werden deshalb in Zweifel gezogen." (KRÜGER 1988, 152). Emanzipation und Befreiung des Menschen haben diese kontinuierlich kleiner werdenden jugendlichen Szenen und Gruppen auf ihre Fahnen geschrieben. In Demonstrationen, im Kampf um mehr Gerechtigkeit, im Eintreten für die Dritte Welt versuchen sie ihre alternativen Gesellschaftsentwürfe oftmals variantenreich zu realisieren (vgl. BAACKE 1988, 13 ff.). Die Protagonisten solcher Lebensformen sind in der Regel die besser ausgebildeten, moralisch und ethisch engagierten Jugendlichen der „neuen (insbesondere dienstleistungsbezogenen) Mittelschichten" und des sogenannten Wertewandels. Das vielleicht wichtigste Charakteristikum dieser „alternativen Hoffnungsträger" scheint zu sein, daß der vielorts artikulierte Zukunftspessimismus sich mit einer für die nächsten Jahre durchaus optimistischen Zukunftseinschätzung für das eigene Leben verbindet. Realistische und nur auf den ersten Blick paradoxe Verbindungen ermöglichen erst ein Verhalten jenseits von resignativer Apathie und überhöhtem Optimismus.

Diese Jugendlichen praktizieren innovative und diskussionswürdige Antworten auf Zukunftsgefährdungen und erzeugen insofern das Gegenteil von Resignation: nämlich die Hoffnung, daß es trotz aller Widrigkeiten und quälenden Fragen nach dem Sinn des Lebens und den vielen Lebensbedrohungen dennoch gelingt, die dramatischen und keineswegs zu verharmlosenden Risikopotentiale erfolgreich anzupacken. Sie sind es auch, die in den letzten Jahren immer wieder Kritik an der herrschenden Sportkultur artikulierten. Krankheitssymptome des modernen Sports, wie ökologische Gefährdungen, Gewalt, Nationalismus und Chauvinismus, die extreme Funktionalisierung des menschlichen Körpers im sportlichen Wettkampf, die bigotte Überbetonung sportlicher Werte und Ideale wie Fitneß, Jugendlichkeitsmythen, Kameradschaft, Männerfreundschaft, Fairplay, Ehrenamt sowie die dramatisch zunehmenden ökonomischen Abhängigkeiten und Instrumentalisierungen des Sports werden von ihnen öffentlich diagnostiziert und mit alternativen Konzeptionen kontrastiert.

Sport gilt auch hier als wichtiges Element der Freizeitgestaltung, wird allerdings eher mit alternativen Sinndeutungen angereichert, die sich erheblich von dem klassischen Verständnis des institutionalisierten Sports unterscheiden und oftmals auch in neue alternative Formen der Institutionalisierung (Alternative Vereine/Alternative Spielbetriebe/Wilde Liga) einmünden. Wettkampforientierung und Leistungsoptimierung haben untergeordnete Bedeutungen; zunächst einmal muß Sport Spaß machen. „Man will ihn nicht aus Verpflichtung ausüben, sondern nur dann, wenn man in der richtigen Stimmung ist. In erster Linie geht es um die Realisierung sportlicher Bewegung" (BRETTSCHNEIDER 1990, 140 f.). Vielfältige Spielformen wie New Games, Kleine Spiele, No-

Winner-Games, Zirkus-Spiele bspw. im Rahmen von Stadtteil- oder Straßenfesten stehen hier genauso auf der (sportlichen) Tagesordnung wie eher spielerisch und akrobatisch anmutende Turnvarianten, die nicht im klassischen Turnsaal, sondern in der freien Natur stattfinden und „neue" Bewegungsvielfalten und Körpererfahrungen ermöglichen. Ergänzt werden diese alternativen Sport- und Bewegungsformen oftmals durch tänzerische und/oder musische Bewegungselemente wie bspw. Pantomine, Bewegungstheater, Clownerien oder Folkloretänze aus anderen Kulturkreisen. Die neuen Inhalte und ihre alternativen Organisationsformen grenzen sich sehr dezidiert vom klassischen, normierten, sportarten-orientierten Sportkonzept ab. Sie bilden vielmehr eine Antwort auf die Sinn- und Legitimationskrise des traditionellen Sports. Im Entwurf einer ökologischen und humanen Gesellschaft stellt eine vielfältige Sport- und Bewegungskultur ein bedeutsames integratives Element dar (vgl. KRÜGER 1988, 137 ff.).

Sport in religiös-spirituellen Jugendkulturen

Darüber hinaus fallen zahlreiche und sehr verschiedene Jugendkulturen auf, die durchaus in der Nähe zu alternativen Denk- und Lebensmuster angesiedelt sind und eher Formen des sozialen Rückzugs in diverse religiöse bzw. spirituelle Gruppen bevorzugen und dabei variantenreich einer narzißtisch gefärbten Innerlichkeit nachgehen. Ein wesentlicher Aspekt dieser Jugendkulturen ist der Rückgriff auf die vom Rationalismus verschütteten religiösen, spirituellen, mystischen und sinnlichen Dimensionen unserer Existenz (BRAND et al. 1986; KRÜGER 1988, 146). Hierbei handelt es sich um eine breite Bewegung mit unscharfen Rändern, um eine Art psycho-religiöse, psycho-transzendentale oder okkultisch-magische Bewegung, bei der Elemente des „Sports" vor allem in Form einer nach innen gewandten, häufig meditativen Körpersensibilisierung und -erfahrung in Erscheinung treten. Die „Wiederentdeckung des Körpers" (KAMPER/WULF 1982) wird hier mit den anerkannten Möglichkeiten von Tanz, Musik, Eurythmie, Yoga oder Tai Chi Chuan bis zu einem „Bewußtsein des Eins-Sein" unmittelbar und sinnlich vollzogen. Im Gegensatz zu sportpädagogischen Körpererfahrungs-Konzeptionen wird hier nicht die Sinnlichkeit und Unmittelbarkeit pädagogisch funktionalisiert, sondern in ein Lebenskonzept integriert. Das Wechselspiel von Körper und Psyche wird hier äußerst virtuos aus den unterschiedlichen Motiven heraus im Sinne der Ganzheitlichkeit entfaltet.

Angesichts der vielen Sinnauflösungen gerade auch der traditionellen konfessionellen Milieus wird in diesen jugendkulturellen Kreisen bewußt auch an (ur-)christliche und okkulte Dimensionen (Geist-Seele-Körper-Einheit) des Alltagsbewußtseins angeknüpft. Eine scheinbar diffuse Mischung aus der Beschäftigung mit religiösen Fragen, Übersinnlichem, Esoterik, Okkultismus, Meditations- und Versenkungsprozessen, Spiritualität und manchmal sogar Satanismus prägt diese sogenannten religiös-spirituellen Jugendkulturen. Den gesellschaftlichen Identitätskrisen und dem Sinndefizit fortgeschrittener Industriegesellschaften wird nicht zuletzt auf diesem Weg „erfolgreich" zu begegnen versucht.

Sport in den institutionell-integrierten Jugendkulturen
Schließlich sind auch viele auffällig „unauffällige" Jugendliche zu sehen. Dies ist bei weitem die größte Gruppe, und sie bildet nach wie vor, eingedenk der enormen Binnendifferenzierung (vgl. BRETTSCHNEIDER/BRÄUTIGAM 1990, 131–145), den traditionellen Kern des Sports. Die Jugendkulturen der Unauffälligen zeichnen sich dadurch aus, daß sie einen sogenannten „normalen" Rückgriff auf vorwiegend konventionelle und von den meisten Erwachsenen kaum unterscheidbare Wertvorstellungen, Lebens- und Arbeitsmuster sowie Freizeit- und Sportformen praktizieren und somit Gegenstand und Funktionsträger sozialintegrativer Gesellschaftsmechanismen sind. Diese Jugendliche beschreiben sich in ihrer Selbstwahrnehmung als „normal" und das Prinzip der Vernunft hat in ihrem Selbstkonzept eine hohe Relevanz (LENZ 1989, 50). In den einschlägigen Jugendtypologien werden sie auch als weitgehend angepaßte „familienorientierte Jugendliche", als „Milieu der Institutionell-Integrierten" (BECKER et al. 1984) oder als Jugendliche eines „familienorientierten Handlungstypus" (LENZ 1986, 1988) gekennzeichnet. Sie erleben die Familienbeziehungen in den meisten Fällen als weitgehend harmonisch und konfliktfrei; die Lebensbindungen an die Herkunftsfamilie sind seitens dieser Jugendlichen relativ groß und nicht nur funktional; aber auch umgekehrt bemühen sich die Eltern, ihre Kinder möglichst lange an die Herkunftsfamilie zu binden. Elterliche Kontrollformen (Ausgang, Freundinnen, Freunde, Clique, Aufenthaltsorte, Aussehen, Kleidung, Sexualität usw.) werden in der Regel diskursiv ausgehandelt. Die Herkunftsfamilie wird so gesehen weitgehend in ihrer Vorbildfunktion anerkannt.

Schule wird zumeist als unproblematisch und ohne große Brüche erfahren. Diese großen und in sich durchaus auch sehr heterogen zu betrachtenden Gruppen von unauffälligen Jugendlichen, die sich im Rahmen verschiedener lokaler Hobby-Gruppen (Sport-, Feuerwehr-, Schützen-, Tanz- und Alpenvereinen, in politischen, gewerkschaftlichen oder kirchlichen Jugendgruppen) treffen bzw. dort organisiert sind: „Der Anteil der familienorientierten Jugendlichen, die in Vereinen und Verbänden aktiv sind, ist sehr hoch, deutlich höher als bei den anderen Handlungstypen. Auch hat diese Mitgliedschaft für Peer-Relationen erheblich mehr Gewicht. Erst über Vereine/Verbände wird es den Jugendlichen möglich, gegenüber den ‚bindungsbemühten' Eltern überhaupt einen außerfamilialen Freiraum zu gewinnen. Die relevanten Peer-Kontakte werden in vielen Fällen über Mitgliedschaften in Vereinen/Verbänden geknüpft" ... „Die wichtigsten Orte, an denen familienorientierte Jugendliche mit Freunden zusammenkommen, sind Privaträume und Vereins-/Verbandstreffs" (LENZ 1989, 48f.). Diese familienorientierten und institutionell-integrierten Jugendlichen fallen in der Öffentlichkeit kaum durch Regelverletzungen auf, grenzen sich aber ganz dezidiert von den sogenannten auffälligen Jugendlichen in ihrem Sinne „positiv" ab. Im Rahmen ihrer vornehmlich sozial privatisierten und überwiegend „gleichgeschlechtlichen" kleineren Freundeskreise suchen diese Jugendlichen, sowohl Mädchen als auch Jungen, Geselligkeit und Geborgenheit und versuchen darüber hinaus im Zusammenhang ihrer institutionalisierten Netzwerke und Treffpunkte zumeist ganz konventionell und pragmatisch, den sich einfach stellenden Lebens- und Leistungsanforderungen sowie den gesellschaftlichen Herausforderungen und auch Zumutungen zugleich gerecht zu werden. Oftmals findet aber auch eine nur strategisch berechnende, selektive Art des Umgangs mit den vorwiegend institutionellen Anforderungen der Erwachsenengesellschaft statt; d. h.: „sich — nur soweit — einlassen", wie es unvermeidlich und unter lebenspragmatischen Nützlichkeitserwägungen auch zweckmäßig erscheint.

Für einen Großteil der Jugendlichen dieser Gruppe stellt Sport mit all seinen Schattierungen und individuellen Engagementformen einen bedeutungsvollen Weggefährten ihrer Jugend dar. In ihrer Lesart hat Sport in seiner institutionalisierten Form zunächst einmal — weil sie es kaum anders kennengelernt haben — mit Training, Wettkampf, Leistung und Erfolg zu tun. Andererseits — und dies haben die Sportorganisationen bisher kaum realisiert — definieren sie auch die unterschiedlichen Formen moderner Bewegungskultur ohne besondere Thematisierung körperlicher Strapazen und spezifischer Leistungsvergleiche als Sport. So gesehen sind einerseits „Bindung und Verpflichtung" gemäß der Logik des traditionellen Sportkonzepts, andererseits „Spontaneität und emotionale Verfassung" gewissermaßen als Bedingungskonstellationen moderner Bewegungskultur „unabdingbar an ihr Verständnis von Sport gebunden" (BRETTSCHNEIDER/BRÄUTIGAM 1990, 142). Diese Jugendlichen sind übrigens oftmals auch ob ihrer in der Regel Unkompliziertheit, Angepaßtheit und „guten Erreichbarkeit" die große „Freude" vieler Pädagogen und Trainer, wenn sie bisweilen auch gewollt oder ungewollt das (pädagogische) Ziel oder auch Tor verfehlen. Sie tragen oftmals in jungen Jahren ihre gesellschaftlich prämierten Idole aus Film-, Musik- und Sportwelt eingraviert auf T- oder Sweat-Shirts in sich und mit sich und scheinen den Sport nicht nur durch Stil und Habitus trendgerecht zu erleben, sondern ihn für einen bestimmten Zeitraum tatsächlich auch zu leben.

4.1.3 Der heuristische Wert sport- und jugendkultureller Differenzierungsversuche

Bei allen diesen grob skizzierten sport- und jugendkulturellen Differenzierungen bestehen zweifelsohne Übergänge und Durchlässigkeiten, wie insbesondere die Sekundäranalyse oftmals analytisch nicht immer trennscharf erscheinender Typologisierungsversuche in den einzelnen Disziplinen eindrucksvoll belegt. Auch kommt es mit der immer rascher fortschreitenden Pluralisierung von Jugendkulturen zu einem Nebeneinander von „neuen" und wiederaufbereiteten „alten" Themen, Trends und Szenen. Die im Rahmen dieser Arbeit angedeuteten Jugendkulturen sind aufgrund ihrer hohen Komplexität sicherlich nicht „vollständig" zu erfassen. Zudem scheint die Möglichkeit multipler und flexibler Mitgliedschaften in den Jugendkulturen immer größer zu werden. Neuerdings ist auch das Phänomen zu beobachten, daß die Zugehörigkeit zu einer spezifischen Jugendkultur, wie es bspw. BAACKE (1987) beschreibt, nicht ausschließlich über eine feste Gruppenanbindung laufen muß. „Es genügt, an symbolischen Höhepunkten anwesend zu sein, um dann für die Zeit der Dürre allein zu Hause" (ebenda, 121) auf sich konzentriert mit zunehmendem Raffinement hochgradig individualisierte Jugendkultur zu leben. Nicht alles, aber vieles ist möglich. Es existiert eine Vielzahl jugendkultureller Berührungen, Übergänge, aber auch Ausgrenzungen.

Für die an soziologischen und pädagogischen Fragen orientierte Forschung und Praxis wird es somit immer schwerer, zuverlässige Entscheidungs- und Bewertungskriterien zu gewinnen, die es erlauben, Jugendkulturen eindeutig an soziologischen Kriterien wie z. B. Alter, Geschlecht, Schicht, Konfession, Milieu, ethnische Zugehörigkeit etc. zu lokalisieren und identifizieren: „In und an den Jugendkulturen wird das Prinzip pluralisierter Variation, auf Verschleiß angelegt, evident" (BAACKE 1987, 205). Der Versuch, die pluralisierten Jugend- und Sportkulturen mit Hilfe von konstruierten Typologien zu ordnen, besitzt daher zwangsläufig zunächst einmal „nur" heuristischen Wert.

Wenn im folgenden von Jugend- und Sportkulturen die Rede ist, orientiert sich der Argumentationsgang vornehmlich an den sportiven Praxen und Lebensformen der jungen Menschen, die diffuse Vorstellungen von gesellschaftlicher Normalität verkörpern und ob ihrer sportbezogenen Majorität und Dominanz dem Sportsystem wichtige Impulse verleihen, gleichzeitig aber auch abgewinnen.

4.2 Sport als jugendspezifische Altersnorm

Für viele Jugendliche zählen sportive Praxen heute zu den Selbstverständlichkeiten des Alltags, ist Sport so betrachtet zur „jugendspezifischen Altersnorm" (ZINNECKER 1989, 136) geworden. Sportive Praxen und Elemente stellen — wie im vorangegangenen Kapitel gezeigt wurde — auf vielfältigste Weise integrative Bestandteile von Jugendkulturen dar. Ein großer Teil der Jugendlichen trifft beim organisierten Sport auf einen äußerst heterogenen Handlungsbereich, der sich in seiner zentralen Binnendifferenzierung zwischen den Polen Breiten- und Hochleistungssport bewegt. Das Verhältnis von Breiten- und Leistungssport stellt sich in der von SCHIMANK (1988) entfalteten systemtheoretischen Perspektive als ein „parasitäres Verhältnis" dar. „Während der Breitensport, wie sich auch historisch zeigt, sich als gesellschaftliches Teilsystem durchaus ohne den Leistungssport" — wenn auch nicht in der uns inzwischen bekannten Größenordnung — „zu reproduzieren vermag, bedarf der Leistungssport einer systemischen Einbettung in den Breitensport" (SCHIMANK 1988, 224). Zwar dient der Breitensport gemäß dieser Logik dem Leistungssport als „unverzichtbares Rekrutierungs- und Sozialisationspotential", doch sind gleichzeitig auch Rückkoppelungsmechanismen in Form von „Orientierungskontinuen" (z. B. Popularisierung, Identifikationgestaltungen, motivationale Transferleistungen, Innovationsprozesse und Regelveränderungen usw.) zu beobachten. Zudem besteht ein ausgeprägtes „Organisationskontinuum", da die Übergänge zwischen Organisationsformen und -inhalten fließend sind und die zugrundeliegenden Netzwerke in Gestalt von Verbänden, Vereinen, haupt- und ehrenamtlichen Funktionären, Trainern/Übungsleitern und Aktiven mit ihren spezifischen Orientierungen kaum voneinander zu trennen sind, wobei die leistungssportlichen Komponenten in ihrer Ausstrahlung nicht zu unterschätzen sind.

Im Anschluß an BETTE (1987, 301 ff.) rekonstruiert SCHIMANK weitere Interdependenzen hinsichtlich finanzieller Förderung und grundsätzlicher Legitimationsstrategien. Neben dieser eher traditionellen Polarisierung des Sportsystems und seinen subsidiären Grundstrukturen hat in den letzten Jahren die expansive Kommerzialisierung sowohl des Leistungs- als auch des Breitensports neue Abhängigkeiten und Orientierungskontinuen geschaffen, deren Folgen bislang noch nicht zu übersehen sind. In diesem Zusammenhang spricht vieles für die These, daß sich diese Orientierungs-, Organisations-, Finanzierungs- und Legitimationskontinuen mit ihren spezifischen Interdependenzen und Paradoxien im besonderen Maße im organisierten Jugendsport verdichten.

Die enorme Faszination, die vom Sport auf große Teile der Jugendlichen ausgeht, drückt sich in den nach wie vor hohen Organisationsgraden von Jugendlichen in den Sportvereinen aus (inzwischen sind auf der Grundlage der Daten der DSB-Bestandserhebungen mehr als 50% eines Jahrgangs in den Sportvereinen organisiert), in der wachsenden Teilnahme an kommerziellen und informellen sportbezogenen Aktivitäten sowie der jugendkulturellen Anverwandlung und Durchdringung sportiver Elemente. Dies reicht vom wettkampfbezogenen Sport im Verein mit (relativ) rigiden Verhaltensmustern und festgefügten Normierungen über die Fitneß- und Bodybuilding-Center, „gewissermaßen die Laboratorien der neuen Sportkultur", in denen auf der Basis unverbindlicher Einbindungsmodi, im Rahmen klassischer Dienstleistungsverpflichtungen, an der außenwirksamen, wohlbefindlich machenden „Selbstmodellierung", „Gesunderhaltung" und „Gesundung" des eigenen Körpers gearbeitet wird, bis zu informellen Aktivitäten im Kreise der Familie oder Peers, wo vielfältige

Bewegungsformen und das freudvolle Miteinander in den Vordergrund treten. Mittlerweile existieren eine Vielzahl von Untersuchungen, die allesamt zu dem Ergebnis kommen, daß unter den Freizeitaktivitäten Jugendlicher das eigene sportliche Engagement oder der Konsum von authentischen bzw. medial vermittelten Sportereignissen oder Sportprodukten eine dominierende Stellung einnehmen (vgl. Fuchs 1985; Deutsches Jugendwerk 1985, Bd. II, 199; Sinus Institut 1985, 110; Opaschowski 1986; Sack 1986; Kreutz 1988; Zinnecker 1989; Engel/Hurrelmann 1990, 56; Brettschneider/Bräutigam 1990; Schröder 1991, 36ff.).

Sportmotorische Kompetenz, verbunden mit kommunikationsbezogener adäquater Diskursfähigkeit[28], gehört heute in besonderem Maße für viele männliche Jugendliche gewissermaßen zur „Grundausstattung". Traditionelle als auch neuere Sinngebungen des Sports (Kurz 1986, 44ff.), wie die Möglichkeit der Erprobung der eigenen Kraft und Leistungsfähigkeit, die Suche nach Spannung und Abenteuer in dosierten Risikosituationen, der ästhetische Reiz bestimmter Bewegungsabläufe, Ästhetisierung bzw. Modellierung des eigenen Körpers und in besonderem Maße die Suche nach Geselligkeit und Geborgenheit machen die beispiellose Attraktivität, die vom Handlungsfeld Sport auf die Jugendlichen ausgeht, verständlich. Der „alte" institutionalisierte Vereinssport erfreut sich dabei im Vergleich zu anderen Organisationsformen der Jugendarbeit, die von einer ausgeprägten Organisationsabstinenz (vgl. Ferchhoff/Sander/Vollbrecht 1988) der Jugendlichen betroffen sind, trotz einseitigen Sportverständnisses, vornehmlich erwachsenenorientierter Grundstrukturen und nicht selten allzu borniterer Ausrichtungen auf Leistung, Wettkampf, Disziplin und Selektion bei vielen Jugendlichen großer Beliebtheit. Die Geschichte der Mitgliederentwicklung der Deutschen Sportjugend liest sich seit Gründung dann auch als eine von kontinuierlichen Zuwachsraten gekennzeichnete Erfolgsbilanz, die erst in den letzten Jahren durch die geburtenschwachen Jahrgänge in ihrem glänzenden Erscheinungsbild etwas getrübt wird (vgl. Kurz/Brinkhoff 1989, 95ff.).

Neben dem traditionellen Jugendvereinssport mit seinen zentralen Kategorien und Aktionsformen Leistung, Wettkampf und Training bildete sich in den vergangenen Jahren eine neue Bewegungskultur heraus, bei der „eher unmittelbar sinnliches Erleben, changierende Körper-, Bewegungs- und Selbsterfahrungen, freudvolles Genießen und vielfältigste Kontakte" (Brettschneider/Baur/

---

[28] In Hinblick auf die quantitative und qualitative Bedeutung von Sport im Kommunikationsakt (Jugendlicher) sollte nicht unterschätzt werden: Sportereignisse sind beliebte Gesprächsthemen, die für niemanden trotz intensiver Auseinandersetzung in der Regel „wirklich" folgeträchtig sind und sich somit als Einstieg und auch leichtes Thema von Kommunikation und Geselligkeit anbieten. Hierbei kommt es vielfach zu einem Expertentreffen. „Experten" kommunizieren hierarchiefrei und milieuübergreifend mit „Experten".

BRÄUTIGAM 1989, 8) in den Vordergrund traten. Hierbei handelt es sich insgesamt um eine Entwicklung, die bisher vornehmlich den Sport der Erwachsenen und älteren Jugendlichen beeinflußt hat. „Noch" scheint HEINEMANN mit seiner Einschätzung den Sachverhalt zu treffen: „Gewerblichen Sportanbietern gelingt es zwar nicht in besonderem Umfang, Jugendliche unter 20 Jahren an sich zu binden; Jugendarbeit ist nicht die Stärke der gewerblichen Anbieter" (HEINEMANN 1988, 27). Dennoch sprechen erste Anzeichen dafür, daß die kommerziellen Anbieter auch diese Gruppe mit ihrem kontinuierlich steigenden „Jugendeinkommen" mit geeigneten Angeboten in naher Zukunft zu erreichen versuchen werden. Das ökonomische Programm vom „Kind als Kunden" wird kaum vor dem Sport haltmachen.

Institutionelle Zwänge versperren derzeit auch noch die Etablierung alternativer Sport- und Bewegungsformen im Jugendsport. Trotz erster, höchst kontrovers diskutierter konzeptioneller Entwürfe, die darauf hinauslaufen, „alternative Strukturen und Inhalte" in den traditionellen Jugendvereinssport einzubringen, bietet sich den Jugendlichen im Vereinssport in der Regel nur die Möglichkeit, am leistungsorientierten Wettkampfsport teilzunehmen. Aufgrund gewandelter Interessen und Bedürfnisse Jugendlicher gehen einzelne Analysen zum Jugendvereinssport (vgl. BRINCKMANN/SPIEGEL 1986) allerdings von einem Attraktivitätsverlust des Sportvereins für Jugendliche aus, der jedoch weder durch rückläufige Organisationsgrade noch durch den jugendsportbezogenen Transfer des sogenannten postmaterialistischen Wertewandels erklärt werden kann. Auf den ersten Blick handelt es sich hierbei um interessante Vorschläge, die allerdings hinsichtlich ihrer Verwirklichungsmöglichkeiten recht bald an strukturelle Grenzen stoßen (vgl. KURZ/BRINKHOFF 1989, 95 ff.). Jenseits eines solchen bis auf den heutigen Tag zweifelsohne einseitigen Vereinssportkonzepts besteht für viele Jugendliche in zahlreichen anderen Kontexten des Sports kein Widerspruch zwischen den unterschiedlichen Sportorientierungen. In vielen Fällen sind sie bereit, sich auf beide „Programme" einzulassen. Von beiden Sportorientierungen scheinen angesichts der erwähnten ausgeprägten Individualisierungstendenzen unterschiedliche Attraktivitätsmuster auszugehen, die — wie an anderer Stelle noch zu zeigen sein wird — in ihren spezifischen Ausprägungen, Anspruchsniveaus sowie in ihrer Kombinatorik den Interessen und Bedürfnissen der Heranwachsenden gerecht werden und dabei ein gutes Stück „Hilfestellung" bei der Bewältigung jugendspezifischer Entwicklungsaufgaben zu leisten imstande sind.

Die bereits angedeutete Ausdehnung und Ausdifferenzierung des Sports hat u. a. dazu geführt, daß nicht nur immer breitere Kreise am Sport partizipieren, sondern allgemein eine Versportung des gesamten gesellschaftlichen Lebens zu beobachten ist, die keine Grenzen zu kennen scheint (vgl. DIGEL 1991, 73—96; CACHAY 1991, 97—113). Die Analyse der Mitgliederentwicklung des Deutschen Sportbundes im Zeitraum von 1980—1988 mag dies verdeutlichen.

Die Mitgliederentwicklung des Deutschen Sportbundes (DSB) im Bereich der alten Bundesrepublik liest sich auf der Grundlage der DSB-Bestandserhebungen wie eine kontinuierliche Erfolgsbilanz, die trotz 20 Millionen Mitgliedern und mehr keine Grenzen zu kennen scheint.[29] Allein von 1980—1988 traten 3 574 163 weitere Mitglieder in die Sportvereine ein. Während 1980 „nur" 27,6% der Gesamtbevölkerung im Sportverein engagiert war, sind es mittlerweile schon 33,5%. Im Klartext heißt das: Jeder dritte Bundesbürger ist heute entweder aktiv oder passiv in einem der 65 643 Sportvereine organisiert. Neben diesem allgemeinen Wachstum sind allerdings grundlegende Umverteilungsprozesse erkennbar, die sich im Wandel von Altersstruktur, Geschlechtsunterschieden und Attraktivitätsgewinnen bzw. -verlusten einzelner Spitzenverbände niederschlagen (vgl. BRINKHOFF 1989). Die deutlichsten Entwicklungen im Jugendbereich werden im folgenden thesenartig skizziert (vgl. Tab. 1):

Alter	Mitglieder (1980)	Anteil am DSB in %	Mitglieder 1988	Anteil am DSB in %	Gewinne/ Verluste
bis 6					
männl.	96 248	0,61	205 611	1,04	+109 363
weibl.	116 168	0,74	243 789	1,23	+127 621
Insg.	212 416	1,35	449 400	2,27	+236 984
7—14					
männl.	2 090 694	13,32	1 914 608	9,69	−176 086
weibl.	1 584 100	10,09	1 314 808	6,65	−269 292
Insg.	3 674 794	23,41	3 229 416	16,34	−445 378
15—18					
männl.	1 402 011	8,93	1 332 525	6,74	−69 486
weibl.	682 952	4,35	763 065	3,86	+80 113
Insg.	2 084 963	13,28	2 095 590	10,60	+10 627

Tab. 1: Altersstruktur der Spitzenverbände des DSB im Vergleich 1980–1988

---

[29] Von der Frankfurter Zentrale des Deutschen Sportbundes (DSB) wird jedes Jahr ein großes Zahlenwerk erstellt, das den bedeutsamen Namen Bestandserhebung trägt. Von zahlreichen Sportfunktionären und Wissenschaftlern wird dieser Zahlenflut aus guten Gründen allerdings nur tendenziell Bedeutung beigemessen, da die bekanntermaßen nicht immer seriösen Meldetechniken der Spitzenverbände, die durchaus verbreiteten Mehrfachmitgliedschaften, die Probleme bei der Differenzierung zwischen aktiven und passiven Mitgliedern und bedauerlicherweise auch grobe Rechenfehler in den DSB-Statistiken, den tatsächlichen Aussagewert der Zahlen stark einschränken. Wenn im folgenden unter dieser Prämisse trotzdem der Versuch unternommen wird, die DSB-Mitgliederentwicklung im Spiegel von Zahlen genauer zu analysieren, kann es sich daher nur um eine erste Richtungsbestimmung handeln.

Alter	Mitglieder (1980)	Anteil am DSB in %	Mitglieder 1988	Anteil am DSB in %	Gewinne/ Verluste
19—21					
männl.	765 627	4,87	664 838	3,36	—100 789
weibl.	529 278	3,37	490 620	2,48	—38 658
Insg.	1 294 905	8,24	1 155 458	5,84	—139 447
ab 22					
männl.	6 093 408	38,83	8 733 599	44,23	+2 640 191
weibl.	2 331 780	14,85	4 079 701	20,66	+1 747 921
Insg.	8 425 188	53,68	12 813 300	64,89	+4 388 112
Quelle: Jahrbuch des Deutschen Sports (1980—1988)					

(Tab. 1: Fortsetzung)

Der organisierte Sport rekrutiert immer mehr Mitglieder im Vorschulalter

Von 1980—1988 hat sich die Anzahl der in den Spitzenverbänden organisierten Kinder im Alter von 1—6 Jahren von 212 416 auf 449 400 Mitglieder erhöht. Damit haben beide Geschlechter ihre Organisationsgrade im Untersuchungszeitraum mehr als verdoppelt. Die Unterschiede zwischen den Geschlechtern bleiben in dieser Altersklasse relativ gering. 1988 wurden 205 611 männliche und 243 789 weibliche Mitglieder in den Sportvereinen gezählt. Die deutlich höheren LSB-Zahlen weisen mit 293 311 (männlich) zu 296 362 (weiblich) sogar auf eine Patt-Situation hin.

In der frühen Jugendphase (7—14 Jahre alt) sind trotz steigender Organisationsgrade deutliche absolute Mitgliederrückgänge — besonders bei den weiblichen Jugendlichen — zu verzeichnen

Von 1980—1988 hat sich diese Altersgruppe (1980: 3 674 794 / 1988: 3 229 416) um mehr als 445 000 Vereinszugehörige reduziert. Eine kritische Entwicklung, die besonders bei den großen Sportspielen dazu geführt hat, daß ganze Jugendmannschaften vom Spielbetrieb abgemeldet wurden und der so wichtige eigene Nachwuchs verlorenging. Rechnet man die dabei entstandenen Verlustpunkte auf die Geschlechter um, entstehen erste größere Unterschiede. Das in dieser Altersphase entwicklungsbedingte, stark rückläufige Engagement der jungen Mädchen (von über 54 % im Kindesalter auf 40 % in der frühen Jugendphase) wird mit einem Anteil von über 60 % am Gesamtverlust besonders hart getroffen. Während bei den männlichen Jugendlichen ein absoluter Rückgang von 176 086 Mitgliedern zu verzeichnen ist, liegt er mit 270 000 Mitgliedern bei den weiblichen Jugendlichen wesentlich höher.

Über die möglichen Gründe für diese erheblichen Verluste, in dieser für das weitere sportliche Engagement so bedeutungsvollen Lebensphase, ist in der Vergangenheit viel geschrieben worden. Hauptverantwortlich scheinen zunächst einmal die geburtenschwachen Jahrgänge zu sein. Den absoluten Mitgliederrückgang in dieser Altersgruppe mit zunehmendem Attraktivitätsverlust des Sportvereins bei den Jugendlichen erklären zu wollen, wie z. B. BRINCKMANN/SPIEGEL 1987 und RIDDER 1987, erscheint anhand des heutigen Zahlenmaterials als kaum haltbar, zumal die Organisationsgrade dieser Altersklasse in den 80er Jahren auf der Grundlage der DSB-Zahlen nachweislich kontinuierlich angestiegen sind. Allein in den letzten vier Jahren haben sich die Organisationsgrade bei den männlichen Jugendlichen von 58,64% (1984) auf 68,78% und bei den weiblichen Jugendlichen von 44,82% (1984) auf 51,98% (1988) erhöht. Nachdenklich sollte dabei allerdings die Tatsache stimmen, daß die jungen Mädchen im Vergleich der Geschlechter nicht nur erheblich höhere absolute Mitgliederrückgänge zu verzeichnen haben, sondern auch vergleichsweise geringe Steigerungen der Organisationsgrade aufweisen. 1980 betrug die Differenz zwischen den Organisationsgraden der Geschlechter noch 11%, heute sind es fast 17% in dieser Altersklasse. Eine zunehmende Unterrepräsentanz des weiblichen Geschlechts in dem sportmotorisch besten Lernalter, die reflexionsbedürftig erscheint und zugleich daraufhinweist, daß der organisierte Frauensport mehr denn je an den eigenen Wurzeln krankt. Die wenig „Frauen-gerechte" Jugendarbeit der Vereine, die Dominanz der Männer-Sportarten (der Deutsche Fußballbund [(DFB] verzerrt mit seinen 717 362 männlichen zu 52 249 weiblichen Mitgliedern in dieser Altersklasse das Verhältnis der Geschlechter allein schon zu Ungunsten des weiblichen Geschlechts) und gesellschaftlich fest sedimentierte Rollenklischees scheinen dieser fortschreitenden Unterrepräsentanz maßgeblich Vorschub zu leisten.

Bei den 15–18jährigen werden die absoluten Mitgliederverluste dank des Zugewinns im weiblichen Bereich gestoppt

Überraschenderweise wendet sich das Bild in dieser Altersklasse grundlegend. Nun sind es die erheblichen Zugewinne an weiblichen Mitgliedern, die trotz Verlusten im männlichen Bereich, die Gesamtbilanz dieser Altersgruppe auch nach absoluten Zahlen noch positiv erscheinen lassen. Hier dürften wohl Werbeaktionen einzelner Verbände, die besonders die schon etwas älteren weiblichen Jugendlichen ansprachen, erste Früchte getragen haben; denn während die Anzahl der männlichen Jugendlichen im Untersuchungszeitraum um mehr als 69 000 Mitglieder zurückging, konnten 80 113 weibliche Mitglieder hinzugewonnen werden. Die Organisationsgrade beider Geschlechter stiegen von 1980 bis 1988 um fast 14% an.

In der späten Jugendphase (19—21) sind bei beiden Geschlechtern wieder deutliche absolute Mitgliederrückgänge festzustellen

Der absolute Verlust beträgt hier 139447 jugendliche Mitglieder. Während die Rückgänge bei den jungen Männern bei —13,16% liegen, sind sie bei den Frauen mit —7,3% noch vergleichsweise bescheiden. Ähnlich wie bei allen Altersklassen zuvor stiegen die Organisationsgrade auch hier kontinuierlich an.

4.3 Über den Zusammenhang von Bildungs- und Sportexpansion

Ein wesentliches Merkmal des Strukturwandels der modernen Jugendphase stellt die beträchtliche Expansion des institutionalisierten Bildungswesens dar. An die Stelle erwerbsmäßiger Arbeit, die bis in die sechziger Jahre hinein für alle nicht-bürgerlichen (zumindest männlichen) Jugendlichen ab dem 14. Lebensjahr strukturtypisch war, ist tendenziell die schulisch kognitive Lernarbeit getreten.

Jugendliche befinden sich heutzutage insgesamt gesehen wesentlich früher (Kindergarten, Vorschule) und wesentlich längere Zeit in den unterschiedlichen Einrichtungen der Schul-, Hochschul- und Ausbildungssysteme. Mißt man die Jugendphase zunächst in einem formalen Sinne an der Verweildauer im Bildungssystem, so ist Jugend gleichsam mit dieser Scholarisierung über den traditionell engen bildungsbürgerlichen und vornehmlich männlichen jugendlichen Rahmen hinaus zu einem Massenphänomen geworden, das seinerseits in Ansätzen immer stärker modifizierende, verbürgerlichende und gleichzeitig egalisierende Tendenzen aufweist (vgl. HORNSTEIN 1985, 159; JUGENDWERK 1985, 171 ff.).

Während sich 1960 nicht einmal jeder dritte 18jährige noch im Bildungssystem befand, waren es in der Mitte der 80er Jahre ca. 80% dieser Altersgruppe. In den letzten Jahrzehnten kam es so gesehen zu einer wahren Bildungsrevolution. Insbesondere in dem für Jugendliche entscheidenden Bereich weiterführender Schulen (vgl. hierzu: ARBEITSGRUPPE AM MAX-PLANCK-INSTITUT FÜR BILDUNGSFORSCHUNG 1984), büßte in dem erwähnten Zeitraum die Hauptschule[30] (ehemals Volksschule) sowohl im quantitativen als auch qualitativen Sinne hinsichtlich ihrer Bedeutung und Anziehungskraft ihre ehemals dominierende Stellung ein; während das Gymnasium mit all seinen traditionellen, aber auch sich allmählich aufweichenden bürgerlichen Bildungsidealen und (ehemals) elitären Zügen eindeutig zum quantitativen und qualitativen Trendsetter bzw. Marktführer im Bildungsbereich geworden ist.

Vergleichbare Veränderungen sind auch auf der anderen Seite der Bildungspyramide — den Hochschulen — zu beobachten. Seit den 60er Jahren kam es auch hier zu einem deutlichen Anstieg der Studienanfänger, deren Väter Arbei-

---

[30] In der Hauptschule sank der Schüleranteil zwischen 1960 und 1984 in einer Jahrgangsstufe um knapp die Hälfte von ca. 80% auf ca. 40%.

ter sind. Allein in den letzten drei Jahrzehnten hat sich ihr Anteil mehr als vervierfacht. Parallel dazu ist es auch zu einer deutlichen geschlechtsspezifischen Nivellierung gekommen. Frauen haben heute hinsichtlich ihrer Chancen, ein Hochschulstudium zu absolvieren, mit den Männern fast gleichgezogen und sind etwa seit Mitte der 70er Jahre in der gymnasialen Ausbildung sogar etwas stärker vertreten. So streben mittlerweile immer mehr weibliche als männliche Jugendliche das Abitur an, während gleichzeitig in Bezug auf die untersten Schulabschlüsse (Hauptschule/Sonderschule) männliche Heranwachsende überrepräsentiert sind (vgl. BECK 1986, 118,128; HURRELMANN 1986; FEND 1987).

Jugendliche erwerben auch im Vergleich zu ihren Eltern heute durchschnittlich einen wesentlich höheren Bildungsabschluß. Insofern zeichnet sich für sie oftmals auch jenseits der sich abschwächenden Strukturkrise des Arbeitsmarktes ein anderer Lebensweg ab. Zudem sind die Eltern oftmals darum bemüht, ihren Kindern in Sachen Bildungschancen mehr oder weniger erfolgverheißende Wege zu öffnen, die ihnen selber in der Regel versperrt blieben, heute allerdings zwingend notwendig erscheinen, um überhaupt den Standard der Herkunftsfamilie zu wahren.[31] Dieser Massenkonsum höherer Bildung hat nicht nur zu einem erheblichen Wandel der modernen Jugendphase geführt, sondern gleichzeitig einen Kontinuitätsbruch zwischen den Generationen entstehen lassen, dessen Auswirkungen auf das Verhältnis zwischen den Geschlechtern, die Erziehungsstile, die (politische) Kultur, die traditonellen Lebens- und Wertorientierungen sowie auf die Kultur des Sport inklusive der spezifischen Organisationsformen und -strukturen erst allmählich sichtbar wird.

Insbesondere die Ausweitung des Bildungssystems hat einen maßgeblichen Anteil an dem umfassenden Abschied breiter Kreise der Bevölkerung von den ehemals vorgegebenen klassenkulturellen Bindungen und Vorgaben des Herkunftsmilieus. An die Stelle traditioneller Denkmuster treten nun wesentlich durch universalistische Lehr- und Lernbedingungen, Wissensinhalte und Sprachformen geprägte Denkweisen. Die Lebensstile und Kulturformen der Mütter und Väter werden durch die Orientierung an herkunftsfremde alternative oder bürgerliche Soziallagen und Lebensformen ersetzt bzw. relativiert.

Während früher bspw. im proletarischen Klassenmilieu der Arbeiterschaft das Hineinwachsen in die Arbeiterbewegung ein für den einzelnen vorwiegend naturwüchsiger Prozeß war, der auf der Familienerfahrung, dann über die Stationen von Nachbarschaft, Jugend-Sportverein etc. bis zur betrieblichen Sozialisation gleichsam vorgezeichnet in eine der politischen Strömungen und/oder der kulturellen Organisationsformen (z. B. Sportvereine) der Arbeiterbewe-

---

[31] Der Anteil von Eltern, der noch im Jahre 1979 den Hauptschulabschluß für ihre Kinder wünschte, sank von 31% auf 11% im Jahre 1985 (vgl. ENGEL/HURRELMANN 1989).

gung hineinführte, ist heute dies übergreifende Erfahrungs- und Kontrollband eines klassenkulturell geprägten Sozialmilieus vielfältig gebrochen (vgl. BECK 1986, 129).

Auch das Aufkommen erheblicher sozialer Mobilitätsströme scheint sehr eng mit der sich parallel zur Bildungsexpansion vollziehenden Ausweitung des Dienstleistungssektors in den letzten drei Jahrzehnten verbunden zu sein. Die Söhne und Töchter aus Arbeiter- und Angestelltenfamilien profitierten in ganz besonderer Weise von der erheblichen Ausweitung des wohlfahrtsstaaatlichen wie auch privatwirtschaftlichen Dienstleistungssektors (Universitäten, Schulen, Verwaltungen, Dienstleistungsunternehmen) und den damit verbundenen Verschiebungen in der Ausbildungs-, Berufs- und Sozialstruktur.

Hierbei handelt es sich insgesamt um tiefgreifende gesellschaftliche Differenzierungs- und Individualisierungsprozesse, von denen auch nachhaltige Folgen auf das Sportsystem ausgehen. Die klassische Gliederung des Sports auf der Ebene demographischer und soziologischer Variablen war und ist teilweise immer noch durch einen erhöhten Anteil von männlichen, vornehmlich bürgerlichen Jugendlichen mit deutlich höheren Organisationsgraden in ländlichen und kleinstädtischen Gemeinden bestimmt (vgl. HAMMERICH/LÜSCHEN 1980).

Die ersten „Sportler", die sich bereits vor der Jahrhundertwende für den angelsächsischen Exportschlager Sport begeistern konnten und auch die ersten „Surfer", „Skateboard- und Mountainbikefahrer" waren fast ausschließlich männliche Gymnasiasten oder Studenten. Insofern handelt es sich beim Sport um ein spezifisches, Körperkultur, Leistung und Außergewöhnlichkeit in den Vordergrund stellendes Mittelschichtsphänomen.

In den Sportvereinen, die bis weit in die 70er Jahre hinein als sportanbietende Organisationsform neben der Schule eine monopolartige Stellung besaßen, war fast jeder Zweite aus der oberen Mittelschicht und nur jeder Siebte aus der unteren Unterschicht dort Mitglied (vgl. SCHLAGENHAUF 1977). Sieht man von der durch die Pluralisierung von Sozialmilieus sich zuspitzenden Problematik soziologischer Schichtkonstruktionen ab (vgl. ZAPF et al. 1987; BACHLEITNER 1988), weisen sportsoziologische Studien, trotz großer Differenzen innerhalb der verschiedenen Sportarten, bis Ende der 70er Jahre generell auf einen unverhältnismäßig hohen Anteil von bürgerlichen bzw. sozial aufgestiegenen Sportlern hin (vgl. HAMMERICH/LÜSCHEN 1980, 203). So gesehen trägt der Sport noch heute den Stempel seiner Herkunft (vgl. BOURDIEU 1986, 100). In dem Maße, wie der organisierte Sport sich meist aus Mittelschichtsangehörigen zusammensetzte, prägten diese Gruppen auch zunächst einmal Erscheinungsformen, Sinngebungen und Wertstrukturen.

Für das sportliche Engagement Jugendlicher waren und sind soziologische Kriterien wie Geschlecht, Lebensalter, soziale Schichtzugehörigkeit, Schulkarriere und Wohnregion bzw. Wohnort nach wie vor bedeutsam. So stimmen alle bisherigen empirischen Untersuchungen zum Verhältnis von Jugend und Sport dahingehend überein, daß Jungen im Vergleich zu Mädchen stärker im außerschulischen Bereich, insbesondere im Vereinssport engagiert sind. Sport war zweifelsohne in erster Linie „Jungen- und Männersache". Mädchen und junge Frauen waren bis in die jüngere Vergangenheit hinein nur zu geringen Anteilen an den sportlichen Handlungssystemen beteiligt. Allerdings ist im Zusammenhang mit zunehmender Bildungsaspiration von Mädchen und dem Aufweichen geschlechtsspezifischer Rollenklischees und tradierter Erziehungsstile ein zeithistorischer Trend zum Ausgleich von geschlechtsspezifischen Differenzen im Sportbereich feststellbar: „Mit den 60er Jahren stand die Hochphase der Bi-Polarisierung männlicher und weiblicher Geschlechtscharaktere am Ende ihrer Epoche. Die seit dem 19. Jahrhundert geltenden Erziehungsideale, die auf der Suche nach dem männlichen Jungen und dem weiblichen Mädchen waren, verloren ihre uneingeschränkte Geltung" (ZINNECKER 1989, 140).

Während „früher" bei der Erziehung von Jungen mehr Wert auf Durchsetzungsvermögen, auf Bereitschaft zum Wettbewerb und Wettkampf, also auf konkurrenzbezogene Prinzipien, auf ständige Eroberungen der physischen und sozialen Welt, auf Körperkraft und Interesse an Technik und technischen Disziplinen gelegt wurde, Mädchen hingegen stärker an den Haushalt gebunden blieben (z. B. Teilhabe an der Haushaltsführung und der Erziehung bzw. Beaufsichtigung jüngerer Geschwister), in ihrer Erziehung mehr Wert auf Anmut, feinmotorische Geschicklichkeit, auf körperliche Indifferenz/Abstinenz, auf soziale Ein- und Unterordnung gelegt wurde, gleichen sich Erziehungsstile und Rollenorientierungen in zunehmendem Maße an. Analog zur wachsenden Partizipation von Mädchen und Frauen am Bildungs- und Beschäftigungssystem ist es auch in vielen Bereichen des Sports zur Annäherung — allerdings noch nicht zur Nivellierung — der Geschlechter gekommen. Die neuen Sichtweisen von Geschlechtlichkeit orientieren sich dabei zunehmend am Androgynen, ohne gänzlich geschlechtsneutral zu werden. Jungen sollen auch ihre weiblichen, Mädchen auch ihre männlichen Potentiale entfalten können: „Eine entsprechende Tendenz zur androgynen Neukonzeption setzt (auch) im Sportbetrieb ein. Das vorantreibende Element der androgynen Bewegung sind junge Frauen, denen daran gelegen ist, sich die ehedem männlichen Domänen, so auch die Domäne des Sports, als Handlungsfeld aufzuschließen" (ZINNECKER 1989, 141).

Die Teilnahme von Mädchen und Frauen an „fast" allen Sportarten kann als Eröffnung gleicher Sportchancen interpretiert werden. Junge Mädchen und Frauen sind nicht nur in die klassischen Sparten des Vereinssports vorgedrungen (z. B. Fußball, Tennis, Judo, Gewichtheben), sondern sie (weniger Mädchen, schon eher junge Frauen) nehmen mit wachsendem Engagement an den neuen körperbezogenen und individualistischen Sportarten jenseits traditioneller Vereinsstrukturen teil und modifizieren diese nicht einmal selten in Richtung ihrer spezifischen Vorstellungen und Bedürfnisse. Auf der einen Seite stellen sich Mädchen und Frauen sehr bewußt den körperlichen Beanspruchungen sportlicher Extremleistungen im individuellen Vergleich (Bergsteigen, Triathlon, Marathon, Radrennen, Ski-Langlauf etc.) oder suchen auch in bestimmten Mannschaftssportarten mit regelgeleitetem, dosiertem Körpereinsatz die lange Zeit ausschließlich männlichen Jugendlichen und Männern vorbehaltene sportliche Herausforderung. In besonderem Maße betreiben Mädchen und (junge) Frauen die Sportarten innerhalb und außerhalb der Vereine, die den Körperbezug ohne Wettkampfgegner in den Mittelpunkt rücken. Auf der anderen Seite entdecken neuerdings allerdings auch männliche Jugendliche die Attraktivität ehemals dominierender weiblicher Sportformen, die besonders den ästhetischen Reiz bestimmter Bewegungen bzw. kompositorischer Dimensionen (beispielsweise Jazz-Dance) beinhalten.

Eine weitere wichtige soziale Variable für das sportliche Engagement Jugendlicher ist das Lebensalter. Bis zum 14. Lebensjahr kann bei beiden Geschlechtern davon ausgegangen werden, daß die Bedeutung sportlicher Aktivitäten, insbesondere die Organisationsgrade Jugendlicher in Sportvereinen kontinuierlich steigen (vgl. BRINKHOFF 1989). Mit zunehmendem Alter verliert sportliches Engagement in Abhängigkeit von sportlichen Erfolgen, Einbindungsmodi der Sportgruppe und Leistungsdifferenzierung des Übungs- und Jugendleiters geschlechtsspezifisch variierend im Ensemble von anderen, oftmals neuen und anders gewichteten Freizeitaktivitäten bzw. -verpflichtungen (Schule, Freund/in etc.) und der damit einhergehenden grundlegenden Veränderung im individuellen Zeitbudget an Bedeutung. Darüber hinaus kommt es im Zuge der sogenannten Scholarisierung und Akademisierung sowie der in dem Zusammenhang entstehenden Postadoleszenz zu relativ neuen Diskrepanzen zwischen der in der Logik der Sportorganisationen sich vollziehenden sportlichen Mündigkeit (Eintritt in den Seniorenbereich) und den sich wandelnden Lebensformen und den damit an den organisierten Sport gerichteten veränderten Interessen und Bedürfnissen dieser neuen, quantitativ wachsenden Gruppe von älteren Jugendlichen.

Das bereits erwähnte, auch für sportliches Engagement relevante Merkmal der sozialen Schichtzugehörigkeit ist nach wie vor trotz gewisser Aufweichungstendenzen bedeutsam. Die nicht zuletzt durch die Bildungsexpansion mitinitiierten und sich noch weiter ausdehnenden Verbürgerlichungstendenzen in immer weitere Lebenskreise und immer breiterer Sozialschichten hinein haben auch neue Wege für andere Gruppen zum Sport eröffnet. Das Aufweichen ehemals sozialverbindlicher kollektiver Lebensmilieus und die damit eingeschlossene Tendenz zur Individualisierung hat traditionelle Sportmilieus nicht unberührt gelassen. Durch das Aufeinandertreffen unterschiedlicher Schicht- und Lebensmilieus im Bildungsbereich sowie der vielfältigen medialen Präsentierung wurden Lebensstile und -muster herkunftsfremder Soziallagen und ihrer spezifischen Sportcodes leichter zugänglich.

Was sich inzwischen popularisiert und ausgedehnt hat, das sind vor allen Dingen die „Sportarten, die dem bürgerlichen Körper-Habitus entsprechen oder in ihrem Regelwerk dem bürgerlichen Code nachempfunden sind" (ZINNECKER 1989, 149). Auch im Sport finden wir also, was beispielsweise schon ARIES und ELIAS grundsätzlich für den Prozeß der Zivilisation herausgearbeitet haben und allem Anschein nach heute noch Gültigkeit besitzt: „In den jeweiligen dominanten Oberschichten" und Eliten „entwickeln sich" spezifische Spiel-, Kleidungs- und Lebensformen sowie „Verhaltensstandards, die, obgleich als soziale Distinktionsmittel eingesetzt, nach und nach die übrigen Gesellschaftsgruppen in Bann setzen. In diesem Sinne können wir von einer Verbürgerlichungstendenz im modernen Sportbetrieb sprechen." Insbesondere der Sport scheint aufgrund seiner Austragungs- und Ausstrahlungsmodi den Repräsentationsbedürfnissen der neuen Mittelschichten im besonderen Maße entgegenzukommen. So mag es auch nicht verwundern, daß es gerade diese Gruppen sind, die neben vielen anderen positiven Wirkungen des Sports, besonders die distinktiven Funktionen des (neuen) Sports nutzen und entsprechend zu variieren versuchen.[32] „Allerdings wird mit der Popularisierung der bürgerliche Sportcode auch (zumindest ein Stück weit) seiner sozialen Herkunft entkleidet, als Distinktionsmittel entwertet und gemäß der Lebensweise und den Körpererfahrungen der neuen sozialen Gruppen, die jetzt daran partizipieren, umgewandelt" und demokratisiert (ZINNECKER 1989, 149; vgl. auch BOURDIEU 1985). Nicht zuletzt aufgrund des hohen Tempos, mit dem die Sportindustrie, die ehemals distinktiven sportspezifischen Merkmale der jeweils höheren Schichten unter die Leute bringt, wächst gleichzeitig der scheinbar unaufhörlich wirkende Zwang zur Erschließung und Verfeinerung neuer Distinktionen (GEBAUER 1986, 131). Nicht nur die Sportmoden, sondern auch die Moden des Sports kommen mittlerweile über Nacht; am Morgen sind sie da.

Insgesamt gesehen lassen sich trotz deutlicher Popularisierungs- und Egalisierungstendenzen nicht zuletzt im historischen Kontext immer noch Segregrationen nach Schichtmerkmalen für und bei einzelne(n) Sportarten nachweisen; wobei sich heute eine soziale Hierarchisierung vom Polo, Golf, Reiten, Tennis, Leichtathletik bis etwa zum Fußball feststellen läßt. Obwohl inzwischen den meisten Jugendlichen alle Sportarten grundsätzlich zugänglich sind, entstehen nun in subtilerer Form Zugangsbarrieren, die sich an den Selektionsmechanismen der entsprechenden Organisationsform (Mitgliederbeiträge, sozialkultureller Habitus, Referenzen, Verhaltensstandards, Ausstattung etc.) orientieren.

---

[32] So kamen erste empirische Untersuchungen über die räumliche Verteilung gewerblicher Sportanbieter auch zu dem Ergebnis, daß „eine starke Konzentration von kommerziellen Sporteinrichtungen in zentrumsnahen Stadtteilen mit einem hoch entwickelten Dienstleistungssektor, einer hohen Wohndichte, einem hohen Anteil an Ein- und Zwei-Personen-Haushalten und einer Wohnbevölkerung, die überdurchschnittlich häufig der Gruppe der Angestellten und höheren Bildungsschichten zuzurechnen ist" (KOSINSKI/SCHUBERT 1989, 145).

Gerade in den Gesellschaften unseres Typs, die zuweilen — wenn auch vorschnell — als gigantische Mittelschichtprojekte gesehen werden, lassen sich nach wie vor Relikte des alten klassen- und milieuspezifischen Zugangs zum Sport in Form von „feinen Unterschieden" nachweisen. Eine dezidierte Analyse würde auf direktem Wege etwa zu jenen Polo-, Reit-, Golf- und Tennisclubs führen, die qua Mitgliederbeiträge, Referenzen, Bürgen und bestimmte Berufsbilder sowie, was noch entscheidender ist, die auf der Grundlage habitueller, lebenskulturell vermeintlich gediegener, elitärer Verhaltensstandards weiterhin hochgradige Selektionsfilter eingebaut haben, um dem Abflachen und der Lockerung von Verhaltensmaßstäben zu begegnen. Allerdings gelingt dies nicht immer, so daß parallel zur „Invasion der Plebse" und der insbesondere auf dem Felde des Sports sich artikulierenden sozialen Aufstiegsmentalitäten eine deutliche Verschiebung der Attraktivität und Statussymbolik der unterschiedlichen Sportarten abzeichnet. „Fußballer wechseln zum Tennis, Tennisspieler flüchten auf den Golfplatz". Besonders die ehemals vornehmen „Biotope" des Sports scheinen vielerorts „umzukippen" (DER SPIEGEL, Heft 30/1989, 135).

Argumentiert man somit nur auf der Basis der Bildungsexpansion und den damit verbundenen ausgeprägten sozialen Aufstiegsmentalitäten, läßt sich pointiert sagen, daß durch die deutliche Zunahme von Realschülern, Gymnasiasten und Studenten erheblich veränderte und zugleich verbesserte Zugangsvoraussetzungen zum Sport entstanden sind, die nicht unabhängig von latenten Idealen dieser Bildungsinstitutionen, inklusive ihres Umfelds und der damit verbundenen Popularisierung eines bildungsbürgerlichen, elitären Körper-Habitus und Sportcodes zu sehen sind. Gleichzeitig, und hiervon sind nicht zuletzt die traditionellen Organisationsformen des Sports betroffen, wirbelt diese Entwicklung allerdings auch den gesamten Werte- und Sinnkosmos des Sports durcheinander, läßt ehemals klare Konturen und Identitäten der sportlichen Inhalte und Institutionen zunehmend diffuser erscheinen und gefährdet nicht zuletzt auch die spezifischen Organisationsstrukturen, indem an die Stelle sozialmoralischer Verpflichtung und Identifikation nun partielles Engagement und das Streben nach individuellen Formen des Sporterlebens treten.

4.4 Bedürfnisaufschub und sportbezogene Gratifikationsleistungen

Auf der Grundlage des beschriebenen Strukturwandels im Bildungssektor für Jugendliche erscheint der herkömmlich erwerbbare und gesellschaftlich zugewiesene „Sinn des Jugendalters" intern immer unausgewogener und widersprüchlicher zu werden. Der „Sinn des Jugendalters", der weitgehend durch Verzichtleistungen, Anstrengungen und Bedürfnisaufschübe als asketische Vorbereitung in der Gegenwart zugunsten einer Gratifikation in der Zukunft bestimmt werden kann, ist für viele Jugendliche nicht mehr so ohne weiteres einsichtig. Jugendzeit ist für einen Großteil der heute Heranwachsenden nicht nur primär Übergangsphase oder Durchlaufstadium (von der Kindheit zum Erwachsenenstatus), also nicht nur „Vorbereitungszeit auf etwas Späteres" (Karriere, materieller Wohlstand in der Zukunft etc.), sondern auch immer eine eigenständige Lebensphase, die eine eigene, nicht wiederholbare Lebenszeit einschließt.

Die Jugendphase ist so betrachtet neben der Zeit der „intensivsten Selbstdarstellung" (FEND 1989) immer mehr eine Lebensphase sui generis geworden, die durch „jetzt zu lebendes, gegenwärtiges (manchmal auch stark durch Sport, Mode, Medien und Konsum bestimmtes hedonistisch genußreiches) Leben" (HORNSTEIN 1983, 67) gekennzeichnet werden kann. Viele Jugendliche leben heute betont gegenwartsbezogen, um sich Optionen offenzuhalten, um flexibel auf ungewisse, nicht kalkulierbare diffuse Lebenssituationen zu reagieren. Eine solche Struktur des Jugendalltags kommt den heutigen Angeboten des Jugendfreizeitmarktes und -konsums entgegen. Denn diese sind „ausdrucksintensiv, mit einer hohen Anmache, situationswechselnd, unverbindlich, augenblicksorientiert, kontrastreich" (BÖHNISCH 1988, 150).

Ohnehin scheint die „freie" Zeit nach der Schule durch das lange, die Jugendlichen nur halbtags erfassende, „Verharren in einem Typ rezeptiver Tätigkeit und praxisentzogener Lernprozesse" (BAETHGE 1985, 109) zum zentralen (zuweilen auch stilisierten) Lebensort der Wirklichkeitserfahrungen, Erlebnissuche und Erprobung eigener (vor allem) Sport- und Freizeitkompetenzen zu werden. Als gesellschaftliche Neuankömmlinge besitzen die Jugendlichen außer ihrem Körper wenig Kapital, welches sie ins gesellschaftliche Spiel einbringen und in die Waagschale werfen können. Die stabilisierende Wirkung der Teilhabe an der Erwerbsarbeit und das Erringen von Bildungstiteln bzw. akademischen Graden (sowie damit eingeschlossen), beruflicher Karrieren oder Besitzstände liegen in weiter Ferne oder sind für manche durch die strukturelle Arbeitslosigkeit gänzlich gefährdet. Jugendliche bleiben, solange sie sich in schulischen oder hochschulischen Einrichtungen aufhalten (müssen), gewissermaßen im „Wartestand" (BÖHNISCH/MÜNCHMEIER 1987, 55).

Im Kontext der überwiegend lebensweltabgewandten schulisch-kognitiven Lernarbeit wird ihnen gesellschaftliche Wirklichkeit nicht unmittelbar, sondern vermittelt, quasi „aus zweiter Hand" angeboten. Die Gratifikationen und Zertifikate, die sie dort unter den Bedingungen individualistisch geprägter Leistungsmoral und -konkurrenz erlangen, haben nicht selten einen hohen Grad von Fremdbestimmung und sind vollkommen abstrakt. Daß sich Jugendliche vor diesem Hintergrund ihres ureigensten Kapitals besinnen und mit Hilfe sportiver Modellierung und modischer Stilisierung ihren ästhetisierten Körper in das zunehmend sinnentleerte, gleichzeitig gegenstandsorientierte soziale Kräftefeld effektvoll einbringen, scheint verständlich zu sein.

Neben den körperbezogenen „Selbst"-Thematisierungs- und Profilierungschancen, die von den „neuen" Sportformen ausgehen, enthält ungeachtet der gravierenden Stigmatisierungsproblematik der im wesentlichen über Leistung definierte „alte" Jugendvereinssport Situationen bzw. Wirkungsweisen, die speziell von Jugendlichen in hohem Maße jenseits der großen Lebenssinnfragen durchaus als orientierungs- und ich-bedeutsam angesehen werden.

Auf der Basis eines normierten Wettkampfsystems können Jugendliche durch sportliche Leistungen auf sich aufmerksam machen und ihren „Wert" erhöhen, indem sie, lange vor beruflichen Erfolgen, sportbezogene Leistungen erbringen, die nicht nur bei den Gleichaltrigen, sondern auch bei den Erwachsenen hohe Anerkennung und Würdigung finden. Hierbei handelt es sich um Leistungen, die durch den deutlichen Körperbezug, ihre scheinbare Objektivität, die internationalen Vergleichsmaßstäbe, die weltweit medienunterstützte Anerkennung für viele Jugendliche gleichzeitig die Annahme nahelegen, daß insbesondere sportliche Leistungen etwas über den Wert einer Person aussagen (vgl. KURZ/BRINKHOFF 1989, 104).

Darüber hinaus scheinen Spitzensportler vornehmlich durch massenmediale, werbewirksame und ökonomisch funktionalisierte jugendkulturelle Inszenierungen und Stilisierungen, ähnlich den Pop- und Filmstars, für eine bestimmte Lebensphase Vorbildfunktionen zu übernehmen. Schon MUCHOW betonte die Sozialisationsfunktion von Vorbildern und Idolen und wies 1959 darauf hin, daß bei der Gymnasialjugend der 50er Jahre der Einfluß von Vorbildern und Idealen aus der schulischen Bildungswelt („historische Persönlichkeiten, Helden der klassischen Dichtung" etc.) durch außerschulische Einflüsse „vom draußen pulsierenden Leben" (1959, 30) zurückgedrängt wurde und an die Stelle von Achilles und Siegfried nun James Dean, Elvis Presley und Fangio oder andere „Sportkanonen" traten. In den letzten Jahren scheint die Vorbild- und Idolfunktion von Spitzensportlern vor dem Hintergrund der ständigen medialen Präsenz und der enormen gesamtgesellschaftlichen Aufwertung des Sports noch einmal an Bedeutung gewonnen zu haben (vgl. TAFERTSHOFER 1985, 301 ff.).

Den Jugendlichen, die sich im klassischen Verständnis in einem sogenannten Moratorium bzw. Schonraum befinden, das dadurch charakterisiert ist, daß Heranwachsende jenseits der Schule aus den meisten gesellschaftlich bedeutsamen Leistungsbereichen „künstlich" ausgegliedert sind, erschließt sich hingegen durch den Sport ein attraktives Feld, in dem sie sich auch mit Erwachsenen ohne Handicap im direkten Vergleich messen können. Auf diese Weise durchbrechen Jugendliche auch für einen begrenzten Zeitraum das „Ghetto der Gleichaltrigen" (GIESECKE 1983). Die den Jugendlichen zugeschriebene Rolle der Unterordnung wird beim sportlichen Wettkampf unterbrochen und bisweilen durch einen schillernden Sieg ins Gegenteil verkehrt. Im Gegensatz zu den abstrakten kognitiv schulischen Ehren bietet der Sport aktuelle, sofortige und umfassende Gratifikationen, die von großen Teilen der Jugendlichen mit all den damit verbundenen Risiken des Scheiterns bewußt gesucht und entsprechend wahrgenommen werden. Die durch sportliche Leistungen unmittelbar erfahrene Selbstwirksamkeit entwickelt sich immer mehr für einen großen Teil der Jugendlichen zur jugendspezifischen Alternativstrategie zum bereits erwähnten, immer brüchiger werdenden „Aufschubmechanismus", der in der Vergangenheit den Transport in die Erwachsenengesellschaft sichergestellt hat. Die langjährige Geduld und konstante Leistungsbereitschaft, die dieser Aufschubmechanismus verlangt, hat vielen Jugendlichen seit jeher große Probleme bereitet. Vor dem Hintergrund der fortschreitenden psycho-sozialen Akzeleration stellen insbesondere die cross-pressures der aufgeschobenen Befriedigung auf der einen Seite und das immer frühere Streben nach Autonomie und rascher Wunscherfüllung auf der anderen Seite zentrale Merkmale zum besseren Verständnis der inneren Belastung und gesellschaftlich vermittelten Diskrepanzen bzw. Inkonsistenzen Jugendlicher dar.

Verschärfend kommt hinzu, daß die alte Gleichung: „Je mehr und qualifiziertere Bildung, desto mehr soziale Chance" (BÖHNISCH/SCHEFOLD 1985, 113) nicht mehr so ohne weiteres aufgeht. Arbeitsmarkt- und Berufsforscher sprechen in diesem Zusammenhang von einem „Qualifikationsparadox" (MERTENS 1984). Darüber hinaus entstanden durch den erheblichen Bedeutungsverlust der Arbeit als unmittelbarem Erfahrungsbereich (vgl. BAETHGE 1985, 108) jenseits schulisch-kognitiver Lernarbeit „Nebenschauplätze", die vorwiegend im Bereich der Freizeit angesiedelt sind und nun „alternativ" sowohl sicherheitsstiftende bzw. strukturierende Funktionen übernehmen als auch zunehmend zum Medium sozialer Positionierung, Plazierung und gesellschaftlicher Statusvergabe avancieren können. Daß dabei vom Sport in all seinen Schattierungen aufgrund seiner Strukturmerkmale eine besondere Attraktivität ausgeht, dürfte naheliegend sein. Insbesondere als Mittel sozialer Positionierung scheinen sowohl die „neuen" körperästhetisierenden Sportformen (Bodybuilding, Jazz-Dance) als auch die „klassischen" leistungsorientierten Sportarten (Fußball, Handball) von Jugendlichen bewußt wahrgenommen und situativ eingesetzt zu werden.

Mit der Verschiebung von Jugend als Übergangsphase zu einer eigenständigen Lebensphase, für deren Sinnproduktion Jugendliche zunehmend selber aufzukommen haben, vollzog sich bei gleichzeitig standardisiert wirkenden Stilmustern ein deutlicher Wandel von einer eher „produktionistischen" hin zu einer „konsumistischen" Sozialisation, die den Jugendlichen die Chancen bietet, aber auch dem Druck aussetzt, sich im Konsum- und Freizeitsektor adäquat zu präsentieren (vgl. BAETHGE 1988).

Dabei kommt es heute in immer stärkerem Ausmaße zu einem „doppelten Wechsel" der Sozialkontrolle, d. h., es kommt zu einer „Verlagerung der Sozialkontrolle"; die Kontrolle geht zunächst vom altersheterogenen, häufig physisch belastenden (und von daher durchaus selbst schon Kontrolle ausübenden) Arbeits- auf den heute lebenswichtige Zertifikate verteilenden altershomogenen Schulklassen- und Bildungsbereich, von der Familie zur Gleichaltrigengruppe sowie auf die nicht mehr unmittelbar personen- und ortsgebundenen Institutionen der Konsum- und Dienstleistungsökonomie über. „Die person- und ortsbezogene soziale Kontrolle durch die traditionellen Milieus war durch das Senioritätsprinzip, durch die Teilung in Führende und Geführte, in Leitende und Folgende bestimmt. Das Angebot auf dem Markt hingegen steht unter dem Prinzip der Gleichheit und Freiheit: jeder kann kaufen, was er will, falls er die nötigen Ressourcen besitzt" (FEND 1989, 163). Es scheint nun nicht zufällig zu sein, daß im Blickpunkt heutiger Auseinandersetzungen um Jugend neben den gewandelten Autoritätsverhältnissen oftmals die „indirekte" Kontrolle ausübenden kommerziellen „Kunstorte" des Vergnügungssektors wie Discotheken, Videoläden, Spielhallen, Musik-Festivals, Boutiquen usw. stehen. Dorthin sind große Teile der Jugendlichen — abgesehen von den nach wie vor trotz der relativ rigiden Einbindungsmodi und tendenziell autoritären Senioritätsprinzipien noch attraktiven Sportvereinen — ausgewandert und werden dort, nicht immer sichtbar, in ihrer ausbildungsfreien Zeit sanft kontrolliert.

4.5 Sportliches Engagement und Bedeutungsgewinn der Gleichaltrigengruppe

Angesichts der zunehmenden „Inkonsistenz" der klassischen Sozialisationsmodi (vgl. HORNSTEIN 1985) gewinnt neben den verschiedenen Institutionen des Konsums in besonderem Maße die Gleichaltrigengruppe an Bedeutung. Peer-Groups übernehmen für immer mehr Jugendliche zu einem immer früheren Zeitpunkt ihrer Biographie — und wie es scheint, auch intensiver — sozialisierende Funktionen. Nicht nur die Bildungsbeteiligung, sondern auch die Beteiligung von Mädchen an Peer-Groups, die in ihrer Genese eine „Vergesellschaftungsform der männlichen Jugend waren, nimmt zu und erreicht ein ausgeglichenes Verhältnis" (MITTERAUER 1986, 244).

In Gesellschaften unseren Typs mit all ihren Entwicklungschancen und Risiken für Heranwachsende sind Familie, Schule oder andere pädagogische Einrichtungen immer weniger in der Lage, Jugendlichen in allen Fällen und in allen Bereichen jenes Maß an Orientierung und Unterstützung zu gewähren, das sie für ihr gegenwärtiges und zukünftiges Leben benötigen. Zudem tritt insbesondere die Familie, die sich zunehmend von einem „Befehlshaushalt" zu einer „Verhandlungssache auf Zeit" entwickelt, gegenüber ihren Kindern immer weniger als Stellvertreter allgemeiner gesellschaftlicher Kontrollen auf. Sie gibt „pädagogische Betreuungs- und Lenkungsaufgaben" an andere, vor allem an vereinsartige, kommerzielle und staatliche Sozialisationsagenturen ab (ZINNECKER 1985, 254).

Angesichts der Pluralisierung von Lebensformen und Wertvorstellungen und unklarer werdenden Lebenssinnorientierungen ermöglicht die Gleichaltrigengruppe ein vergleichsweise überschaubares und normative Sicherheit versprechendes Sozialisationsfeld. Obwohl Sport als attraktiver Anlaß und Inhalt gemeinsamer Aktivitäten Gleichaltriger einen hohen Stellenwert einnimmt, wurde in der Vergangenheit innerhalb der Jugendforschung der spezifischen Bedeutung sportlicher Aktivitäten im Rahmen von Gleichaltrigengruppen nur wenig Bedeutung beigemessen. Neben den auch für Jugendliche attraktiver werdenden kommerziellen Sportbetrieben muß insbesondere der Sportverein dabei wohl aus sozialisationstheoretischer Perspektive als bedeutendstes außerschulisches Konstitutiv bzw. „parasitäre Angliederungsinstanz" (vgl. BAACKE 1985, 153) von Gleichaltrigengruppen angesehen werden.

Unter den Jugendorganisationen nimmt der Sportverein eine überragende Stellung ein.[33] Etwa die Hälfte aller 12—18jährigen sind Mitglieder in einem Sportverein und treiben dort durchschnittlich zweimal in der Woche Sport (vgl. SACK 1981, 238; SACK 1984, 212 ff.).

Der Sportverein zeichnet sich durch Eigenschaften aus, die in ihrer Gesamtheit und spezifischen Kombination ein Engagement dort attraktiv erscheinen lassen. Die Teilnahme ist freiwillig. Die Jugendlichen (bzw. ihre Eltern) finden dort ein fachspezifisch geleitetes, pädagogisch/ideologisch unverdächtiges Betätigungsfeld vor, das jenseits weltanschaulicher (sozialpädagogischer) Vereinnahmung zunächst einmal nur durch die vielfältigen sportbezogenen Angebote lockt. Den Jugendlichen werden hier geeignete Sportstätten, Ausstattungen und sportkompetente Übungsleiter von den Kommunen und Vereinen zur Verfügung gestellt. Die Mitgliederbeiträge sind nicht zuletzt aufgrund ehrenamtlicher Leistungen und staatlicher Subventionen relativ günstig und ermöglichen somit breiten Bevölkerungsschichten ein entsprechendes Engagement. Neben Training und Wettkampf finden in der Regel auch Anschlußveranstaltungen statt (z. B. Ausflüge oder Fahrten zu nationalen bzw. internationalen Turnieren bzw. Wettkämpfen), die von Eltern und Vereinsfunktionären „sanft" vorstrukturiert werden. Trotz rigider Trainings- und Wettkampfeinbindungen finden die Jugendlichen daneben noch wichtige Freiräume, in denen sie im Gegensatz z. B. zur Schule mehr oder minder unbeaufsichtigt nach ihren Regeln agieren können (vgl. KURZ/BRINKHOFF 1989, 107—109).

Alle diese Eigenschaften bieten erste Erklärungsansätze dafür, daß Gleichaltrigengruppen sich in diesem Ausmaß in den Turn- und Sportvereinen um den so attraktiven wie bedeutungsvollen Aktivitätskern des Sporttreibens engagieren oder — wie in vielen Fällen — auch neu konstituieren.

Im Vergleich zu anderen Organisationsformen der Jugendarbeit und pädagogischen Formen der Freizeitverbringung wird selbst im organisierten Sport

---

[33] Selbst 64% aller Nichtsportler hatten, wie eine Studie über subjektive Theorien von jugendlichen Nichtsportlern zeigt, im Laufe ihres bisherigen Lebens in irgendeiner Form Kontakt zu Sportvereinen (vgl. KÖPPE/WARSITZ 1989, 396 ff.).

eher das geboten, was man als lockere, variantenreiche Geselligkeit empfinden kann (vgl. ebenda, 107). Hier wird dem Medium Sport innerhalb der Gleichaltrigengruppe in einer ungeheuren Situationsvielfalt in gewisser Weise auch der zukünftige „Ernst des Lebens" vorbereitet. Partikularistisch-familienbezogene Werte (etwa im Sinne EISENSTADTS 1966, 39 ff.) wie Geborgenheit, Vertrautheit und emotionale Nähe werden hier in einer Mannschaft, Riege oder Staffel im gleichen Trikot noch erfahren, aber gleichzeitig auch mit Ansprüchen und Werten der Leistungsgesellschaft, sich seinen Platz zu erkämpfen, stärker und besser zu sein als andere, konfrontiert.

Analog den „Gesetzen" von Industriegesellschaften entwickeln sich Leistungs- und Erfolgsorientierungen unter den Bedingungen permanenten Wettbewerbs um die knappen und nur mit vollem Einsatz zu erringenden sportbezogenen Gratifikationen. Während in systemtheoretischer Logik in anderen gesellschaftlichen Teilsystemen die Leistungskonkurrenz etwa im Erziehungswesen den Wissenserwerb oder im Wirtschaftssystem die Effizienz der Produktion steigert, ist der Sportbereich vor allem dadurch charakterisiert, daß Konkurrenz und Leistung zunächst einmal nur in idealtypischer Perspektive als Selbstzweck aufgefaßt werden. „Im basalen sportlichen Akt" sieht SCHIMANK eine „Verabsolutierung des Siegenwollens, aus dem ... keinerlei sonstige Outputs des (Sport-)Systems resultieren, rigoros ausgeprägt" (SCHIMANK 1988, 188). So gesehen eröffnen sportliche Leistungen „keine Horizonte einer fremdreferentiellen Konvertierung der Einstufung einer Person gemäß dem sportlichen Siegescode, sondern verbleiben in der Selbstreferentialität des Wettkampfhandelns" (ebenda, 196).

Trotz der scheinbar ausgeprägten Selbstreferentialität der sportbezogenen Leistungs- und Konkurrenzsituation hat sich, wie SCHIMANK selbst betont, sportliches Handeln nicht zuletzt aufgrund seiner autotelischen Grundstrukturen zum „Kristallisationspunkt einer Pluralität von Leistungsbezügen und damit auch zum attraktiven Projektionsfeld anderer gesellschaftlicher Teilsysteme" entwickelt. Mit der im historischen Kontext fortschreitenden Instrumentalisierung und Funktionalisierung dieses attraktiven Teilsystems und der damit verbundenen Binnendifferenzierung vom Breiten- bis zum Hochleistungssport kommt es immer mehr zu einem Bruch der Selbstreferentialität des sportlichen Leistungs- und Wettkampfhandelns, indem die Einstufung einer Person jenseits des ausschließlich auf den Sport gerichteten Siegescodes von anderen gesellschaftlichen Teilsystemen reprojiziert werden. Die einzelnen Akteure (vom populären, medial stets präsenten, hochgeschätzten und nicht selten vorbildhaften Spitzenathleten bis hin zum Freizeit- und Breitensportler) spielen, springen, werfen, schwimmen und laufen längst nicht mehr nur aus sportimmanentem leistungsbezogenem Selbstzweck, sondern ringen auch durch die zunehmende Reprojektion anderer gesellschaftlicher Bereiche um sportexterne Anerkennung und Leistungsgratifikation.

Leistungsfähigkeit im Sport wird insbesondere für große Teile von Jugendlichen zum legitimen Mittel, sich unter vergleichbaren Wettbewerbsbedingungen zu bewähren und erste — besonders in den Augen der Gleichaltrigen — hochbewertete Erfolge zu erringen. Hierbei handelt es sich um Erfolge, die oft ergänzend, aber auch kompensierend zu passablen schulischen Leistungen treten und auf diese Weise das „innere" und „äußere" Bild eines Jugendlichen verändern und dabei im „positiven" oder „negativen" Sinne stark beeinflussen können. In der sportbezogenen Leistungskonkurrenz schlecht abzuschneiden hat über die eigentliche Feststellung hinaus, zumal in Mannschaftssportarten weitreichende Konsequenzen.

Bei häufigem Versagen können neben Selbstzweifel insbesondere die Reaktions- und Wirkungsweisen der Gleichaltrigengruppe selbst zur Last oder gar zur Tyrannei werden. Abgesehen vom Einsatz demonstrativer Gewalt bleibt für viele Jugendliche dann nur die Möglichkeit, den Verein bzw. die Sportgruppe zu verlassen und die Status- und Selbstwerteinbußen mit sich selbst zu verarbeiten oder in anderen jugendkulturellen Feldern mit entsprechenden Inhalten zu kompensieren.

Zu den Chancen, aber auch Problemen, Erfolge über Leistung zu definieren, können für den fast ausschließlich auf Leistung orientierten Jugendvereinssport, in dem sich Strukturen des Erwachsenen-Sports als auch der gesamten Leistungs-Gesellschaft in mehrfach verschränkter Weise abbilden, höchst unterschiedliche Wertstandpunkte bezogen werden. So gilt es zu bedenken, daß Jugendliche genauso wie ihre Eltern in Statushierarchien und Rangsystemen leben, die erste, zweite aber auch letzte Plätze kennen. Wo die Idee des sozialen Ranges gewissermaßen die Basis jener „Spielregeln" bildet, die sozialen Aufstieg sowohl im individuellen als auch kollektiven Interesse ermöglichen, sind gleichzeitig aber auch die Gefahren des Scheiterns vorhanden. „Sieger" und „Verlierer" gibt es nicht nur im Sport. Die Grundlagen für die gesamtgesellschaftliche Akzeptanz dieser Regularien werden allerdings nicht unwesentlich im Sport mitkonstituiert und durch ständige Anwendung intensiviert.

Im Gegensatz zu vielen anderen dominanten Bereichen der Gesellschaft, wo häufig nur die kollektiv geteilte Illusion auszumachen ist, jeder hätte sowohl im Interesse der Steigerung des kollektiven als auch des individuellen Wohlstands vergleichbare Chancen, auf der Grundlage eines entsprechenden Leistungsethos erfolgreich am gesamtgesellschaftlichen Wettbewerb teilzunehmen, bietet der traditionelle Sport jenseits von Stand und Klasse „Chancengleichheit" im engeren Sinne. Hier handelt es sich um eine Form von Chancengleichheit, die sich freilich noch nicht auf die unterschiedlichen Zugangsweisen zum Sport bezieht — in diesem Sinne ist Sport nach wie vor hochgradig selektiv —, sondern vielmehr als konstituierendes Merkmal des wettkampforientierten Sports gelten kann. Die hier angedeutete Problematik der Bewertung der im Wettkampfsport erzeugten Differenzen gehört ohne Zweifel zu den großen Fragen der Sportwissenschaft.

Die Bewertung und konkrete Einschätzung seiner sozialisatorischen Wirkungen für das Individuum wie auch im Rückschluß für die Gesellschaft hängt im wesentlichen an der Interpretation der Differenzen (vgl. GEBAUER 1986, 114). Die völlige Aufgabe des Wettkampfgedankens würde den gleichzeitigen Verzicht auf die Neuorganisation der Differenzierungsparameter der einzelnen Teilnehmer bedeuten; denn nur unter den Bedingungen des sportlichen Leistungsvergleichs werden die dominanten gesellschaftlichen Differenzierungsparamter aufgehoben und für eine Neudefinition über körperliche Leistungsfähigkeit freigegeben. Während der Wettkampfsport in diesem Sinne durchaus als „Eigenwelt" (LENK 1972, 1983) interpretiert werden kann, verzichtet der Freizeit- und Breitensport weitgehend auf diese spezifische Form der Welterzeugung (vgl. GEBAUER 1986, 113ff.).

Zumindest die Idee des Sports ist idealtypisch gesehen im wesentlichen durch faire Konkurrenz um einen Sieg oder einen Titel auf der Grundlage gleicher Wettbewerbsvoraussetzungen bestimmt. Sport gewinnt außersportliche „symbolische Bedeutung; er wird gleichsam zur Utopie dessen, was allgemein sein sollte, aber nicht ist" (VON KROCKOW 1974, 92).

Besonders für Jugendliche handelt es sich hierbei — auf der Grundlage von Chancengleichheit, Fairneß in bezug auf die Leistungsbewertung (etwa im Gegensatz zur Schule), der Möglichkeit des Einbringens von sich entfaltenden, unverbrauchten physischen Kräften und damit verbundenen sportmotorischen Herausforderungen und schließlich der unmittelbaren, generationsübergreifenden, allgemein hochgeschätzten Gratifikation — um ein Rangsystem, das genügend Anreize schafft, sich beim Wettbewerbsgeschehen zu versuchen und optimal in Szene zu setzen.

Bedenkt man in diesem Zusammenhang auch, wie sehr — abgesehen von spezifischen Formen der Jugendarbeit (vgl. zuletzt etwa BÖHNISCH/MÜNCHMEIER 1987) — die soziale Organisation und Integration von Heranwachsenden sowohl in schulischen und betrieblichen als auch in universitären Einrichtungen durch leistungsbezogene Konkurrenzsituationen bestimmt wird, so mag es nicht verwundern, daß trotz mehr oder minder diagnostiziertem Wertewandel inbesondere bei Teilen der jüngeren Generation, der selbstverständlich, wie zahlreiche Sportwissenschaftler zeigten, auch den Sport nicht unberührt läßt (vgl. etwa DIGEL 1986), die Mehrheit der Jugendlichen weiterhin trotz gradueller Verschiebungen sehr stark an leistungs- und erfolgsorientierte Werte der modernen Lebensführung gebunden ist und diese auch im Rahmen des Sports zu verwirklichen sucht.

Zahlreiche Arbeiten (z. B. SACK 1984, 1985, 1986; GRAS et al. 1987; KURZ/BRINKHOFF 1989; BRETTSCHNEIDER/BAUR/BRÄUTIGAM 1989) haben in diesem Zusammenhang immer wieder deutlich gemacht, welchen hohen Stellenwert ein vielseitiges und abwechslungsreiches Wettkampfsystem sowohl für die Gewinnung von Jugendlichen im Sport als auch für die Stabilisierung ihrer sportbezogenen Interessen und Bedürfnisse besitzt.

Um etwa in der Gleichaltrigengruppe Statusgewinne verzeichnen zu können, ist neben demonstrativem Konsum — etwa im Sinne von VEBLEN (1987; Orig. 1899) —, erotischer Attraktivität und Ausstrahlung sowie einem sichtbaren Ausdruck eines spezifischen — in der jeweiligen peer-group allgemein anerkannten — Lebensstils in besonderem Maße auch ein spezifisches Leistungsvermögen notwendig, das insbesondere im Sport auf der Grundlage weitreichender Akzeptanz immer wieder präsentiert und beim Kampf um die „Gunst" der peers effektvoll eingesetzt werden kann.

4.6 Zwischen Wertschätzung und Krise
Zur Ambivalenz des jugendlichen Körpers

Der jugendliche Körper kann ohne Zweifel als das wohl symbolträchtigste Merkmal von Jugendlichkeit angesehen werden. Der Körper ist sowohl Kapital als auch Krisenpotential. In keiner anderen Lebensphase kommt es zu einer derartigen Problematisierung und Neudefinition des Körperbewußtseins und des Körperbildes. Insbesondere in entwicklungspsychologischer bzw. sozialisationstheoretischer Forschungsperspektive wurde seit jeher auf die mit diesen somatischen Veränderungen einhergehenden, oft nicht unproblematischen Verarbeitungsleistungen hingewiesen. In dem sich drastisch verändernden Körper Sicherheit zu erhalten bzw. zurückzugewinnen zählt zu den klassischen Entwicklungsaufgaben (vgl. HAVIGHURST 1972; AUSUBEL 1979; OERTER 1982 etc.) dieser spezifischen Lebensphase, deren weitere theoretische Zuordnung oft über Deutungen im Zusammenhang mit Identitätskonzepten erfolgt (vgl. HORNSTEIN et al. 1975, 401 ff.). Allerdings wird inzwischen angesichts des erwähnten Strukturwandels der Jugendphase daran gezweifelt, ob Jugendliche lebensphasenspezifische Aufgaben zur Problemlösung bewältigen müssen, die in ihrer Struktur mit dem konventionellen Modell der sukzessiven Bewältigung von Entwicklungsaufgaben gekennzeichnet werden können.

Jenseits der im wachsenden Maße aus dem Kreis der Jugendsoziologie vorgetragenen Kritik an den klassischen Entwicklungsaufgaben können die ausdrücklich körperbezogenen Entwicklungsprozesse nach wie vor in der konventionellen Form Geltung beanspruchen. Körperliche Erfahrungen sind in dieser Lesart „unübersehbare Zeichen des Erwachsenwerdens und werden in gewissem Sinn zum Symbol nicht nur dafür, daß man anders ist als vor einem Monat oder vor einem Jahr, sondern für eine neue Einstellung zu sich selbst, zu anderen, zum Leben" (AUSUBEL 1979, 140). Von den Jugendlichen ist in dieser Phase eine völlige „Neubestimmung" der Person-Umwelt-Beziehungen gefordert, die auf der Grundlage eines komplexen Zusammenspiels von Selbst- und Fremdeinschätzung in der Regel nicht problemlos verläuft. Vor dem Hintergrund bestehender Normen und Stereotype entsteht ein Bild vom eigenen Körper und seinen Qualitäten, das immer wieder selbstkritisch hinterfragt wird und in der Wahrnehmung Dritter Zustimmung bzw. Ablehnung findet. Diese „Rückmeldungen" von sich selbst bzw. anderen sind insbesondere im Jugendalter stark emotional gefärbt und für das Selbstwertgefühl der Heranwachsenden von außerordentlicher Bedeutung. Daß dabei auf der einen Seite geschlechtstypische Variationen zum Tragen kommen, ist besonders in den letzten Jahren immer wieder herausgearbeitet worden (vgl. BILDEN 1980), wenngleich auch auf der anderen Seite ein zeithistorischer Trend zur Nivellierung festzustellen ist.

Während männliche Jugendliche gerade auch jenseits reifungstheoretischer Erklärungsversuche von einer gewissen Kontinuität im Umgang mit ihrem Körper ausgehen können — nach wie vor wird von ihnen körperliche Kraft, ein damit oftmals verbundenes Maß an Aggressivität, Mut, Risikobereitschaft und Geschicklichkeit verlangt —, kommt es bei den Mädchen in der Regel zu weit härteren Brüchen. Nachdem in der Kindheitsphase knabenhaftes, burschikoses Verhalten durchaus auch bei Mädchen toleriert wurde, erwarten die Sozialpartner nun, antiquierten, tief verwurzelten Erziehungsstilen und medial verstärkten Rollenklischees nachhängend, von den „jungen Frauen" eher einen die weibliche „Ästhetik" betonenden, weiblichen Schönheitsidealen und Körpernormen folgenden, behutsamen Umgang mit dem eigenen Körper. Vorherrschenden Schönheitsidealen sich mehr oder minder anzupassen bzw. verzweifelt zu nähern, erfordert insbesondere von jungen Frauen — in zunehmendem Maße aber auch von jungen Männern — ein Mindestmaß an Körpermanagement. Mit Hilfe von Modellierungstechniken, die vom Bodybuilding über Mode und entsprechende Accessoires bis zur Pickelcreme reichen, richtet sich alles auf ein Ziel: aktuellen Schönheitsidealen im Sinne von „Schönheit ist alles — alles andere zählt nicht" (GUGGENBERGER 1989) gerecht zu werden.

Der Körper kann für viele Jugendliche — vor allem nach Vollendung des Wachstums — verläßlicher Bezugspunkt in einer von normativer Unsicherheit geprägten Zeit sein. Das allmähliche „Wegschmelzen" verbindlicher Milieus und bestandsfester Instanzen hat besonders für Jugendliche den Bedarf nach individueller Stimmigkeit und Selbstbestimmung verstärkt. Inmitten dieser atemberaubenden und entwurzelnden Veränderungen zeichnet sich immer deutlicher eine Orientierung auf die Gewißheit und normative Kraft des eigenen Körpers ab, wie insbesondere von RITTNER (1983; 1986) und BETTE (1989) dezidiert herausgearbeitet wurde. „Daß die individuelle Lebensführung in den letzten Jahren körperorientierter ausfällt, geschieht in der Tat nicht sinnlos. Semantische Legitimationen spielen eine wichtige Rolle, um den Rekurs auf den Körper plausibel zu machen. Sinn kondensiert gewissermaßen mit Hilfe korrespondierender Semantiken am Körper. Die Spuren, die dieser in der Gesellschaft hinterläßt, schaffen wiederum Bedingungen der Möglichkeit, daß Spuren am Körper gesetzt werden — und umgekehrt" (BETTE 1989, 8). Sowohl RITTNER als auch BETTE machen ihre Aussagen über das „neue" Verhältnis von Körper und Gesellschaft im allgemeinen und den hochgradig individualisierten Körpermoden im besonderen vor dem Hintergrund der in fortgeschrittenen Industriegesellschaften zu beobachtenden gegenläufig beschleugnigten Simultaneität von Körperdistanzierung und -aufwertung. Die gegenwärtige Hochkonjunktur des Körpers wird „weniger als eine monokausale Reaktion auf die Folgen von Körperverdrängung" verstanden, sondern vielmehr als ein äußerst facettenreicher Versuch der Individuen, mit einem ganzen Katalog von Maßnahmen und Strategien der quälenden „Überforderung durch die veränderten Zeit-, Sach- und Sozialstrukturen komplexer Gesellschaften" erfolgreich zu begegnen (BETTE 1989, 17).

Von der Selbstverständlichkeit körperbetonter Rituale versprechen sich neben großen Teilen der Jugendlichen im wachsenden Maße auch Erwachsene aller Altersklassen innere Stimmigkeit und äußeren Halt. Besonders junge Menschen sind in einer Zeit, in der sozial vermittelte Weltdeutungen und Großideologien verblassen, darauf angewiesen, aus dem diffusen (Waren-)Markt der religiösen, politischen, ökonomischen und sportbezogenen Angebote ihre (Lebenssinn-)Bedürfnisse in eigener Regie zu befriedigen. Auf der Suche nach Sinn- und Selbsterfüllung suchen sie nicht nur neue Heilige, zelebrieren nicht nur wie die Punks die Ästhetik des Häßlichen, reisen, fasten und therapieren nicht nur um die Wette, sondern entdecken immer mehr die vermeintlich normative Kraft des eigenen Körpers und die Ausstrahlung jugendlicher Körperbilder. Es scheint kein Zufall zu sein, daß sich im Augenblick in einem solchen Maße eine allgemeine Aufwertung des Körpers vollzieht und viele Menschen ihre emanzipatorischen Hoffnungen auf den Körper konzentrieren. BETTE (1989, 27) bringt die Heraufkunft neuer körperorientierter Bewegungen in systemtheoretischer Perspektive auf folgende Formel: „Die moderne Gesellschaft mußte erst Erfahrungen mit den Rückwirkungen der von ihr in ihrer personalen Umwelt ausgelösten Wirkungen sammeln, bevor sie Reaktionen selegieren und systemisch stabilisieren konnte."[34]

Längst ist nicht mehr nur bei jungen Menschen ein verändertes Bewußtsein hinsichtlich seines spezifischen Erfahrungsbeitrags, seiner besonderen Bedürfnisse und Erlebnisqualitäten sowie Ausstrahlungskraft zu erkennen (vgl. GUGGENBERGER 1988, 44 ff.). Die Intensität und Ambivalenz der beschriebenen Differenzierungs- und Individualisierungsprozesse kommt besonders deutlich darin zum Ausdruck, daß immer mehr Menschen davon ausgehen, daß durch

---

[34] Die differierende Resonanzfähigkeit gesellschaftlicher Teilsysteme hat dabei zwangsläufig, so BETTE (1989, 51), interne Widersprüche und Ungleichzeitigkeiten erzeugen müssen: „Neben dem Hauptwiderspruch einer Simultaneität gegenläufiger, nicht als Nullsummenspiel auflösbarer Prozesse, besteht ein weiteres Paradoxon darin, daß die Reaktionen auf Technisierung, Abstraktheit, Körperdistanzierung und Individualisierung im Sinne eines Gegenprogramms zu den Folgen fortgeschrittener Modernität selbst gleich gesellschaftlich vereinnahmt werden und unter die Sonderperspektiven und Rationalitäten derjenigen Bereiche geraten, die die oben genannten Wirkungen in Hinblick auf Körper, Psyche und Sozialität hervorgerufen haben."

die sportive Veränderung des Körpers neue Eigenschaften und Kompetenzen buchstäblich gestiftet, modelliert und verkörpert werden. Sportive Eigenschaften und das Bemühen darum erhalten Definitionsmacht und werden — ähnlich wie die über 120 Muskelgruppen — selbst definiert (vgl. RITTNER 1986, 10 ff.). Die neuen Ideale der Körperästhetisierung und Modellierung der „post" modernen Gesellschaft, die sich im besonderen Maße an sportiven, jugendlichen Körperbildern und den damit verbundenen normativen Kriterien von Harmonie und Symmetrie orientieren, sind es, die den jugendlichen Körper zum jugendspezifischen Kapital werden lassen, erste Quelle von Einfluß und Ansehen sind (vgl. BOURDIEU 1985; ZINNECKER 1986; 1989). Ein hohes Maß an Fitneß, Ausdauer, Kraft, Schnelligkeit, Beweglichkeit, damit oftmals verbundene physische Gesundheit und schließlich erotische Ausstrahlung sind die körperlichen Eigenschaften bzw. Vorzüge, die derzeit gefordert sind. Sie sind Tauschgegenstände, die ähnlich wie Geld oder soziale Kontakte und Beziehungen füreinander oder gegeneinander eingesetzt werden. Diese „neuen" Orientierungen haben maßgeblich dazu beigetragen, daß jugendliches Körper-Kapital neben dem traditionellen höheren „erotischen Wert" wesentlich umfassender aufgewertet wurde. Nicht zuletzt vor dem Hintergrund der Vergänglichkeit und Pflegebedürftigkeit dieses hohen Gutes führt die allenorts zu beobachtende „Körperrenaissance" direkt in das sportive Handlungssystem. Hier stehen sowohl im traditionellen, auf Training und Wettkampf ausgerichteten „alten" Vereinssport als auch in den an Trends und Mode orientierten hochgradig individualisierten und kommerzialisierten sportbezogenen „neuen" Dienstleistungs- und Konsumbetrieben ausdifferenzierte und nicht selten extrem funktionalistische „Behandlungsmethoden" zur Verfügung. Doch die vielzitierte „Wiederkehr" des Körpers hat auf recht subtile Weise, wie insbesondere BETTE (1989, 53 f.) herausstellt, auch eine neuartige Körperfeindlichkeit entstehen lassen: „Der individuelle Körper wird nicht nur entspannt, ist nicht nur Quelle von Spaß und Wohlbefinden, sondern wird mit Hilfe von Maschinen, stimulierender Musik und einer entsprechenden Körpersemantik angeregt, gequält, eingezwängt und belastet. Körper-Ideologien und -Phantasmen geistern umher, werden aufgegriffen und ‚ökonomisch erfolgreich' an den Mann bzw. die Frau gebracht. In einer körperdistanzierten Gesellschaft haben Körper-Ereignisse inzwischen einen hohen sozialen Anschlußwert durchsetzen können".

Der Körper selbst wird immer mehr — zumindest in der Selbstwahrnehmung der Akteure — in den Dienst der Herstellung und Demonstration individuell wertvoller und genußreicher Eigenschaften gestellt. Es spricht viel dafür, daß in dieser Verbindlichkeit neuer Körperideale, bei gleichzeitig zunehmender Unverbindlichkeit der konventionellen sozialen Bindungen, die Entstehung eines neuen Geselligkeitstypus begründet liegt: „Die neuen Körpereinstellungen diktieren die Sozialform" (RITTNER 1986, 10). Während die über 65 000 Sportvereine mit ihren puritanisch-asketischen, den Körper eher instrumentalisierenden Sportformen, die in vielen Fällen in kahlen, kalten, fabrikähnlichen Sportstätten ausgeführt werden, diese „neuen" sportiven Interessen und Bedürfnisse erst sehr spät wahrgenommen haben und nun dabei sind, verlorenes Terrain mit wenig überzeugenden Werbeslogans wie „Sport ist im Verein am schönsten" wieder gut zu machen versuchen, scheinen die überall entstehenden kommerziellen Fitneßstudios zumindest für einen bestimmten Zeitraum zu Trendsettern zu werden, die mit ihren modisch-ästhetischen, hochgradig individualisierten Sportprogrammen insbesondere weibliche junge Erwachsene begeistern und vorübergehend binden. Sie gewinnen gewissermaßen als „Freizeitspezialisten" für einen Großteil auch der Erwachsenen Vorbildfunktionen.

Blickt man in diesem Zusammenhang auf die Genese des Sports, so scheint innerhalb dieses Handlungsfeldes jugendliches Innovationspotential immer schon relativ stark gewirkt zu haben. Wenn sich auch kaum die These halten läßt, daß Heranwachsende generell entscheidende Träger soziokultureller Wandlungen sind, so spricht zumindest einiges für die Variante, daß besonders Jugendliche maßgeblich zu kulturellen Neuschöpfungen beitragen können. Hierbei handelt es sich um Innovationen, die allerdings nicht nur in Objektivationen und neuen Gestaltungen des Alltags bestehen, sondern auch in neuen Formen des Ich-Bezugs und der Ich-Deutung zum Ausdruck kommen. ROSENMAYR (1970) wies in diesem Zusammenhang schon darauf hin, daß unter liberalisierten Bedingungen Jugend zwar einerseits Sozialisationsprodukt ist, andererseits aber durch das Eingehen auf die Widersprüchlichkeit von situationellen Angeboten und traditionellen Wertsystemen und Identifikationen selber situationelle Responsen in Form von Protesten, Revolten und sozio-kulturellen Neuschöpfungen gibt und somit durch die spezifische Erfahrung der Diskrepanz zwischen Sozialisation und Situation zum „Schrittmacher" sozialen Wandels wird, „selber ein Faktor darin ist" (ROSENMAYR 1970, 233).

Zu kurz gegriffen erscheint daher, wie manche Skeptiker meinen, daß die scheinbar eigenständige Kreation neuer soziokultureller Praxen, z. B. im Sport, und die bewußt zur Schau gestellten modisch-sportiven Ausdrucksformen nicht mehr sind als latente Verzweiflungsrufe der von künstlichem Bewegungsmangel und Warenökonomie eingezwängten Subjekte. Jenseits derartiger kulturpessimistischer und manipulationstheoretischer Sichtweisen und den berechtigten Hinweisen auf die massive Beeinflussung von Jugendlichen durch spezifische Märkte scheint dennoch vieles dafür zu sprechen, daß Jugendliche nicht nur Opfer von Marktanalysen, künstlichen Konsumgelüsten und Optionsvielfalt, sondern in vielen Fällen auch gleichzeitig Trendsetter für Industrie, Medien — allgemein für große Teile der älteren Generation — sind. Dies tritt besonders deutlich immer wieder in den Bereichen Sport, Mode und Musik hervor.

4.7 Sportive Praxen vor dem Hintergrund sexueller Enttabuisierung, neuer Körperlichkeit und Idealisierung von Jugendlichkeit

Spätestens seit Ende der 60er Jahre hat insbesondere für Jugendliche eine deutliche sexuelle Enttabuisierung eingesetzt, die das bildungsbürgerliche Reformprojekt Jugend in den bis dahin diese Lebensphase wesentlich mitkonstituierenden Bereichen von körperlicher Askese und antisexueller Aufklärung (vgl. ELSCHENBROICH 1980; VAN USSEL 1979) grundlegend verändert hat. Waren noch vor 30 Jahren Erotik, Sexualität und voreheliche Paarbeziehungen traditionelle Tabuzonen, denen man sich allenfalls zum Ende der Jugendphase sehr vorsichtig, rigiden Regeln folgend, nähern konnte, zählt heute die sehr frühe Eröffnung erotisch sexueller Möglichkeiten gewissermaßen zu den „Zugewinnen" der modernen Jugend.

Eine deutliche Lockerung von „repressiven" Verhaltensstandards vollzog sich. Dem im klassischen Sinne körperasketischen „Moratorium" Jugend eröffnen sich nun „neue", von weiten Kreisen der Erwachsenen tolerierte Erfahrungsräume, die nicht ohne Folgen auf „alternative" Beziehungsformen, aber auch auf Bewegungs- und Körpertechniken geblieben sind. Im Gegensatz zu den etwa vor 1960 Geborenen, deren Aufwachsen noch mit vergleichsweise repressiven Formen von Körperunterdrückung durchsetzt war, sind für heutige Jugendliche auf der Grundlage einer massenkulturell weit verbreiteten „sexuellen Liberalisierung" entsprechende Befreiungsanstrengungen weitgehend überflüssig. Jugendlichen zu Anfang der 90er Jahre geht es wesentlich mehr um die Möglichkeit ganzheitlicher — nicht nur auf die Sexualität reduzierte — stark stilisierter Körpererfahrungen (vgl. SMUDITIS 1989, 346).

Auch auf die Erscheinungsformen und Sinnzuweisungen des Jugendsports blieben diese Entwicklungen nicht ohne Folgen. Während sportliche Aktivitäten „früher", zumindest in der Lesart der Erwachsenen, neben anderen in der Regel erfreulichen Wirkungen nicht unwesentlich zur Sublimierung sexueller Triebe und Bedürfnisse Jugendlicher dienten und in entsprechend rigider Form orientiert an den Standards von Militär- und Arbeitszucht (vgl. ZINNECKER 1989, 153) durchgeführt wurden, scheinen heute die neuen sportbezogenen Körper- und Bewegungstechniken für viele Jugendliche willkommene Formen, die sexuelle und körperliche Freiheit auf der Basis eines allgemein anerkannten „Sportcodes" an sich und in der Wirkung auf andere zu erfahren. Im Rahmen individualistischer Körperübungsprogramme und nicht selten erotischer, erotisierender Bewegungsformen (-kulturen), verbunden mit allerlei an Mode, Schmuck und Make-up, entdecken insbesondere Mädchen und junge Frauen: „Die neue Lust am Körper" (FUCHS/FISCHER 1989, 160). Der klassische Gegensatz zwischen sportlicher Disziplinierung und sexueller Freizügigkeit tritt in den Hintergrund. In zunehmendem Maße dringen erotische Elemente in den Sport der Jugend ein, werden dort mit Hilfe bestimmter Medien, wie z. B. Musik und Mode, entsprechend stilisiert und nicht selten von „junggebliebenen" Erwachsenen kopiert.

Parallel dazu treten auch die geschlechtsspezifischen Separierungen deutlich zurück. „Sportive Praxis schließt Jungen- und Mädchenkörper nicht mehr zwangsläufig gegeneinander ab. Ein als erotisch-ästhetisches Ereignis reformierter Sportbetrieb eignet sich mittlerweile als Ereignisbühne für beidgeschlechtliche Begegnung, Anziehung und Werbung" (ZINNECKER 1989, 155). Auch in Teilbereichen des Sports kommt es zu einer Entpolarisierung von männlichen und weiblichen Lebenswelten und Identitäten. Mädchen und junge Frauen repräsentieren dabei in besonderer Weise den neuen „Kulturalismus" von Kindheit und Jugend. Sie sind es auch, die mit zunehmend steigendem sportlichen Engagement zu einer deutlichen Erweiterung sportiver Praxen geführt haben. Neben den auf Training, Wettkampf, Askese ausgerichteten traditionellen „alten" Sportformen gewinnen gerade bei jungen Frauen und Mädchen jene „Mode"-Sportarten an Beliebtheit, die in lustvoll-ästhetischer Verpackung ohne direkten Kontrahenten auf besondere Weise das Körper-Selbst-Verhältnis thematisieren.

Sportarten, wie Bodybuilding — früher außerhalb bestimmter Milieus sozial verachtet (vgl. FUCHS/FISCHER 1989, 160) und nicht selten mit Attributen wie exhibitionistisch, narzißtisch, künstlich, monströs, unästhetisch, emphatisch bewertet — werden nun auch für Frauen attraktiv und zugänglich. Ungeachtet von pyknischer, leptosomer oder etwa athletischer Veranlagung wird der von der Natur gegebene und nicht selten sozial deformierte Körper auf der Grundlage höchst funktionaler Techniken und Methoden dressiert und bisweilen mit Erfolg sogar harmonisiert. Jazz-dance, Bodybuilding, Fitneß-Training, Jogging und alle Formen naturgebundener Gleichgewichtssportarten wie Surfen und Skifahren dringen geschlechtsübergreifend immer weiter in die „Alltagskultur" von Jugendlichen vor. Alltagsgegenstände bzw. -handlungen werden dabei immer mehr durch allerlei an sportlichem Beiwerk ergänzt oder ersetzt. Turnschuhe werden fast schon zur verpflichtenden Garderobe und entsprechend dieser Logik von scharfsinnigen Etikettierungskünstlern reminiszierend zur Charakterisierung einer neuen narzißtischen, konsum- und freizeitorientierten, sportiven „Turnschuhgeneration" eingesetzt. Eine zunehmende Versportung der jugendlichen Lebenspraxis zeichnet sich ab, die längst nicht mehr bei dem schon antiquiert wirkenden Fußwerk halt macht, sondern auf andere Kleidungsstücke bzw. wesentlich weitere Bereiche übergreift. Surfer-Trikotagen und Accessoires werden auf der Straße, in der Schule oder Discothek getragen und signalisieren: Seht her, ich bin „Surfer". Hier verbinden sich Körperkraft, Geschicklichkeit, Risikobereitschaft, Modebewußtsein und ein Höchstmaß an Ästhetik zum neuen modernen, jugendlichen Sportidol. Die Kleidung selbst wird ihres ausschließlich funktionalen Kontextes entpflichtet und gezielt als Signal für den spezifischen Grad von Lebensstilpassung und sportmotorischen

Könnensstand eingesetzt. Das soziale Differenzierungswerk des „Kleider machen Leute" bekommt so gesehen auch im Sport immer mehr Bedeutung — erhält hier allerdings durch die nicht selten in sozialen Musterungssituationen eingebettete distinktive Betonung des Körpers eine zusätzliche Variante (vgl. GUGGENBERGER 1988).

Das richtige, sportive Körperbild, verbunden mit einer entsprechenden Habitualisierung und Stilisierung des eigenen spezifischen Sportzugangs, prägt sowohl Sport- als auch Modeszene. Das Design bestimmt das Bewußtsein. Sportliche Orientierung und modische Stilisierung gehen ein immer engeres Bündnis ein. Erst in einer Form von hochgradiger, artifizieller Kombinatorik sind sie Ausdruck eines sportbewegten Lebensgefühls. Jenseits der klassischen jugendkulturellen Anti-Moden (vgl. KÖNIG 1985), jenseits der Frage, ob Haute Couture oder Kleidung von der Stange, geht es einem Großteil der Jugend immer mehr darum, dem „individuellen look" das eigene „Ich-Finish" zu geben (vgl. STEINWACHS 1986, 345). „Form follows fantasy" (BAACKE 1988, 61) lautet die Devise, und in Abgrenzung zum Konsumdiktat gewinnen Jugendliche und „kluge" Modeschöpfer den unterschiedlichen Mode-, Kunst- und Sportszenen für ihre Zwecke geeignete Aromastoffe ab. Unter den Insignien einer Versportung der Kultur gewinnt auch die Ästhetik im Sport eigenen Spielraum (RITTNER 1989, 361).

Die Symbolkraft des sportiven Körpers und die ihn verstärkende Vielfalt modischer Accessoires wird immer mehr in die außersportliche Öffentlichkeit hinausgetragen. BETTE (1989, 109 f.) liefert in diesem Zusammenhang aufschlußreiche Deutungsmuster: „Individuelle Leistungsfähigkeit, Vitalität, ein unkompliziertes Unbekümmertsein, Einfachheit und ein leichter Zugang für zwischenmenschliche Kontakte als Importe aus der Du-Kultur des Sports lassen sich so symbolisch andeuten. Indem der einzelne die Attribute des Arbeitslebens (Anzug, Krawatte etc.) ablegt, in ein sportliches Kostüm schlüpft, wird der im normalen Arbeitsprozeß verdrängte Körper äußerlich reaktiviert, ohne daß der Schweiß gleich fließen muß". Ehedem als Nutzobjekte aus der Welt des Sports definierte Accessoires gehen heute, so BETTE, „eine Symbiose mit jenen Themen ein, die infolge der Konsequenzen moderner Industriegesellschaften in den Köpfen der Menschen immer mehr an Bedeutung gewonnen haben, nämlich Fitneß, Gesundheit, Jugendlichkeit, Kraft und Schönheit" (ebenda, 110).

In den sich gegenwärtig wachsender Beliebtheit erfreuenden modernen Tanzkulturen scheinen sich diese ästhetischen Leitbilder von schönen Körpern, von der schönen Bewegung und den schönen Kleidern auf ganz besondere Weise zu verdichten. Obwohl der ungeheure Boom im Bereich der modernen Tanz- und Gymnastikstudios im Vergleich etwa zu der in der Öffentlichkeit durchaus kontrovers diskutierten Expansion der Fitneß-Studios eher „still" verlief, avancieren insbesondere die Tanzkulturen unterschiedlichster Provenienz zum mediengesteuerten Imageträger von Jugendlichkeit, Vitalität, Sportivität, Coolness und Erotik. Auf dem ganz und gar vermarkteten Umweg über Videoclips, Tanzfilme, Werbe-, Unterhaltungs- und Musiksendungen wird Tanz den vielfältigsten Jugendszenen „als neue Körper-Mode suggeriert" (FRITSCH 1989, 90).

Das Bedürfnis besonders Jugendlicher, mittels Mode und gestyltem Körper als unverwechselbar zu erscheinen, hat zu einer Inflation von Möchtegern-Snobs, -Madonnen, und -Bohemien geführt, die in bemerkenswerter Mixtur mit Hilfe bestimmter Accessoires oder anderer Flaggensignale ihren spezifischen Lebensstil bis ins Detail artikulieren. „Mit diesem Drang zu exquisiteren Formen ist zugleich viel Spontanes und Provisorisches verlorengegangen, selbst Kinder ‚spielen' Sport nicht mehr ohne die ‚richtige Ausrüstung'" (KASCHUBA 1989, 156). Die Zeiten, in denen vom Sportsystem noch Ideale und Ideen der Konsumaskese kultiviert wurden, sind längst vorbei. Anstelle von Kernseife und schlichter Sportkleidung übernehmen nun Sportlotions, -gels, -cremes und natürlich chic-gestylte Sportgewänder Image- und auch Ich-Pflege. Wer bei dieser neuen Form von Wettbewerb, dessen Maßstäbe sowohl in der Selbsteinschätzung als auch in der Außenwahrnehmung härter werden, mithalten will, muß zunächst am eigenen Körper ansetzen. Er bietet das „Rohmaterial" (FUCHS/FISCHER 1989, 166), an dem auf der Grundlage wissenschaftlich fundierter, höchst funktionaler Methoden modelliert und stilisiert wird. Diese „Investitionsarbeit am eigenen Körper" (BAUDRILLARD 1987) hat zu einem neuen Gratifikationsschema geführt. Über alle Generationsgrenzen hinweg orientiert man sich zunehmend an Schönheitsidealen, die wesentlich vom Leitbild einer unverbrauchten, körperlich starken, straffen „Jugendlichkeit" als Projektionsfläche gespeist wird.

Auf der Basis eines enormen Bedeutungsgewinns von Visualität entwickelt sich Jugendlichkeit mit all ihren positiven Konnotationen nicht nur für Jugendliche selbst zum Richtpunkt latenter Selbstbewertung. Die Kraft, die vom Leitbild Jugendlichkeit ausgeht, führt zu immer neuen Investitionen in Restitutionsprozesse, die maßgeblich dazu beigetragen haben, daß Bereiche wie Sport, Mode und Kosmetik seit Jahrzehnten beispiellos prosperieren. „Jugend" wird zwar im Zuge der allseits geschätzten Jugendlichkeit in quasi allen Altersklassen der Gesellschaft zumindest als Ideal und Idee hofiert und bisweilen sehr geschätzt, freilich nicht in ihren einzelnen Vertretern, davon gab es, gemessen an Arbeits- und Ausbildungsplatzkapazitäten, einfach lange Zeit zu viele davon. Diese sehr einseitige Idealisierung und Idolisierung von Jugendlichkeit verschafft den „Älteren" zumindest den Zugang zu einem freundlichen, harmonischen und aktiven Selbstbild, das in gewisser Hinsicht ein Optimum darstellt, das unsere Gesellschaft den Erwachsenen „in den besten Jahren" anzubieten vermag (vgl. ROSENMAYR 1970, 222 ff.). ANDERS formuliert: „Die idealisierte Vorstellung von Jugendlichkeit und jugendlichen Körper ist gewissermaßen die Abstraktion derjenigen Elemente, die den Nicht-Jugendlichen abhanden gekommen sind" (BETTE 1989, 117).[35] Jugendlichkeit wird dabei nicht selten zum Bindeglied zwischen den Generationen, indem die von Jugendlichen oder jungen Erwachsenen ins Leben gerufenen Innovations- oder Enttabuisierungsprozesse, sei es nun in den Bereichen Sport, Mode oder Sexualität, oftmals in gedämpfter bzw. verwässerter Form über den latenten Druck des Ideals Jugendlichkeit von den „Älteren" rezipiert werden „müssen". Besonders in den neuen Mode- bzw. Trendsportarten scheinen Jugendliche und junge Erwachsene den älteren Generationen auch gleichzeitig Mut zu machen, zumindest in diesem Sinne jung zu bleiben und Hand an die eigene, individuelle Jugendlichkeit zu legen. Verstärkend kommt hinzu, daß den Jugendlichen die Teilhabe am kulturellen Leben noch nie so leicht gemacht wurde und daß ihre spezifische Aneignung von Kultur und der damit verbundene jugendkulturelle Habitus noch nie so verbreitet war wie heute. Jenseits der Apparate und Standards der Offizialkultur werden immer wieder „Wandlungen" im alltäglichen Habitus der Jugendlichen sichtbar, die sich in neuen Formen des sich Kleidens und Gebens, der Aneignung von Sport, des Gebrauchs von Gegenständen der Alltagskultur oder neuen Formen des Vergnügens artikulieren. Inzwischen gibt es zusehends mehr Jugendliche, die nicht mehr nur wie noch ein Großteil ihrer Eltern von lustfeindlichen Schuldgefühlen geplagt oder gar gepeinigt werden, sondern im Gegenteil bisweilen sogar auf provokative Weise besonders gegenüber den alternativen und gegenkulturellen Jugendlichen und Erwachsenen auf eine griesgrämige Anklage des Massenkonsums verzichten, sondern diesen vielmehr auf kreative Weise pflegen (vgl. FERCHHOFF/NEUBAUER 1989). Gegenüber der „Dauerverbalisierung praktizierter Rationalität" und der immer mehr überstrapazierenden „Bekehrungsseligkeit" pädagogisch-politischer Semantik sowie den mittlerweile veraltet wirkenden großflächigen Gesellschaftstheorien unterschiedlich motivierter Systemveränderer hat ein Großteil der Jugend deutlich Distanz bezogen.

Wer heute als Erwachsener noch „in" und damit den Idealen von Jugendlichkeit gerecht werden will, muß jenseits milieuspezifischer Traditionalismen zunächst einmal selbst durch sportive Eleganz, Harmonie und Dynamik, verbunden mit einem Höchstmaß an jugendlichem Habitus zu glänzen ver-

---

[35] In Anlehnung an LEVEBVRE (1978, 188) arbeitet BETTE (1989, 117) in diesem Zusammenhang das Phänomen einer paradoxen Ausbeutung des Symbols der Jugendlichkeit heraus: „Es wird nämlich ein Idealbild von einer Alters- und Sozialkategorie entworfen und goutiert, die keinen hohen gesellschaftlichen Status besitzt, über wenig Geld verfügt, von Erwachsenen abhängig ist und von diesen infantilisiert wird. Dies ist in der Tat nur ein scheinbarer Widersinn. Er funktioniert dennoch, weil die Jugendlichkeit ein Wertsyndrom repräsentiert, das die Gesellschaft in Reaktion auf ihre Indifferenz gegenüber Personen und Körper ausgegliedert und sozial möglich gemacht hat."

suchen. Schlank, schön und sportlich scheint immer mehr mit Können, Leistungsstärke, Scharfsinn und Beweglichkeit gleichgesetzt zu werden. Erfolg 1992 wird wesentlich über diese Attribute definiert. Besonders die wachsende Anzahl von „Postadoleszenten" (vom „normalen" Studenten bis zur Yuppie-Version) verkörpern und popularisieren die nicht unwesentlich von Werbe- und Kulturdesignern gepflegten und unterstützten Bilder von Jugendlichkeit. Im Rahmen von „selbsterfahrungsbezogenen" und „erfahrungshungrigen" Jugendlichkeitsmetaphern zeichnet sich dabei immer deutlicher eine, angeblich die Selbstverwirklichung fördernde, „individuelle" und gleichzeitig „kollektive" Schau- und Zeigelust ab, die eine folgenreiche Erosion des Privaten einschließt (vgl. GUGGENBERGER 1988, 33 ff.).

Das richtige impression-management und die damit verbundene permanente, zur Veröffentlichung freigegebene und kaum noch Distanz wahrende Mitteilungsbereitschaft scheint keine Grenzen zu kennen; jeder kann sowohl seelensezierend innen und sportlich außen unter Berücksichtigung der entsprechenden Bedingtheiten an sich arbeiten. Der strapaziösen erfahrungshungrigen und auch gelegentlich ruinösen physischen und psychischen Selbst- bzw. Außenthematisierung entspricht eine auf Jugendlichkeit trimmende und fitneßbewegte, bänder- und gelenkbelastende, freiwillige Selbstfolterung, die vom „beinharten" Stadtmarathon bis zur „eisernen Jungfrau" eines Bodybuilding-Centers reicht (vgl. GUGGENBERGER 1986, 5). Auch der selbstauferlegte, oftmals heimliche, selbstquälerische Zwang, etwa beim Sonnenbräunen unter allen Umständen in der Sonne auszuharren und sich von ihr „braten" zu lassen, ist ein typisches Beispiel jenes Leistungscharakter annehmenden und gleichzeitig jugendliches Prestige verheißenden „Zwang" zur Pflicht zum Genuß (vgl. PARIS 1985, 3). Eine gewaltige fitneßbezogene und gesundheitsvisionäre Selbst- und Außenbespiegelung ist allgemein geworden. Das Jugendlichkeit versprechende Interesse für das subjektive Gesundheitsempfinden ist enorm. Gesundheit, Schönheit, körperliche Harmonie und Fitneß, das sind Werte, die „in" sind und nachgefragt werden; sie sind die verordneten, quasi symbolisch Jugendlichkeit verheißenden „körper"- und „selbst"-thematisierenden Lebensideale. Bereits die Andeutung des Bemühens um individuelle Fitneß — etwa in der Form der öffentlichen Offenbarung, (Hobby-)Jogger zu sein — führt mittlerweile zu sozialer Anerkennung. Im Zuge der grenzenlosen und zugleich vermeintlichen Freiheit sportiver Aktivitäten hat man, analog zu anderen Bereichen explodierender Optionsvielfalt, die Qual der Wahl: Tennis oder Squash, Freies Gewichtheben oder eine der zahlreichen, hochfunktionalen Bodybuilding-Maschinen, Schwimmen, Laufen im Wald oder auf dem Endlosband, Radfahren im „Freien" oder stationär fixiert, Rudern oder Segeln, Handball oder Fußball, Aerobic, Break- oder Jazzdance, Fitneßtraining oder Skigymnastik. Auf der Suche nach den individuellen Orientierungen bzw. Möglichkeiten kommt es dabei neben überzeugenden Identifikationsversuchen auch zu mehr oder minder konsequenten bzw. sympathisierenden Annäherungen, bei denen ein (mögliches) Scheitern oft zu Schamgefühlen, Unsicherheiten und massiver Sozialangst führt. Trotz dieser latenten Gefahr, die vom Leitbild Jugendlichkeit ausgeht, scheint die Faszination ungebrochen zu sein. Auch die in diesem Zusammenhang insbesondere von Intellektuellen nicht selten als Verteidigungsrede vorgebrachte Kritik am Leitbild „Jugendlichkeit" vermag insgesamt wenig zu überzeugen. So wird etwa im Zuge traditioneller Konsumkritik in besonderem Maße die Warenanalogie herausgearbeitet oder aus sozial-psychologischer Perspektive etwa „Jugendlichkeit" mit sozialer Infantilisierung oder Regressivität gleichgesetzt und schließlich ausgehend vom klassisch kulturkritischen Ansatz „Jugendlichkeit" aufgrund fehlender Verarbeitungshilfen als Verdrängung des Todes enttarnt (vgl. ZIEHE 1986; BETTE 1989, 116). Trotz der Bedeutung und Ernsthaftigkeit der angedeuteten Argumente läßt sich, so scheint es, die zunehmende Faszination die vom Bild der Jugendlichkeit und des Sports ausgeht, nicht gänzlich durch den Rekurs auf die ohne Zweifel erkennbaren Prozesse massiver sozioökonomischer Inanspruchnahme neutralisieren. Hinter dem zunehmenden Bedarf an „Jugendlichkeit" scheint sich viel mehr zu verbergen.

4.8 Zur Kommerzialisierung von Jugend und Sport

Eine den grundlegenden Strukturwandel des Sportsystems und der Jugendphase wesentlich mitprägende Kraft dürfte neben den Tendenzen zur Verwissenschaftlichung und Professionalisierung vor allem in der zielgerichten oder frei vagabundierenden Kommerzialisierung liegen. An eine sich unaufhaltsam verändernde, hochgradig expansive moderne Sport- und Bewegungskultur lagern sich in immer stärkerem Maße dynamisch wachsende Märkte mit unterschiedlichen Marktsegmenten an (vgl. HEINEMANN 1989, 24). Insbesondere bei den telegenen und damit werbe- und vermarktungsintensiven Sportarten im Hochleistungssport ist der Prozeß der Kommerzialisierung am weitesten fortgeschritten. Kapitaleinsatz und Geldtransfers werden zu entscheidenden Steuerungsmedien. Meisterschaften und Rekorde gewinnen aufgrund ihres immensen Vermarktungswertes immer mehr an Bedeutung und werden mithilfe (häufig allerdings fragwürdiger und auch mittlerweile als technokratieverdächtig heftig kritisierter) wissenschaftlich fundierter Erkenntnisse, Methoden und Verfahren der Trainingssteuerung und Leistungsoptimierung zu erlangen gesucht. Auch die Raffinements der ökonomischen Verwertungstechniken sowie Intensität und Tempo der Verwertung selbst sind erheblich gesteigert worden (vgl. RITTNER 1988).

Das lukrative Geschäft mit dem äußerst populären und symbolreichen Sport, der wie kaum ein anderes Werbemedium oftmals in variantenreicher Verbindung mit Musik, Mode und Erotik die Produktion von Aufmerksamkeit und Spannung sowie des Image- und Sympathietransfers zu leisten imstande ist, scheint grenzenlos zu sein. Über eine Milliarde DM werden 1991 von der Automobilindustrie, den großen Banken und Sparkassen, Versicherungsgesellschaften, Computerfirmen und Mineralölgesellschaften, der Elektroindustrie, der Bekleidungs-, Kosmetik-, Nahrungs- und Genußmittelindustrie etc. in die Werbung mit und durch Sport investiert. Während bis in die 60er Jahre hinein Sportwerbung sich weitgehend auf Bandenwerbung reduzierte und nicht selten als unseriöse Schleichwerbung abgetan und besonders von olympischen Tugendwächtern Sportethos und Amateurstatus emphatisch gegenüber monetären Fremdeinflüssen verteidigt wurde, sind heute die ehemals schützenden Dämme im Hochleistungssport, aber längst nicht mehr nur dort, gebrochen. RITTNER (1988, 183) hat diese Entwicklung auf eine einprägsame Formel gebracht: „Die symbolischen Leistungen des Sports, die auf eine von ihm gestaltete Verdichtung der sozialen Realität zurückgehen, qualifizieren sich" immer mehr angesichts umkämpfter Konsumgütermärkte auch „für die Absatz- und Firmenpolitik der Unternehmen".

Was im Sport erarbeitet wird, instrumentalisieren Unternehmen nun für ihre Zwecke und hauchen dabei gleichzeitig nun ihrerseits den spezifischen Sportarten und ihren erfolgreichen Repräsentanten die Aromastoffe ihrer Produktpalette ein. Die Zeiten des an antiken Vorbildern orientierten Mäzenatentums sind auch im Sport längst vorbei. Das neue Miteinander ist insbesondere auf Seiten der großen Industrieunternehmen „Ergebnis eines systematischen Planungs- und Entscheidungsprozesses" und somit „integraler Bestandteil" betrieblicher Marketing- und PR-Strategien (HEINEMANN 1989, 172ff.). Die ökonomisch reformierte Kosten-Nutzen-Rechnung lautet nun: Leistungen wie Geld, Ausrüstung, Image und Beratung von Seiten der Industrieunternehmen erwarten an Gegenleistungen Image- und Sympathietransfer, Produktinformationen sowie langfristige Kundenbindung durch das für diese Zwecke so hoch qualifizierte Medium Sport.

Sieht man von den in der Regel knappen und daher äußerst wertvollen Ressourcen an internationalen Top-Athleten bzw. Top-Mannschaften ab, so sind Ausgangslagen und Machtverhältnisse bei den Partnern höchst disparat. Denn während für die „starke" bundesrepublikanische Industrie der Anteil der Sportwerbung am gesamten Werbeetat lediglich 3% beträgt, wird die ökonomische Abhängigkeit von Sportverbänden, -vereinen und einzelnen Athleten in Hinblick auf ihren Saisonetat mit bis zu 70% beziffert (vgl. HEINEMANN 1989, 173). Diese Prozesse der ökonomischen Einbindung und wechselseitigen Veredelung haben zu grundlegenden Veränderungen der Erscheinungsformen, der Wertigkeit einzelner Sportarten sowie des gesamten Wertesystems im Spitzen-, aber auch Breitensport geführt.

Nicht alle Sportarten besitzen etwa einen gleich hohen Werbewert. Aufgrund geringer Medienattraktivität, eher bescheidener Sympathie- und Distinktionsprofite sowie eng begrenzter Industriezweige bleiben zahlreichen Sportarten lukrative Finanzierungsquellen verschlossen. Diese spezifische Form von Marktversagen führt zu eklatanten Ungleichheiten in Hinblick auf Wettbewerbs- und Marktchancen, deren Auswirkungen und Relationen vom Hochleistungssport bis zum Freizeit- und Breitensport reichen (vgl. HEINEMANN 1989, 180 ff.). Die traditionell schichtspezifische Differenzierung einzelner Sportarten wird auf diese Weise in immer stärkerem Maße mit ökonomischen Differenzierungsparametern, wie etwa Werbewert, mediale Präsenz, angereichert.

Sportliche Großereignisse mit internationalen Top-Athleten werden von Fernsehgesellschaften, Werbeagenturen, Top-Managern und Großkonzernen vom Wettkampf um die Übertragungsrechte über Ort und Zeit des populären wie lukrativen Geschehens bis zur Bestuhlung der VIP-Logen professionell vermarktet und den aktiven (Breiten-)Sportlern, passiven Sportkonsumenten sowie den umworbenen Kunden feilgerecht angeboten. Mit Hilfe breit angelegter Marketing- und PR-Aktivitäten wird etwa im Vorfeld eines „großen Sportereignisses" die außerordentliche Bedeutung und die zu erwartende Dramaturgie durch die wirkungsvolle Nutzung der gesamten Medienlandschaft „öffentlich" proklamiert. Vom Athleten über den Trainer bis zum Schiedsrichter reicht dann auch oftmals das bisweilen inquisitorischen Charakter annehmende oder nur peinlich wirkende Frage-Antwort-Puzzle, das längst nicht mehr nur dazu dient, über Siegchancen und unbändigen Siegeswillen, Taktik, Aufstellung, Siegprämien etc. umfassend zu informieren, sondern gewissermaßen bereits den Beginn einer umfassenden „Werbeoffensive" darstellt.

Eine besondere Rolle spielen in diesem Zusammenhang die Massenmedien. Sie sind es, die im wesentlichen dafür sorgen, daß die vielen hundert Millionen sportbegeisterten Zuschauer in aller Welt dann auch tatsächlich möglichst wirklichkeitsnah und zeitgleich im Bild(e) sind (vgl. BERNETT 1989, 240). Den Kameraleuten und Fotografen bleibt längst kein Lachen oder Weinen, kein von den Strapazen gepeinigtes Gesicht mehr verborgen. Die medientechnische Inszenierung und Aufbereitung macht den Sport noch spannender, noch aggregierter, noch geeigneter für kleine Werbespots so zwischendurch. Bangloses wird längst ausgespart, nur noch die „big points" zählen (vgl. ebenda 1989, 239). Mit Hilfe von Großaufnahme, Zeitlupe oder Schnelldurchlauf — mit Musik untermalt oder sachkundig kommentiert — wird dem um sportliche Belange in der Regel bestens informierten Konsumenten der letzte Winkel des Stadions gewissermaßen „live" ins Wohnzimmer getragen. Das Stadion, die Sportarena bildet mittlerweile nur noch einen Teil der Bühne. Dadurch, daß die Kamera den Athleten bis in die Kabine, ins Trainingscamp, bis in ihr Privatleben inklusive der Dokumentation der einzelnen Karrierestationen begleiten kann, entsteht um den Kern des sportlichen Wettkampfs ein neues kostbares Medienprodukt mit ästhetischen, spannenden und informativen Inhalten.

Im voll vermarkteten und medial vermittelten Wettkampfsport entwickelt sich auf der Grundlage ständiger Verfeinerung „eine neue Massenkultur, in der für einen gleichbleibenden Geschmack eine konstante Ware für den Konsum einer breiten Masse produziert wird — nach dem Prinzip von Denver Clan, Schwarzwald Klinik" oder Big Mac (HEINEMANN 1989, 19).

Die sportliche Infrastruktur, das Sporttreiben selbst und die daran gebundenen Dienstleistungen, die spannungsgeladene Unterhaltung durch Sport, die Indienstnahme des Sports als effizientes Werbemedium, die sportliche Ausrüstung und die entsprechenden sportiven Accessoires sowie Nahrungsmittel sind hochgradig expansiv, kommerzialisiert und Gegenstände höchst unterschiedlicher Interessengruppen. Als unmittelbare Konsequenz dieser Inanspruchnahme des Sports durch „Kaufleute und Händler" kommt es zu einer folgenreichen Erosion der vom Sport verkörperten Werte und Tugenden. Markt und Mark übernehmen Steuerungsfunktionen. Fairneß, Teamgeist, Chancengleichheit und sportlicher Idealismus werden vielfach nur noch werbestrategisch vorgeheuchelt; was zählt, sind die sportlichen Höchstleistungen; sie garantieren weltweite Aufmerksamkeit und Anerkennung. Der viel besungene „code of ethics" degeneriert zur Marketingidee und ist längst nicht mehr Eigenwert des Sports, sondern allenfalls Beiwerk einer umfassenden Verkaufsstrategie im und mit dem Sport (vgl. HEINEMANN 1989, 170ff.).

Jenseits der in der Öffentlichkeit kontrovers diskutierten Kommerzialisierung des Hochleistungssports und den damit verbundenen Problemlagen wie z. B. Doping oder der Wettkampf um Übertragungszeiten etc. haben Kommerzialisierungsprozesse in den letzten Jahren (allerdings weniger spektakulär) auch zu quantitativen und qualitativen Veränderungen des Freizeit- und Breitensports und der traditionellen Organisationsform des Sportvereins geführt.

4.9 Das „neue" Strukturdilemma der Sportvereine

Mittlerweile existieren in der Bundesrepublik Deutschland weit über 70 000 Sportvereine, die sich in bezug auf das Sportartenspektrum, die Vereinsgröße, Binnendifferenzierungen einzelner Abteilungen, Art der Mitglieder (Alter, Geschlecht, soziales Milieu und Lebensstil), Formen der Mitarbeit bzw. Vereinsführung und Umsetzung unterschiedlicher Sportmodelle immer mehr unterscheiden. In dieser klassischen Organisationsform des Sports zeichnet sich darüber hinaus eine zunehmende Polarisierung zwischen den an leistungssportlichen Modellen orientierten Abteilungen ab, die weitgehend von den medial stets präsenten Programmen, Mechanismen, Funktionsweisen, Einbindungsstrukturen und Innovationsmodi geprägt sind, und den neuen Gruppen von Sportlern, die jenseits leistungssportlicher Effizienz eher das unverbindliche, Gesundheit und Wohlbefinden verheißende, körperbetonende, sportlichgesellige Engagement suchen. Besonders in den leistungssportlich orientierten

Abteilungen der Vereine, die durchaus auch als Nachwuchsreservoir und Zulieferungsinstanzen des Spitzensports gelten können, sind Auswirkungen und Relationen der Kommerzialisierung und Professionalisierung des Spitzensports unverkennbar.

Trainer, Spieler und jugendliche Talente werden z. B. in den großen Sportspielen von den Regional-/Oberligen bis zu den Kreisklassen häufig mit viel Geld, Sachleistungen und/oder beruflichen Perspektiven und nicht selten aus ehemals verbindlichen, lokal-familialen Vereinsbezügen herausgelöst und von konkurrierenden Vereinen verpflichtet. Zu den Trainern gesellen sich Manager, Kaufmannschaften werden als Sponsoren gewonnen, Stadtväter entdecken die Werbe- und Ausstrahlungskraft kommunaler/regionaler sportlicher Erfolge und machen sie durch entsprechende Unterstützung für Image- und Identitätspflege nutzbar.

Insbesondere in den Jugendabteilungen vieler Vereine setzt die Leistungsselektion altersspezifisch gesehen mittlerweile sehr früh ein und wird quantitativ und qualitativ stark intensiviert. Vereine, die in höheren Leistungsklassen um Punkte, Tore, Meisterschaften und Rekorde kämpfen, leisten sich in der Regel spätestens für den A- und B-Jugendbereich in den großen Sportspielen — bei zahlreichen Individualsportarten noch wesentlich früher — qualifizierte und vergleichsweise gutdotierte Trainer, die im wachsenden Maße Absolventen sportwissenschaftlicher Studiengänge und/oder ehemalige Leistungssportler sind und nun im Kinder- und Jugendbereich auf der Grundlage neuester wissenschaftlicher Erkenntnisse Talente entdecken und fördern sollen. Für die Vereine ist mit zunehmender Kommerzialisierung die Investition in den eigenen oder eingeworbenen Nachwuchs notwendig, um sich gegenüber Markt- und Konkurrenzdruck zu behaupten und das leistungssportliche Image des Vereins zu bewahren und zu steigern. Talentierte Jugendspieler und Athleten, die es zumal vor dem Hintergrund geburtenschwacher Jahrgänge in den früheren Quantitäten nicht mehr gibt, werden zu „Schätzen", die es zu „heben" und zu „pflegen" gilt.

Die fortschreitenden Prozesse der Kommerzialisierung, Rationalisierung, Verwissenschaftlichung und Mediatisierung des (Spitzen-)Sports haben in den letzten Jahren verstärkt auch auf den semi-professionellen leistungssportlichen Schattenbereich gewirkt und bei einem Großteil der Vereine zu entsprechenden vereinsspezifischen Adaptationen geführt. Die Folgen dieser Entwicklung sind äußerst problematisch und berühren in besonderem Maße die gesellschaftspolitische Verankerung der Vereine. çDenn nicht zuletzt durch die Tatsache, daß sich in dem steuerrechtlich als gemeinnützig ausgedrückten Sonderstatus der Vereine gleichzeitig umfassende gesellschaftspolitische Aufgaben widerspiegeln, die insbesondere in einer pädagogisch wertvollen Jugendarbeit ihren Niederschlag finden und sich keineswegs auf eine möglichst erfolgreiche Talentförderung reduzieren lassen können, verlieren die Vereine in dem Maße den Anspruch auf diesen Sonderstatus, in dem das Kulturgut Sport durch einseitige Ausrichtung und Funktionalisierung als Anlaß und Inhalt pädagogisch wertvoller Jugendarbeit entwertet wird und der besondere Status der Gemeinnützigkeit im Sinne der Umsetzung eines gesellschaftspolitischen Auftrages offensichtlich gefährdet ist (vgl. HEINEMANN 1989, 172 ff.).

Analog dazu entstanden auch Interessenkonflikte zwischen den um Professionalität bemühten klassischen Reproduzenten leistungssportlicher Orientierungen und den neuen Sportinteressen großer Teile der Bevölkerung nach Gesundheit, Fitneß, Wohlbefinden, Formen diffuser Geselligkeit und Ästhetik. Den Hauptinteressenkonflikt stellt derzeit in vielen Vereinen die nicht unproblematische Kostendeckung des leistungssportlichen Apparats dar, die nicht allein über Zuschauer-, Werbe- und Sponsorenaufkommen, sondern darüber hinaus durch eine „Kommerzialisierung von unten", d. h. gesteigerte Mitgliederbeiträge aller (also auch der eher freizeit- und breitensportorientierten Abteilungen) gewährleistet werden kann. Im Vereinsalltag bedeutet dies etwa, daß die vereinsgebundenen Hobby-Jogger mit ihren „erhöhten" Mitgliederbeiträgen das in der Regel nicht gerade bescheidene Oberligagehalt des Trainers der 1. Herrenmannschaft (Handball, Fußball) mitfinanzieren.

Die wohl langfristig folgenreichste Konsequenz dieser Entwicklungen stellt die zunehmende Kommerzialisierung der Mitgliederbeziehungen dar. Während die Vereine „früher" fast ausschließlich durch die finanziellen und ehrenamtlichen Leistungen ihrer Mitglieder getragen wurden und damit die Mitglieder gewissermaßen basisdemokratisch über die Verwendung der Ressourcen entscheiden konnten, führt nun die sich deutlich abzeichnenden Veränderungen in den Ressourcenstrukturen der Vereine zu grundlegenden Verschiebungen von Zielen und Inhalten, setzt eine immer stärkere Dienstleistungsorientierung der Mitglieder ein und verstärken sich die Oligarchisierungs- und Professionalisierungstendenzen.

HEINEMANN (1989, 181 ff.), der den mit der Marktfinanzierung einhergehenden Strukturwandel der Vereine organisationssoziologisch rekonstruiert hat, geht noch ein Stück weiter und mutmaßt: „Am Ende dieser Entwicklung kann ein Organisationstyp stehen, der dem Idealtypus freiwillige Vereinigung genau entgegensteht: Wie auf der einen Seite die Variablen: Bindung der Ziele und Organisation an die Interessen der Mitglieder, Abhängigkeit von Mitgliederresourcen, demokratische Entscheidungsstrukturen, Zielorientierungen, Gruppenbindung der Mitglieder und Gruppencharakter der Struktur sich gegenseitig stabilisieren, so stützen sich auf der anderen Seite die entgegengesetzten Ausprägungen dieser Variablen" (ebenda, 191).

Auch scheint das für die Sportorganisationen bis weit in die 60er Jahre hinein konstitutive Element des auf der Basis von Milieubindungen und traditionellen Solidaritätsmustern altruistisch motivierten Ehrenamts, das meistens mit Geldverzicht und Gemeinnützigkeitsdenken bzw. mit dem uneigennützigen Engagements für „Dritte" gleichgesetzt wurde, immer weiter zurückzugehen (vgl. WINKLER 1989). Neben den bereits erwähnten vielschichtigen gesellschaftlich induzierten Erosionen sozialverbindlicher und sozialmoralischer Lebensmilieus und damit verbundener Solidaritätsmuster sowie der Durchkommerzialisierung der Gesellschaft und des Sports hat die allumfassende Verwissenschaftlichung des Lebens auch den Sport, seine Funktionäre, Trainer, Übungsleiter etc. nicht unberührt gelassen. Die Verwissenschaftlichung des Sports ist mittlerweile so weit fortgeschritten, daß von allen Beteiligten mehr oder weniger (je nach Funktion und Standort unterschiedliche) (Grundkenntnisse in Sportmanagement, Sportsoziologie, Sportpädagogik, Sportmedizin, Sportpsychologie, Trainingslehre, Technik- und Taktikvermittlung usw. „(ab-)verlangt" werden. Im Zuge des vielschichtigen Bedeutungsgewinns und der differenzierten Funktionserweiterung sowohl des Spitzen- als auch des Breitensports hat sich ein Expertentum mit entsprechendem Anspruchsdenken ihrer Klientel breitgemacht. Der eigene Erfahrungsbezug bildet zwar nach wie vor die Grundlage für das Engagement als Verbands- und Vereinsfunktionär sowie als Manager, Trainer, Übungs- und Jugendleiter, reicht aber als ausschließliches Wissens- und Orientierungsreservoir längst nicht mehr aus, sondern wird durch wissenschaftliche Erkenntnisse unterschiedlicher Herkunft ergänzt, die häufig zeitintensiv als zusätzliche (nun auch ökonomisch relevante) Qualifikationen etwa in Form von lizensierten Zertifikaten erworben werden (müssen) und damit wesentlich in den Kommerzialisierungsprozeß des Sports eingebunden sind.

Neben dem hochgradig funktionalisierten (sport)wissenschaftlichen Erkenntnisinteresse im Sinne der Steigerung des „höher", „weiter", „schneller" des Spitzensportlers wurde in den letzten Jahren auch — mit etwas anderen und stärker den „ganzen Menschen" berücksichtigenden wissenschaftlichen Akzentuierungen — die Erforschung des Breitensportsystems mit den Schwerpunkten Gesundheit und Wohlbefinden (Prävention und Rehabilitation) intensiviert. Mittlerweile kommt es auch im Rahmen des Versuchs der organisationellen Einbindung des Breitensports aufgrund neuer sozial- und gesundheitspolitischer Vorstellungen und Wertigkeiten in bezug auf seine möglichen präventiven und rehabilitativen Wirkungen zu staatlich subventionierten Forschungsprojekten, die wissenschaftlich begleitet und evaluiert werden. Institutionalisierung verlangt und strebt nach Hauptamtlichkeit, kommerzialisiert die Mitgliederbeziehungen und verändert schließlich die Vereinsstrukturen nicht unerheblich. Auf diese Weise entwickeln sich die Sportvereine immer mehr vom traditionellen Konzept der „Solidargemeinschaft" zum modernen „Dienstleistungsbetrieb". Grundlegende Veränderungen, die diesen Prozeß maßgeblich mitbeeinflussen, lassen sich etwa wie folgt bilanzieren:

1. Erweiterung und Ausdifferenzierung der klassischen Sportvereinsmitgliedschaft
Sport weitet sich immer mehr auf alle Altersklassen und Milieus aus. Dabei kommt es auch zu einer Nivellierung geschlechtsspezifischer Separierungen.

Bis weit in die 60er Jahre hinein war das sportliche Vereinsengagement vorwiegend Sache männlicher Jugendlicher, die über entsprechende sportmotorische „Talente" und physische Leistungsfähigkeit verfügten. Hinsichtlich der Mitgliederrekrutierung hatte die fast ausschließliche Orientierung an Wettkampf, Leistung und Askese eine stark selektive Funktion. Mit dieser deutlichen Abgrenzung nach außen korrespondierte ein hoher Integrationsgrad nach innen, der eine stabile Vereins- und Sportgruppenidentität hat entwickeln lassen (vgl. CACHAY 1988, 220). Die Akzeptanz dieser „Sportmoral" war Mitgliedschaftsbedingung und Ergebnis struktureller Erziehung zugleich: „Man erwarb sie über den Eintritt in die unterste Jugendklasse, und sie ließ sich oftmals am deutlichsten erkennen im Sport der ‚alten' Herren. Quereinsteiger und Spätberufene waren eher die Ausnahme" (ebenda). Der Sportverein stand lange Zeit für ein traditionelles Sozialisations- und Handlungsmodell im Sport, das aufgrund tiefgreifender gesellschaftlich induzierter Individualisierungs- und Pluralisierungsprozesse nun selbst vielfältigsten Veränderungen ausgesetzt ist. Mit der Öffnung der Vereine für breite Bevölkerungskreise wurden diese mit einer Vielzahl disparater Interessenlagen und Funktionen angereichert, die auch dazu führten, daß Vereinsidentität und Selbstverständnis immer diffuser wurden, die sozialen Beziehungen sich versachlichten und es nun auch in den Vereinen zu vielfältigen Entsolidarisierungsprozessen kam. Parallel dazu stieg das von verschiedenen gesellschaftlichen Gruppen an die Vereine herangetragene Ansinnen nach Bereitstellung möglichst umfassender, gesamtgesellschaftlich relevanter (in puristischer Lesart sportfremden) Problemlösungskapazitäten (Gesundheitsprävention, Rehabilitation, Resozialisierung, sozialkulturelle Sozialisation und Integration etc.), die häufig in der Vereinswirklichkeit kaum zu realisieren sind, aber dennoch das Problem der Identitätsdiffusion der Vereine verschärfen.

2. Bildung größerer Vereinseinheiten

Sieht man von der Problematik unterschiedlicher Systematisierungslogiken von Vereinsgrößen ab, lassen sich grob folgende Entwicklungslinien skizzieren: In den 60er und 70er Jahren kam es zu einem Rückgang von Kleinvereinen (bis 300 Mitglieder); seit 1975 ist dieser Anteil relativ konstant; im gleichen Zeitraum kam es zu einer Expansion von mittelgroßen Vereinen (von 300—1000 Mitglieder); seit 1975 ist auch der Anteil dieser Vereinseinheiten relativ stabil geblieben; die deutlichsten Steigerungsraten haben die sogenannten Großvereine (ab 1000 Mitglieder) zu verzeichnen, deren Anteil im Jahre 1961 nur 1,6 % betrug und bis 1982 auf 5,3 % anstieg und in den folgenden Jahren sich noch einmal erhöhte (CACHAY 1988, 220 ff.).

3. Zunahme und Ausdifferenzierung von Sportarten und Sportformen

Auf der Grundlage der alljährlichen Bestandsaufnahme des Deutschen Sportbundes (DSB) läßt sich eine erhebliche Steigerung der Sportarten in den letzten

25 Jahren nachweisen. Neben diesen „neuen" Sportformen werden allerdings auch viele traditionelle Sportarten mit „breitensportfreundlichen" Varianten angereichert.

4. *Zunehmende Binnendifferenzierung und Ausweitung von Sparten und Abteilungen und damit verbundene Interessenkonflikte*

Das Nebeneinander von traditionell leistungssportlich ausgerichteten Abteilungen und den eher an Freizeit- und Breitensport orientierten „neuen" Sparten hat besonders in den letzten Jahren latente Interessenkonflikte entstehen lassen. Auseinandersetzungen um Finanzierungslasten, Raum- und Ausstattungskapazitäten sowie Einsatz und Verwendung staatlicher finanzieller Mittel stehen auf der Tagesordnung. Auch scheint die Vereinshierarchie weitgehend von Vereinsfunktionären und Entscheidungsträgern aus den leistungssportlich orientierten Abteilungen noch bestimmt zu werden.

5. *Spezialisierung, Ausdifferenzierung und Professionalisierung von Mitgliedschaftsformen und traditionellen Funktionärs- und Sportlerrollen*

Die Zeiten, in denen Vereinsfunktionäre, Trainer, Übungsleiter, Jugendleiter und Aktive noch mit „ganzem Herzen" Turner, Fußballer oder Schwimmer waren und auf Treu und Verderben lebenslang zu ihrem heimischen Verein standen, scheinen für immer vorbei zu sein. Hohe Mobilitätsraten, das Aufweichen ehemals sozial-verbindlicher Sozialmilieus sowie die alles umspannende, scheinbar grenzenlose Kommerzialisierung des gesamten Sports hat auch Selbstverständnis und Rollenkonzept der in den Vereinen engagierten Funktionsträger und Sportler wesentlich verändert.

6. *Entstehung von Konkurrenzverhältnissen gegenüber kommerziellen Sportanbietern*

Die ungewohnte und neue Konkurrenz durch kommerzielle Sportdienste, die sich fast ausschließlich an Marktmechanismen und Kundenwünschen orientieren, hat einen Großteil der Sportvereine relativ unvorbereitet getroffen. Die schnelle und gleichzeitig höchst erfolgreiche Expansion dieser kommerziellen Sportanbieter und ihre bewußte Distanzierung von der einfachen und schlichten Atmosphäre des klassischen Vereinslebens und des damit oftmals assoziierten gesinnungsethisch überstrapazierten „Vereinsmuffs" haben viele Vereine dazu veranlaßt, sowohl die neuen attraktiven Sportformen als auch die von den kommerziellen Anbietern erfolgreich praktizierte bewußte Stilisierung sportlichen Engagements freilich in abgeschwächter Dosierung quasi im Sinne von (zusätzlichen) Dienstleistungen mit in ihr Sportangebot aufzunehmen.

5. Sport und Jugendarbeit

Sport in der Jugendarbeit — das ist heute in der Regel Nachwuchsförderung, leistungsorientierte Selektion, die Arbeit am sportlichen Talent, oft unter Leitung verdienter, sportiver Vereinsmitglieder, die sich mehr oder minder freiwillig dieser scheinbar höchst ehrenvollen Tätigkeit widmen. Aufgrund der Leibfeindlichkeit neuhumanistisch geprägter Bildungsideale, die dem Sport lange Zeit die gebührende Anerkennung versagten und anstelle staatlicher Bildungsinstitutionen die Turn- und Sportvereine zur ersten Heimat des organisierten Jugendsports machten (vgl. GRÖSSING 1978; TIMM 1979; v. KROCKOW 1980), ist das Handlungsfeld heute strukturell an den diffusen Bereich der außerschulischen Jugendarbeit gebunden, wurde aber in der Diskussion über Aufgaben und Funktionen von Jugendarbeit in der Vergangenheit fast vollständig ignoriert.

Dies ist um so erstaunlicher, als die Jugendabteilungen der Sportvereine im Vergleich zu anderen Jugendorganisationen rein quantitativ eine überragende Position innehaben. Der Jugendvereinssport erfreut sich im Gegensatz zu anderen Organisationsformen der Jugendarbeit, die ihrerseits spätestens seit den 80er Jahren von einer ausgeprägten Organisationsabstinenz der Jugendlichen betroffen sind (vgl. FERCHHOFF/SANDER/VOLLBRECHT 1988), trotz eines einseitigen Sportverständnis (nicht selten allzu borniertem Ausrichtungen auf Leistung, Wettkampf, Selektion, Disziplin) und vornehmlich erwachsenenorientierten Vereinsstrukturen bei einem Großteil der Jugendlichen hoher Beliebtheit. Über die Hälfte aller 12- bis 18jährigen sind auf der Grundlage der neuesten Mitgliederstatistik des Deutschen Sportbundes Mitglieder in einem Sportverein und treiben dort durchschnittlich zweimal in der Woche Sport (vgl. SACK 1981, 238; SACK 1984, 212—215). Auch von den Erziehungs- und Sozialwissenschaften und der noch jungen Sportwissenschaft wurde dieses außerschulische Sozialisationsfeld trotz des ungeheuer großen Organisations- und Aktivitätsgrads von Jugendlichen (vgl. SACK 1984, 369ff.) in der Vergangenheit vernachlässigt. Bis Anfang der 80er Jahre ist mit Erstaunen festzustellen, daß diese Thematik sowohl in den großen Panoramastudien (vgl. JUGENDWERK DER DEUTSCHEN SHELL) als auch in Einführungen und Handbüchern zur Jugendsoziologie (vgl. beispielsweise ALLERBECK/ROSENMAYR 1976; CLAUSEN 1976; ROSENMAYR 1976) oder in den Klassikern zur Jugendarbeitsdiskussionen (MÜLLER et al. 1964; GIESECKE 1980; BAACKE 1979) weitgehend unberücksichtigt bleibt.

Innerhalb der Sportwissenschaft lagen abgesicherte empirische Befunde zu dieser Problematik bis Mitte der 80er Jahre lediglich von SACK (von 1976—1979 zur Fluktuation Jugendlicher im Sportverein und von 1981—1983 zur sozialen Funktion des Sportvereins) vor. Darüber hinaus kann in diesem Zusammenhang der Jugendverbandsarbeit im Sport noch auf eine sportwissenschaftliche Arbeit verwiesen werden (DIERKES 1985), die erste Einsichten hinsichtlich der Legitimations- und Konzeptionsproblematik sportbezogener Jugendarbeit liefert. Allerdings sind hier neuere Ergebnisse sowohl der Jugendarbeits- als auch generell der Jugendforschung „noch" nicht einbezogen worden.

Den Anschluß an die differenzierte, interdisziplinäre Jugendforschung hat die Sportwissenschaft bei der verstärkt einsetzenden Diskussion der Thematik erst in den letzten Jahren gefunden — wie auch der Sport in den neueren Jugenduntersuchungen erst allmählich Berücksichtigung findet. Zum ersten Mal widmen die Autoren der 85" Shell-Studie (FUCHS 1985) dem sportlichen Engagement Jugendlicher ein kleines, relativ undifferenziertes Kapitel. Der 8. Sportwissenschaftliche Hochschultag in Paderborn (23.—25. 9. 1987) mit dem Thema: „Bewegungswelt von Kindern und Jugendlichen" — unter Mitwirkung renommierter Jugend- und Sozialisationsforscher — ist ein weiteres Indiz dafür, daß sowohl Jugendforschung als auch Sportwissenschaft die besondere Bedeutung des Themas und die Notwendigkeit einer konstruktiven Zusammenarbeit inzwischen erkannt haben.

Während Fragen nach der Bedeutung des Sports im Alltag von Jugendlichen und den sozialen Funktionen der Sportvereine sowohl in der sozialwissenschaftlichen Jugendforschung als auch in der Sportwissenschaft in den letzten fünf Jahren intensivere Forschungsaktivitäten mobilisieren konnten (vgl. BAACKE 1986; vgl. ZINNECKER 1989, 133—159; 1990, 646—653; BRETTSCHNEIDER/BAUR/BRÄUTIGAM 1989, 1990; SCHRÖDER 1991) scheint die sportbezogene Jugendarbeit im Kontext der Jugendarbeitsdebatten nach wie vor „nur" wenig (wissenschaftliche) Aufmerksamkeit zu erfahren.

5.1 Zum Stellenwert des Sports in der Jugendverbandsarbeit

Die im wesentlichen von Jugendlichen getragene Turn- und Sportbewegung mußte sich außerhalb der etablierten Bildungsinstitutionen im Vereinswesen organisieren, „da die traditionellen, vom Humanismus geprägten Bildungsideale in Deutschland einer umfassenden Integration des Sports in die Bildungsinstitutionen Schule und Universität, wie dies etwa in Amerika und England der Fall ist, entgegenstanden" (TIMM 1979, 14). Weil die Schule den Sport zunächst nicht wollte und damit gleichzeitig die spezifischen Erziehungsmöglichkeiten preisgab, verstanden sich die Turn- und Sportvereine von Anfang an auch als Erziehungs- und Bildungsinstitutionen und machten den Sport auf diese Weise zum Anlaß und Inhalt außerschulischer Jugendarbeit — ein Inhalt, dem auch im gesamten Bereich der außerschulischen Jugendarbeit längst nicht von allen freien Trägern die gebührende Anerkennung entgegengebracht wird.

Mit Ausnahme der Deutschen Sportjugend (DSJ) bleibt Sport entweder unberücksichtigt oder nimmt eine mehr oder minder marginale Position ein. Der Grad der Berücksichtigung sportlicher Aktivitäten divergiert innerhalb der verschiedenen Jugendverbände allerdings sehr stark. Konfessionelle Jugendverbände heben sich dabei noch am deutlichsten durch ihr sportliches Engagement ab. Beispielsweise nehmen zahlreiche CVJM-Mannschaften am offiziellen Wettkampf- und Spielbetrieb der Sportorganisationen teil und führen eigenständige Sportveranstaltungen (z. B. Meisterschaften und Turniere durch).

Die freien Träger der Jugendarbeit verfolgen zwar nach wie vor gemäß ihren Verlautbarungen den Anspruch, daß zunächst von den Interessen und Bedürfnissen der Jugendlichen auszugehen sei, doch wird von der sportbezogenen Realisierung dieses Grundsatzes — nicht zuletzt als Konsequenz der unterschiedlichen Interessenkonstellationen bzw. -konflikte, in denen die einzelnen Träger stehen — deutlich abgewichen. Auf sportliche Aktivitäten wird weitgehend verzichtet, obwohl ältere als auch neuere Untersuchungen (vgl. SAND/BENZ 1979; ANDERS 1982; KREUTZ 1984) immer wieder dokumentieren, daß gerade der Sport einen enormen Stellenwert im Freizeitverhalten eines Großteils der Jugendlichen einnimmt und heute wohl kaum ein anderes kulturelles Gebiet neben der Musik die Jugendlichen vergleichsweise stark interessieren und faszinieren dürfte. Billigt man dem außerschulischen Sport ferner, wie in den letzten Jahren von fast allen Seiten geschehen (Regierungen, Politikern und Sportfunktionären), gesundheits-, identitätsfördernde und erzieherische Funktionen zu und versteht man Jugendarbeit als eigenständige Lern-, Bildungs- und Sozialisationshilfe für den Heranwachsenden, erscheint es unverständlich und inkonsequent, daß sportliche Aktivitäten als Teilinhalte der außerschulischen Jugendarbeit in den vergangenen Jahren so wenig Berücksichtigung fanden.

Der außerschulische, institutionalisierte Jugendsport liegt aufgrund dieser traditionellen Geringschätzung fast monopolartig in den Händen des DSB, der sich 1950, noch im Gründungsjahr, mit der DSJ die entsprechende Nachwuchsorganisation schuf. Sie sollte die Interessen der Jugendlichen wahrnehmen und nach außen in entsprechender Form vertreten; Interessen, die sie als Gründungsmitglied des Deutschen Bundesjugendrings sowohl mit als auch gegenüber den anderen Jugendverbänden in der Folgezeit zu behaupten verstand. Als Jugendverband, noch dazu als weitaus mitgliederstärkster, war die DSJ selbstverständlich auch gezwungen, sich mit verschiedenen Versionen und Varianten der verbandlichen, aber auch der offenen Jugendarbeit bzw. Jugendbildungsarbeit auseinanderzusetzen, als deren Bestandteil sie einen wesentlichen Teil ihrer Existenz rechtfertigte.

Es galt, sportspezifische und überfachliche Ziele, Inhalte und Methoden in symbiotischer Perspektive zu bestimmen und sich in die jugendpolitische Diskussion einzubringen; gleichzeitig wurde die DSJ vom Staat und den übrigen (freien) Trägern der Jugendhilfe als Partner kritisch betrachtet und beurteilt. Dieser Partner bzw. Konkurrent beschränkte sich mit seiner Interpretation und Perzeption von Jugendarbeit an der Basis der Turn- und Sportvereine jahrelang allzusehr auf die Optimierung sportlicher Leistungsfähigkeit in Form von Training und Wettkampf und ließ die konkreten Entwicklungsprobleme, Sorgen und Ängste der Jugendlichen weitgehend unberücksichtigt. Bei der diese Einseitigkeit offen anprangernden Diskussion innerhalb der Jugendverbände vertrat die DSJ jedoch beharrlich den Standpunkt, daß die in den Turn- und Sportvereinen durchgeführten sportartbezogenen Aktivitäten durchaus die Merkmale von Jugendarbeit aufweisen würden und versuchte in der Folgezeit durch die Erarbeitung von sportartübergreifenden und -überfachlichen Konzeptionen den auf ihr lastenden Legitimationsdruck zu entkräften. „Diese Sportjugend wurde zwar allein schon wegen ihres vielfältigen Programms als Jugendpflegeverband sowohl von Behörden als auch von den Jugendringen anerkannt, doch wurde der Sport als Jugendpflege keineswegs ernst genommen", zieht Höllein für die DSJ im Jahre 1968 kritisch Bilanz.

Die Dissonanzen und Diskrepanzen verschärften sich mit den Schüler- und Studentenunruhen Ende der 60er Jahre (vgl. GIESECKE 1971, 86 f.) und führten schließlich 1969 zum Austritt der DSJ aus dem Deutschen Bundesjugendring (DBJR); nachdem ein von der DSJ aufgestellter Katalog zur Reorganisation der DBJR auf der Vollversammlung des DBJR abgelehnt wurde. Nach ihrem Austritt aus dem DBJR versuchte die DSJ dann in der Folgezeit einen eigenständigen Bundesjugendplan-Titel durchzusetzen, was ihr im Jahre 1971 auch tatsächlich gelang (vgl. DIERKES 1985, 34—40).

Der zentrale Aktivitätskern des Sporttreibens erfuhr dabei allerdings immer noch keine Anerkennung als Medium der außerschulischen Jugendbildung; lediglich Kurse, Arbeitstagungen oder sonstige Einzelmaßnahmen, die einen theoretischen Bezug zum Sport hatten, erschienen, gemäß den Vorstellungen des Bundesministeriums Jugend-Familie-Gesundheit (BMJFG), förderungswürdig. Da die DSJ in den folgenden Jahren bei der Anwendung der Förderungsrichtlinien große Schwierigkeiten hatte, wandte sie sich mit ihren spezifischen Vorstellungen und Interessen an die entsprechenden politischen Gremien. Durch diese Einflußnahme gelang es ihr schließlich, beim BMJFG eine moderatere Förderungspraxis durchzusetzen und dem Jugendvereinssport zumindest teilweise — unterstützt durch ein wissenschaftlich fundiertes neues Wissen um erzieherischen und bildenden Wert des Sports — zur Anerkennung als wichtigen Bestandteil der Jugendbildung zu verhelfen.

Diese kurze historische Reflexion verdeutlicht, wie umstritten seit jeher die vor allem auf die leistungsorientierte Ausübung einer Sportart bezogene sportliche Jugendarbeit gewesen ist und welchen ständigen Legitimationszwängen (Staat, Jugendverbände etc.) die DSJ als Dachverband des organisierten Jugendvereinssports damit ausgesetzt war und ist. Die DSJ entwickelte unter diesem gewissermaßen historischen Legitimationsdruck stehend, in der Vergangenheit sowohl: sportspezifische Angebote, die aufgrund neuer wissenschaftlicher Erkenntnisse den bildenden und erzieherischen Wert der sportlichen Aktivitäten besonders betonten als auch überfachliche Angebote, um auf diese Weise zum Träger der Jugendhilfe im klassischen Sinne zu werden, indem der Zielgruppe „Jugendliche im Sportverein" Angebote der allgemeinen Jugendarbeit gemacht wurden.

Hierbei handelt es sich um höchst ehrenvolle Aktionen und Programme, die allerdings kaum darüber hinwegtäuschen können, daß an der Basis der 60000 Turn- und Sportvereine die auf den Sport bezogene Jugendarbeit sich nach wie vor primär auf Training und Wettkampf einer Sportart reduziert und damit nur eingeschränkt als Jugendarbeit im klassischen Sinn gelten kann. Vom staatlichen Förderer wird diese einseitige Interpretation und Perzeption von Jugendarbeit aufgrund der kostengünstigen, diffusen Nebeneffekte (Gesundheit, Soziales Lernen, Leistungsbereitschaft, etc.) und der sanft-gesteuerten, systemstabilisierenden Integration der dort engagierten Jugendlichen, wohlwollend toleriert. SACK weist dann auch in seiner Reanalyse der „Shell-Jugendstudie 81" auf die „sehr durchschnittliche jugendkulturelle Orientierung" und die eher „konservativen Gruppenstile der Sportvereinsjugendlichen hin" (1986, 114—131). Auch die Eltern, vorwiegend aus der Mittelschicht, sind in der Regel froh, wenn ihre Kinder in einen Sportverein eintreten. Dort wissen sie sie in guten Händen und hoffen darauf, daß sie „ihre sexuellen Bedürfnisse sublimieren und der anrüchigen Gammelkultur wie Mopedcliquen und Jugendzentren fernbleiben" (SACK 1985, 13).

Wenn man bei der Beurteilung der tatsächlichen Sozialisationsfunktion des Sportvereins aufgrund fehlender wissenschaftlicher Erkenntnisse sehr zurückhaltend sein muß, scheint der Sportverein demnach als „Ort, an dem systematische Lernprozesse" und „heimliche Sozialisationsprozesse" ablaufen, eine „konservative Legitimationsarbeit" zu leisten, die nicht zuletzt aus seinen leistungs-, erfolgs- und konkurrenzorientierten Strukturen erwächst (BECKER 1986, 145—158).

Kontrastiert man diese Überlegungen mit den programmatischen Äußerungen des Deutschen Sportbundes und der Deutschen Sportjugend in Hinblick auf die Funktion des Sportvereins als Ort politischer Bildung und allgemeiner Jugendhilfe, tritt eine erhebliche Diskrepanz zwischen Anspruch und Wirklichkeit deutlich zutage (vgl. PILZ 1986, 12). Traditionelle Vereinsstrukturen mit ihren Möglichkeiten und Grenzen und die Pluralität der in den Vereinen repräsentierten Orientierungen, Interessen und Bedürfnissen stehen offensichtlich einer umfassenden Realisierung dieser Konzeptionen entgegen.

5.2 Organisationsstruktur des Jugend-Vereinssports

Die traditionellen Begegnungsstätten für den organisierten Jugendsport sind seit jeher die Turn- und Sportvereine unterschiedlichster Provenienz, die gewissermaßen das Zentrum und die Basis sportlicher Jugendarbeit bilden. Unter sportlicher Jugendarbeit soll dabei im folgenden, da von keiner eindeutigen Begriffsbestimmung ausgegangen werden kann, analog zu DIERKES (1985, 22)[36] mit einer kleinen Erweiterung alles das verstanden werden, „was in den Sportverbänden sowie den Turn- und Sportvereinen an Jugendarbeit geleistet wird, ganz gleich, ob es sich hierbei um die Ausübung von Sport handelt oder nicht. Was die Besonderheit dieser Jugendarbeit ausmacht, nämlich das Sporttreiben, wird als sportspezifische Jugendarbeit bezeichnet, soweit es sich um das Sporttreiben im allgemeinen handelt, wenn die Ausübung einer speziellen Sportart „und damit eng verbundene Aktivitäten, wie z. B. Mannschaftssitzungen oder Turnierreisen", im Vordergrund stehen. Alle Aktivitäten, die über das Sporttreiben hinausgehen, d. h. mit Sporttreiben im eigentlichen Sinne nichts zu tun haben, werden der überfachlichen Jugendarbeit zugeordnet" (ebenda).

An dieser Form sportlicher Jugendarbeit partizipieren derzeit ca. 5,6 Millionen Jugendliche, die in über 65 000 Sport- und Turnvereinen organisiert sind. Betreut, trainiert und gecoacht werden sie dabei von ca. 500 000 Trainern, Übungsleitern, Jugendbetreuern und Jugendleitern, die sich aus den unterschiedlichsten Motiven heraus dieser Aufgabe gestellt haben und in der Regel ehrenamtlich tätig sind. Ihre auf sportliche Jugendarbeit bezogene Qualifikation ist höchst heterogen und vielfachen Einflüssen ausgesetzt, die die Jugendlichen zum Gegenstand unterschiedlicher Interpretationen und Intentionen sportlicher Jugendarbeit macht (vgl. SACK 1984).

Auf der Basis der Turn- bzw. Sportvereine baut sich analog zur Erwachsenenorganisation des Deutschen Sportbundes eine jugendspezifische Organisationsstruktur auf, die den administrativen bzw. konzeptionellen Überbau bildet und sich im wesentlichen auf zwei Formen der Verwaltung und Interessenvertretung stützt:
1. die sportartspezifischen Jugendorganisationen auf Stadt-, Kreis-, Landes- und Bundesebene,
2. die sportübergreifenden Jugendorganisationen auf Stadt-, Kreis-, Landes- und Bundesebene.

ad 1) Die traditionellen Fachverbände kümmern sich im wesentlichen um das Wettkampfsystem und die damit verbundenen sportartspezifischen bzw. sportlichen Belange. Sie organisieren, repräsentieren und interpretieren jeweils eine

---

[36] DIERKES weist zu Recht darauf hin, daß der Begriff „sportliche Jugendarbeit" höchst uneinheitlich verwendet wird und „eine Systematik zu den verschiedenen Aspekten der Jugendarbeit in den Organisationen des Sports bislang nicht vorliegt" (1985, 22).

bestimmte Sportart und verfügen in der Regel über einen haupt- und bzw. nebenamtlichen Mitarbeiterapparat. Auf der Verbandsebene wird die Ausbildung der Übungsleiter für die Basis der Vereine konzipiert und durchgeführt. Das zugrunde liegende Verständnis von Jugendarbeit ist hier eher an traditionsreichen, „bornierten Partikularinteressen" (HARTMANN 1981, 63) orientiert als an allgemeinen sportlichen oder überfachlichen Bedürfnissen der von ihnen vertretenen jugendlichen Sportvereinsmitglieder. Jugendarbeit wird hier zunächst als Förderung des talentierten, eigenen Nachwuchses verstanden. Notwendige Innovationen und Reformen haben, durch jahrelangen natürlichen Mitgliederzuwachs verwöhnt, selten Eingang gefunden.

ad 2) Die Sportkreise bzw. Sportbünde vertreten sportartübergreifend die Gesamtheit aller Vereine in den entsprechenden Regionen vor allem in gesellschaftspolitischen Belangen. Sie verfügen, ähnlich wie die Fachverbände, über haupt- bzw. nebenamtliche Mitarbeiter. In ihre Kompetenz fällt vor allem die Sportjugendleiterausbildung. Die kritische Reflexion von Fragen und Problemstellungen, die die von ihnen vertretenen Jugendlichen auch über ihr sportarten- bzw. sportspezifisches Engagement hinaus betreffen, scheint hier wesentlich ausgeprägter als auf Fachverbandsebene zu sein.

5.3 Zur Konzeptionsproblematik sportlicher Jugendarbeit

Die Praxis sportlicher Jugendarbeit in den Turn- und Sportvereinen und deren Konzipierung unterliegt demnach unterschiedlichsten konzeptionellen Einflüssen, die folgendes von DIERKES (1985, 25) entworfene Modell anschaulich zum Ausdruck bringt:

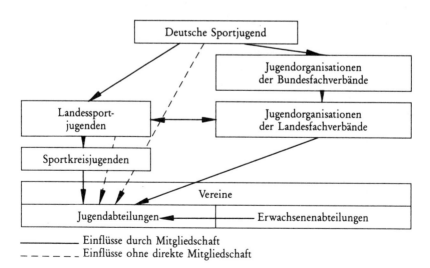

Die Mitgliedschaftsverhältnisse auf Landes- und Fachverbandsebene bringen Einflußnahmen in erster Linie über „Ideen" und „Programme" (DIERKES 1985, 25), die oft unter mangelnder Kenntnis bzw. Ignoranz der praktischen Vereinsproblematik[37] für die breite Basis sowohl unkoordiniert als auch unspezifiziert entwickelt werden bzw. worden sind und als Aktionen oder auch schon in die Jugend-, Übungsleiterausbildung (-weiterbildung) transformiert, die heterogene Basis erreicht. Die Umsetzung dieses sportpraktischen, sportpädagogischen und überfachlichen unverbindlichen Ideentums scheint nicht erst seit heute für den konzeptionellen Überbau das größte Problem darzustellen. Die fehlende Nähe zur Basis, insbesondere eine unzureichende Beurteilung der tatsächlichen Möglichkeiten und Grenzen hat in der Vergangenheit viele gute Ansätze als visionäre Digression offenbart. Ideen, Programme und Ausbildungskonzeptionen treten deutlich in den Hintergrund. Die eigentliche Konzipierung vollzieht sich relativ autonom innerhalb der 65 000 Turn- und Sportvereine, ihren jeweiligen Jugendabteilungen und Jugendmannschaften. Hier stehen keine Legitimationszwänge oder die Umsetzung von neuem Wissen um bildenden und erzieherischen Wert bzw. Nutzen des sportlichen Engagements von Jugendlichen im Vordergrund, sondern allzu pragmatische Zwänge wie z. B. Bestandssicherung. Das tatsächliche Leistungs- und Umsetzungspotential ist an der Basis durch die Multifunktionalität und die meist ehrenamtlichen Grundstrukturen dieser „freiwilligen Interessenorganisation" (LENK 1972, 9) weitgehend festgesetzt.

Hier richten sich Stellenwert, Inhalt und Zielsetzung sportlicher Jugendarbeit zunächst nur nach dem sportpraktischen und pädagogischen Credo der dort zentral engagierten und agierenden Individuen. Die Verantwortlichen für die Vereinsjugendarbeit entwickeln dabei in der Regel naive Konzeptionen und Vorstellungen, die an eigenen sportlichen bzw. pädagogischen Erfahrungen und dem gesunden Menschenverstand orientiert und von höchst unterschiedlicher Qualität sind. Die individuellen, sowohl sportfachlichen als auch menschlichen Qualitäten dieser scheinbar uneigennützigen Gruppe von Idealisten prägen im wesentlichen Interpretation und Perzeption sportlicher Jugendarbeit und machen sie so zu einer variablen Größe, die von Verein zu Verein, von Abteilung zu Abteilung und von Mannschaft zu Mannschaft divergiert. Es handelt sich hierbei in vielen Fällen um ein höchst ehrenvolles, langfristiges Engagement, das allerdings kaum darüber hinwegtäuschen kann, daß an der Basis der Sportvereine die Jugendarbeit sich nach wie vor primär auf Training und Wettkampf einer Sportart reduziert und damit aus konzeptioneller Perspektive nur eingeschränkt als Jugendarbeit im klassischen Sinne gelten kann.

---

[37] TIMM (1972, 192) weist in seiner Untersuchung schon darauf hin, daß das Verhältnis zwischen Verbänden und Vereinen eher als distanziert einzuschätzen ist. 91 % aller Vereine halten danach die Zusammenarbeit fur verbesserungswürdig. Von 34 % der Vereine wird die unzureichende Kenntnis der praktischen Vereinsproblematik beklagt.

In der hierarchisch, mit festgeschriebenen Kompetenzen aufgebauten Organisationsform Sportverein entwickeln sich vom Vereinsvorstand bis zum zentral agierenden Übungsleiter Vorstellungen von Inhalten und Schwerpunkten sportlicher Jugendarbeit, die schließlich im Miteinander von Übungsleitern und Jugendlichen ihre oftmals variantenreiche Realisierung finden.

5.4 Neuere Entwicklungen im organisierten Jugendsport

Heute gewinnt die Jugendarbeit besonders für die Sportorganisationen durch die im Zuge der Bevölkerungsentwicklung verstärkt einsetzenden jugendlichen Mitgliederrückgänge und den sich ausdifferenzierenden Sportorientierungen auch bei Jugendlichen zunehmend an Bedeutung. Von 1981 bis 1989 sank im Deutschen Sportbund (im Bereich der „alten" Bundesrepublik) die Zahl der 7—14jährigen um mehr als 600000 (vgl. DEUTSCHER SPORTBUND 1990).

Das unproblematische Wachstum des bundesrepublikanischen Jugend-Vereinssports ist offensichtlich vorbei (vgl. KURZ/BRINKHOFF 1989). Daß es sich bei dieser Entwicklung um den so wichtigen eigenen Nachwuchs handelt, muß von den Vereinen durchaus als bedrohlich empfunden werden, da ihr traditionelles Selbstverständnis und Bestandskonzept im wesentlichen auf den Jugendlichen als Nachwuchsreservoir der Wettkampfmannschaften und Vereinsfunktionäre von morgen basiert.

Der Deutsche Sportbund trug dann auch diesem so ungewohnten, neuen Zustand Rechnung, indem er seinen Bundestag am 9. 5. 1986 in Saarbrücken unter das wenig Neues verkündende Motto „Sport braucht Jugend — Jugend braucht Sport" stellte. Die dort verabschiedete Resolution: „Sportjugend offensiv in die Zukunft" versucht eher auf die — gewissermaßen als Bestandteil einer sportpolitischen Demonstration — auch dem Jugendvereinssport innewohnenden Bildungs- und Erziehungsmöglichkeiten hinzuweisen als realistische, an den systemimmanenten Einschränkungen der Basis der 65000 Turn- und Sportvereine orientierte Konzeptionen zu entwickeln, die den Vereinen sowohl bei grundsätzlichen Problemen im Jugendbereich als auch bei der sich verschärfenden Situation erste wichtige Orientierungshilfen bieten könnten.

Als Ausgangsmaterial könnten dabei die von der Deutschen Sportjugend und dem nordrhein-westfälischen Kultusministerium in Auftrag gegebenen, bereits erwähnten Untersuchungen von SACK, BRETTSCHNEIDER/BAUR/BRÄUTIGAM und SCHRÖDER dienen, die interessante Ergebnisse hinsichtlich Funktionen und Dysfunktionen sportlicher Vereinsjugendarbeit herausarbeiten. Es handelt sich hierbei insgesamt um empirisch aufwendige Studien, die durch die bedrohliche Aktualisierung des Untersuchungsgegenstandes in zunehmenden Maße Beachtung finden und dabei in einigen Fällen zu „empirischen Steinbrüchen" avancieren, aus denen die Zahlen willkürlich geschlagen werden, die eine radikale Umorientierung des Jugendvereinssports legitimieren.

Diese Umorientierung, als deren exponiertesten Vertreter BRINCKMANN/SPIEGEL 1986 und RIDDER 1986 anzusehen sind, geht — aufgrund gewandelter Interessen und Bedürfnisse — von einem Attraktivitätsverlust des Sportvereins für Jugendliche aus, der allerdings weder statistisch noch durch den jugendsportbezogenen Transfer des in den Sozialwissenschaften so kontrovers diskutierten „postmaterialistischen Wertewandels" (vgl. INGLEHART 1979; DIGEL 1986) abgesichert werden kann. Als entscheidende Fehlorientierung der Vereine werden die traditionellen Leistungs- und Wettkampforientierungen im Jugendsport angeprangert, die nicht mehr den tatsächlichen Interessen und Bedürfnissen der Mehrheit der Jugendlichen entsprechen. In logischer Konsequenz wird „eine Alternative zum organisierten Wettkampfsport" (BRINCKMANN/SPIEGEL 1986, 12; vgl. auch RIDDER 1986) empfohlen, die über einzelne Sportarten hinausgeht, vielfältigste Bewegungs- und Spielformen enthält und unabhängig von Vorerfahrungen und Könnensstand in der Regel für beide Geschlechter zugänglich ist.

Dieser von den Autoren entworfene alternative Jugendsport dürfte etwa folgende Konturen haben: Die Bindung an eine einzelne Sportart wird aufgegeben. Statt dessen werden vielfältigste Bewegungs- und Spielformen angeboten. So z. B. besondere Attraktionen wie: „Schwarzes Theater", „Wildwest-Szenen", „Schattenmärchen" (BRINCKMANN/SPIEGEL 1987, 91—101, 161—174, 217—232), Varianten traditioneller Sportarten oder auch wiederbelebte bzw. neu erfundene Sportarten (vgl. RIDDER 1986, 258—264). Das leistungsorientierte, regelmäßige Training entfällt. Die Angebote sind unabhängig von Vorerfahrungen und Könnensstand für jeden zugänglich und nicht an regelmäßige Teilnahme gebunden. Dementsprechend wird auch von einer höchst heterogenen Gruppe ausgegangen, die beide Geschlechter in der Regel vereinen sollte. Eine längerfristige Planung ist nicht erkennbar; Spaß und Freude an jeder einzelnen Stunde stehen eindeutig im Vordergrund. Für RIDDER sollen diese „breitensportorientierten Angebote" eine zweite gleichberechtigte Säule neben den traditionell leistungsorientierten Angeboten der Vereine bilden (1986, 252 f.). BRINCKMANN/SPIEGEL (1986, 10—12; 31—47) gehen noch einen Schritt weiter und sehen in ihrem alternativen Ansatz eines Freizeitsports auch für Jugendliche die einzige Möglichkeit, die Mehrheit der Jugendlichen langfristig mit einem attraktiven Sport zu begeistern. Auf den ersten Blick handelt es sich hierbei um interessante Angebote, die sich allerdings hinsichtlich ihrer tatsächlichen Realisierungsmöglichkeiten recht schnell als visionäre Digressionen offenbaren.

KURZ/BRINKHOFF (1989, 95—113) weisen dann auch in ihrer kritischen Auseinandersetzung mit diesen alternativen Konzepten — neben den falschen Grundannahmen — vor allem auch auf die offensichtliche Diskrepanz zwischen dem unter qualifizierter Leitung sicherlich attraktiven alternativen Ansatz und dem tatsächlichen Umsetzungspotential der Vereine, insbesondere der dort zentral agierenden Übungsleiter hin. Sie selbst empfehlen analog zu

SACK (1981, 334) sinnvollerweise wesentlich behutsamere Erweiterungen des Jugendvereinssports, die sowohl für das Teilsystem (Jugendabteilung) realisierbar als auch in das Gesamtsystem (Sportverein) integrierbar sein müssen. Die angemessene Einschätzung der tatsächlichen Möglichkeiten der Basis erweist sich somit als entscheidende Voraussetzung für innovative Ansätze, die nicht nur leere Formeln oder schlechte Ratschläge bleiben, sondern konstruktiv dazu beitragen, die Jugendarbeit der Vereine langfristig zu verbessern. In diesem Zusammenhang ist es von zentraler Bedeutung:

— die Interessen und die Bedürfnisse der Jugendlichen,
— die Fähigkeiten und das Engagement der Übungsleiter,
— die Funktionalität und die erwachsenenorientierten Grundstrukturen der Vereine als ein System voller Abhängigkeiten und Bedingtheiten zu verstehen, das es — zumal vor grundsätzlichen Veränderungen — genauer zu analysieren gilt.

Um dies zu ermöglichen, sind sowohl fundierte theoretische Kenntnisse als auch empirische Befunde besonderer Art erforderlich, die Erfahrungszusammenhänge bzw. Handlungsorientierungen der Jugendlichen und ihrer Übungsleiter als Systemteile und die Art ihrer Einbindung in das Gesamtsystem Sportverein erfahrbar und erklärbar machen. Dazu versucht die vorliegende Arbeit im nun folgenden empirischen Teil einen Beitrag zu leisten.

6 Ein Stück Wirklichkeit sportlicher Jugendarbeit
Qualitative Studie über Übungsleiter und Jugendliche im Sportverein

6.1 Eingrenzung des Untersuchungsgegenstandes

Die Interpretation und Perzeption sportlicher Jugendarbeit stellt sich als eine variable Größe dar, die von Verein zu Verein, von Jugendabteilung zu Jugendabteilung und von Jugendmannschaft zu Jugendmannschaft divergiert. Vom konzeptionellen Überbau (DSJ, Fachverbände) über den jeweiligen Vereinsvorstand bis zum zentral agierenden Übungsleiter entwickeln sich Vorstellungen von Inhalten und Schwerpunkten sportlicher Jugendarbeit, die erst im Miteinander von Übungsleitern und Jugendlichen ihre oftmals variantenreiche Realisierung finden.

Im Miteinander von Jugendlichen und Übungsleitern entsteht erst die Wirklichkeit sportlicher Jugendarbeit, die nicht frei von institutionellen Zwängen, sowohl von aufopferungs-, verständnisvoller, ehrenamtlicher Hingabe als auch von Eigennutz, Engstirnigkeit, Borniertheit und strenger Hierarchisierung gekennzeichnet ist.[38] Unter dieser Voraussetzung erscheint es daher nur allzu konsequent, jenen Personenkreis — der Übungsleiter und Jugendlichen — aufzusuchen, über den erfahrbar wird, was ihren Alltag tatsächlich ausmacht.

Ihre biographisch sedimentierten Erfahrungs-, Deutungs- und Einstellungsmuster, bilden gewissermaßen das Informationspotential, das es — zumal vor grundsätzlichen, bzw. vorschnellen Veränderungen im Bereich der sportlichen Jugendarbeit — offenzulegen und genau zu analysieren gilt.

In bezug auf den Personenkreis und seiner zu ermittelnden Handlungsorientierungen und Erfahrungszusammenhänge erfährt das Untersuchungsfeld dabei eine weitere Eingrenzung. Sie resultiert aus der Wahl einer Sportart innerhalb der Sportangebote in den Vereinen. Hierbei handelt es sich — aufgrund langjähriger Vorerfahrungen des Verfassers in diesem Bereich — um das Sportspiel Handball.[39]

---

[38] Eine Wirklichkeit, die sowohl in fachlichen als auch überfachlichen Zeitschriften immer wieder in der Öffentlichkeit mit Artikeln wie: „Wie heil ist die Sportwelt unserer Kinder?" (GÜNTHNER 1981, 16—17); „Zerstört den Jugendlichen nicht gleich ihre Träume!" (ENGELHARDT 1981, 10—11); „Klasse, die Kicker-Kids" (SEEHASE 1985, 30—33), kritisch zur Diskussion gestellt wird.

[39] Das Vorwissen über den Untersuchungsgegenstand beruhen auf einem langjährigen eigenen Engagement in der Jugendabteilung eines Handballvereins. Somit ist gewissermaßen eine biographische Affinität zum Untersuchungsgegenstand gegeben, die unberücksichtigt zu lassen, bedeuten würde, „sich gerade seiner Stärke zu berauben, nämlich seiner Affinität zu dem Forschungsobjekt, seiner Einfühlungsfähigkeit und seiner Möglichkeit mit Menschen zu reden und von ihnen zu lernen" (MILLS 1969, 45).

Diese Sportart zählt in der Bundesrepublik zu den populären sog. Großen Sportspielen. Sie ist allerdings — wesentlich stärker als z. B. das Fußballspiel — an die Institution Verein gebunden. Andere Vermittlungsinstanzen des Sports (wie z. B. beim Schwimmen die Gleichaltrigengruppe oder beim Skifahren die Familie) sind für das Handballspielen kaum relevant. Die Ausübung des Handballsports außerhalb der Schule ist daher fast auschließlich im verbandsmäßig organisierten Wettkampf- bzw. Spielbetrieb in den Vereinen möglich. Dieser Spielbetrieb ist durch die zentralen Handlungseinheiten Training und Wettkampf (z. B. Meisterschaftsspiele, Turniere) bestimmt. Der Versuch, den Alltag von Übungsleitern und Jugendlichen im Verein erfahrbar zu machen, muß daher zunächst von diesen Handlungssituationen ausgehen, um die sich in der Regel weitere pädagogisch bedeutsame Anschlußaktivitäten gruppieren.

6.2 Methodologische und methodische Überlegungen

Im folgenden werden die methodologischen und methodischen Probleme angesprochen, die für den Gang der Arbeit von Bedeutung sind. Es würde sicherlich den vorgegebenen Rahmen dieser Arbeit sprengen, die noch bis in die jüngste Vergangenheit hineinreichende — bisweilen hochgradig polemisierte — Kontroverse um die Frage, ob quantitative und/oder qualitative Sozialforschungsmethoden die der Wirklichkeit angemessenen Werkzeuge erfahrungswissenschaftlicher Sozialforschung darstellen, umfassend zu rekonstruieren und vergleichend zu bewerten.

Erinnern wir uns: Während auf der einen Seite die extremen Verfechter quantitativer Methoden lange Zeit die Auffassung vertraten, daß die objektive Erkenntnis sozialer Wirklichkeiten nur auf der Basis eines vom Forschungsgegenstand abgelösten methodisch verselbständigten reduktiven Prozesses der Datenanalyse möglich sei und qualitativ-explorative Verfahren lediglich zur Hypothesenbildung oder Erstellung von Fallstudien geeignet wären (mit der Option der quantitativen Reanalyse), entgegneten die Anhänger qualitativer Methoden, daß diese quantitative Vorgehensweise die subjektiv-interpretative Ebene weitgehend ausblende, eine „Atomisierung gewachsener Ganzheiten" betreibe und „damit schließlich eine wesensfremde Struktur und Form an das Geflecht des sozialen Lebens" herangetragen werde, „das vielmehr nur in seiner Einzel- und ganzheitlichen Komplexität erfaßt sei..." (FERCHHOFF 1986, 252 ff.).[40]

---

[40] Im Kontext ihrer Kompatibilitätsthese kommen MANNING (1982) und WILSON (1982) sogar zu dem Ergebnis, daß zumindest auf methodologischer Ebene keine „eindeutige" Unterscheidung zwischen quantitativen und qualitativen Methoden zu treffen sei. Während auf der einen Seite die Interpretation von Daten, die mit Hilfe qualitativer Forschungsmethoden gewonnen wurden, wesentlich durch die Erkenntnis von Regelstrukturen und Verteilungsdimensionen beeinflußt werden, bedarf die Analyse und Interpretation quantitativer

Diese sowohl auf methodologischer (vgl. hierzu etwa STAINBACK/STAINBACK 1984; 1985 versus SIMPSEN/EAVES 1985) als auch forschungspraktischer (vgl. bspw. PHILLIP 1980; 1981 versus ALTHEIDE 1981) Ebene geführte Diskussion, scheint inhaltlich mittlerweile die Phase der Lagerbildung und strikten Abschottung überwunden zu haben und nach behutsamer Annäherung in ein konstruktives Miteinander einzumünden (vgl. im Bereich der Jugendforschung dazu bspw. FERCHHOFF 1986; TREUMANN 1986).[41] Die methodologischen und methodischen Differenzen der unterschiedlichen Forschungsansätze, die sich vor allem darin artikulieren, welchen Aussagewert und Status man bereit ist, dem gewonnen Datenmaterial zuzuweisen, bestehen zwar weiterhin; doch läßt sich eine Vielzahl forschungspragmatischer Argumente anführen, keine der beiden Forschungsmethoden in besonderem Maße zu präferieren.

Mittlerweile besteht weitgehend Konsens in der Auffassung, daß sowohl quantitative als auch qualitative Methoden erst im Rahmen ihres spezifischen Gegenstands- und Anwendungsbereiches ihre jeweiligen Stärken und Schwächen entwickeln. Für den Bereich der Datenerhebung vertreten bspw. REICHARDT, COOK, Trend (1979) die Auffasssung, daß beide Forschungsmethoden erst im Zusammenspiel ihre volle Kraft entfalten.[42] Insbesondere für den äußerst differenzierten Gegenstandsbereich von Jugend und Sport empfiehlt sich im Rahmen größerer Forschungsprojekte die Kombination von quantitativen und qualitativen Methoden (vgl. ALLERBECK/HOAG 1985; Jugendwerk 1981 und 1985; SINUS-INSTITUT 1983 und 1985; BRETTSCHNEIDER/BRÄUTIGAM 1990).

Vor dem Hintergrund dieser — forschungspragmatisch äußerst ertragreich erscheinenden — integrativen Perspektive werden im folgenden nur wesentliche

Daten — etwa bei der Auswertung von Tabellen — hermeneutisch — qualitativer Deutungsverfahren. Im Gegensatz zu BRYMAN (1984), der aufgrund unterschiedlicher erkenntnistheoretischer Verwurzelungen von quantitativen und qualitativen Methoden — zum einen im logischen Positivismus und zum anderen in der Phänomenologie — eine integrative Perspektive (Triangulation) beider Forschungsmethoden weitgehend ausschließt, entwickelt WILSON seinen Kompatibilitätsansatz vor dem erkenntnistheoretischen Hintergrund, daß abgesehen von den Fragen nach den technisch-methodischen Verfahren und Untersuchungsinstrumentarien „quantitative Daten" nichts anderes sind als die Anhäufung mehr oder minder qualitativer Daten (vgl. WILSON 1982, 500f.).

[41] Im Kreise seriöser Sozialforscher sind so gesehen die Zeiten vorbei, wo von beiden Seiten polemisch vorgetragene Argumentationssemantiken (wie etwa Datenhuberei, Exaktheitswahn, Instrumentalisierung des Methodenarsenals, etc. versus Modewissenschaft, unwissenschaftlicher Journalismus, O-Ton-Fetischismus, Feuilleton-Logik) gegeneinander ausgespielt wurden (vgl. FERCHHOFF 1986, 245).

[42] Diese integrative Perspektive quantitativer als auch qualitativer Forschungsmethoden hat mit dem Konzept der „Triangulation" (WEBB et al. 1966, DENZIN 1970) Eingang in die sozialwissenschaftliche Methodendiskussion gefunden. Diesem im Anschluß an WEBB et al. (1966) wesentlich von DENZIN forcierte Versuch der integrativen Konzeptualisierung liegt die Annahme zugrunde, daß durch die unterschiedlichen Zugriffsweisen der einzelnen Forschungsmethoden auf die soziale Wirklichkeit jede einzelne Verfahrensweise zur umfassenden Analyse eines Forschungsproblems einen einzigartigen Beitrag leistet.

Aspekte aufgegriffen, die die Wahl der eigenen forschungsökonomisch notwendigerweise (ausschließlich) qualitativen Untersuchungsmethode begründen.
Das methodische Vorgehen der Arbeit ist theoriegeleitet. Im Rahmen alltagstheoretischer Reflexionen, mit dem Fernziel, realistische, an der Praxis orientierte neue Wege sportlicher Vereinsjugendarbeit aufzuzeigen, sind (auch) Methoden gefordert, die in der Lage sind, die unmittelbare Lebens- und Handlungspraxis der dort zentral agierenden Individuen möglichst authentisch bzw. reflexiv zu erfassen, um auf diese Weise eine Analyse der Rekonstruktion von Handlungsorientierungen und Erfahrungszusammenhängen ihres vereinssportlichen Alltags zu ermöglichen. Nicht der experimentellen Analyse, sondern der praxisnahen Erfahrung gilt daher zunächst das Untersuchungsinteresse. Für die Wahl der Untersuchungsmethode bedeutet dies: Herausarbeitung von Formen eines Grundmusters anstelle der statistischen Bestätigung vorab gebildeter Hypothesen.[43]

Im Mittelpunkt steht die Aufdeckung der erlebten Wirklichkeit der in dem Untersuchungsfeld sportlicher Jugendarbeit zentral agierenden Individuen. Auf der Basis erkenntnistheoretischer Grundannahmen des „interpretativen Paradigma", die besagen, daß die spezifischen Dimensionen und perspektivischen Mehrdeutigkeiten sozialer Wirklichkeit als Ergebnis eines mehrschichtig verlaufenden Interpretationsprozesses der sozial handelnden Subjekte aufzufassen sind und die einzige objektive Realität „sozusagen ihr Nicht-Vorgegeben-Sein, d. h. die Relativität der sich überschneidenden und sich wandelnden, von den interagierenden Individuen organisierten Perspektiven" (Bühl 1972, 58) darstellt, erscheint es für die Anlage der Untersuchung durchaus konsequent, die wissenschaftliche Analyse mit dem Versuch des Verstehens alltäglichen Handelns und Lebens zu beginnen.[44]

Das Forschungsinteresse richtet sich auf eine Wirklichkeit, die immer deutlicher in den Hintergrund trat und in sozialwissenschaftlicher Forschung zu der schon sprichwörtlich gewordenen „Suche nach der verlorenen Wirklichkeit" (BECK 1984) führte. Aufgrund des zunehmenden Unbehagens an den so domi-

---

[43] AMELSBERG, u. a. haben in diesem Zusammenhang schon für den Schulsport „als grundlegendes Prinzip formuliert, an der Sichtweise der Betroffenen anzusetzen und zu ergründen wie Lehrer und Schüler die Unterrichtswirklichkeit deuten und strukturieren, ihre Wirklichkeit aufbauen" (1984, 240).

[44] Trotz erheblicher Vergesellschaftungsprozesse, denen die Subjekte ausgesetzt sind, wird auf der Basis des „interpretativen Paradigmas" besonders das Vorhandensein von Interpretations- und Freiheitsräumen betont. Diese Akzentuierung der interpretativen Interdependenz menschlichen Handelns etwa im symbolischen Interaktionismus schließt allerdings auch nicht die Existenz grundlegender Regelstrukturen aus. „Nur werden diese vornehmlich formalen Regelstrukturen als von den Handelnden stets (freilich nicht notwendig bewußt-intentional) zu reproduzierende Strukturen aufgefaßt, wobei jedoch nicht die Grenze übersehen und außer acht gelassen werden sollte, die sich auf die Eigenmächtigkeit und -logik sozialer Strukturen bezieht . . ." (FERCHHOFF 1986, 250).

nanten „realitätsausdünnenden, reduktionistischen und objektivistischen Trends zur Quantifizierung und zur vorschnellen Abtrennung von Klassifizierung, Typisierung und wissenschaftlichen Erklärungen von Alltagswelten" (SANDER/VOLLBRECHT 1985, 13), entwickelte sich in den vergangenen Jahren verstärkt eine qualitative, am Alltag orientierte Sozialforschung, die den Zugang zu dem Subjekt wieder in seinen lebensweltlichen Bezügen und seinen konkreten Handlungsräumen sucht.

Der Versuch, die empirische Sozialforschung mit Hilfe einer „lebensweltlichen Anreicherung" (vgl. KOHLI 1981) wieder neu zu beleben, ließ eine sehr differenzierte qualitative Forschungslandschaft entstehen, die sich mittlerweile in einer Vielzahl von Einzeldisziplinen (Soziologie, Pädagogik, Geschichte, Literaturwissenschaft, Psychologie und Sportwissenschaft) fest etabliert hat. Durch das Ende der 60er Jahre neu aufkeimende Interesse am Alltag und die Wiederbelebung interaktionstheoretischer, phänomenologischer sowie ethnomethodologischer Theorieansätze gewann allmählich auch in der empirischen Sozialforschung die Erschließung von alltagsweltlichen Wirklichkeitsebenen mit Hilfe von deskriptiv sensitierenden Forschungsmethoden an Bedeutung (vgl. FERCHHOFF 1986, 242 ff.) Die wesentlich von der „Frankfurter Schule" mitinitiierten Wende (Abgrenzungsbemühungen) vom „normativen Paradigma" hin zum „interpretativen Paradigma", das trotz latenter Vergesellschaftungsprozesse besonders die Interpretations- und Freiheitsspielräume der Subjekte akzentuiert, unterstützte diesen Prozeß.[45]

Hinzu kommt, daß etwa im Bereich der Jugendforschung das klassische Methodenarsenal fast ausschließlich nur Expost-Deutungsmuster liefern konnte, die weder im Rahmen von Einzelstudien noch in repräsentativen Überblicksstudien (vgl. BLÜCHER 1966) Befunde hervorbrachten, die die großen Jugendproteste und Umbrüche in der Generationenabfolge (Studentenbewegung im Jahre 1968) zu antizipieren halfen (vgl. TREUMANN 1986, 194). Die konkreten Erfahrungswelten der Handelnden und die damit verbundenen beschreibenden und soziographischen Wissensbestände, die lange Zeit durch die wissenschaftstheoretisch erzeugte „Diastase von Erklärungs- und Beschreibungswissen bzw. Hyposthasierung der Trennung von Genesis und Geltung" (MATTHES 1985, 22) verkümmerten, rücken wieder näher an den Fokus der Analysen.

Die Phase, in der sich ein höchst artifizieller Graben zwischen Gegenstandsbereich und Forschungslogik auftat und — wie z. B. FILSTEAD sehr dezidiert

---

[45] Als Kronzeuge sei Adorno selbst angeführt, der in logischer Konsequenz den in der empirischen Technik allgemein durch die Verfahren der operationalen oder instrumentellen Definition angelegten Primat der Methode über die Sache selbst massiv kritisiert. „Prätendiert wird, eine Sache durch ein Forschungsinstrument zu untersuchen, das durch die eigenen Formulierungen darüber entscheidet, was die Sache ist: ein schlichter Zirkel. Der Gestus wissenschaftlicher Redlichkeit, der sich weigert, mit anderen Begriffen zu arbeiten als mit klaren und deutlichen, wird zum Vorwand, den selbstgenügsamen Forschungsbetrieb vor's Erforschte zu schieben" (ADORNO 1972, 512 f.).

darstellt — immer neue methodisch verfeinerte Verfahren (nicht selten in Hinblick auf den Grad der Quantifizierung und Technokratisierung deutlich überzogen) den Zugang zu einem Verständnis der empirischen sozialen Welt eher verminderten, scheint beendet zu sein (vgl. FILSTEAD 1979, 30). Eine Rückbesinnung[46] auf spezifische Erkenntnis- und Forschungsmethoden vollzog sich in den letzten Jahren, die von unterschiedlichen Traditionen ausgehende Subjektivität wieder in das Zentrum der Analyse rückt und den „Cartesianischen Käfig" (GRATHOFF 1976) der messenden und zählenden Methodendominanz ein Stück weit zu sprengen scheint.

An diesen Ansätzen qualitativer Sozialforschung orientiert, folgt die Arbeit dem hermeneutisch-qualitativen Prinzip: „to go into the actors world" und dem Prinzip der Offenheit, das besagt, daß in der Forschungspraxis die theoretische Strukturierung des Forschungsgegenstandes zurückgestellt wird, bis sich die Strukturierung des Forschungsgegenstandes durch die Forschungssubjekte selbst herausgebildet hat. Im Forschungsprozeß selbst vollzieht sich nicht die Umsetzung eines im Vorfeld festgelegten Programmes, sondern ein behutsames Herantasten an den Forschungsgegenstand. Die diesem Forschungsverfahren zugrunde liegende Maxime der Offenheit spiegelt sich auch in der grundsätzlichen Anlage des Untersuchungsvorhabens wider. Hierbei handelt es sich allerdings nicht um eine völlig naive Aneignung von empirischen Daten, sondern um die ständige Bereitschaft, die eigenen Arbeitshypothesen und Orientierungsmuster immer wieder neu in Frage zu stellen.

Für die vorliegende qualitative Untersuchung gilt daher der Grundsatz, daß nicht „vorfabrizierte Bilder anstelle von Wissen aus erster Hand eingesetzt" werden, sondern ausgehend vom Offenheitspostulat ein Prozeß der schrittweisen Annäherung stattfindet, bei dem sogenannte „sensitizing concepts" also theoretische Konzepte, die einen prozessualen Charakter besitzen und im explorativen Forschungsprozeß ihre besondere Sensibilität gegenüber dem Forschungsgegenstand bewahren, zur Anwendung gelangen. Ausgehend von der Grundannahme, daß zwischen den Wissenssystemen von Forschern und Beforschten zunächst einmal eine prinzipielle Diskrepanz besteht, ergibt sich eine die unterschiedlichen Wirklichkeitsdimensionen berücksichtigende Strukturierung des Forschungsgegenstandes erst im Forschungsprozeß selbst (vgl. HOFFMAN-RIEM 1980, 343 ff.). Entsprechend erscheint es mehr als konsequent das Subjekt bewußt dort aufzusuchen, wo es sich tatsächlich auffinden läßt: „in seinen alltagsweltlichen Bezügen und seinen lebensweltlichen Handlungs(spiel-)räumen" (FERCHHOFF 1986, 260f.).

---

[46] Um eine theoretische Neuorientierung der Jugendsoziologie zu ermöglichen, forderte ROSENMAYR bereits 1971 methodische Innovationen: „Die Problematik der Freiheitsräume und der Spontaneität der beobachteten und befragten Individuen und Gruppen sind im Forschungsprozeß zu erweitern. Die Entwicklung des Sozialverhältnisses etwa im Interview, also im Forschungsprozeß selbst, muß in Zukunft in viel stärkerem Maße zusätzlich Gegenstand der Forschung werden (ROSENMAYR 1971, 229f.).

Als geeignete Untersuchungsmethode zur Erhebung qualitativen Datenmaterials wurde das sogenannte „problemzentrierte Interview" gewählt; eine Interviewform, die zuerst von WITZEL 1982 als qualitative Interviewvariante in der Soziologie bei einem Projekt zur Erfassung vorberuflicher Sozialisationsprozesse von Jugendlichen vorgestellt wurde. Das Kriterium „problemzentriert" beinhaltet, daß es dem Forscher darum gehen muß, den Problembereich im vorliegenden Fall der „sportlichen Jugendarbeit" so zu skizzieren, daß der Beforschte ihn nachvollziehen und im Gespräch ausführen kann. Dieses Zielvorhaben gelingt eher, wenn der Forscher selbst Erfahrungen aus der jugendvereinssportlichen Lebenswelt und der damit verbundenen Handlungspraxis mitbringt.

Das Gespräch sollte dabei so offengehalten werden, daß bei den beforschten Übungsleitern und Jugendlichen ein Prozeß der Selbstreflexion einsetzt, in dem gemeinsam mit dem Forscher eigene Erfahrungen und Handlungsorientierungen aufgearbeitet werden. Gerade darin liegt dann auch die forschungsstrategische Intention und mögliche Leistung des „problemzentrierten Interviews", wenn durch ein von beiden Seiten offen geführtes Gespräch sowohl die Lebens- und Handlungsbedingungen als auch Meinungen, Einstellungen und Bewußtseinsstrukturen darüber erfaßt werden. Forscher und Befragter müssen in dieser Kommunikationssituation „eine Balance finden zwischen dem menschlichen Interesse und dem persönlichen Respekt, die bei solcher Thematisierung notwendig sind, und der sachlichen Erfüllung der Aufgabe des Interviews, Daten zu erheben bzw. zu produzieren" dienen (FUCHS 1984, 252). Die grundsätzliche Offenheit des Gesprächs spiegelt sich auch in der Vorläufigkeit des Interviewleitfadens wider. Der Interviewleitfaden, der auf einem gut ausgebildeten Vorverständnis des zu Verstehenden und zu Erkundenden basiert, dient als problemzentriertes Forschungsinstrument zur flexibel handhabbaren Vorstrukturierung und Intensivierung der Gedankenführung.

Der Leitfaden enthält keine geschlossenen Fragen, sondern grobe Fragerichtungen, die im wesentlichen darauf abzielen, „eine Gesprächsstruktur zu finden, die es ermöglicht, die tatsächlichen Probleme der Individuen im Rahmen eines gesellschaftlichen Problemfeldes zu eruieren" (WITZEL 1982, 67). Der Forscher muß demzufolge sowohl in der Lage sein, durch immanente Nachfragen die situative Ausdifferenzierung der Sichtweise des Befragten zu fördern, als auch Entscheidungen darüber zu treffen, wie durch exmanente Fragen das problemorientierte Interesse des Interviewten weiter zu verbalisieren ist (vgl. WITZEL 1982).

Das problemzentrierte Forschungsverfahren stellt hohe Anforderungen an die Fähigkeiten des Interviewers, und Probleme und Schwierigkeiten ergeben sich oft dadurch, daß:
— die Gesprächsposition von Interviewer (Kontrolle der Situation) und Befragtem (Verfügung über das Datenmaterial) divergent sind (vgl. BAACKE 1978, 4),

— es dem Interviewer nicht gelingt, seine Rolle als Forscher (Berufsrolle) zu substituieren,
— nicht die von Alter und Bildungsgrad des Interviewten abhängige, adäquate sprachliche Ebene getroffen wird.

In bezug auf die Beurteilung angemessener Kriterien wissenschaftlicher Güte bleiben im Augenblick allerdings noch viele Fragen unbeantwortet. So betont bspw. TREUMANN in diesem Zusammenhang nachdrücklich, daß für die stärker auf Feinanalysen von Prozessen ausgerichtete Forschung „die traditionellen Kriterien wie Repräsentativität, Validität und Reliabilität, die sich auf quantitative Methoden der Datenerhebung beziehen und auf Häufigkeitsverteilungen basieren, nicht oder zumindest nur modifizierbar verwendbar" sind (TREUMANN, 1986, 194; vgl auch. FUCHS 1988, 186 ff.).

Legt man dennoch zunächst einmal die Gütekriterien quantitativer Forschungsmethoden zugrunde, so bleibt festzuhalten, daß die Reliabilität problemzentrierter Interviews im Vergleich zu standardisierten Verfahren relativ gering, ihre Validität aber besonders hoch ist. Nicht ganz unproblematisch erscheint auch die Frage nach der Repräsentativität, die im streng quantitativen Sinne, da es sich um Fallstudien handelt, nicht gegeben sein kann. FUCHS (1988, 187) betont in diesem Zusammenhang die besondere Forschungslogik qualitativer Studien: „Repräsentative Ergebnisse im Sinne von Verteilungsaussagen über eine Grundgesamtheit können nicht Ergebnis einer „qualitativen Studie" sein, die nicht auf das Gesetz der großen Zahl setzt; wozu auch, wo sie doch in der Lage ist (viel besser als repräsentative Studien), das Feld von Lebensentwürfen, Deutungsmustern, Interaktionskonstellationen usw. als sozialkulturelles Repertoire herauszuarbeiten — wenn auch ohne sicheren Anhalt dafür, wie oft die einzelnen Varianten dieses Repertoires vorkommen".

SANDER/VOLLBRECHT 1985 argumentieren mit der gewonnenen Abstraktion, der „strukturalen Synchronizität" einer im Prinzip nie abgeschlossenen KETTE von Fallinterpretationen. Unter der Voraussetzung intensiver Analysen der ersten Fälle gelingen die weiteren Fallanalysen immer aussagekräftiger und zeitsparender. Von dem Punkt an, wo weitere Fälle lediglich der Validierung der bisherigen Ergebnisse dienen, erübrigen sich weitere Interpretationen (vgl. SANDER/VOLLBRECHT 1985, 14).

Die Daten werden mit Hilfe qualitativer Inhaltsanalysen ausgewertet. Die Methode der Inhaltsanalyse wird definiert als eine „empirische Methode zur systematischen und intersubjektiv nachvollziehbaren Beschreibung inhaltlicher und formaler Merkmale von Mitteilungen" (FRÜH 1981, 23). Der Begriff „empirische Methode" bezeichnet die Modalität des Zugangs zur Realität. Als empirisch gilt das Vorgehen, „wenn das Erkenntnisobjekt ein wahrnehmbares bzw. intersubjektiv identifizierbares Korrelat in der Realität besitzt" (FRÜH 1981, 23). Die Forderung nach „Systematik" richtet sich zum einen auf eine klar strukturierte Vorgehensweise beim Umsetzen der Forschungsaufgaben in eine konkrete

Forschungsstrategie und zum anderen auf eine konsequente, durchgängige invariante Anwendung dieser Forschungsstrategie auf das Untersuchungsmaterial. Die „Offenlegung des Verfahrens", als drittes in der Definition enthaltenes Postulat, ist ein zentrales Qualitätskriterium jeder Inhaltsanalyse und besagt, daß die Ergebnisse intersubjektiv nachvollziehbar und damit auch kommunizierbar sein müssen.

Die Inhaltsanalyse beschreibt Merkmale von Mitteilungen unter ganz bestimmten Perspektiven. Die Art der ausgewählten Merkmale und Blickwinkel ist im Forschungsplan und der Kategoriendefinition festgelegt. MAYRING sieht die besondere Stärke dieser Form der qualitativen Analyse im Gegensatz zu anderen Interpretationsverfahren darin begründet, „daß sie streng methodisch kontrolliert das Material schrittweise analysiert" (MAYRING 1990, 86).

Der Sinn jeder Inhaltsanalyse besteht letztlich darin, unter einer bestimmten forschungsleitenden Perspektive Komplexität zu reduzieren. Textmengen werden hinsichtlich theoretisch interessierender Merkmale klassifizierend beschrieben. Dabei gehen notwendigerweise Informationen verloren:
— durch die Ausblendung von Mitteilungsmerkmalen, die die untersuchten Texte zwar besitzen, für die vorliegende Forschungsfrage aber nicht von Interesse sind,
— durch die Klassifikation der analysierten Mitteilungsmerkmale. Nach angegebenen Kriterien werden je einige von ihnen als untereinander ähnlich beurteilt und einer bestimmten Merkmalsklasse bzw. Kategorie zugeordnet.

Diese reduzierte Perspektive läßt dann allerdings größere Zusammenhänge erkennen und stellt Vergleiche auf eine systematische Ebene.

Als Hauptkritikpunkt an der Methode der Inhaltsanalyse wird oft der Vorwurf der Atomisierung von Texten gebraucht. Die Inhaltsanalyse gehe — so die Kritik — zu selektiv vor und berücksichtige vollkommen unzureichend den Ganzheitscharakter von Mitteilungen. „Das Ganze ist mehr als die Summe seiner Teile", so lautet ein bekannter Satz, der die Kritik prägnant formuliert.

Dem ist entgegenzuhalten, daß die Codierer wie jeder andere Textinterpret auch, zunächst die Textbedeutungen rekonstruieren bzw. den Inhalt der Mitteilungen verstehen müssen, bevor die einzelnen Bedeutungsinhalte identifiziert und verschlüsselt werden. Insofern geht die gesamte Textinformation in die Analyse mit ein, auch wenn sie zum Teil lediglich der Bedeutungsbestimmung analysierter Textmerkmale dient (vgl. FRÜH 1981, 38 ff.).

Als Technik für eine derartige qualitative Analyse des gewonnenen Datenmaterials bietet sich für die vorliegende Untersuchung das Verfahren der sog. Strukturierung an. Dabei kommt eine Mischform aus inhaltlicher und typisierender Strukturierung zur Anwendung (vgl. MAYRING 1983, 75–92). Die Strukturierung stellt dabei die entscheidende inhaltsanalytische Technik dar, die auf eine Grundform des Interpretierens zurückgeht. Ziel der inhaltlichen Strukturierung ist es, bestimmte im Interview angesprochene Bereiche zu Themen zusammenzufassen. Um solche Inhalte aus dem sprachlichen Material herausfiltern zu können, müssen Kategorien bzw. thematische Felder entwickelt werden, die eine Zuordnung der Äußerungen ermöglichen. Der Entwicklung eines adäquaten Kategoriensystems kommt dabei eine zentrale Bedeutung bei. Jede „Inhaltsanalyse steht und fällt mit ihren Kategorien. Da die Kategorien die Substanz der Untersuchung enthalten, kann eine Inhaltsanalyse nicht besser sein als ihre Kategorien" (BERELSON, 1971, 147).

In Hinblick auf Aufbau und Struktur des Kategoriensystems formulieren HOLSTI (1969, 95) sowie ATTESLANDER (1984, 74) folgende Grundsätze:
1. Das Kategorienschema soll theoretisch abgeleitet sein", d. h. es soll mit den Zielen des Forschungsansatzes korrespondieren.
2. Das Kategorienschema soll vollständig sein", d. h. es soll die Erfassung aller nur möglicher Inhalte gestatten.
3. „Die Kategorien sollen wechselseitig exklusiv sein", d. h. die einzelnen Kategorien müssen sich gegenseitig ausschließen.
4. „Die Kategorien sollen von einander unabhängig sein", d. h. die Zuordnung eines spezifischen Textelementes darf nicht die Einordnung eines anderen Texteiles bestimmen.
5. „Die Kategorien sollen einem einheitlichen Klassifikationsprinzip genügen", d. h. es muß ein hohes Maß an analytischer Trennschärfe vorliegen, damit alle Kategorien auch auf einer Klassifikationebene angesiedelt sind.
6. „Die Kategorien sollen eindeutig definiert sein", d. h. beim Prozeß der Codierung muß eine eindeutige Zuordnung der Textelemente möglich sein, um schließlich auch eine generelle Vergleichbarkeit der gewonnen Daten zu gewährleisten.

Durch diese spezifische Form der Vercodung des ausgesuchten Textmaterials werden die im Rahmen der vorliegenden Arbeit erhobenen Daten in eine systematische Form gebracht, in der sie interpretierbar und vergleichbar sind. Die Umbenennung des Verfahrens zur typisierenden Strukturierung liegt darin begründet, daß besonders markante Stellen erfaßt und genauer beschrieben werden. Die so gefundenen „Prototypen" von Beispielen können entweder extreme Ausprägungen oder sehr häufig vorkommende Inhalte aus den Interviews sein; beide stehen jeweils in Abhängigkeit zu den theoretischen Interessen der nun folgenden Untersuchung.

6.3 Entwicklung des Untersuchungsdesigns

Das konkrete Vorgehen der in verschiedenen Handballvereinen Ostwestfalens durchgeführten Untersuchung stellt sich wie folgt dar:

Fünf Jugendübungsleitern, ausgewählt nach Kriterien wie Alter, Praxiserfahrung, Bildungsgrad, Größe und Struktur ihres Vereins, wurde in sogenannten problemzentrierten Interviews die Möglichkeit gegeben, ihren Alltag, ihre

Erfahrungen, Handlungs- und Deutungsmuster sportlicher Vereinsjugendarbeit darzustellen. Die Übungsleiter, die dem Verfasser entweder persönlich bekannt waren oder durch die Vermittlung Dritter bekannt gemacht wurden, zeigten sich erstaunlich motiviert, „endlich einmal" über die „Wirklichkeit sportlicher Vereinsjugendarbeit" ausführlich berichten zu können.

Ähnlich verhielt es sich auch mit den fünf Jugendlichen, die nach Kriterien wie Alter, Geschlecht, Schichtzugehörigkeit, Bildungsgrad, Praxisdauer, Größe und Struktur ihres Vereins ausgewählt, mit demselben Forschungsverfahren — lediglich mit einem bedingt durch den Perspektivwechsel modifizierten Interviewleitfaden — zu ihrem vereinssportlichen Engagement befragt wurden. Die Jugendlichen waren, nicht zuletzt durch das über einen längeren Zeitraum ihnen gewährte Erwachseneninteresse, beim Forschungsvorgang selbst hoch motiviert.

Insgesamt wurden zehn Interviews geführt, von denen im Rahmen dieser Arbeit sechs als Fallstudien dargestellt und ausgewertet werden. Bei allen durchgeführten Interviews entwickelte sich recht schnell eine kooperative Gesprächssituation, die von den Interviewten — das ergaben informelle Nachfragen am Ende des Interviews — keineswegs als belastend empfunden wurde, sondern ihnen selbst auch neue interessante Gesichtspunkte gebracht hat.

Der mittlerweile in diesem Forschungsfeld als selbstverständlich angesehene behutsame Prozeß des „Sich-Näherns" an die fremden Denk- und Handlungsweisen der „Datenlieferanten" wurde allerdings durch eine nicht unerhebliche Sprachbarriere bei den jüngeren Jugendlichen erschwert. Vor Beginn der Datenerhebungsphase war die Länge der Interviews aufgrund des knapp gehaltenen Interviewleitfadens auf ca. 50 Minuten kalkuliert worden. Dieser Zeitraum wurde bei fast allen Interviews überschritten; die meisten Übungsleiterinterviews dauerten 90 Minuten und länger. Die Interviews mit den Jugendlichen schwankten zwischen 50-70 Minuten. Alle Interviews sind auf Cassetten festgehalten worden und damit als Archivmaterial jederzeit zugänglich. Zur Datenerhebungsmethode bleibt anzumerken, daß das Ziel der durchgeführten problemzentrierten Interviews darin bestand, in die von Zahlen und Tabellen bestimmte Wirklichkeit sportlicher Vereinsjugendarbeit tiefer vorzudringen, um eine möglichst lückenlose Reproduktion der Ereignisverstrickungen und biographisch sedimentierten Erfahrungs-, Deutungs- bzw. Einstellungsmuster der untersuchten Übungsleiter als zentralen Trägern und der Jugendlichen als zentralem Gegenstand sportlicher Jugendarbeit zu generieren.

Unter der Präsupposition, daß generell nicht von einer Täuschungsabsicht des Beforschten auszugehen ist, wäre es allerdings naiv anzunehmen, daß der Forschungsvorgang zu einer lückenlosen, problemzentrierten Biographiedarstellung führen könnte; denn sicherlich wurden problematische, schmerzhafte und stigmatisierende Erlebnisse und Erfahrungen nur andeutungsweise oder überhaupt nicht geschildert. Des weiteren muß davon ausgegangen werden, daß der Interviewte sich relativ schnell ein Bild davon gemacht hat, was der Interviewer von ihm erfahren wollte und so zwischen Wichtigkeiten und vermeintlichen Unwichtigkeiten selbständig differenziert hat.

Dem Prozeß der Datengewinnung folgte die Datenaufbereitung. Dazu mußten Transkriptionen sämtlicher Interviews angefertigt werden, bei denen alle sprachlichen Äußerungen des Interviewers und Interviewten niedergeschrieben wurden. Die Transkriptionen sind wortgetreu in literarischer Umschrift angefertigt und zusammen mit den „Interviewleitfäden" im Materialienband dokumentiert. Hinsichtlich der Transkriptionsregeln (vgl. KALLMEYER/SCHÜTZE 1977, 263) wurden einige Konventionen eingeführt, die ein Höchstmaß an Verständlichkeit und Lesbarkeit auch für Außenstehende gewährleisten.

Die der Datenaufbereitung folgende Dateninterpretation versucht in zwei Schritten Profile der interviewten Übungsleiter und Jugendlichen zu zeigen:
— Eine *Kategorialanalyse* versucht in direkter Weise, wesentliche Aussagen der Transkriptionen auf ähnlichem Abstraktionsgrad, allerdings sprachlich geglättet und von Redundanzen befreit, besondere Belegstellen zitierend, kategorial, d. h. bestimmten thematischen Feldern zugeordnet, darzustellen.
— Eine allgemeine Deutung bemüht sich, in Form einer *kategorialen Abstraktion*, die Ergebnisse der Kategorialanalyse auf ein abstraktes Niveau zu transportieren und damit vergleichbar zu machen.

Um diese Form der Interpretation zu ermöglichen, mußten thematische Felder (Kategorien) bestimmt werden, die sich aus der Verbindung von theoretischen Vorüberlegungen und praktischer Materialeinsicht ergeben. Im folgenden Kapitel werden die Kategoriensysteme „Übungsleiter" und „Jugendliche" inhaltlich entwickelt.

6.4 Bestimmung der Kategoriensysteme

6.4.1 *Übungsleiter*

1. Der Übungsleiter und sein Weg dorthin

Frühere Untersuchungen (vgl. SACK 1984) haben gezeigt, daß Übungsleiter nicht nach einer wie auch immer abgeschlossenen Ausbildung ihr Amt übernehmen, sondern daß es sich hierbei vor dem Hintergrund sozialmoralischer Bindungen eher um einen Akt des allmählichen Hineinwachsens handelt. Der individuellen Sportbiographie kommt dabei eine zentrale Bedeutung zu, die erste Hinweise darauf gibt, welche Motive und Intentionen zum meist ehrenamtlichen Engagement im Bereich der sportlichen Jugendarbeit führen. Im Gegensatz zum wissenschaftlich qualifizierten sowie breit und vielseitig ausgebildeten Sportlehrer ist der Trainer oder Übungsleiter in der Regel „nur" Spezialist für eine Sportart. Während es für den Sportlehrer zur Profession gehört

Sport zu lehren, handelt es sich bei den vielen tausend Trainern und Übungsleiter um Amateure, die aus dem — in einem langjährigen Engagement erworbenen — meisterlichen Umgang mit einer Sportart ihre „naive" Sportpädagogik entfalten. Übungsleiter verbinden mit der Übernahme einer derartigen Tätigkeit in der Regel aber auch bestimmte Erwartungen. Der Reiz der Übungsleiterfunktion liegt wesentlich darin, individuelle Vorstellungen realisieren zu können. Vorstellungen, die oft von Idealen oder Vorbildern maßgeblich geprägt sind und sich mit zunehmender Praxis relativieren und zu neuen Handlungsorientierungen führen. In diese Kategorie fallen Aussagen, die Auskunft darüber geben, wie sich für die Beforschten der Zugang zur Übernahme dieser Tätigkeit darstellt, welche Bedeutung sozialmoralische Milieu- und Vereinsbindungen haben und wie sich die Karriere zum Übungsleiter bzw. als Übungsleiter selbst entwickelt hat. Darüber hinaus versucht sie in Erfahrung zu bringen, wie Übungsleiter sich und ihre Tätigkeit sehen, woran sie sich orientieren, wie sich spezifische Handlungsorientierungen im Laufe ihrer Tätigkeit verändern, wie sich insgesamt ihr eigenes Bild von ihrer Tätigkeit darstellt.

2. Der Übungsleiter und sein pädagogisches Selbstverständnis
Übungsleiter entwickeln im Laufe ihrer Tätigkeit bestimmte Vorstellungen von ihrer eigenen Rolle. Sie definieren Handlungskompetenzen, Handlungsstrategien und Handlungsziele. Ihr „pädagogisches" Selbstverständnis ist in der Regel durch ein hohes Maß an Identifikation mit den traditionellen Vereinszielen gekennzeichnet. Indirekte Leistungsgratifikationen durch die sportlichen Erfolge der von ihnen betreuten Jugendlichen besitzen einen hohen motivationalen Stellenwert. Stärken und Schwächen werden in kritischer Selbstreflexion sehr genau wahrgenommen und entsprechend funktionalisiert. Diese Kategorie versucht entsprechend offenzulegen, wie die beforschten Übungsleiter ihre eigene Rolle definieren, welches pädagogische Selbstverständnis damit verbunden ist und welche pädagogische Selbstbegrenzung in den eigenen Stärken und Schwächen begründet liegt.

3. Züge einer naiven pädagogischen Orientierung
Diese Kategorie schließt sich inhaltlich direkt an die vorherige an. Übungsleiter entwickeln im Laufe ihres Engagements auch eine bestimmte Sichtweise von den Jugendlichen, die sie betreuen. Sie beurteilen sie in ihrer Entwicklungen, schätzen Stärken und Schwächen, Interessen und Bedürfnisse ein, warnen vor spezifischen Gefährdungen, benennen die möglichen Hilfen und positiven Wirkungen des Sports für die Jugendlichen und beurteilen auch das Verhalten der Jugendlichen untereinander. Die spezifischen Vorstellungen der Übungsleiter von ihren Jugendlichen und ihr pädagogisches Alltagswissen bilden in der Regel die Grundlagen für naive pädagogische Orientierungen, die für das praktische Handeln von hoher Relevanz sind. In dieser in der Regel sehr intensiven

und engagierten Sphäre des Miteinander an der gemeinsamen Sache, vermittelt der Übungsleiter den Jugendlichen eine Sichtweise der Welt (längst nicht nur des Sports), die sehr stark von eigenen Erfahrungen und pädagogischen Grundsätzen durchsetzt ist. In diese Kategorie fallen daher Ankerbeispiele, die Aussagen darüber treffen, welche allgemeinen Vorstellungen die Übungsleiter von ihren Jugendlichen entwickeln, wie sie das freiwillige sportliche Engagement ihrer Jugendlichen begründen, wie sie das Verhalten der Jugendlichen untereinander einschätzen, welchen Stellenwert sie dem Leistungsprinzip beimessen, welche sozialen Interaktionsmuster ihr Handeln bestimmen und welche pädagogischen Idealvorstellungen von ihnen verfolgt werden.

4. Züge einer Alltagsdidaktik

Die Hauptaufgabe der Übungsleiter — zumindest in quantitativer Hinsicht — besteht darin, andere im Sport anzuleiten, ihnen sportartspezifische Kompetenz zu vermitteln (vgl. SACK 1984, 247—252). Die Fähigkeiten für diese Vermittlungstätigkeit haben sie nicht institutionell z. B. über eine Hochschulausbildung, sondern sukzessive im Laufe ihres sportlichen Engagements erworben. Die raschen Lernerfolge, die Kinder und Jugendliche nachweislich in den Vereinen machen, zeigen eindeutig, daß der Sportverein ein Ort ist, an dem kontinuierliche und äußerst effektive Lernprozesse stattfinden. Aufgrund langjähriger — in der Regel — wettkampfsportlicher Erfahrung und der frühen Spezialisierung auf eine Sportart führen Übungsleiter häufig ein wesentlich effektiveres Training durch als etwa die Sportlehrer in den Schulen (vgl. KURZ 1977, 132). Sportmotorische Spitzenleistungen gehen selten auf den Unterricht in den Schulen zurück, sondern sind Ergebnis der Lehr- und Lernarbeit in den Vereinen. Diese Einschätzung wird auch von einem Großteil der Jugendlichen selbst geteilt (vgl. VOLKAMER 1987). In diese Kategorien fallen Aussagen, die Auskunft darüber geben, wie Übungsleiter ihre alltägliche Trainingspraxis strukturieren, welche Schwerpunkte sie setzen und welche eigenen Aufgaben sie dabei als Lehrende wahrnehmen.

5. Einbindung in die Institution Sportverein

Das Handeln des Übungsleiters ist sehr stark an die Institution Verein gebunden. Oft identifizieren sich Übungsleiter sehr emotional mit „ihrem" Verein, den sie als integrativen Bestandteil ihres spezifischen sozial-moralischen Milieus ansehen. Anders als beispielsweise staatliche Institutionen (wie z. B. Schule), eröffnet der Verein andere Formen der Einbindung, die — zumindest auf den ersten Blick — viel offener und weniger formell geregelt sind. Viele Übungsleiter sind nicht nur durch weitere Funktionen in einen Verein eingebunden; sie betrachten ihre Tätigkeit oft auch aus der Perspektive des Vereins, in dem sie fungieren. In diese Kategorie fallen die Aussagen, die Hinweise auf Formen und Intensitäten dieser Einbindung geben, aktuelle Problembereiche in den Jugendabteilungen thematisieren sowie Auskunft darüber geben, welchen Stellenwert die sportliche Jugendarbeit im Gesamtverein einnimmt, welche Positionen Übungsleiter dabei beziehen und wie ihr Handeln und das der Jugendlichen durch die Form der Einbindung maßgeblich mitbeeinflußt wird.

6.4.2 Jugendliche

1. Der Weg in den Sportverein

Nach SACK gibt „es Wege und Pfade im Geflecht sozialen Lebens..., von denen einer (oder einige) zum Sportverein hinführen" (1984, 85—171). Hierbei handelt es sich um ein komplexes Geflecht von sozialen Determinanten, sozialmoralischer Milieubindung, persönlichen Interessenlagen sowie externen Anstößen (Empfehlungen von Eltern, Lehrern und Freunden), in das diese Kategorie vorzudringen versucht. Aussagen über die eigene Sportbiographie und Motive, die zum vereinssportlichen Engagement führten, sowie die Entwicklung spezifischer Sinnpräferenzen werden hier zusammengestellt und analysiert.

2. Bedeutung und Stellenwert des Vereinssports im Alltag

In einer Zeit, in der Jugend als Phase der Vorbereitung auf das spätere Erwachsenendasein immer stärker durchsetzt wird mit unterschiedlichen Formen eines Lebens aus eigener Verantwortung heraus (vgl. FUCHS 1983), müssen Jugendliche verstärkt neue Subwelten aufarbeiten und dabei nicht nur mehr oder minder Erfolg verheißende, ökonomisch relevante Qualifizierungserfahrungen sammeln, sondern auch noch einigermaßen unversehrt durch eine unorganisierte Zeit gelangen, die von kommerziellen Verlockungen, einer Optionsvielfalt im Konsumsektor und damit verbundener Nervosität gekennzeichnet ist. Insbesondere in die neuen Kunstorte der Vergnügungsindustrie wie z. B. Spielhallen, Videoläden, Discotheken sind viele Jugendliche — abgesehen von den nach wie vor attraktiven Sportvereinen — abgewandert und werden dort — nicht immer sichtbar — sanft kontrolliert. Der Sportverein scheint trotz eines traditionellen einseitigen Sportverständnisses den Jugendlichen innerhalb dieser unorganisierten Zeit einen gewissen Halt und ein kaum zu ersetzendes Betätigungs-, Entwicklungs- und Erprobungsfeld zu bieten, so daß sie trotz des absoluten Werte- und Benimmkataloges dieser Organisationsform in so großer Anzahl bereit sind, sich in ihrer Freizeit dort zu engagieren. Den Stellenwert, die Bedeutung und die besondere Attraktivität des Vereinssports im Ensemble möglicher anderer Freizeitaktivitäten gilt es, in dieser Kategorie erfahrbar zu machen.

3. Schulsport versus Vereinssport

Die jugendlichen Sportvereinsmitglieder partizipieren an zahlreichen anderen Situationen des Sports auch außerhalb des Sportvereins. Dem Schulsport kommt dabei eine besondere Bedeutung zu. Hier werden die Anlässe, die den Sport bildend und erziehend wirken lassen, unter der Leitung qualifizierter Lehrer herbeigeführt. Ein Großteil der Heranwachsenden sammelt sowohl Erfahrungen im Vereinssport als auch im Schulsport. Es erscheint daher naheliegend, aus der Sicht der Schüler den Schulsport mit dem Vereinssport, den Übungsleiter mit dem Sportlehrer zu vergleichen. Das Verhältnis von Vereins- und Schulsport, das immer mehr auch zum Gegenstand sportpädagogischer Forschung (vgl. BAUR 1982, Gerike 1984, GARSKE 1985, VOLKAMER 1987) wird, scheint derzeit von inhaltlichen Unsicherheiten, Konkurrenzverhältnissen und geringer Kooperationsbereitschaft gekennzeichnet zu sein. Obwohl, wie frühere Untersuchungen (vgl. BAUR 1982) zeigen, ca. 94% aller Sportstudenten selber einmal im Sportverein engagiert waren und nicht zuletzt vereinssportliche Erfahrungen und dort erworbene sportmotorische Kompetenzen maßgeblich ihre Berufswahl beeinflußt haben, scheint mit der Übernahme der Lehrerrolle bei 50% der Sportlehrer die langfristige Festigung der eigenen Fachkompetenz und die damit verbundene Absicherung spezifischer Autoritätsstrukturen in den Vordergrund zu treten (vgl. VOLKAMER 1987). Dieser Zustand ist umso bedauerlicher, da insbesondere das „lebenslange Sporttreiben" — als zentrales Ziel des Schulsports — in der Bundesrepublik Deutschland immer noch trotz kommerzieller Sportanbieter in vielen Sportarten an die über 65000 Sportvereine gebunden ist. Durch die Gegenüberstellung von Schulsport und Vereinssport soll an dieser Stelle den Jugendlichen selbst die Gelegenheit gegeben werden, ihre Sichtweise der spezifischen Konturen beider Organisationsformen in einer vergleichenden Beurteilung zum Ausdruck zu bringen.

4. Der Übungsleiter als Bezugsperson

Im Bereich der sportlichen Jugendarbeit spielt der Übungsleiter eine zentrale Rolle. Er entscheidet in hohem Maße über Aufbau, Inhalte und Ziele sportlicher Jugendarbeit. Er führt Jugendliche an eine bestimmte Sportart heran, lehrt fortgeschrittene komplexere Fertigkeiten und vermittelt den Jugendlichen damit eine „bestimmte Existenzweise des Sports" (SACK 1984, 19). Gleichzeitig prägt und gestaltet er das sportbezogene Miteinander, ist Erzieher und stellt für die Jugendlichen eine wichtige Bezugsperson dar, deren faktische Funktion weitgehend unerforscht ist. In diese Kategorie fallen daher alle Beispiele, die Aussagen über die Bedeutung des Übungsleiters in der spezifischen Wahrnehmung der Jugendlichen machen.

5. Inhalte sportlicher Jugendarbeit

Die Inhalte sportlicher Jugendarbeit können sehr vielseitig sein. Das Spektrum möglicher Aktivitäten reicht von Training und Wettkampf. über informelle Anschlußaktivitäten (wie z. B. Mannschaftsfahrten bis hin zu überfachlichen Themen und Inhalten (wie z. B. Töpfern oder politische Gruppendiskussionen). Um etwas darüber in Erfahrung zu bringen, welche Inhalte — jenseits historischer Legitimationszwänge und sozialpädagogischer Innovationskonzepte des konzeptionellen Überbaus (Sportjugenden) den vereinssportlichen Alltag der Jugendlichen vor Ort ausmachen, wurde diese Kategorie eingeführt. Aussagen über die „Essentials" der sportlichen Jugendarbeit, die Bedeutung informeller Anschlußaktivitäten und den tatsächlichen Stellenwert überfachlicher Themen und Inhalte werden in dieser Kategorie zusammengestellt und analysiert.

6. Vereinssportliches Engagement und Bedeutung der Gleichaltrigengruppe

Der Gleichaltrigengruppe kommt eine zentrale Funktion bei der Bewältigung zentraler Entwicklungsaufgaben zu. Sie verbindet partikularistische Werte mit Anforderungen und Verhaltensstandards der ausdifferenzierten Leistungsgesellschaft und bereitet auf diese Weise den Übergang in die Erwachsenengesellschaft allmählich vor. Der Sport, insbesondere der Vereinssport nimmt „als Anlaß und Inhalt der Gemeinsamkeit" (KURZ 1979, 126) dabei einen hohen Stellenwert ein und bestimmt maßgeblich den Rahmen, in dem die Gleichaltrigen agieren. Diese Kategorie wird eingeführt, um einen ersten Einblick in die komplexen Vorgänge, die sich innerhalb der Gleichaltrigengruppe um den Aktivitätskern des Vereinssports vollziehen, gewinnen zu können. Dem möglichen Zusammenhang von sportlicher Leistungsfähigkeit, Gruppenstatus und Selbstkonzept sowie den spezifischen Verarbeitungsleistungen innerhalb der Sportgruppe gilt in dieser Kategorie das Erkenntnisinteresse.

7. Einbindung in die Institution Verein

Jugendarbeit stellt nur eine von zahlreichen Funktionen dar, die der Sportverein wahrnimmt. Traditionell dient sie primär der Nachwuchssicherung für die Wettkampfmannschaften und die Vereinsfunktionäre von morgen. Unter dieser Voraussetzung ergeben sich bestimmte institutionelle Zwänge, in denen jede Form sportlicher Jugendarbeit steht. In diese Kategorie fallen daher Beispiele, die Aussagen darüber machen, wie sich aus der Perspektive der Jugendlichen selbst eine derartige institutionelle Einbindung darstellt, welche Identifikations- und Bindungsgrade sie gegenüber dem Verein erkennen lassen, welche Bedeutung sie sich selber beimessen, wie sie die tatsächlichen Funktionen und Intentionen des Vereins beurteilen und welche Bereiche sie für verbesserungswürdig halten.

7 Auswertung und Interpretation der Ergebnisse

7.1 Kategorialanalyse: Übungsleiter

7.1.1 Interview mit Werner: Übungsleiter, 35 Jahre alt, Industriekaufmann, ehemaliger Nationalspieler, aktiver Schiedsrichter, keine weiteren Funktionen im Verein

1. Der Übungsleiter und sein Weg dorthin

1.1 Karriere als Sportler

Werner spielt seit seinem achten Lebensjahr Handball. Seine vor einigen Jahren beendete leistungssportliche Karriere ist von großen sportlichen Erfolgen gekrönt. 1977 wird Werner mit einem Handball-Bundesligisten deutscher Pokalsieger. 1978 gewinnt er mit der deutschen Handball-Nationalmannschaft die Weltmeisterschaft. Seine sportlichen Stationen sind.

W.:„*Angefangen bin ich in S... (Oberliga) und dann eigentlich durch Vlado Stenzel damals nach D... gekommen und habe da seit 1975 gespielt − sechs Jahre lang*" (6-8).

1.2 Karriere zum Übungsleiter

Unmittelbar nach dem Ende seiner aktiven sportlichen Laufbahn übernimmt Werner eine Tätigkeit als Übungsleiter im Jugendbereich.

W.:„*Denn wenn man viermal die Woche trainiert, das ist also schon kein Spaß mehr, da meine Knochen auch nicht mehr so mitmachten − zwischendurch hatte ich einen Achillessehnenriß − und da habe ich gesagt, der große Leistungssport ist vorbei, jetzt konzentriere ich mich ein bißchen mehr auf die Trainertätigkeit, also auf den Jugendbereich*" (10–14).

Abgesehen von einem Jahr Unterbrechung trainierte er seitdem zunächst die C-Jugend, anschließend die B-Jugend eines 2. Bundesligisten. Um die Umstellung vom aktiven Leistungssport auf die reine Trainertätigkeit nicht allzu hart werden zu lassen, übernimmt Werner zusätzlich auch noch eine Tätigkeit als Spielertrainer in einer Kreisliga-Senioren-Mannschaft.

W.:„*So zwischendurch, wenn sie mich mal wieder brauchten, habe ich auch gespielt, aber im großen und ganzen, Vorrang hatte auf jeden Fall die B-Jugend*" (24−25).

1.3 Das „neue" Tätigkeitsfeld Jugendarbeit

Werner sucht sich bewußt den Jugendbereich als neues Betätigungsfeld aus, weil er, wie er selbst und andere im Verein meinen, ganz gut mit Jugendlichen umzugehen versteht.

W.: "Och, ich meine, ich kann ganz gut mit den Jugendlichen umgehen. Die B-Jugendlichen, das sind die 14–16jährigen. Die kann man also „nicht" an die Kandarre nehmen, aber wenn man halt sagt, ... dann halten sie sich dran. Bei den kleineren in der D-Jugend und C-Jugend das ist dann so ein Theater, da muß man unheimlich viel Geduld haben. Mit der B-Jugend, das macht schon Spaß und da kann man natürlich mit arbeiten... und auch Erfolg haben" (36–45).

1.4 Sozialmoralische Milieubindung und Vereinsengagement

Nach dem Ende seiner Karriere als Leistungssportler muß Werner nicht erst von zahlreichen Vereinsfunktionären zu seiner „neuen" Tätigkeit überredet werden, sondern bietet sich aufgrund der engen Bindung an seinen Verein von sich aus an.

W.: "Ich habe also gesagt, hier hört mal, ich möchte ganz gern mal noch etwas für den Verein machen... und dann hat man gesagt, du kannst auch hier die C-Jugend übernehmen und dann habe ich ein Jahr die C-Jugend gemacht und bin dann mit denen aufgestiegen" (51–56).

1.5 Individuelle Motive

Neben der intensiven Bindung an seinen Verein spielen allerdings auch individuelle Überlegungen eine Rolle.

W.: "Ich habe mir immer schon gedacht, wenn du irgendwann einmal aufhörst, Handball zu spielen, ... mußt du einfach noch etwas nebenbei machen... Ich muß ja auch noch etwas für meinen Körper tun, ich bin ziemlich groß und habe immer Gewichtsprobleme gehabt seit eh und jeh und würde ich gar nichts mehr machen, würde ich aufgehen wie ein Hefekuchen... und bei den Jugendlichen mache ich eben, soweit es geht auch mit, ... obwohl die Jungens mir bald weglaufen (141–152).

1.6 Bedeutung und Stellenwert formaler Qualifikationen

An formalen Trainerlizenzen besitzt Werner lediglich den normalen F-Schein. Insgesamt hält er das Qualifikationssystem des Deutschen Handbundes eher für eine formelle Angelegenheit.

W.: "Ja, wenn man den A-Schein hat... für andere mag es vielleicht etwas bringen, ich meine aber, die von Anfang an, nicht so beim Handball mitgemacht haben..., ich muß auch sagen, was da so gemacht wurde, an Techniken, war mir eigentlich weitgehend bekannt, das hat mir also nicht allzu viel gebracht" (133–137).

1.7 Zeitbudget und Honorierung

Obwohl Werner die B-Jugend eines Handball-Bundesligisten betreut, ist die Honorierung seiner Tätigkeit vergleichsweise bescheiden.

W.:"Das kann ich also ruhig sagen, Kosten von hundertfünfzig Mark bekomme ich pro Monat erstattet. Vom Geld her ist das völlig uninteressant. Das ist eine kleine Anerkennung gut, daß ich vieleicht die Spritkosten rauskriege, aber mehr ist es halt nicht" (172—178).

Auf andere lukrativere Tätigkeiten hat Werner bewußt verzichtet, da das nur wieder voll auf Kosten der Familie gegangen wäre.

W.:"Ich habe einen kleinen Sohn, und der füllt mich also jetzt auch voll aus neben der B-Jugend" (193—194).

2. Der Übungsleiter und sein pädagogisches Selbstverständnis

2.1 Definition der eigenen Rolle

Obwohl Werner sich als herausragender Handballer auf nationaler Ebene durchaus einen Namen gemacht hat, versteht er sich nicht als unbedingtes Vorbild der Jugend.

W.:"So sehe ich mich eigentlich nicht. Wenn ich da in der Halle stehe vor den Jugendlichen, sehe ich mich mehr als Werner, da spielt der Name keine Rolle mehr, was ich bin oder was ich war; für mich ist dann nur wichtig..., daß die mich akzeptieren, so wie ich eben bin, und daß sie mit meinem Training zufrieden sind. Das ist auch meine Aufgabe und das versuche ich von Woche zu Woche einzulösen und das ist machmal ganz schön schwer (658—664).

Werner sieht seine Hauptaufgabe sehr rigoros darin, den Jugendlichen zunächst einmal das Handballspielen zu vermitteln.

W.:Also bis B-Jugend, wer es bis dahin nicht geschafft hat, richtig Handball zu spielen, da sollte man besser den Eltern sagen, sie sollen Tennis spielen oder sonstiges. Das bringt's dann einfach nicht mehr" (91—94).

Zwischen Training und Spiel gibt es zahllose Situationen, in denen Werner nicht nur als Handballexperte gefragt ist, sondern auch als Bezugsperson für die Jugendlichen von großer Bedeutung ist.

W.:"Da wird eigentlich wenig über Handball gesprochen, da geht es meist über Schule und über Freundinnen...„ (391—392).

Werner hat genaue Vorstellungen hinsichtlich seiner Bedeutung für die Jugendlichen.

W.:"Ich sehe mich da also eher als distanzierter Beobachter, also als Beichtvater mit Sicherheit nicht. Wenn die also irgendwo Probleme haben, in der Schule oder so, dann kommen sie mit Sicherheit nicht zu mir. Meine Tätigkeit bezieht sich also rein auf den sportlichen Sektor und nicht auf die private Sphäre" (398—401).

Das bedeutet allerdings nicht, daß Werner grundsätzlich desinteressiert ist.

W.:"Wenn jemand Probleme haben sollte, und er würde zu mir kommen, dann hätte ich mit Sicherheit ein offenes Ohr, aber solange niemand kommt, möchte ich dieses Gespräch nicht unbedingt führen" (442—445).

2.2 Selbstverständnis und motivationale Aspekte

Werner hat den Anspruch, das Optimale zu erreichen.

W.: „Ja ich meine, Anerkennung braucht jeder, wenn ich dann im Verein höre, zweiter Platz Bezirksliga — Herzlichen Glückwunsch — wenn das dann auch auf der Jahreshauptversammlung mal kommt, dann fühlt man sich doch am Bauch gekitzelt, sicher das hört man ganz gerne. Dann steht mal in der Zeitung: Die Jugend von Werner... hat den zweiten Platz errungen, so etwas freut einen schon. Dann hört man auch auf der Firma, aha du trainierst jetzt die B-Jugend, die verfolgen das doch dann auch schon, das ist dann auch schon ein bißchen Bestätigung" (667—675).

Werner, der mittlerweile mehrere Jahre als Jugendtrainer aktiv ist, kennt keine Motivationsprobleme:

W.: „Ich kann mich immer wieder voll in diese Sache hineinsteigern, also jedesmal, wir kriegen immer wieder neue Leute" (71—73).

Obwohl er als Industriekaufmann tagsüber wenig mit Jugendlichen zu tun hat, versteht er es auch ganz gut, sie immer wieder für ihren gemeinsamen Sport neu zu begeistern.

W.: „Ein bißchen verstehe ich ja nun von der ganzen Handballgeschichte und ich kann also Jugendliche schon zwei Stunden... beschäftigen, auch sinnvoll beschäftigen. Nicht, daß ich die erst eine halbe Stunde Fußball spielen lasse und dann noch in zwei Mannschaften gegeneinander antreten lasse, wie es ja bei einigen Vereinen üblich ist. Nein, bei uns werden auch schon einige Spielzüge gemacht, da lege ich also Wert darauf, und auch individuelles Training (Sprungwurf, Wackler)" (84—90).

2.3 „Stärken" und „Schwächen" in kritischer Selbstreflexion

Werner sieht seine Stärken und Schwächen selbstkritisch.

W.: „Es liegt mir also nicht gerade sie zu trietzen, bis zum geht nicht mehr. Ich kenne das selber von früher, da hieß es zack-zack, das machst du bist zum Umfallen... Vielleicht bin ich eine Spur zu weich. Meine Stärken, ich meine, daß ich die Jugendlichen ganz gut führen kann, das ist so meine Stärke" (294—301).

3. Züge einer „naiven" pädagogischen Orientierung

3.1 Die Jugendlichen in den Augen des Übungsleiters

Für Werner ist das Verhältnis zu den Jugendlichen in der Regel recht gut. Trotz der nicht unerheblichen Altersdifferenz kann von Generationskonflikten keine Rede sein.

W.: „Bei uns wird es eigentlich immer ganz locker gehandhabt. Ich kann mich eigentlich auch ganz gut in diese Jugendlichen reindenken. So ganz lange ist es ja auch noch nicht her, wo ich sechzehn war. Also, ich weiß schon, was da in manchen Köpfen so rumschwirrt" (316—319).

3.2 Stellenwert des Leistungsprinzips

Für alle Jugendlichen sollte es eine wichtige Erfahrung sein, zu erkennen, daß Handball ein Mannschaftsport ist und der Erfolg auf allen Schultern lastet.

W.:„Ich halte nicht viel davon, wenn ich jetzt nur einen habe, der da zehn Tore macht, und die anderen, die gucken dann in die Röhre. Für mich ist es wichtig, daß Spielzüge laufen ... und jeder auch einmal zum Schuß kommt ...; ansonsten sollen sie, wenn sie also Einzelkämpfer sind, Individualsportarten betreiben (541—546).

Werner bekennt sich gleichzeitig bedingungslos zum Leistungsprinzip, das einfach grundlegend zum Sport dazugehört. Entsprechend hat er eine feste Stammformation, die zunächst einmal jedes Spiel beginnt.

W.:„Das sind halt meine sechs stärksten Spieler" (450).

Werner beurteilt seine Spieler ausschließlich nach dem Leistungsprinzip. In Freundschaftsspielen läßt er dann auch schon mal schwächere Spieler zum Einsatz kommen.

W.:„Aber in Meisterschaftsspielen, da läßt sich das nicht machen. Da kommt es wirklich auf die Tagesform an und die sechs Leute, die einen guten Tag haben, spielen halt auch länger" (466—468).

Gegenüber den schwächeren Spielern vertritt er ganz offensiv seine am Leistungsprinzip orientierten Grundsätze:

W.:„Das muß man ihnen auch ganz klar sagen, daß sehen die doch auch, die sind ja nicht blind. In der alten B-Jugend bleiben jetzt welche, die im letzten Jahr wenig gespielt haben. Warum? Weil sie es körperlich noch nicht gebracht haben. Die Zeit kommt ... für sie, dann sind sie froh und glücklich, wenn sie in der B1 spielen können" (559—563).

Eine übertriebene Pädagogisierung der Jugendarbeit ist für einen Verein, wie D., der insbesondere auf gute Nachwuchsspieler aus den eigenen Reihen angewiesen ist, undenkbar. Bei der Verteilung der Jugendlichen auf die einzelnen Mannschaften kann auf freundschaftliche Bindungen keine Rücksicht genommen werden.

W.:„Es zählt nur die Leistung. Ich wüßte keinen anderen Weg, also wenn man die Leistung in den Vordergrund stellt, dann muß man so verfahren, sonst hat man keine Chance" (557—581).

3.3 Einsatz pädagogischer Mittel

Mit Lob und Tadel geht Werner sehr behutsam um.

W.:„Ich greife, das habe ich mir zur Gewohnheit gemacht, keinen direkt an ... Ich vermeide, wo es eben geht, keinen persönlich anzusprechen. Ich meine, daß ich da auch ganz gut mit fahre" (474—479).

Fair-play und Ruhe auf der Bank sind für Werner wichtige Verhaltensmaxime.

W.:„Ich bin dadurch bedingt, daß ich selber viel Handball gespielt habe, recht impulsiv; aber als oberstes Gebot habe ich mir vorgenommen, niemals den

> Schiedsrichter zu kritisieren und zweitens niemals einen Spieler zum Foulspiel zu motivieren. Das halte ich aus meiner Sicht für unmöglich..., denn der Handballsport ist schon allein brutal genug, da muß man das nicht im Jugendbereich noch schüren" (483—490).

Mit Lob geht Werner bei geeigneten Situationen durchaus großzügig um.

> W.: „Oberstes Gebot ist auch wieder erst das Positive zu sehen. Dann sage ich ... das hast du gut gemacht und dann, wie schon gesagt, wenn es ums Tadeln geht, aber auch zu sagen, aber Leute deckungsmäßig, das war heute nichts" (511—517).

Nach dem Spiel bedankt sich Werner immer mit einem bestimmten Ritual bei seinen Schützlingen.

> W.: „Jeder kriegt dann einmal einen Handschlag und ich sage klasse gespielt, gut gemacht. Das glaube ich, gibt den Jungen wieder Kraft, ... das ist dann so meine Art, wenn sie dann nachher noch so in der Kabine sitzen bei einem Schluck Sprudel, gehe ich rum und schüttel jedem die Hand und sage, na gut gespielt" (524—529).

3.4 Verhaltenskodex und soziale Spielregeln

Um ein gewisses Maß an Disziplin zu wahren, gibt es allerdings auch einen ungeschriebenen Verhaltenskodex, der für alle verbindlich ist.

> W.: „Nein, das ist also ... bei uns eine klare Sache, sollte ich einen beim Training oder vor dem Training erwischen mit Zigarette oder daß irgendwie Alkohol getrunken wurde, der ist ohne Ansehen der Person — das ist auch mit dem Verein so abgesprochen mit unserem Jugendwart — weg vom Fenster, der fliegt raus" (330—333).

In der Regel gibt es allerdings in diesem Bereich wenig Probleme. Ein Großteil der Jugendlichen akzeptiert diese Spielregeln und zeigt sich in Hinblick auf die jüngeren Spieler durchaus verantwortungsbewußt.

> W.: „Was mir da gerade dazu einfällt. Es sind jetzt vier oder fünf (aus der B-Jugend) rausgekommen in die A-Jugend ... und die wollten sich auf unserer Mannschaftsfeier ... ein Bier bestellen, da sagte der Mannschaftsführer ..., ob es nicht sinnvoller wäre in Anbetracht der Tatsache, daß die anderen noch nichts trinken dürften, auch auf das Bier zu verzichten. Dann haben die dann auch spontan gesagt, na gut dann trinken wir eben auch Cola" (339—344).

3.5 Sportpädagogische Idealvorstellungen

Werner hat konkrete Vorstellungen vom „idealen" Übungsleiter.

> W.: „Er sollte genau wissen, wie weit er mit den Mannschaften gehen kann. Also nicht bis auf Biegen und Brechen das Letzte rausholen, den Jugendlichen sollte das Training Spaß machen. Es sollte abwechslungsreich sein; man sollte die Spiele nicht unterschätzen; denn gerade auch die 14 bis 16jährigen spielen wirklich noch ganz gerne, sei es nun Basketball oder auch mal Volleyball so zwischendurch" (613—618).

3.6 Trainer-Vorbilder

Werner hat sich bei seiner bisherigen Trainertätigkeit besonders an einem großen Trainer orientiert.

W.: „Da kann ich also nur Vlado Stenzel nennen. Er hat ... zwei Jahre in Schalksmühle trainiert und ich habe einige A-Länderspiele gehabt, bin auch in Montreal bei den olympischen Spielen dabei gewesen; also von daher weiß ich schon, was Training, was konzentriertes Arbeiten heißt und vor allen Dingen Disziplin. Denn da ließ Herr Stenzel nichts durchgehen. Das ist also mein Vorbild gewesen. Da habe ich viel von ihm übernommen, also von seinem Training bilde ich mir jedenfalls ein, sowohl was Technik und Taktik als auch Menschenführung angeht" (102–109).

3.7 Spieler-Vorbilder

Auch einzelne Spieler hatten für ihn vorübergehend eine Vorbildfunktion.

W.: „Mein Vorbild war, wo ich noch ganz klein war, eigentlich Hansi Schmidt. Aber seitdem ich gegen ihn gespielt habe, hat sich das ein bißchen gelegt; denn ich habe gesehen, vom Spiel her, hat er zwar einiges drauf, aber vom Menschlichen her, hat er mich doch sehr enttäuscht" (107–114).

4. Züge einer Alltagsdidaktik

4.1 Sportfachliche Orientierungen

Werner greift bei der Planung und Durchführung der Jugendarbeit weniger auf Fachliteratur zurück, sondern eher auf seinen eigenen reichhaltigen Erfahrungsschatz.

W.: „Also ich habe soviel in meiner Laufbahn kennengelernt, daß also ein Büchergut – also ich meine man sollte zwar immer dazu lernen, aber das, was ich in Sachen Handball beherrsche, das ist doch schon recht viel, da kann ich schon eine Mannschaft mit ausfüllen" (221–224).

4.2 Konzeptionelle Vorüberlegungen

Zu Beginn seiner neuen Tätigkeit hat sich Werner ganz besonders sorgfältig vorbereitet.

W.: „Da hat man sich vorher schon alles richtig aufgeschrieben ... zehn Minuten Aufwärmen, zehn Minuten individuelles Training und so weiter. Also heute mache ich mir auch vorher noch Gedanken, nur schreibe ich sie mir nicht mehr auf, das ist schon zur Routine geworden" (64–68).

Auf das Training selbst bereitet sich Werner mittlerweile einen Tag vorher oder während der Mittagspause in der Firma vor.

W.: „Man sollte sich vorher wirklich überlegen, was man macht. Nicht, daß man dahin kommt, heute machen wir äh, ich weiß nicht so recht; das muß also schon überlegt sein. Dann erwarte ich allerdings auch, daß die Jugend ... voll mitzieht ..., daß die halt voll bei der Sache sind und das sind sie mit Sicherheit" (274—280).

4.3 Inhaltliche Realisierung

Das Training läuft bei Werner nach einem bestimmten Muster ab.

W.:„Na ja, wir werden uns erst ein bißchen unterhalten und dann noch ein kleines Spielchen machen, so zum Warmmachen, Lockerungsübungen und dann werden wir ein bißchen Tempogegenstöße machen ...; zwischendurch noch etwas anderes, Kondition ein bißchen, vielleicht nicht allzu stark und zum Abschluß werde ich dann noch zwei Mannschaften gegeneinander spielen lassen..." (247—252).

4.4 Methodisches Grundschema

Methodische Grundüberlegungen sind bei Werner nur in groben Zügen zu erkennen.

W.:„Ich lege also Wert... auch auf individuelles Training, daß sie auch mal einen „auswackeln" können... und einige Spielzüge... werden bei uns also auch gemacht" (89—90).

5. Einbindung in die Institution Sportverein

5.1 Aktuelle Problembereiche

Die zurückgehenden Mitgliederzahlen im Jugendbereich und die Gewinnung von ehrenamtlichen Übungsleitern stellen für Werner sehr große Probleme dar. Er selber hält es durchaus für möglich, daß er schon in naher Zukunft seine Tätigkeit als Übungsleiter aufgeben wird.

W.:„Ja, es kommt ein bißchen auf die Zeit an; ich wohne jetzt zur Zeit noch recht günstig... hundert Meter Luftlinie... bis zur Halle. Allerdings... bauen wir jetzt und das ist dann immerhin schon fünfzehn Kilometer weit weg; das sind dann, also — wir haben zweimal die Woche Training — sechzig Kilometer, die ich dann immer fahren müßte; und vom Finanziellen her, ist bei unserem Verein so gut wie nichts drin, um nicht zu sagen gar nichts" (160—166).

5.2 Identifikation mit den Vereinszielen

Werner identifiziert sich voll mit der leistungssportlichen Orientierung seines Vereins. Seine Tätigkeit ordnet er in den entsprechenden Kontext ein.

W.:„Also als Ziel verfolge ich..., daß ich die Spieler, die ich zwei Jahre habe, sagen wir optimal auf höhere Aufgaben — und unter „höhere" Aufgabe verstehe ich nicht, daß sie in der Bundesliga spielen müssen, vielleicht auch... in der Regionalliga... oder Bezirksliga; und da sehe ich einen wichtigen Schritt in der B-Jugend, daß da intensiv gearbeitet wird... und darin sehe ich hier in meinem Verein meine Aufgabe" (644—653).

5.3 Zum Stellenwert der Jugendarbeit

Werner, der mit dem organisatorischen Stellenwert der Jugendarbeit in seinem Verein zufrieden ist, bemängelt besonders die vollkommen unzureichende Zuschauerresonanz. Die Jugendlichen hätten eigentlich viel mehr Aufmerksamkeit verdient.

W.:"Für die Jugendlichen ist das dann auch deprimierend, wenn erst groß in der Zeitung steht, heute hat GWD wieder ein schweres Spiel, und wenn man dann in die Halle kommt und dann zum Spielbeginn sind zehn Menschen da, und davon noch acht Eltern, das ist dann doch sehr deprimierend" (596—600).

Für Werner ist dieses Desinteresse zunächst einmal ein Indiz dafür, daß die Handball-Hochburg M-L in Sachen Handball übersättigt ist.

W.:"In den anderen Hallen... ist das ganz anders. Da sagen die Jungens schon immer, schaut was hier los ist. Da sind dann also hundert Leute gar nichts" (601—605).

5.4 Kooperationsformen in den Jugendabteilungen

Regelmäßige Koordinierungsgespräche zwischen den Trainern der einzelnen Jugendmannschaften finden zweimal im Jahr statt. Hier werden größere Planungsabschnitte sowohl im sportlichen als auch im pädagogisch-disziplinarischen Bereich aufeinander abgestimmt. Die Zusammenarbeit der einzelnen Vereinstrainer untereinander hält Werner für durchaus verbesserungswürdig.

W.:"Ich hielt es auch für sinnvoll, daß also einmal im Monat — aber wahrscheinlich reicht die Zeit dafür nicht — die Trainer der Jugendmannschaft zusammengeholt würden und man sich dann halt mal mit denen so unterhält, was da so Sache ist" (371—374).

5.5 Bindung von Jugendlichen an den Verein

Obwohl Werner darum bemüht ist, alle Jugendliche gleich zu behandeln, kommt es schon mal vor, daß Leistungsträger mehr Aufmerksamkeit erfahren.

W.:"Ja, man ist manchmal in Versuchung, einige vorzuziehen... Ich denke dabei zum Beispiel an einen Westfalenauswahlspieler..., der also ein excellenter Handballspieler ist und der mit Sicherheit auch eine große Zukunft vor sich hat. Bei dem läßt man dann schon mal — so im Unterbewußtsein —... auch mal was durchgehen, wo man bei anderen schon so ein bißchen strenger ist" (416—422).

Um diese wertvollen jungen Spieler längerfristig an den Verein zu binden, baut Werner allerdings kein besonderes Vertrauensverhältnis auf.

W.:"In unserem Fall bringt die Bindung an den Verein allein schon der Name. Der genügt schon um den Spieler zu binden" (433—434).

7.1.2 Interview mit Ulf: 34 Jahre alt, seit mehr als 10 Jahren im Jugendbereich tätig, ehemaliger Landesliga-Torwart

1. Der Übungsleiter und sein Weg dorthin

1.1 Karriere als Sportler

Ulf beginnt mit neun Jahren Handball zu spielen.

U.: *„Ich hatte damals neben mir einen wohnen, der hat... mich mitgenommen zum Training. Da war ich also neun, ja und das war gerade passend zur Winterzeit, also auch schlecht mit dem Fußball, und so bin ich dann eben zum Handball gekommen" (11—15).*

Aus reinem Zufall wird Ulf Torwart.

U.: *„Das war komisch, da waren wir auf einem Turnier und da hatten wir keinen Torwart und da hat einfach der Trainer gesagt, komm, einer geht ins Tor und damit fertig und dabei ist es dann geblieben" (15—18).*

1.2 Karriere zum Übungsleiter

Nachdem Ulf die C- und B-Jugend problemlos durchläuft, gibt es in der A-Jugend Schwierigkeiten mit einem neuen Trainer, der sich zwar bemüht, aber den Anforderungen nicht gewachsen ist.

U.: *„Als dann kurz vor Ende der Serie feststand, daß er nicht mehr weitermachen würde..., hat man mich gefragt, weil ich Mannschaftskapitän war und... auch in diesem Jahr... in die Senioren wechselte, ob ich nicht Lust hätte, irgendwie eine Betreuerfunktion zu übernehmen" (25—29).*

1.3 Das „neue" Tätigkeitsfeld Jugendarbeit

Da Ulf noch zwei jüngere Brüder hat, die beide in der B-Jugend spielen, übernimmt er schließlich die ihm anvertraute Aufgabe.

U.: *„Im Sommer habe ich mir dann ein paar Sachen durchgelesen und so ist das dann angefangen. Ich bin dann mit achtzehn Jahren aus der Jugend raus und habe dann bei den Jugendlichen, mit denen ich noch im vergangenen Jahr zusammengespielt hatte, als Jugendtrainer angefangen" (31—35).*

Ulf macht schnell Karriere als Übungsleiter.

U.: *„Nach zwei Jahren klappte das dann wohl so gut, weil das mir dann auch so viel Spaß gemacht hat, daß ich dann auch noch die B-Jugend übernommen habe..., ja so ist das dann gekommen, daß ich die A-und B-Jugend gemacht habe, bis ich siebenundzwanzig war" (35—41).*

Nach einer schweren Sportverletzung, die das „Aus" für seine aktive sportliche Karriere bedeutete, hat sich sein Engagement als Übungsleiter noch einmal deutlich gesteigert.

U.: *„Es ist erst soviel geworden, seitdem ich nicht mehr spiele, weil mir das einen unheimlichen Frust gegeben hat, als ich nicht mehr spielen konnte, als ich aus* *der Narkose aufgewacht bin und der Arzt gesagt hat: "Feierabend"; und seitdem ist es eigentlich in Bezug auf die Betreuertätigkeit deutlich mehr geworden" (161—165).*

1.4 Sozialmoralische Milieubindung und Vereinsengagement

Für Ulf ist es aufgrund seiner eigenen Biographie eine Selbstverständlichkeit, die Jugendlichen in seinem Verein zu betreuen und ein freundschaftliches Verhältnis aufzubauen.

U.: „Kontakt, muß ich also sagen, habe ich sehr viel mit ihnen, was ich im Jugendbereich auch sehr wichtig finde. Ich habe jahrelang A-Jugend trainiert und habe auch in der Freizeit öfters was mit ihnen gemacht. Daß kam vielleicht auch deswegen, weil zum Teil meine Brüder dort spielten und die Kumpels bei uns in der Ecke wohnten. Der entscheidende Punkt war damals, daß ich mich bereit erklärt habe, daß ich die Jugendarbeit im Verein noch mache, weil meine Brüder, da noch spielten . . ., sonst hätte ich damit aufgehört, weil mir das einfach zu viel ist" (507—511).

1.5 Individuelle Motive

Ulf hat sich nach seinen Anfangserfolgen das Ziel gesetzt, im Rahmen seiner Möglichkeiten eine Karriere als Trainer anzustreben.

U.: „Im Seniorenbereich, in der Bezirksliga versuche ich jetzt auch mir einen Namen zu machen mit meiner Arbeit, weil ich gerne mal höher trainieren möchte. In der Jugendarbeit stelle ich allerdings nicht einen ganz so hohen Anspruch an mich, da ist im Prinzip keine Belastung da . . ., aber im Seniorenbereich habe ich das schon gemerkt . . ., da habe ich dann schon einmal den ein oder anderen nicht auflaufen lassen, der also zwei Wochen nicht beim Training war, und da machen dann die Zuschauer nicht mit und sagen, „hör mal Trainer, du hast heute das Spiel verloren" (817—828).

1.6 Bedeutung und Stellenwert formaler Qualifikationen

Ulf besitzt zahlreiche Trainerlizenzen.

U.: „Also die ersten zwei Jahre bis zwanzig habe ich die Jugend so betreut; dann habe ich einen Übungsleiterlehrgang mitgemacht und dabei als Bester abgeschnitten. Daraufhin habe ich vom Kreis das Angebot bekommen Kreisauswahl zu trainieren. Ich habe das ein Jahr gemacht, und auf Grund dessen, weil wir auch ganz gute Erfolge hatten, durfte ich dann mit einundzwanzig B-Lizenz machen . . .; daneben habe ich noch an verschiedenen Trainerseminaren teilgenommen (108—117).

Ulf würde sehr gerne die A-Lizenz erwerben.

U.: „Ich traue mir das auch zu; aber das Problem ist, daß du mindestens ein Jahr eine Regionalliga-Mannschaft trainiert haben mußt, und die Stellen sind eben rar gesät, wenn du dann keinen Namen hast, dann kommst du da nicht dran (121—125).

1.7 Zeitbudget und Honorierung

Ulf opfert sehr viel Zeit für seinen Verein, die finanziell überhaupt nicht mehr aufzuwiegen ist.

U.: *"Wenn ich das alles vernünftig bezahlt kriegen würde, zum Beispiel in dem Stundenlohn den ich im Job kriege, ... da brauchte ich wahrscheinlich nicht mehr zu arbeiten" (150—153).*

Während der Spielserie versucht Ulf die zeitliche Belastung im Rahmen zu halten.

U.: *"Das heißt also zweimal in der Woche zwei Stunden Training und das wird dann so koordiniert, daß es dann an einem Tag ist. Gut, dann steht man dreieinhalb Stunden in der Halle, ja und dann am Wochenende" (153—155).*

In der Zeit der Serienvorbereitung nimmt die Belastung dann allerdings erheblich zu.

U.: *"Da ist es dann jeden Tag. Das ist dann also eine ganz schöne Belastung, Samstags und Sonntags; aber das ist für mich irgendwie ein Hobby; andere Leute ..., die gehen abends raus; aber das kannst du hinterher noch immer machen" (156—160).*

Ulf erhält eine bescheidene Aufwandsentschädigung.

U.: *"Es war also so, daß wir zunächst bei der Blau-Gelb Gütersloh gar nichts bekommen haben; es wurde auch kein Fahrtgeld bezahlt ... Ich glaube nach fünf oder sechs Jahren wurde erst durchgesetzt, daß wir fünfundsiebzig Mark an Unkostenbeiträge bekommen haben, also für zweimal in der Woche Training, für Spiel und Fahrtkosten. Das hat überhaupt angefangen, als ich begann zu studieren, weil ich gesagt habe — da ich in Osnabrück studiert habe — dann geht es eben nicht mehr, dann kann ich das Training nicht mehr machen. Und dann hat man sich eben bereit erklärt, die fünfundsiebzig Mark ... Sprit zu bezahlen. (168—176).*

Mittlerweile ist es so, daß Übungsleiter einen festen — wenn auch bescheidenen — Stundensatz bekommen und eine Kilometer-Pauschale.

U.: *"Ab und zu hat man auch nochmal eine Vergünstigung bekommen, daß zum Beispiel die Übungsleiter zum Ende des Jahres zum Essen eingeladen worden sind, ja oder kleine Feier stattgefunden hat und dann haben wir auch mal ein paar Socken überreicht bekommen oder ein Trikot ...; es sind dann auch öfters solche Sachen gewesen, daß ... wir mit der Jugend eine Freizeit gemacht haben, die habe ich dann organisiert, und mußte dann im Prinzip nichts dafür bezahlen, wenn die Jugendlichen eben 500 Mark für die drei Wochen bezahlt haben" (187—198).*

2. Der Übungsleiter und sein pädagogisches Selbstverständnis

2.1 Definition der eigenen Rolle

Obwohl viele Eltern es erwarten, kann und will Ulf keine Erziehungsfunktionen übernehmen.

U.: "Obwohl viele Eltern das verlangen — wir sind in Urlaub gefahren und dann kommen solche Sachen, wenn der raucht, dann klatsch eine dran — ja aber ich kann noch nicht in eineinhalb Stunden in der Woche Erziehungsfehler ausbügeln, die Eltern in ihrer gesamten Erziehungsarbeit nicht wegbekommen" (597—601).

2.2 Selbstverständnis und motivationale Aspekte

Bedingt durch Negativerfahrungen in seiner eigenen Jugendzeit geht es Ulf besonders darum, auch das spielerische und ästhetische Moment im Handballsport zu fördern und an die Jugendlichen entsprechend weiterzugeben.

U.: "Das wichtigste, das auch mir einen unheimlichen Frust bereitet hat, war, daß wir also im letzten A-Jugend Jahr ... praktisch nur Konditionsarbeit gemacht haben und ich mir im Handball also immer vorgestellt habe, daß man spielerisch mal was macht; das ist eben meine Auffassung vom Handball ... Ich gehe also mehr vom Spielerischen aus, weil das für mich ästhetisch ist irgendwie und das hat mich auch gereizt, so den Jungens das irgendwie beizubringen, allein um auch für mich ein Erfolgserlebnis zu haben" (130—139).

2.3 „Stärken" und „Schwächen" in kritischer Selbstreflexion

Mit seinen Stärken und Schwächen geht Ulf selbstbewußt um.

U.: "Bewährt hat sich meiner Meinung nach also, daß ich nicht zu autoritär war..., obwohl mir schon viele während des Spiels gesagt haben, du hast einen Knall, aber ich weiß, wie das gemeint war, dafür sage ich auch manchmal etwas im Spiel in der Erregung... Ich habe allerdings oft das Problem gehabt, daß ich nicht richtig eingeschätzt habe, ob ich speziell bei Jugendspielern, ob ich die nicht überfordere, oder ob sie das wirklich schaffen können, was ich verlange. Man hat mir oft schon gesagt, eine B-Jugendmannschaft ist keine Seniorenmannschaft, man kann da so etwas nicht mit machen; obwohl ich da manchmal auch anderer Ansicht bin" (631—643).

3. Züge einer „naiven" pädagogischen Orientierung

3.1 Die Jugendlichen in den Augen des Übungsleiters

Ulf steht auch im privaten Bereich in einem sehr engen Kontakt zu seinen Jugendlichen, so daß er bestimmte Probleme oder Charakterzüge einzelner Spieler einzuschätzen vermag.

U.: "Ich glaube, daß ich bei der jetzigen B-Jugend... circa fünf Spieler sehr genau charakterisieren kann, weil ich die schon letztes Jahr gehabt habe... und auch weil dadurch, weil ein Bruder von mir dabei ist, und zwei oder drei Kumpels von ihm öfters bei mir zu Hause sind und ich mit ihnen auch schon zwei mal im Urlaub war über drei Wochen und ich habe sie also dort etwas näher kennengelernt und ich glaube, ich kann sie ganz gut einschätzen" (541—547).

3.2 Stellenwert des Leistungsprinzips

Leistung und Erfolg sind für Ulf von entscheidender Bedeutung.

U.: „Ja, also im Jugendbereich verfolge ich klar den Leistungsgedanken...; die Jungens, die neu zu uns kommen... lasse ich ruhig ein oder zweimal mittrainieren, aber dann eben sage ich klipp und klar, es wäre besser, du würdest in die B2 gehen, denn da kann man mehr auf dich eingehen, weil doch in der B1 bei mir der Leistungsgedanke mehr da ist" (776—782).

Ulf hält bei der Aufstellung der Mannschaft am Leistungsprinzip fest.

U.: „Es gibt Spiele, da spielen die sieben Besten durch. Ganz klar! Das hat es im letzten Jahr öfters gegeben und das mußte auch sein, weil ich genau wußte, wenn ich jetzt den oder den einwechsel, dann geht das auf der Position in die Hose" (789—792). „In diesem Jahr sind wir auch wieder mal Kreismeister geworden. Im Kreis Gütersloh zum ersten Mal nach fünf oder sechs Jahren. Sonst sind wir immer nur zweiter geworden und das war auch eine Bestätigung" (215—217).

3.3 Einsatz pädagogischer Mittel

Lob und Tadel setzt Ulf gezielt ein.

U.: „Kritisieren, ja natürlich, während des Trainings. Z. B. war ein schlechter Wurf oder aber auch gleichzeitig war ein guter Wurf auch wenn es kein Tor war; ab und zu auch trösten, wenn einer von den B-Jugendlichen einen Ball vor den Kopf bekommen hat, dann fängt der schon mal an zu weinen... Oder auch motivieren; ich finde das sehr schwierig und komplex. Ich sage zum Beispiel beim Training: Los Jungens, jetzt aber mal so ein bißchen Power. Samstag könnt ihr auch nicht so lahmarschig daherlaufen" (573—581).

3.4 Verhaltenskodex und soziale Spielregeln

Für Ulf ist ehernes Gesetz, daß unmittelbar vor Training oder Wettkampf nicht geraucht wird; was davor oder danach passiert, liegt außerhalb seiner „pädagogischen" Verantwortung.

U.: „Ich kann da nur sagen, in der Kabine wird nicht geraucht bei den B-Jugendlichen und da wird auch kein Alkohol getrunken. Wir trinken höchstens hinterher mal eine Fanta" (594—596). Ich sage schon mal, hör mal, heute warst du aber ein bißchen schlapp, du hast wahrscheinlich diese Woche wieder 20 Zigaretten geraucht. In diese Richtung arbeite ich. Oder wenn ich ganz junge Spieler mit einer Zigarette in der Hand erwische, habe ich auch schon gesagt, wenn ich einen erwische der unter 16 Jahren ist und der raucht, den schicke ich nach Hause, obwohl ich genau weiß, daß irgendwelche irgendwo heimlich geraucht haben; na gut, aber was soll ich machen, ich kann nicht überall sein" (606—614).

3.5 Sportpädagogische Idealvorstellungen

Für Ulf stellen zum einen die richtige Menschenführung und zum anderen das richtige sportliche „Feeling" entscheidende Bereiche dar.

U.: „Bewährt hat sich meiner Meinung nach, so die richtige kameradschaftliche Art, also nicht, daß ich zu autoritär wäre, weil ich das nicht gut finde. Ich glaube, das hat sich insgesamt bewährt, obwohl mir schon viele während des Spiels so gesagt haben, du hast einen Vogel, du hast einen Knall, aber ich weiß wie das gemeint war. Gleichzeitig habe ich auch oft das Problem gehabt, daß ich nicht richtig eingeschätzt habe, ob ich speziell bei Jugendspieler –, ob ich die nicht überfordere, oder ob sie das wirklich schaffen können, was ich verlange. Man hat mir oft schon gesagt eine B-Jugend ist keine Seniorenmannschaft, man kann da nicht so etwas mit machen, obwohl ich da manchmal anderer Ansicht bin; ich glaube, daß man sie genau so rannehmen kann wie eine Seniorenmannschaft; ... aber das wurde mir oft geworfen; aber ich war mir auch nie ganz im Klaren darüber, was die Spieler überhaupt denken, ob sie dazu überhaupt bereit sind" (630–649).

Ulf hat konkrete Vorstellungen von dem, was einen guten Übungsleiter auszeichnet.

U.: „Ein guter Übungsleiter muß besonders gute Menschenkenntnisse haben, ... wie schwierig das ist, habe ich selber in jungen Jahren erfahren, man muß manche Spieler in der Mannschaft voll zusammenscheißen und das macht denen überhaupt nichts und andere Spieler muß man viel vorsichtiger anfassen, weil die sofort eingeschnappt sind und das schlägt sich unmittelbar auf die Leistung nieder...; er muß auch mal ein bißchen kameradschaftlich sein... und natürlich auch Fachwissen haben; Autorität muß auch in einem bestimmten Rahmen vorhanden sein...; in manchen Situationen muß die Mannschaft eben wissen, er hat das Sagen, Feierabend (743–758).

3.6 Trainer-Vorbilder

Andere Trainer haben Ulf sowohl im positiven wie im negativen Sinne als Orientierung gedient.

U.: „Ich hatte eher Negativvorbilder und das war mein eigener Trainer, der zum Schluß die zwei Jahre A-Jugend gemacht hat. Ich war also davon besessen, nein, das ist vielleicht etwas zu hart formuliert; aber ich wollte es an sich besser machen... Ich wollte es an sich machen, wie sein Bruder, der noch heute eine Bezugsperson ist. Ich meine, daß er unheimlich viel Ahnung vom Handball hat, obwohl er überhaupt keinen einzigen Übungsleiterschein besitzt; aber er ist ein Mann, der irgendwie Auge hat und der mir zum Beispiel gesagt hat, wo ich zu einem Spieler gesagt habe, der in der Kabine saß und heulte..., das wird nie einer, und der sagte, der Junge, der kommt in zwei Jahren; und nach drei oder vier Jahren, da war er der Topmann in der Landesliga" (88–99).

3.7 Spieler-Vorbilder

Auch Handballspieler hatten für Ulf Vorbildfunktion.

U.: „Als Torwart fand ich Klaus Kater ziemlich gut; aber das war im Prinzip eine Sache, wo man sowieso nicht drankam, weil man wußte ja, der schwebt in einer anderen Region; aber ich fand ihn eben ziemlich gut. Ich bin auch oft nach Dortmund in die Westfalenhalle gefahren und habe mir ein Spiel angeschaut und ich habe dann auch versucht das nachzumachen" (82—86).

4. Züge einer Alltagsdidaktik

4.1 Sportfachliche Orientierungen

Ulf hat sich von Beginn seiner Tätigkeit an immer sehr sorgfältig auf die einzelnen Trainingseinheiten vorbereitet. Die Diskrepanz zwischen Theorie und Praxis bekam er allerdings recht früh zu spüren.

U.: „Ich weiß noch, daß ich unheimliche Schwierigkeiten hatte, das dann irgendwie an den Mann zu bringen; ich hatte mir Terminpläne gemacht und kam dann nachher total ins Schleudern, weil ich allein für eine Übung fünf Minuten brauchte, nur um sie zu erklären" (47—50).

Mittlerweile verfügt Ulf über einen reichhaltigen Erfahrungsschatz, der ihm die Arbeit erheblich erleichtert.

U.: „Da wächst man dann im Laufe der Jahre hinein. Man lernt dann auch auf Lehrgängen etwas dazu; aber auf jeden Fall die Unsicherheit beim Training, daß man sich selber total verhaspelt, das kommt überhaupt nicht mehr vor. Und wenn es vorkommt, dann glaube ich, habe ich soviel Autorität, daß keiner mehr aufmuckt" (72—76).

Ulf ist ständig darum bemüht, sich weiterzubilden.

U.: „Es sieht also so aus, daß ich die Zeitschrift Lehre und Praxis abonniert habe. Einige Sachen bestell ich mir eben auch und nehme dann auch ein paar Sachen raus und stelle das für mein Übungsprogramm zusammen. Ich bereite dann alles auf Zetteln vor und hefte es auch ab, so daß ich dann auch über den Rückblick eines Jahres genau weiß, was ich in welcher Trainingseinheit gemacht habe... und ob das also voll gepaßt hat" (286—294).

Ulf versucht Anregungen, die er beim Training oder Spiel von Spitzenmannschaften aufnehmen kann, in das eigene Trainingsprogramm aufzunehmen.

U.: „Manchmal übernehme ich auch einige Sachen. Ich weiß noch genau, vor einigen Jahren, da haben wir einmal ein Bundesligaspiel gesehen... Die machten da also eine sehr gute Aufwärmphase — auch schon diese Stretching-Übungen... was ich überhaupt noch nicht gesehen hatte, was auch noch nirgendswo in der L&P stand und das hat mir also unheimlich gut gefallen und daraufhin habe ich mich dann informiert, was das war, und habe es dann ein Jahr später in der Jugend eingeführt und dann auch im Seniorenbereich" (297—304).

4.2 Konzeptionelle Vorüberlegungen

Ulf hat seine Arbeit in den vergangenen Jahren erheblich professionalisiert.

U.: *„Es sieht also so aus, daß ich die gesamte Serie aufteile, also eine Periodisierung betreibe, wobei die Vorbereitung mit sämtlichen Übungseinheiten und sämtlichen Zahlen eben Intensität und Wiederholungen vorher feststeht und die Spieler auch das alles mitgeteilt bekommen, wann die Trainingseinheiten stattfinden"* (255–259).

4.3 Inhaltliche Realisierung

Bei der Trainingsplanung nimmt er wenig Rücksicht auf die Wünsche der Jugendlichen.

U.: *„Im Jugendbereich ziehe ich das Training so durch, wie ich mir das vorstelle. Mehr oder weniger sagen die Jugendlichen auch nicht, daß es ihnen nicht paßt; gut es wird vielleicht hin und wieder gemotzt, wenn man zum Beispiel sagt, los noch eine Sprungserie; aber das ist auch alles; weil zumindest in den Jahren immer auch der Erfolg da war; und ich glaube das sehen die Jugendlichen auch schon, wenn sie etwas machen und der Erfolg ist da (380–390). „Natürlich ist das wichtigste überhaupt, daß ein Trainer den Jugendlichen klar macht, wofür sie das machen"* (463–464).

4.4 Methodisches Grundschema

„Vormachen" und die Ausführung durch die Jugendlichen anschließend „kritisch" überprüfen, ist für Ulf ein entscheidender methodischer Grundsatz, der Trainingserfolge garantiert.

U.: *„In dem Bereich wie B-Jugend zweite Jahr oder A-Jugend erste Jahr, da mußt du einfach die Spieler formen. Ich glaube, die sind dann noch nicht selbst in der Lage dazu, das selber zu gestalten oder selber an sich zu arbeiten. Deutliches Beispiel dafür, sobald du dich umdrehst, wird gedamelt, und das ist überall so, das ist beim besten Mann so und das ist beim schlechtesten Mann so; aber wenn du die ganze Zeit dabeistehst, dann machen sie gut mit"* (365–371).

5. Einbindung in die Institution Sportverein

5.1 Aktuelle Problembereiche

Für Ulf ist ein entscheidendes Problem, daß abgesehen von einigen Spitzenvereinen, die Jugendarbeit immer noch relativ unattraktiv ist, und wirklich gute Trainer nur vorübergehend dort engagiert sind. Für den Einstieg in eine Trainer-Karriere ist die Jugendarbeit — so gesehen — durchaus geeignet, da der „Erfolgsdruck" vom Verein selbst noch nicht so ausgeprägt ist wie im Seniorenbereich.

U.: *„Mittlerweile sieht es so aus, daß ich die Jugendarbeit im Verein nur noch mache, weil meine Brüder dort noch spielen, ja deshalb mache ich das in der*

Jugend noch; sonst hätte ich damit aufgehört, weil mir das einfach zu viel ist. Im Seniorenbereich, in der Bezirksliga versuche ich jetzt eben mir einen Namen zu machen mit meiner Arbeit, weil ich gern mal höher trainieren möchte" (814–819).

5.2 Identifikation mit den Vereinszielen

Ulf, der sich mit seinem Verein weitgehend identifiziert, ist sich auch über die strukturellen Probleme eines vergleichsweise kleinen Vereins im klaren.

U.: *„Ja, ich meine, das ist ein kleiner Verein und ich war selber im Vorstand und ich wußte auch um die Finanzen genau Bescheid. Als Jugendwart war ich im Vorstand und wo nichts ist, kann man auch nichts holen"* (190–193).

5.3 Zum Stellenwert der Jugendarbeit

Neben dem Handballsport als Hauptinhalt der Jugendarbeit, wurden von Ulf auch weitere Aktivitäten für den gesamten Jugendbereich seines Vereins durchgeführt.

U.: *„Wir haben sechs Mal eine Ferienfreizeit über drei Wochen gemacht ... und ich hielt es für ziemlich wichtig, daß auch privat sich ein wenig um sie gekümmert wurde, weil ich glaube, daß das Freizeitangebot heute so groß ist, daß man den Jugendlichen heute etwas bieten muß. Wir haben auch mal eine Fete bei mir zuhause gemacht oder wir haben auch gegrillt ... Ich glaube auch, daß sich das positiv aufs Spiel auswirkt"* (512–521).

5.4 Kooperationsformen in den Jugendabteilungen

Die Zusammenarbeit der einzelnen Jugendmannschaften hat sich in den vergangenen Jahren deutlich verbessert.

U.: *„In Gütersloh besteht seit 2 Jahren so etwas wie eine kooperative Zusammenarbeit unter allen Jugendtrainern. Als wir, ich glaube 10 Jugendmannschaften hatten, haben wir uns also im Gründungsjahr zusammengesetzt und haben im Prinzip die Lehrkonzepte, die ich hatte ... ein bißchen ausgearbeitet und haben dann zwei Schulungswochenenden durchgeführt für alle Jugendtrainer, die ich geleitet habe mit einem anderen Trainer zusammen, wo wir das alles erklärt haben und ... haben dann hinterher Blätter und Skripte zusammengestellt und die dann verteilt und haben uns dann auf einer Sitzung hinterher geeinigt, welche Schwerpunkte man in welchen Jugendjahren setzen sollte"* (676–688).

5.5 Bindung von Jugendlichen an den Verein

Die Bindung von Jugendlichen an den Verein geht neben Maßnahmen der überfachlichen Jugendarbeit, wie Turnierfahrten, Ferienreisen, etc. „nur" über den eindeutigen Vertrauensbeweis, daß auch die sportlich weniger „wertvollen" Spieler voll dazu gehören.

U.: „*Ich will jedes Spiel gewinnen, das ist ganz klar*" *(784/785); aber ansonsten setze ich die Spieler, wo ich meine, daß sie nicht so stark sind, oft am Anfang ein und lasse mehr in Freundschaftsspielen spielen; und das ist für die Jungens ein ganz wichtiger Vertrauensbeweis*" *(793—797).*

Für die leistungsstarken Spieler stellt die Bindung an den Verein zunächst einmal kein Problem dar, weil diese Gruppe automatisch den Ehrgeiz verfolgt, in die erste oder zweite Mannschaft des Vereins vorzustoßen.

U.: „*Das ist ein wichtiger Punkt bei den guten A-Jugendlichen; dann klotzen die schon mal ran, wenn sie die Chance haben, in die Erste reinzukommen*" *(223—225).*

7.1.3 Interview mit Rudolf, Übungsleiter, 61 Jahre alt, ehemaliger Regionalliga-Spieler, seit mehr als 20 Jahren Übungsleiter

1. Der Übungsleiter und sein Weg dorthin

1.1 Karriere als Sportler

Rudolf beginnt im Alter von 14 Jahren, im Verein Handball zu spielen. Unmittelbar nach seiner Zeit als Jugendspieler wird er als talentierter Torwart in die erste Mannschaft berufen.

R.: „*Die — bis auf ein, zwei Auf- und Abstiege — ständig in der höchsten Spielklasse Westfalens spielt*" *(11—12).*

1.2 Karriere zum Übungsleiter

Rudolf bleibt trotz zahlreicher Abwerbungsversuche in der Folgezeit immer seinem alten Verein treu.

R.: „*Denn die familiären Bindungen sind so gut gewesen, daß diese das wieder aufgewogen haben und die vierzehn Jahre erste Mannschaft haben mich doch sehr an den Verein gebunden und ich hatte mir vorgenommen, sollte ich irgendwann etwas mehr Zeit haben, wollte ich's dann in irgendeiner Form dem Verein wieder zukommen lassen und dann habe ich gleich, nachdem ich die erste Mannschaft verlassen habe, mit der Jugendarbeit angefangen*" *(17—23).*

1.3 Das „neue" Tätigkeitsfeld Jugendarbeit

Rudolf wählt sich ganz bewußt den Jugendbereich aus, weil er nie großes Interesse daran gehabt hat, Erwachsene zu trainieren.

R.: „*Mir hat das also mit Kindern mehr Freude gemacht und ich muß sagen, die sind sehr anhänglich bis ins weite Alter hinein; die grüßen alle noch*" *(257—259).*

1.4 Sozialmoralische Milieubindung und Vereinsengagement

Rudolfs Verein, der weit über tausend Mitglieder zählt, von denen zwei Drittel Jugendliche sind, stellt in den Spitzenzeiten 9 Jugendmannschaften, für die er als Jugendwart und Vorstandsmitglied entsprechende Betreuer zu werben hat.

R.: „*Zwei, drei Mannschaften sind dann immer auf mir hängengeblieben; das ist aber nicht so tragisch gewesen, es hat mich zwar belastet, aber es ist nie zur Arbeit für mich ausgeartet*" *(38—41).*

Rudolf, der gemeinsam mit ehemaligen Mannschaftskollegen, wie er sagt, den Verein zusammenhält, sieht es als Selbstverständlichkeit an, daß sich jeder nach seinen Möglichkeiten für den Verein einsetzt und ihm auf diese Weise „treu" bleibt. Seine besondere Arbeitssituation — er hat relativ früh Feierabend — ermöglicht es ihm, nachmittags Jugendarbeit zu betreiben, mit der er es:

R.: „*dem Verein wieder zugute kommen lassen will, daß er mich also ganz gut von der Straße weggeholt hat*" *(52—53).*

1.5 Individuelle Motive

Während der ersten Jahre seiner Übungsleitertätigkeit versucht er, möglichst erfolgreich zu sein.

R.: „*Das habe ich die ersten zwei, drei Jahre gebraucht, da wollte ich . . . gewinnen, da wollte ich sagen, hier, ich habe es soweit gebracht. Totaler Quatsch, das nehme ich auch keinem Übel, wenn er anfängt, aber das muß nach zwei, drei Jahren vorbeisein*" *(507—510).*

In der Folgezeit gibt er dann bewußt die eingespielten, stärkeren Mannschaften an andere Vereinsmitglieder weiter, um sie zur erfolgreichen Mitarbeit zu motivieren.

R.: „*Denn du findest also leichter nachher einen, der glänzen will*" *(502—503).*

Rudolf behält immer die etwas schwächeren Mannschaften.

R.: „*Ich habe dabei immer eins gesagt, in irgendeiner Form bleiben sie dem Handball erhalten; die müssen nicht in Spenge sein, die können woanders sein, die machen dann auch vielleicht wieder Jugendarbeit; auf den Standpunkt hab ich mich gestellt. Ich hab mir nie Spitzenleute gesucht, obwohl dann bei dieser Menge dann auch immer Spitzenleute dabei waren. Da gibt es also nichts! Ich wüßte also nicht, daß wir in einem Jahr den Kreismeister nicht geholt haben in ununterbrochener Reihenfolge; wenn ich jetzt meine Zettel so nachgucke, so würde ich sagen, die Jahre waren sehr erfolgreich*" *(123—131).*

1.6 Bedeutung und Stellenwert formaler Qualifikationen

Obwohl Rudolf generell Trainerlizenzen und anderen Zusatzqualifikationen Bedeutung beimißt, hat er aufgrund seines fortgeschrittenen Alters an Weiterbildungsmaßnahmen im Hallen-Handball nicht „mehr" teilgenommen. In den 50- und 60er Jahren hat er allerdings zahlreiche Lehrgänge für Feldhandball besucht.

R.: „*Ich bin auf vielen Lehrgängen gewesen. Ich hatte zu der Zeit Klein und Geilenberg, die sind jetzt, glaube ich, beide schon gestorben. Sie haben auf westdeutscher Ebene und in Ostwestfalen das Training gemacht, und insofern bin* ich eigentlich immer ganz gut vorbereitet gewesen. Ich habe auch mal bei einem Handball-Lehrfilm mitgewirkt, der vom Westdeutschen-Handballbund gedreht wurde" (162—167).

1.7 Zeitbudget und Honorierung

Über einen Zeitraum von 20 Jahren opferte Rudolf weit mehr als zehn Stunden wöchentlich für seinen Verein.

R.: *"Es ist noch keine Arbeit gewesen... Ich bin also zehn Minuten zuhause gewesen und bin losgezogen; und das Wochenende war ja sowieso immer mit Spielen ausgefüllt; ich habe also in dieser Serie unsere erste Mannschaft erst viermal gesehen...; aber das ist ja nicht so schlimm, die brauchen uns nicht"* (289—297).

"Ich habe auch nie etwas bekommen; das kann ich so einfach aber nicht stehen lassen, weil ich für das Finanzamt immer dafür unterschrieben habe" (343—344).

2. Der Übungsleiter und sein pädagogisches Selbstverständnis

2.1 Definition der eigenen Rolle

Rudolf versucht für die Jugendlichen nicht nur ein kompetenter (Handball-)Trainer zu sein, sondern zugleich auch eine „Anlaufstelle", zu der sie, wenn sie Probleme haben, jederzeit kommen können.

R.: *"Auch wenn zu Hause „mal" der Haussegen schiefhängt"* (867—868).

Die Sorgen und Probleme werden dann nicht vor versammelter Mannschaft besprochen, sondern er nimmt sich für jeden, der Sorgen hat, entsprechend Zeit, damit alles in Ruhe geklärt werden kann.

2.2 Selbstverständnis und motivationale Aspekte

Rudolf spricht Probleme wie Drogen und Alkohol ganz bewußt an und versucht davor zu warnen. Die Kinder und Jugendlichen sollen auf diese Weise das Gefühl vermittelt bekommen:

R.: *"daß sie auch mit anderen Themen, nicht nur mit dem Handball zu mir kommen können"* (862—863).

Rudolf muß bisweilen auch auf die Eltern einwirken.

R.: *"Die haben vor allen Dingen in früheren Jahren den Sport immer als Druckmittel benutzt", gemäß dem Motto: „Schlechte Leistungen in der Schule, dann darfst du eben nicht zum Sport"* (431—433).

Gegen diesen erzieherischen Mißbrauch des Sports hat er sich hartnäckig gewehrt und einen überzeugenden Kampf geführt.

R.: *"Ja, ich bin dann hinmarschiert und habe mir den Vater gekrallt und habe ihm gesagt, dann müßt ihr die Freizeit Eures Sohnes anders organisieren, aber nicht in den Mannschaftssport eingreifen; dann laßt ihn Boxer werden, dann kann er alleine trainieren, dann kann er, weil er nicht gut trainiert ist, sich ein blaues Auge einfangen"* (436—440).

Mit dieser Argumentationsweise hat Rudolf bei vielen Eltern dann auch Erfolg gehabt und den oft unüberlegten Widerstand gebrochen und die Jugendlichen weiter beim Handballspiel „halten" können.

2.3 „Stärken" und „Schwächen" in kritischer Selbstreflexion

Rudolf hält sich nicht gerade für einen „Star-Trainer", sondern hat seine Stärken nach eigener Einschätzung eher im menschlichen Bereich. Er verschweigt aber auch nicht seine Schwächen, die er in ganz bestimmten Punkten hat.
R.: *„Ich kann zum Beispiel keine Jugendfahrt aufziehen mit Zelten oder so, da täte ich mich unheimlich schwer. Das könnte ich nicht. Ich kann das also nur spezifisch bezogen auf den Sport, ... da kann ich mir auch vorstellen, was in den Jungen vorgeht, aber wenn ich jetzt ein Zeltlager machen sollte, dann würde ich, glaube ich, total versagen" (539–546).*

3. Züge einer „naiven" pädagogischen Orientierung

3.1 Die Jugendlichen in den Augen des Übungsleiters

Für Rudolf ist der Vereinssport ein wirksames Mittel, das den Jugendlichen eine attraktive und sinnvolle Freizeitgestaltung ermöglicht.
R.: *„Dafür bietet sich so etwas ja an und Mannschaftssport ist auch immer noch ein bißchen für das Leben formend und man muß auch da noch lernen, die Ellenbogen zu gebrauchen" (1110–1112).*
Rudolf versucht die Jugendlichen beim Training durch Staffelwettkämpfe
R.: *„ein bißchen zu kitzeln" (395),*
um ihnen auch Erfolgserlebnisse zu ermöglichen. Dabei hat er festgestellt, daß die Jugendlichen sehr brutal untereinander sein können.
R.: *„Da braucht nur ein Schwacher bei sein, die geben dem den Ball nicht" (396–397).*
Bei solchen Gelegenheiten greift er dann lenkend ein und ist dabei ein wenig autoritär, wobei er dann immer das Gefühl hat,
R.: *„daß die Kinder das eigentlich wollen; die suchen etwas als Gegenpol zu der Schule, die vielleicht heute ein bißchen lockerer geführt wird, so empfinde ich das" (401–403).*
Nach Rudolfs Einschätzung sind die Jugendlichen früher auch längst nicht so abgelenkt worden wie heute.
R.: *„Was es heute alles an Gegenmitteln gibt. Viele haben einen Computer zu Hause. Wenn die Jugendlichen also kommen, dann haben sie ganz andere Gespräche als vor 15 Jahren. Vor 15 Jahren haben sie vom Fahrrad gesprochen. Und da muß man als Trainer mit den Ohren und wenn es geht mit den grauen Zellen noch mitkommen, um überhaupt noch in die Gespräche hineinzukommen" (408–413).*

3.2 Stellenwert des Leistungsprinzips

Um seine pädagogischen Grundwerte zu verwirklichen, läßt er nach einigen Jahren der Erprobung nicht nur die sieben Besten spielen, sondern er vertritt beständig den Standpunkt, die Kinder müßten auch lernen, die Schwächeren zu akzeptieren:

R.: „Wir müssen mit allen leben, die wir haben" (256—260)

und besetzt immer eine Position von vornherein mit einem Schwächeren; denn Kinder bzw. Jugendliche lernen seiner Meinung nach als Erwachsene noch früh genug,

R.: „draußen auf der Bank zu sitzen" (272).

Um diese Einsicht auch anderen Übungsleitern zu vermitteln, hat er vor zwei, drei Jahren beim Westdeutschen Handballverband durchgesetzt, daß das Torverhältnis als Entscheidungskriterium abgeschafft wird, denn Spitzenmannschaften hatten immer nur die Besten spielen lassen, um dreißig Tore zu werfen, und den anderen Mannschaften

R.: „Bälle um die Ohren gehauen" (281).

3.3 Einsatz pädagogischer Mittel

Mit Ermutigung und Kritik geht Rudolf sehr sensibel um.

R.: „Sicher ist es so, daß die Kritik nicht beleidigend sein darf, das muß man also von vorneherein wissen, und das ist mir also auch nie passiert; es gibt wohl beim Training Momente, wenn ich also merke, da ist einer, der ein bißchen Druck vertragen kann, dann versuche ich ihn ein bißchen anzumachen, aufzustacheln, damit er selbst auch wieder aus sich herausgeht" (705—710).

3.4 Verhaltenskodex und soziale Spielregeln

Trotz aller zeitbedingter Wandlungsprozesse bei den Jugendlichen selbst, ist Rudolf stets seinem obersten Grundsatz treu geblieben:

R.: „Schule geht vor, und ein guter Handballspieler ist auch ein guter Schüler, also absolut" (413—415).

Er erkundigt sich jedesmal vor Spielen nach den Ergebnissen der letzten Klassenarbeiten. Wenn einer dann eine schlechte Arbeit geschrieben hat, setzt sich derjenige

R.: „von vornherein in ein anderes Auto, ... damit er nichts erzählen kann oder braucht" (417—418).

Rudolfs oberste Maxime für das sportbezogene Miteinander lautet:

R.: „Wir müssen uns ins Gesicht sehen können, auch später noch, wenn ihr aufhört" (262—263).

Disziplin und Pünktlichkeit sind für Rudolf wichtige Grundsätze. Er führt eine Anwesenheitsliste, und wenn einer seiner Schützlinge zu spät zum Training oder Spiel kommt, erwartet er, daß die entsprechende Person die Gründe für ihre Verspätung nennt und sich gegebenenfalls entschuldigt. Für Rudolf ist dann der Fall erledigt. Irgendwelche Sanktionen in Form von Strafrunden hält er für vollkommen überflüssig.

R.: „Das ist alles Quatsch" (617).

Wichtig ist nur, daß die Jugendlichen lernen, pünktlich zu kommen; denn wenn einer ein-, zweimal Schwierigkeiten bekommen hat, dann bemüht sich jeder, in Zukunft möglichst pünktlich zu sein. Das, was er von den Jugendlichen erwartet, versucht er natürlich auch selber vorzuleben.

R.: „Ich könnte mir nicht vorstellen, wenn meine Frau Geburtstag hat und es ist ein Trainingsabend, daß ich deswegen da nicht hingehe" (419—420).

Dieselbe Einstellung erwartet er auch von seinen Jugendlichen, und wenn das nicht klappt, versucht er es ihnen beizubringen.

3.5 Sportpädagogische Idealvorstellungen

Er hält sich selber nicht mehr für einen idealen Übungsleiter, weil er in seinem Alter die Übungen nicht mehr vormachen kann.

R.: „Obwohl andere methodische Fähigkeiten, wie z. B. gut erklären zu können, noch viel wichtiger sind" (687—689).

3.6 Trainervorbilder

Rudolf hat nie einen Trainer als Vorbild gehabt.

R.: „Also, in meiner Altersgruppe waren die Leute, die Trainer waren, eigentlich gar keine Trainer; das waren mehr Betreuer" (29—30).

4. Züge einer Alltagsdidaktik

4.1 Sportfachliche Orientierungen

Rudolf orientiert sich fast ausschließlich an den eigenen Erfahrungen und Vorstellungen, die er innerhalb seines Vereins oder auf Auswahllehrgängen gesammelt hat. Bei der Planung und Entwicklung seiner Trainingsinhalte hat er auf entsprechende Literatur zurückgegriffen, die gemäß seiner Einschätzung in ausreichendem Maße vorhanden ist.

R.: „Ich habe sehr viel gelesen, viele Bücher gekauft und... habe es eben immer für Kinder rausgesucht" (254—255).

4.2 Konzeptionelle Vorüberlegungen

Rudolf verfolgt bei der Planung seines Trainings, insbesondere im Anfängerbereich, nie größere Planungsabschnitte, sondern bemüht sich darum, daß es seinen Schützlingen zunächst Freude bereitet.

R.: „Du hast, wenn es den Jungens Freude machen soll, nicht viel Zeit. Dann mußt du die Sache also schnell attraktiv gestalten" (462—464).

Große Vorbereitungszeiten braucht Rudolf schon lange nicht mehr. Mittlerweile verfügt er über einen reichhaltigen „Fundus" an geeigneten Trainingsprogrammen.

R.: „*Ich habe mir also im Laufe der Jahre bestimmte Trainingstage oder Übungsteile gesammelt. Man muß sie natürlich auch (immer wieder) ausprobieren, wie sie in großen und in kleinen Gruppen wirken*" *(384–386).*

4.3 Inhaltliche Realisierung

Bei der Trainingsgestaltung versucht er bewußt, seinen Schützlingen Möglichkeiten zur Beteiligung zu bieten. Wenn ein gewisses Fertigkeitsniveau erreicht ist, heißt es dann,

R.: „*so, das Aufwärmprogramm das liegt bei euch beiden, ihr habt also beim nächsten Training zweimal zehn Minuten, jeder für sich, und dann könnt ihr das zusammenwerfen und dann zieht ihr das durch*" *(741–743).*

Rudolf hat nicht immer unter optimalen Bedingungen mit seinen Jugendlichen trainieren können.

R.: „*Ich habe auch . . . schon mit fünfundzwanzig Mann gearbeitet*" *(387).*

In dieser Zeit mußte er den Spielanteil auf ein Minimum beschränken. Rudolf ist der Meinung, daß Jugendmannschaften am effektivsten im Wettkampf selbst lernen. Im Training sollte eher die Vermittlung technischer Fertigkeiten im Vordergrund stehen.

R.: „*Das kannst du dann natürlich ohne Spiel machen. Also Staffelwettkämpfe sind in diesem Fall viel besser geeignet und gegenseitig so'n bißchen zu kitzeln*" *(393–395).*

4.4 Methodische Grundschema

Rudolf versucht immer Unbekanntes auf Bekanntem aufzubauen.

R.: „*Es hat also keinen Sinn etwas aufzuhören und dann etwas Neues zu beginnen, du mußt dir also überlegen, wie die Übungen ineinander übergehen*" *(473–475).*

Rudolfs oberstes Trainingsprinzip lautet:

R.: „*Bei mir gehört grundsätzlich immer der Ball dazu*" *(627/628).* „*Ich brauche eine Jugend, die Spaß daran hat, mit dem Ball umzugehen. Ich habe also nie Konditionsarbeit gemacht, das hat es bei mir nie gegeben; da kannst du jeden im Verein fragen. Wir haben nur mit dem Ball gearbeitet*" *(137–140).*

5. Einbindung in die Institution Verein

5.1 Aktuelle Problembereiche

Rudolf ist mit den Rahmenbedingungen in seinem Verein sehr zufrieden.

R.: „*Jetzt, . . . wo es ja immer weniger Jugendliche gibt, ‚verbessern sich auch die Kapazitäten'. Auf der anderen Seite muß ich ja auch sagen, die anderen (neuen) Vereinsgruppen wollen natürlich auch neue Räume haben*" *(654–657).*

Gleichzeitig beunruhigen ihn die stark rückläufigen Mitgliederzahlen im Jugendbereich und lassen ihn vermuten, daß es zwischen den beiden Nachbarvereinen in den nächsten Jahren aus diesem Grund zwangsläufig zur Fusion kommen muß.

R.: „Das kann ich also ... jetzt schon sagen, da kann nicht jeder eine volle Mannschaft haben, es kann auch nicht jeder überhaupt eine Mannschaft haben" (665—666).

Ein weiteres Problem stellt für ihn auch der ständige Mangel an geeigneten Übungsleitern dar.

R.: „Es findet sich ... keiner und es hat noch nicht mal etwas mit Geld zu tun" (589—590).

Rudolf, der sich bereits vor einigen Wochen vom aktiven Übungsbetrieb zurückgezogen hatte, hat aus diesem Grund auch wieder eine B-Jugend übernehmen müssen. Die Jugendlichen, die ständig vergeblich vor verschlossenen Hallentoren standen, fuhren schließlich tagaus, tagein vor Rudolfs Haus mit ihren Fahrrädern Patrouille, um Rudolf doch noch zu überreden:

R.: „Da waren sie nachher mit sieben Mann hier und haben gesagt, Herr .... wir sind jetzt schon wieder drei, viermal in der Halle gewesen und es war keiner da, und das ist leider für unseren Verein auch traurig und ich habe zu ihnen gesagt, hört zu, entweder bin ich nächsten Mittwoch da oder es ist ein anderer da, aber in die Halle kommt ihr rein ... und, na ja, da bin ich da wieder so reingerutscht. Ich habe natürlich keinen gefunden" (579—586).

5.2 Identifikation mit den Vereinszielen

Trotz offensichtlicher Mißstände im Jugendbereich hat Rudolf über lange Jahre hinweg die augenscheinliche Diskrepanz zwischen Stellenwert bzw. Bedeutung der Jugendarbeit und den „horrenden" Summen, die für den erfolgreichen Spielbetrieb einer Regionalliga-Mannschaft bereitgestellt werden, nicht kritisch hinterfragt, sondern mitgetragen. Als ehemaliges Vorstandsmitglied ist er auch schon direkt von den Problemen, die die finanzielle Abwicklung einer Regionalliga-Mannschaft so mit sich bringt, betroffen gewesen. Als das Finanzamt auf Rudolfs Verein aufmerksam wurde:

R.: „ist uns stark zugesetzt" worden (307).

Zahlungsbefehle kamen in dieser Zeit in Rudolfs Haus.

R.: „Dann macht die Vorstandsarbeit natürlich keinen Spaß mehr. Da habe ich dann schon gesagt, dann soll das Finanzamt die Jugendarbeit machen. Das waren ganz schlimme Wochen" (308—310).

Diese Affäre hat für Rudolf auch den Ausschlag gegeben, aus dem Vorstand zurückzutreten.

R.: „Das konnte ich nicht, dann verlor ich ganz die Freude an der ehrenamtlichen Tätigkeit, wenn da auf der einen Seite diese Summen dagegenstehen, wo man also korrekterweise für sorgen muß und auf der anderen Seite muß man Fahrer finden, die umsonst fahren, ... selber sein Fahrzeug durch die Frau finanzieren läßt" (319—323).

5.3 Zum Stellenwert der Jugendarbeit

Trotz dieser offensichtlichen Mißstände und Fehlentwicklungen glaubt Rudolf, daß im Gesamtverein vor allem:

R.: „*im oberen Bereich so viele Aufgaben zu lösen*" sind, „*daß wir den Jugendbereich also wirklich normal behandeln müssen*" *(1082—1084).*
Die eindeutige Gewichtung hat aber nie dazu geführt, daß der Vorstand
R.: „*den Jugendleiter hat hängen lassen, wenn der also Vorstellungen hatte . . . das hat er dann bei uns auch immer bekommen*" *(1084—1086).*
Sehr schwierig ist für Rudolf der Ausstieg aus seiner langjährigen Tätigkeit. Den heißt es für ihn in entsprechender Form vorzubereiten.
R.: „*Man kann ja auch nicht einfach sagen, ich komme nicht. Das ist unverantwortlich gegenüber den Kindern und dem Vorstand; und das sind ja Freunde . . ., sonst würde man ja die Arbeit nicht machen*" *(96—99).*

5.4 Kooperationsformen in den Jugendabteilungen

Über viele Jahre hinweg garantierte Rudolfs übergreifendes Engagement im gesamten Jugendbereich Kooperation und Kontinuität. In den letzten Jahren hat man allerdings besonders versucht, die technisch-taktische „Abstimmung" zwischen den verschiedenen Altersklassen zu optimieren.
R.: „*In der letzten Zeit ist es also so, daß wir versuchen, bei uns ein Deckungssystem in allen Mannschaften zu spielen; das ist äußerst schwierig; aber das muß ich also rückblickend für mich sagen; ich habe aufgrund dessen, daß ich alle Altersklassen gemacht habe, schon immer gewußt, im nächsten Jahr, soll das für mich auf der Position der Anspieler werden, wenn er auch jetzt in der Altersklasse etwas anderes spielt, aber ich habe ihn immer wieder dahin gebracht . . .; so war das überhaupt möglich, kontinuierlich die Mannschaften immer wieder nach vorne zu bringen*" *(904—912).*

5.5 Bindung von Jugendlichen an den Verein

Die derzeitigen Probleme, befähigte Jugendliche und auch Übungsleiter für den Verein zu gewinnen, ist um so bedrohlicher, als in Rudolf's Verein immer der Standpunkt vertreten worden ist,
R.: „*die Jugendarbeit so zu forcieren, daß wir dann auch für die erste Mannschaft ‚was' haben*" *(330—331).*
Im Augenblick erscheint es ihm auch äußerst schwer, bei dem hohen Leistungsniveau überhaupt noch Jugendliche
R.: „*für einen Einsatz in der Regionalliga aufzubauen*" *(340).*

7.2 Vergleichende kategoriale Abstraktion: Interviewergebnisse im thematischen Vergleich

1. Der Übungsleiter und sein Weg dorthin

Parallel zum aktiven Vereinssport oder unmittelbar nach der Beendigung einer mehr oder minder erfolgreichen sportlichen Karriere setzt sich das vereinssportliche Engagement der beforschten Übungsleiter in einer typischen Anschluß-Karriere als Übungsleiter fort. Quer- und Späteinsteiger bilden in dem auf Kompetenz und frühzeitige Vereinsbindung kodierten traditionellen Sportbetrieb eher eine Ausnahme. Im Laufe einer biographisch bedeutsamen aktiven Zeit, die durchaus auch mit Negativerlebnissen durchsetzt sein kann, hat sich in der Regel eine starke Affinität und Verpflichtung gegenüber dem Verein entwickelt, die maßgeblich dazu veranlaßt, in Form von ehrenamtlicher Jugendarbeit für Bestand und erfolgreiche Entwicklung des Vereins weiterhin einzutreten. Sowohl grundsätzliche Übereinstimmung als auch ein hohes Maß an Unzufriedenheit mit der gängigen Praxis sportbezogener Jugendarbeit führt vor dem Hintergrund der biographisch-sedimentierten Vereinsnähe, verstärkt durch die grundsätzliche Selbsteinschätzung und Neigung, mit Jugendlichen überhaupt arbeiten zu wollen (können), zum (meist) ehrenamtlichen Engagement im „neuen" Tätigkeitsfeld sportlicher Jugendarbeit. Der Jugendbereich wird bewußt als Betätigungsfeld gewählt, weil Jugendliche noch zu formen und in der Regel äußerst lernbegierig und leichter zu disziplinieren sind. Außerdem ist der Leistungs- und Erfolgdruck, der auf dem Übungsleiter lastet, hier „noch" nicht so ausgeprägt wie im Seniorenbereich!

Neben der sozialmoralischen Bindung an die Institution Verein, die zwischen einer über Jahrzehnte gewachsenen sozial-moralischen Milieueinbettung bis zur primär leistungssportlichen Zweckgemeinschaft (durchsetzt mit Anschlußfreundschaften) divergiert, sind allerdings auch verschiedene individuelle Motive von entscheidender Bedeutung. So versuchen ehemals erfolgreiche Hochleistungssportler auf diese Weise eher (wenn sie nicht an einer professionellen Trainertätigkeit im Spitzensport interessiert sind) einen „weichen" Abschied von sportbezogener Anerkennung und Gratifikation sowie den damit unmittelbar verbundenen erheblichen physischen Belastungen nehmen zu können. Weniger erfolgreiche Sportler scheinen wesentlich mehr darum bemüht zu sein, sich auf dem neuen Tätigkeitsfeld Jugendarbeit „einen Namen zu machen" und damit einen Karriere-Schritt in Richtung Trainerlaufbahn im semiprofessionellen Leistungsbereich machen zu können, der ehemaligen Spitzensportlern ohnehin jederzeit offen ist. Erfolg und die daraus unmittelbar resultierenden persönlichen Gratifikationen stehen mehr oder weniger bei allen im Mittelpunkt des Interesses und finden ihren Niederschlag insbesondere auch im Alltag, bei entsprechender Bestätigung durch Vereins- oder Arbeitskollegen.

Formale Qualifikationen und Weiterbildungsmaßnahmen werden von den beforschten Übungsleitern sehr unterschiedlich in Anspruch genommen und bewertet. Während besonders erfolgreiche und äußerst routinierte Spitzensportler den Wert relativ gering einstufen, greifen jüngere (und sportlich weniger erfolgreiche) Übungsleiter entsprechende Angebote bereitwillig auf und demonstrieren darüber hinaus auch noch ein hohes Maß an autodidaktischen Bemühungen. Bei der tatsächlichen Planung und Umsetzung sportlicher

Jugendarbeit werden entsprechende Kenntnisse zwar berücksichtigt, nehmen insgesamt gesehen aber (immer noch) eher einen untergeordneten Stellenwert ein. Die im Laufe der Jahre gesammelten eigenen sportlichen Erfahrungen bilden auch bei den leistungsschwächeren Übungsleitern die entscheidenden Grundlagen, die Kompetenz sichern und als wichtige sportpädagogische Orientierungshilfen dienen.

Das bei allen Übungsleitern relativ umfangreich ausfallende zeitliche Engagement (von 5—10 Wochenstunden und mehr) findet (nach den Standards des Arbeitsmarktes) bei allen eine vollkommen unzureichende Honorierung. In ersten Ansätzen werden allenfalls die größten Kostenfaktoren (Benzinkosten) von den Vereinen finanziell abgedeckt. Feste „Stundenlöhne" oder hochdotierte Pauschalverträge sind — sieht man von einigen wenigen leistungssportlichen Fördereinrichtungen ab — die Ausnahme. Mit kleineren, ideellen Gratifikationen (Feten, Essen, Sportbekleidung) versuchen die Vereine in der Regel ihre Jugendtrainer „bei Laune zu halten" und sie für ihre unentbehrliche Arbeit öffentlich zu würdigen.

2. Der Übungsleiter und sein „pädagogisches Selbstverständnis"

Pädagogisches Selbstverständnis und Selbstkonzept der in die Untersuchung einbezogenen Akteure sind äußerst divergent. Während die einen ihre Rolle klar als Sport-Spezialisten definieren, die das Sportspiel Handball zunächst einmal in Lehre und Praxis kompetent zu vertreten haben und oftmals die von den Eltern (willkürlich) übertragenen Erziehungsfunktionen weit von sich weisen, bekennen sich die anderen hingegen klar zu ihrem selbst definierten pädagogischen Auftrag, den sie, „naiven" Konzeptionen folgend, durchaus am Gegenstand und Inhalt (Handball-)Sport zu realisieren bemüht sind.

Ein hohes Maß an fachlicher Kompetenz und menschlichen Führungsqualitäten nehmen alle interviewten Jugendtrainer für sich in Anspruch. Gleichzeitig sind alle ausnahmslos auch davon überzeugt, daß sie sich auch „noch" ganz gut in die Jugendlichen „reindenken" können und genau wüßten, was „in" und „mit" ihnen los ist. Die befragten Jugendtrainer sind in ihrer Selbstwahrnehmung — so gesehen — sowohl „naive" Pädagogen (allerdings mit erheblichen graduellen Unterschieden: von: „solange niemand kommt, möchte ich ein pädagogisches Gespräch nicht unbedingt führen" — bis: „zum engagierten Besuch bei den Eltern") als auch „rigorose" Verfechter des Primats der sportlichen Leistung, dessen „erfolgreiche" Realisierung in Abhängigkeit der individuellen Zielsetzungen und Organisationsziele des Vereins über alles steht.

Die pädagogischen Fähigkeiten der Jugendtrainer haben in kritischer Selbsteinschätzung allerdings auch Grenzen. Übertriebene pädagogische Zielsetzungen und „Bekehrungsseligkeiten" werden von allen Übungsleitern entschieden abgelehnt. Das für ihre Tätigkeit notwendige Maß an Sicherheit, Autorität und Kompetenz basiert neben der grundsätzlichen pädagogischen Eignung auf ihrem (im Vergleich zu den Jugendlichen) fortgeschrittenen Lebensalter und einem ausgeprägten sportartbezogenen Fachwissen, das sie sich im Laufe ihrer eigenen vereinssportlichen Karriere erworben haben und nun weiterzugeben bemüht sind. Vielfach geforderte überfachliche Maßnahmen, wie z. B. Zeltlager, könnten bei kritischer Selbsteinschätzung längst nicht von allen Übungsleitern erfolgreich durchgeführt werden und würde in Einzelfällen sogar eine totale Überforderung zur Folge haben. Obwohl alle Jugendtrainer offen eingestanden, einen gewissen pädagogischen „Auftrag" zwangsläufig mitausfüllen zu müssen, liegt der eigentliche Reiz in ihrer Tätigkeit (und damit auch ein zentrales Motiv für die Übernahme einer derartigen Tätigkeit) eindeutig darin, sportmotorische Kompetenz zu vermitteln und auf diese Weise neue Talente für die Vereine und ihren (Handball-)Sport insgesamt fördern zu helfen.

3. Züge einer „naiven" pädagogischen Orientierung

Oberste Maxime des sportlichen Miteinanders ist bei allen beforschten Jugendtrainern, den Jugendlichen die Freude am Sporttreiben zu erhalten bzw. zu ermöglichen und gleichzeitig den für das Bestandskonzept des Vereinssports „nun einmal" konstitutiven Leistungsgedanken im Interesse der Jugendlichen selbst aber auch des Gesamtvereins erfolgreich umzusetzen. Dies geschieht allerdings nicht, ohne die lebenszyklisch betrachteten „Besonderheiten" (oder auch Entwicklungsaufgaben) der ihnen anvertrauten jungen Menschen entsprechend zu berücksichtigen. Alle beforschten Jugendtrainer sahen aus ihrer Selbstwahrnehmung und Erinnerung heraus die Lebensphase Jugend durchaus als „kritisch" an. Die Jugendlichen im Alter von 14 bis 18 Jahren befinden sich — so die übereinstimmende Wahrnehmung aller Übungsleiter — in einer schwierigen Entwicklungsphase, in der es rapide Veränderungen ihrer psychophysischen Dispositionen zu verarbeiten und gleichzeitig ihre soziale Rolle neu zu definieren gelte. Daneben müssen die Jugendlichen auch „noch" eine freie Zeit bewältigen, die voller Optionsvielfalten, konsumistischer Verlockungen und Individualisierungszwängen steckt. Vor diesem Hintergrund bietet der Vereinssport den Jugendlichen zum einen die Möglichkeit, ihre Freizeit attraktiv bzw. sinnvoll zu gestalten und zum anderen gemeinsame Erfahrungen zu sammeln, die ihnen dabei helfen würden, die künftigen Aufgaben der Leistungsgesellschaft „erfolgreich" zu bestehen. („Ein guter Handballer ist auch ein guter Schüler").

Trotz des sportspezifischen Aktivitätskerns sind alle interviewten Übungsleiter grundsätzlich (allerdings mit erheblichen graduellen Unterschieden) darum bemüht, auch als beratende Instanz für alltagsbezogene Probleme ihrer Jugendlichen zur Verfügung zu stehen. Toleranz und Verständnis bezüglich altersbedingter, außersportlicher Interessen und Problemlagen der Jugendlichen sind mehr oder minder wichtig und bestimmen auch das Verhältnis zu den Jugendlichen, unabhängig von bestehenden Altersunterschieden. Für längerfristig engagierte Übungsleiter ist es ferner von großer Bedeutung, die sich ständig verändernden und von neuen Trends beeinflußten Jugendkulturen verstehen zu lernen.

Ehrlichkeit und Offenheit stellen weitere Grundsätze des sportbezogenen Miteinanders dar. Trotz des sportartspezifischen Aktivitätskerns und den damit verbundenen Leistungsorientierungen bzw. Konflikten müssen sich alle Beteiligten nach dem Ende ihres gemeinsamen sportlichen Engagements noch gegenseitig akzeptieren können.

Obwohl soziale Lernziele (wie z. B. auch schwächere Spieler akzeptieren zu lernen oder den Kollektivcharakter von Mannschaftsspielen verstehen zu lernen) von allen Jugendtrainern — mit unterschiedlichen Schwerpunkten — formal ausgegeben werden, dominiert beim sportlichen Miteinander mit kleineren graduellen Unterschieden die sportliche Leistung. Mehr oder minder „harte" Selektionen nach Leistungsstärke und sportspezifischer „Effizienz" stehen so gesehen permanent für alle Jugendlichen auf der sportpädagogischen „Tageskarte".

Um den Ablauf[47] und die Effektivität des Übungs- und Spielbetriebs sicherstellen zu können, werden von allen Jugendtrainern gewissermaßen ungeschriebene Verhaltenscodices ausgegeben. Eine merkwürdige Melange aus autoritären (bisweilen sogar rigiden) und sozial-integrativen Führungsstilen brachten die Interviews zutage. Neben „naiven" Begründungsansätzen über das spezifische Anspruchsprofil sportlicher Interaktionen, das einen entsprechenden Führungsstil notwendig mache, äußerten einzelne Jugendtrainer den (zunächst überraschenden) Eindruck, daß in einer Zeit einer allzu wattigen „Pädagogisierung" diese sportspezifische Mischung aus sozial-integrativen Elementen (die Kameradschaft unter Sportlern) und extrem autoritären Befehlsstrukturen (Triller-Pfeifen-Prinzip) den ausgeprägten Orientierungsbedürfnissen Jugendlicher besonders entgegenkäme und von einem Großteil der Jugendlichen als willkommener Kontrast zu den „weichen" Erziehungsstilen in Schule und Familie begrüßt würde.

Pädagogische Mittel werden in diesem recht unübersichtlichen Geflecht von „naiven" pädagogischen Orientierungen und sportlichem Leistungsstreben vielfach funktionalisiert. Die von den Jugendtrainern ausgegebenen — und nur in seltenen Fällen diskursiv ausgehandelten — sozialen Spielregeln, die sie gewissermaßen mit sich und ihrem (individuellen) sportbiographischem Paket in ihre Jugendgruppen hineintragen, haben zunächst die direkte und damit effektive Steuerung des Trainings- und Spielbetriebs (durch den Übungsleiter) sicherzustellen. Disziplin, Pünktlichkeit und Zuverlässigkeit sind für alle Jugend-

---

[47] Die Jugendlichen gehen allerdings — zumal in Wettkampfsituationen — oft schonungslos und aggressiv miteinander um. Deshalb ist ein autoritärer Führungsstil erforderlich, der es ermöglicht, lenkend einzugreifen und der von den Jugendlichen in der Regel als Kontrast zur antiautoritären Schule akzepiert bzw. honoriert wird.

trainer zentrale Tugenden, die es nicht nur zu lehren, sondern auch selber vorzuleben gilt. Verstöße werden entsprechend sanktioniert. Besondere Problembereiche, wie Drogen und Alkohol, werden nur von den pädagogisch besonders engagierten Jugendtrainern bewußt thematisiert, um ihnen das Gefühl zu geben, mit wirklich allen Problemen kommen zu können. Bei der Trainingsgestaltung werden den Jugendlichen ebenfalls nur von einzelnen Jugendtrainern Möglichkeiten zur Beteiligung geboten, um sie auf diese Weise mit in die Verantwortung zu nehmen und zu selbständigem Handeln zu erziehen.

Sportpädagogische Idealvorstellungen sind bei allen Jugendtrainern konkret ausgeprägt. Die „richtige" Menschenführung und das „richtige" sportliche Feeling zeichnen in ihren Augen — möglichst im „richtigen" Mischungsverhältnis — den idealen Jugendtrainer aus. Diese sportpädagogischen Zielvorgaben lassen sich auf dem Hintergrund der eigenen Sportbiographie in bestimmten Vorbildern personifizieren. Hierbei handelt es sich in der Regel um ehemalige Trainer oder Spieler, die durch ihre Persönlichkeit, ihre außerordentliche sportliche Kompetenz und ihre sportlichen Erfolge bei der Planung und Durchführung sportlicher Jugendarbeit in vielen Fällen bedeutungsvolle Vorbildfunktionen wahrnehmen.

4. Züge einer Alltagsdidaktik

Die inhaltliche Planung und Durchführung der Übungseinheiten basiert vor allem auf dem eigenen Erfahrungswissen, das mit zunehmender Dauer der Tätigkeit durch Zusatzqualifikationen (Trainerlizenzen) und gezielte Rückgriffe auf geeignete Fachliteratur vervollständigt und aktualisiert wird. Die konsequente Umsetzung moderner Erkenntnisse der Trainingslehre (wie z. B. Trainingsperiodisierung oder die Planung längerer Trainingsabschnitte mit spezifischen Schwerpunkten) bilden eher die Ausnahme. Erfahrungswissen hat bei allen Jugendtrainern einen eindeutig höheren Stellenwert als Lehrbuchwissen. Die einzelne Trainingsstunde wird kurzfristig entworfen und ist mehr oder minder in ein „naives" Gesamtkonzept eingeordnet. Schwierigkeiten ergeben sich bei der Durchführung der Trainingsprogramme, da diese in Abhängigkeit zu der oftmals variierenden Teilnehmerzahl modifiziert werden müssen. Bestrebungen, leistungsschwächere Spieler an das Leistungsniveau der Stammformation heranzuführen, fließen allenfalls bei günstigen Rahmenbedingungen (keine Wettkämpfe oder geringe Teilnehmerzahl) in das Trainingsprogramm ein. In der Saison selbst finden neben der (kontinuierlichen) „Aufbauarbeit" besonders die Stärken und Schwächen des nächsten Gegners im Trainingsplan Berücksichtigung. Als effektive Lehrmethoden werden vor allem „Vormachen" und „Erklären" angesehen. Der Übungsaufbau muß sich stufenweise vollziehen. Unbekanntes gilt es, auf Bekanntem aufzubauen. Dabei kommt im Sportspiel Handball dem Ball eine zentrale Bedeutung zu. Alle Übungsformen sollen möglichst mit Ball durchgeführt werden. Spezifische technische Fertigkeiten, wie z. B. das Prellen in der Vorwärtsbewegung, werden durch Anwendung bestimmter methodischer Maßnahmen in Konkurrenzsituationen (z. B. Staffelformen) zu erreichen versucht.

5. *Einbindung in die Institution Verein*

Die äußeren Rahmenbedingungen der sportlichen Jugendarbeit (Hallenkapazitäten, Sportgerät, etc . . .) haben sich durch die demographischen Veränderungen im Jugendbereich (Stichwort: Geburtenschwache Jahrgänge) in den letzten Jahren erheblich verbessert. Gleichzeitig hat das chronische Ausbleiben von Jugendlichen in den einzelnen Abteilungen und Altersstufen mittlerweile derartig dramatische Formen angenommen, daß ganze Mannschaften aus Mangel an Jugendlichen vom Spielbetrieb abgemeldet werden mußten. Als einzige effektive Lösung dieser so ungewohnten neuen Problematik und der damit verbundenen langfristigen Bedrohung des Bestandskonzepts der gesamten Vereine sind, so einzelne Jugendtrainer, neben der Intensivierung der Nachwuchswerbung neuartige Fusions- oder Kooperationsmodelle mit benachbarten Vereinen dringend erforderlich. Die rückläufige Mitgliederzahl im Jugendbereich ist für die Vereine um so bedrohlicher, weil die Jugendarbeit in der Vergangenheit sowohl quantitativ als auch qualitativ forciert wurde, um den eigenen talentierten Nachwuchs für die verschiedenen leistungssportlichen Mannschaften vorzubereiten.

Mit zunehmendem Unbehagen wird auch die wachsende Diskrepanz zwischen Stellenwert bzw. Bedeutung der Jugendarbeit und den bisweilen horrenden Summen, die für den erfolgreichen Spielbetrieb der Spitzenmannschaften der Vereine aufzubringen sind. Obwohl die Identifikation mit den leistungssportlichen Vereinszielen bis heute bei allen interviewten Jugendtrainern ungebrochen ist („Mein Ziel ist es, die Spieler auf ‚höhere' Aufgaben vorzubereiten"), hat die praktische — allzu sehr an ökonomischen und privaten Interessen orientierte — Form der Umsetzung des leistungssportlichen Konzepts erhebliche Selbstzweifel ausgelöst, die die Akteure im wachsenden Maße dazu veranlassen, Sinn und Unsinn ihres gesamten Engagements in Frage zu stellen. („Das konnte ich nicht mehr, da verlor ich die ganze Freude an der ehrenamtlichen Tätigkeit")

Während „früher" noch ein gesundes Verhältnis zwischen Jugendarbeit, Talentförderung und Abwicklung der Spitzenmannschaften vorgeherrscht habe, ist nun ein Punkt erreicht, wo die Gesetze des Marktes und die Verwirklichung individueller Interessenlagen nicht mehr länger unkritisch mitgetragen werden könnte. Hierbei handelt es sich um eine äußerst folgenreiche Entwicklung, die sich nicht zuletzt auch auf die Mitarbeitergewinnung niederschlägt. Sehr schwierig stellt sich insbesondere für längerfristig engagierte Übungsleiter (die ein besonders hohes Maß an Milieubindung und Identifikation mit den traditionellen Vereinszielen demonstrierten) ungeachtet der zum Teil selbst mitgetragenen Fehlentwicklungen der endgültige Ausstieg aus der Jugendtrainerkarriere dar. Die stark rückläufige Zahl qualifizierter und engagierter Jugend- bzw. Übungsleiter und die mit „früher" längst nicht mehr zu vergleichende hohe Loyalität und Verantwortung gegenüber den Jugendlichen selbst, den Freunden im Vorstand und dem Gesamtverein machen ein grundloses Ausscheiden in der gegenwärtigen diffusen Situation moralisch fast unmöglich; die ehemalige Solidargemeinschaft Sportverein ist im Begriff, sich aufzulösen.

Als weiteres Problemfeld werden die in vielen Fällen unzureichenden Kooperationsformen und Bemühungen um formale und inhaltliche Abstimmung innerhalb der Jugendabteilungen selbst beklagt. Die Erstellung eines Vereinslehrplanes wird für äußerst sinnvoll gehalten und könnte schnell Abhilfe schaffen. Aus der Sicht der Vereine selbst wird auch der allzu abrupte Übergang von der Jugendabteilung in den Seniorenbereich kritisiert, den die Vereine fließender gestalten sollten, um die Jugendlichen auch noch nach dem Ende ihrer „sportlichen Jugend" längerfristig an den Verein zu binden und jenseits leistungssportlicher Nützlichkeitserwägungen für künftige ehrenamtliche Aufgaben im Verein zu gewinnen. Grundsätzlich stimmen alle Jugendtrainer schließlich dahingehend überein, daß der Stellenwert, den die Vereine der Jugendarbeit — in einer Zeit rückläufiger Mitgliederzahlen im Jugendbereich — beimessen, erheblich gesteigert werden sollte.

7.3 Kategorialanalyse: Jugendliche

7.3.1 Interview mit Karsten, 14 Jahre alt, Gymnasiast, aktiver Handballer

1. Der Weg in den Sportverein

1.1 Sozialmoralische Milieubindung und Vereinsengagement

Durch einen Freund aus der Nachbarschaft kommt Karsten zum Sportverein.

K.: *„Also ein Freund von mir, der spielt schon etwas länger Handball und der hat mich mal gefragt, ob ich mal mittrainieren möchte. Dann habe ich das mal ausprobiert und gemacht. Es hat mir ganz gut gefallen. Aber das ist schon etwas länger her, das war noch D-Jugend, dann habe ich zwischendurch aufgehört wegen meinem Knie, das ist ja so die Handballkrankheit. Und dann etwas später wurde die C-Jugend aufgemacht, da waren wir zuerst zu wenig Leute und dann haben wir unsere Freunde immer wieder gefragt, ob sie mitmachen wollten und jetzt haben wir eine komplette Mannschaft zusammen und haben jetzt eine Saison hinter uns. Nicht besonders erfolgreich, aber das war das erstemal und wir waren, glaube ich, auch die jüngste Mannschaft"* (4—14).

Ein Großteil der Familienmitglieder sind oder waren selbst im Verein engagiert.

K.: „Ja, mein Vater ist noch Mitglied, also engagiert aber nicht mehr so besonders. Sonst war er immer Kassierer in der Halle. Ich glaube dreizehn Jahre. Meine Schwester hat auch in der 2. Damenmannschaft gespielt und jetzt hat sie auch wegen dem Knie aufgehört. Ja, mein Bruder hat auch mal gespielt, aber ich weiß nicht wie lange" (17—23).

Karsten betrachtet seinen Verein als zweite Heimat.

K.: „Ja also, kann schon sein, daß ich mich ziemlich dafür begeistere und daß es jetzt eben dazu gehört. Ohne den Verein fänd ich es jetzt nicht mehr so schön. Und ich glaube auch, das ist gut organisiert so für Jugendmannschaften. Aber es ist halt so, die Begeisterung für Handball hält sich in Grenzen, weil so viele andere Angebote da sind" (30—34).

Karstens Mitspieler kommen längst nicht mehr nur aus der nächsten Umgebung, sondern aus dem gesamten Stadtgebiet und anderen Regionen.

K.: „Die meisten nicht mehr, ein paar schon, aber ein Großteil, zwei kommen aus Sieker, vier aus Spenge; also außerhalb des Trainings und der Spiele habe ich nicht mehr so viel mit den Leuten zu tun. Mit manchen schon" (37—39).

1.2 Karriere als Sportler

An seine noch junge „Karriere" als Vereinssportler wurde Karsten allmählich herangeführt.

K.: „Also wie gesagt, wir haben eine Zeitlang erst trainiert ohne ein Spiel zu haben. Und das war dann nach einiger Zeit schon langweilig, weil man keine Spielerfahrung sammeln konnte. Und dann haben wir halt die ersten Freundschaftsspiele gehabt, die nichts bedeuteten. Dann merkte man erst, wie das richtige Spielen ist. Man kann zwar so im Training spielen, aber man merkt halt nicht, wie das so richtig ist auf dem Feld. Ja und dann haben wir auch gesehen, woran wir noch arbeiten müssen und was wir schon einigermaßen können. Und dann fing die Serie an. Die meisten Spiele haben wir leider verloren, aber so nach und nach werden wir doch ein eingespieltes Team, kann man sagen" (43—52).

1.3 Entwicklung spezifischer Sinnpräferenzen

Der Leistungsgedanke und der Kollektiv-Charakter waren für Karsten von Anfang an Hauptmotive für sein Sportvereinsengagement.

K.: „Ich habe von Anfang an versucht, so gut es geht zu spielen, wie es ging. Aber der Hauptgrund war eigentlich auch, einen Mannschaftssport zu haben, wo man mit Leuten zusammen ist. Ich meine, vorher habe ich Tennis gespielt, und das hat mir nicht gefallen, weil da war ich immer alleine. Es gibt zwar den Verein an sich, aber man ist nicht so in der Mannschaft organisiert wie jetzt beim Handball spielen. Da gehören wir zusammen, wenn man Fehler macht, dann ist es für die ganze Mannschaft schlecht und es macht irgendwie mehr Spaß, wenn man einen gewissen Grad von Verantwortung hat" (59—67).

2. Bedeutung und Stellenwert des Vereinssports im Alltag

2.1 Vereinssport im Ensemble anderer Gelegenheiten des Sports

Karsten partizipiert an zahlreichen anderen Situationen des Sports.

K.: *"Ja Radfahren, ich habe mir vor kurzem ein Rennrad gekauft und Laufen. Und dann kommt noch Schwimmen dazu, weil die Handballsaison, die fängt im September an, geht bis März ungefähr und dann fängt ja die Radsaison an. Ich glaube, daß ist so ganz gut gewählt. Das paßt ganz gut zusammen, im Sommer Radfahren, Laufen und im Winter Handball spielen" (76—80).*

Seit kurzer Zeit ist Karsten Mitglied in der neu gegründeten Lauf- und Radsportgemeinschaft, die aufgrund interner Querelen aus dem „alten" (Handball-) Verein entstanden ist.

K.: *"Ich bin nebenher auch in der Lauf- und Radsportgemeinschaft seit kurzem. Aber gelaufen bin ich bisher nur alleine. Radfahren jetzt schon seit längerem, jeden Samstag ist das" (82—84).*

Von kommerziellen Fitneß-Studios hält Karsten überhaupt nichts.

K.: *"Nein, ich glaube nicht, daß ich mich dafür begeistern könnte" (88).*

2.2 Der Sportverein als soziales Unterstützungsnetzwerk

Für Karsten stellt der Verein eine Mischung aus sportlichen Angeboten und lokaler Identität dar.

K.: *"Also, er gehört halt dazu, ich könnte es nicht mehr wegdenken, aber ob es mein Leben so beeinflußt, weiß ich nicht gerade" (93—95).*

Der Verein ist für Karsten keine Anlaufstelle, sondern zunächst einmal die Menschen, mit denen er näher zu tun hat.

K.: *"Der Verein als solches glaube ich nicht so besonders. Der Trainer schon eher, weil er sich auch viel Mühe gibt mit uns, aber der Verein? Ich glaube nicht, daß ich in die Geschäftsstelle gehen würde und mich da erkundigen würde, was man machen könnte? Ja, kann man schon sagen. Die Mannschaft ist halt eine Gruppe und da gehört der Trainer dazu, aber der Verein als solches nicht so besonders" (105—113).*

Einen besonders hohen sozialen Stellenwert hat für Karsten die Mannschaft selbst.

K.: *"Ich fühle mich in der Mannschaft wohler als in der Klasse, obwohl es mir in der Klasse auch gut gefällt. Aber die Mannschaft ist irgendwie was besseres. Da sind Freunde, man hat sich da ja reingewählt, man wollte da ja spielen und nicht woanders. Und in der Schulklasse, ja da ist man jeden Tag, die Leute kommen aus verschiedenen Ortsteilen, man kennt sich kaum, nur so nebenher. Das ist ja beim Handball spielen ein bißchen anders, weil man ist ja schon öfters mit denen zusammen als mit den Schulkameraden" (116—124).*

Gefährdungspotentiale (Trinken und Rauchen) im Umfeld des Vereins schätzt Karsten gering ein.

K.: „Ich kann sowas nicht beurteilen, weil ja so etwas noch nicht gelaufen ist. Und ich glaube auch nicht, daß wir so eine Sauftruppe werden können. Der Hauptgrund, daß wir zusammenkommen, ist ja das Handballspielen und so soll es auch bleiben" (272—275).

2.3 Juventalisierung und Versportlichung

Von der neuen „Versportlichungswelle" fühlt sich Karsten nicht sonderlich angesprochen.

K.: „Eigentlich nicht. Hauptsächlich der Spaß am Sport, aber ich meine, jetzt beim Rennradfahren jetzt genau, kommt es schon auf die Ausrüstung an, auf die Qualität, aber nicht auf das Aussehen (128—130).

Die Leute, die Prestige und Image des Sports so besonders betonen, verfehlen seiner Meinung nach die eigentlichen Sinnbezüge des Sports.

K.: „Ich finde, die haben mit dem Sport nichts gemein, weil die nehmen das als Prestige so ein bißchen, wer einen Adidas-Turnschuh hat, der ist was besseres, meinen manche. Ich glaube nicht, daß das so gut mit dem Sport vereinbar ist" (132—135).

3. Schulsport versus Vereinssport

3.1 Vergleich der Lernleistungen

Die Lernleistungen im Verein schätzt Karsten sehr hoch ein.

K.: „Also wichtiger ist mir der Vereinssport. Beim Schulsport kann man nicht das entwickeln, was man beim Vereinssport entwickeln kann so an Fähigkeiten. Weil man macht immer was anderes. Es sind nur 45 Minuten und da wird erst erklärt, was man machen muß und dann womöglich noch aufbauen und hinterher abbauen. Die eigentliche Bewegungszeit ist relativ kurz und das sind ja alles verschiedene Typen in der Schulklasse. Und da kann man seine eigenen Fähigkeiten nicht so gut ausspielen, speziell jetzt beim Handball"...; so im allgemeinen wird die Leistung im Verein mehr intensiviert" (139—151).

3.2 Fertigkeitsniveau und weiteres Sportengagement

Der Stellenwert des erreichten Fertigkeitsniveaus ist — so Karsten — für das weitere Sportengagement von entscheidender Bedeutung.

K.: „Ich glaube schon, wenn man die Leistung nicht bringt, dann macht das einem wahrscheinlich nicht so viel Spaß, dann wird man wohl auch eher eine andere Sportart wählen. Aber wenn man die Sportart einigermaßen gut beherrscht, dann bleibt man natürlich auch dabei" (155—158).

Obwohl immer mehr Jugendliche — so Karsten — sich nicht mehr so wie früher auf eine bestimmte Sportart und einen bestimmten Sportverein festlegen lasssen wollen, sieht er den besonderen Reiz gerade darin.

K.: „Viele wollen sich halt mehrere Möglichkeiten offen halten, also sich nicht so festlegen, an eine Sportart wollen sich eben viele nicht mehr so fest binden, wie es vielleicht damals war; manche wollen vielleicht mehrere Sportarten so nebeneinander herlaufen lassen; aber ich glaube, wenn man nur eine Sportart intensiv betreibt, hat man an dieser Sportart auch mehr Spaß, weil man eben eine bessere Leistung bringen kann und dadurch auch eben mehr Spaß hat, wenn man besser wird; und das kann man glaube ich nicht, wenn man viele Sportarten so nebenher betreibt" (435–442).

3.3 Sportlehrer versus Übungsleiter

Zwischen Übungsleiter und Sportlehrer gibt es für Karsten erhebliche Unterschiede.

K.: „Ja, Lehrer ist immer was anderes als ein Trainer. Beim Trainer kann man schon eher mal reden als mit einem Sportlehrer, weil Sportlehrer ist schon bißchen etwas fremderes. Wir haben zwar jetzt einen freundschaftlichen Lehrer, aber mit dem Trainer, das ist doch noch ein anderes Verhältnis, weil man kann auch mal über andere Sachen sprechen. In der Schule ist das so eine Gruppe, da sind 30%-Leute in der Klasse und da kann man nicht so privat mit reden" (161–167).

Als Bezugsperson sieht Karsten den Jugendtrainer weit vor dem Sportlehrer.

K.: „Auf jeden Fall, obwohl mein Sportlehrer auch mein Klassenlehrer ist. Aber ein Lehrer ist er eben immer noch" (170–171).

4. Der Übungsleiter als Bezugsperson

4.1 Der Übungsleiter in den Augen der Jugendlichen

Der Übungsleiter ist für Karsten eine Mischform aus Freund und kompetentem Trainingspersonal.

K.: „Also es ist mehr ein Zwischending; er trainiert uns halt und wir wollen auch besser werden. Und dafür ist der Trainer eben auch da; aber ein Freund ist es auch, irgendwie eine Anlaufstelle, wenn man mal Fragen hat; aber hauptsächlich doch Handballsport; hauptsächlich geht es um die Leistung beim Training" (175–179).

Über die möglichen Motive seines Übungsleiters, ein derartiges Amt zu übernehmen, hat er konkrete Vorstellungen.

K.: „Ja ich schätze, er hat auch erst mal ein bißchen Spaß daran, sonst würde er es ja nicht machen. Und er möchte mit Sicherheit auch den Erfolg sehen. Er hat ja die Mannschaft von Anfang an begleitet; und er freut sich ja eben auch immer, wenn wir besser werden; ich glaube, er hat auch gerne ein bißchen Verantwortung und ihm macht es eben Spaß" (201–205).

Nachteiliges weiß er so gut wie gar nicht über seinen Übungsleiter zu berichten. Besonders positiv bewertet er das hohe Engagement und die Bemühungen um gute Vorbereitung und Abwechslung.

K.: „Also, gut finde ich, er hat immer ein fertiges Programm; er gibt sich Mühe zuhause; er hat immer einen Zettel in der Hand, was er machen muß; also wir machen jetzt nicht wochenlang ständig das gleiche, also das haben wir noch nie gehabt; es ist immer ein abwechslungsreiches interessantes Training. Das gefällt mir am besten, muß ich sagen" (210–214).

Auch die sozialen Kompetenzen und menschlichen Qualitäten seines Übungsleiters schätzt Karsten sehr hoch ein.

K.: „Ja also menschliche Qualitäten. Wir kommen gut mit ihm aus. Er kommt gut mit uns aus" (216–217).

Auf ein längerfristiges Engagement von Jugendlichen im Sportverein hat der Übungsleiter entscheidenen Einfluß.

K.: „Ich kann mir vorstellen, wenn der Übungsleiter sich nicht engagiert, daß dann die Bindung zum Verein wegfällt, weil man ja keinen Ansprechpartner direkt hat, wo man mit reden kann über die Jugendarbeit. Also das ist schon wichtig, daß der Jugendtrainer viel tut für die Mannschaft" (538–542).

4.2 Bewertung der Erziehungsstile

Den bestimmenden Führungsstil seines Trainers kann Karsten problemlos akzeptieren.

K.: „Also, unser Trainer ist nicht so sonderlich autoritär; aber man muß sich halt auch durchsetzen können und es muß ja auch Leistung kommen und da muß man schon einmal durchgreifen können. Ich finde es schon ganz gut, welche Mischung er da gefunden hat; aber wenn jetzt z. B. ein Neuer in die Mannschaft kommen würde, dann muß er sich schon erst eingewöhnen; aber wenn er dann da ist, dann muß man natürlich auch mal Leistung bringen und auch zum Training gehen, wenn man keine Lust hat, wenn man lieber im Schwimmbad liegen würde" (185–195).

4.3 Zur Fluktuation von Übungsleitern

In seiner Vereinskarriere wurde Karsten bisher „nur" von einem Übungsleiter betreut.

K.: „Bis jetzt nur Bodo, vorher hatten wir keinen anderen" (198).

5. Inhalte sportlicher Jugendarbeit

5.1 Essentials

Training und Spiel bilden die Hauptinhalte der sportlichen Jugendarbeit. Insbesondere das Training nimmt zeitlich den größten Raum ein und läuft nach einem bestimmten Schema ab.

K.: „Ja, also zum Aufwärmen machen wir also meistens so Spiele; und dann aber auch so Ausdauer, Kondition, Taktik" (222–223).

5.2 Stellenwert überfachlicher Themen und Inhalte

Die Auseinandersetzung mit überfachlichen Themen und Inhalten im Rahmen der Jugendarbeit der Vereine hält Karsten für überzogen.

K.: *"Für so etwas gehe ich, glaube ich in die Schule, das gehört, glaube ich, nicht zum Sportverein. Wenn es Diskussionsrunden zum Sport wären, dann wäre das was anderes" (237—239).*

5.3 Bedeutung informeller Anschlußaktivitäten

Besondere Bedeutung hat für Karsten allerdings die Vielzahl von informellen Anschlußaktivitäten.

K.: *"Ja, z. B. am ersten Wochenende von den Sommerferien fahren wir mit dem Fahrrad zum Dümmer. Alle fahren zwar nicht immer mit; aber wir haben schon öfters mit Radtouren gemacht, auch außerhalb der Mannschaft" (227—232).*

Auch unter dem Gesichtspunkt einer längerfristigen Bindung an den Verein spielen informelle Anschlußaktivitäten für Karsten eine außerordentliche Rolle.

K.: *"Es ist sehr wichtig. Wenn jetzt nur das Handballtraining da wär, das kann man in jedem Verein haben. Aber so die Nebenangebote, die speziell für diesen Verein charakteristisch sind, also das gehört schon zum Verein dazu. Man kommt sich dann auch näher, wenn man z. B. so eine Fahrradtour macht, sonst ist man ja wie gesagt nur beim Training zusammen und durch solche Radtouren lernt man die noch näher kennen. Das ist schon ganz gut" (243—252).*

6. Vereinssportliches Engagement und Bedeutung der Gleichaltrigengruppe

6.1 Sportliche Leistung und Gruppenstatus

Karsten steht uneingeschränkt hinter dem Primat der sportlichen Leistung.

K.: *"Ich glaube, da muß man Rücksicht darauf nehmen, daß der Trainer versucht, das Spiel zu gewinnen mit der Mannschaft und halt nur die Besten auflaufen läßt. Also das muß man verstehen, wenn man dann eben mal nicht aufgestellt wird ..., weil es eben auch eine Mannschaft ist; auch Freundschaften darf man da nicht mit reinziehen, das geht einfach nicht" (509—518).*

Die sportliche Leistung nimmt im Rahmen der Gleichaltrigengruppe einen hohen Stellenwert ein.

K.: *"Das ist schon wichtig, weil man ja eben in der Mannschaft eine Verantwortung trägt. Wenn man etwas falsch macht, das trifft ja die ganze Mannschaft. Und da versucht man halt so gut zu spielen, wie es eben geht, damit die anderen nicht, ich weiß nicht, wie ich es sagen soll, auf jeden Fall hat der eine Verantwortung. Sonst geht es nicht, wenn man da nur so herumläuft und nichts tut, dann kann die Mannschaft ja nichts werden". Dabei verstehen wir uns auch*

mit welchen, die vielleicht immer Pech hatten und einen halben Meter über das Tor geworfen haben. Die gucken wir dann auch nicht gleich schief an. Es ist eigentlich eine gute Gemeinschaft, unsere Mannschaft (279—291).
Sportliche Inkompetenzen führen jedoch nicht zwangsläufig zu Ausschlußdenken.
K.: *„Ich glaube, wenn man die Leistung außer acht läßt, wir sind eine gute Gemeinschaft und ja sicherlich, es ist schön, wenn einer eine gute Leistung bringt. Aber wir stoßen nicht die aus, die vielleicht nicht so gut sind. Also das kann ich mir nicht denken bei uns" (297—300).*

6.2 Sportliche Leistung und Selbstkonzept

Für sein eigenes Selbstkonzept sind Leistung und Erfolg ebenfalls von erheblicher Bedeutung.
K.: *„Für mich ist schon wichtig, daß ich eine gute Leistung bringe. Ich möchte schon gut werden und möchte hart daran arbeiten, daß ich gut werde. Und da ist es schon wichtig, daß ich eine gute Leistung bringe" (302—304).*
Obwohl Karsten seine sportlichen Leistungen nicht zuletzt in den Augen der anderen erbringt, interpretiert er sie zunächst einmal im Selbstbezug.
K.: *„Das ist eigentlich eine Angelegenheit, die nur mich etwas angeht. Ich will damit keinem imponieren oder damit angeben; aber es ist für mich persönlich halt wichtig, gut zu sein. Sonst bin ich nicht mit mir zufrieden". Ja in der Schule, da ist das so eine Sache. Wenn man da ein gutes Zeugnis hat, damit möchte man ja schon einem mit imponieren, vielleicht nicht aus der Familie, aber wenn man eine Arbeitsstelle sucht, dann ist es schon von Vorteil, wenn man ein gutes Zeugnis mitbringt. Aber im Handballsport ist es nur eine Sache, die für mich wichtig ist, aber nicht für andere" (308—317).*
Bereitschaft zum Gratifikationsaufschub und zur „weichen" Askese stellen für Karsten zentrale Fähigkeiten dar, die im Sport freiwillig abgerufen werden.
K.: *„Wenn man gute Leistungen im Sport bringt, dann muß man auch lange daran arbeiten, das zahlt sich auch hinterher erst aus. Aber, ich meine in der Schule, das ist irgendwie ein ganz anderes Verhältnis. Da muß man die Leistung bringen, im Sportverein ist ja dieser Zwang an sich nicht da. Obwohl ich mir da ein wenig Zwang auferlege, weil ich eine gute Leistung bringen will; wenn ich jetzt im Sportverein nicht so gut spielen würde, das würde mich ja nicht schädigen oder so, da hätte ich ja keine großen Nachteile von — außer, daß ich nicht so oft zum Einsatz komme; aber in der Schule ist das ein anderes Verhältnis, da ist mehr Leistungsdruck" (324—336).*

7. Einbindung in die Institution Sportverein

7.1 Aktuelle Problembereiche und Stellenwert der Jugendarbeit

Für Karsten hat der Stellenwert, den der Verein der Jugendarbeit zuschreibt, in den letzten Jahren abgenommen.

K.: „Ja, ich glaube das hat ein bißchen nachgelassen. Früher war es halt wichtig, daß man eine gute Jugend, eben für die erste Mannschaft hinterher; aber heute ist ein Großteil der ersten Mannschaft aus anderen Vereinen. Darum glaube ich, daß die Jugendarbeit manchmal ein bißchen in den Hintergrund tritt, weil man halt die Möglichkeit hat, aus anderen Vereinen Spieler abzuwerben; denn ich glaube, daß die eigene Jugend sowieso zu schwach ist, um einen Oberliga-Kader davon zu halten? Also ich glaube nicht, daß je eine ganze Oberliga-Mannschaft aus Lenzinghausen kommen wird, aus der eigenen Jugend" (373–382).

Hierbei handelt es sich — so Karsten — allerdings um eine klare Fehlentwicklung.

K.: „Ja also ich fände es schöner, wenn die erste Mannschaft, also das Aushängeschild des Vereins, aus der eigenen Jugend kommen würde, das wäre für den Verein glaube ich ein besseres Image, weil — wenn man so aus anderen Vereinen so Spieler dazu kauft, das kann ja jeder Verein eigentlich, also fast jeder; ich glaube es wäre besser, wenn die Vereine ihre Jugend mehr unterstützen würden, damit die erste Mannschaft halt aus der eigenen Jugend unterhalten wird" (385–391).

Die fortschreitende Kommerzialisierung und Professionalisierung des Vereinssport hat für Karsten auch deutliche Auswirkungen auf das ehrenamtliche Engagement im Gesamtverein.

K.: „Ja also, das trägt ja nur dazu bei, daß alles noch mehr verfremdet wird. Die Entwicklung geht halt dahin, daß die Leistungsträger aus anderen Vereinen kommen, da muß man halt Kompromisse eingehen und trotzdem noch für den Verein da sein; weil ja, wenn man jetzt sagt, die sind ja jetzt sowieso nicht mehr aus Lenzinghausen, dann gehe ich jetzt auch weg, dann ist schon wieder einer weniger, der sich überhaupt noch engagiert" (564–569).

7.2 Identifikation mit den Vereinszielen

Karsten identifiziert sich weitgehend mit den leistungssportlichen Organisationszielen seines Vereins.

K.: „Also wenn ich noch spiele, wenn ich erwachsen bin, versuche ich erstmal in der 1. Mannschaft zu spielen und nicht in der 2. oder in der Kreisklasse oder sowas. Also, da setze ich mir schon ein Ziel, ich will nicht in die Nationalmannschaft kommen, so hoch gesteckte Ziele habe ich nicht, aber so gut wie es geht, in der 1. Mannschaft zu spielen, wäre schon ein Ziel, das ich hätte" (340–345).

Von besonderer Bedeutung ist für Karsten in diesem Zusammenhang die deutliche Bezugnahme auf seine sozialmoralische „Heimat".

K.: „Also ich würde z. B. nicht in Spenge spielen wollen oder in Enger oder sonstwo. Die Leistung muß schon hier in Lenzinghausen kommen, sonst ist es für mich nicht so besonders toll. Wenn ich in einem anderen Verein spielen würde, *ich glaube, da wäre es nicht mein Ziel, in der 1. Mannschaft zu spielen. Das gehört halt hier hin irgendwie, ich möchte hier in der 1 Mannschaft spielen und nicht wo anders; denn hier lebe ich halt" (357—364).*

Entsprechend hoch sind auch die Identifikationsgrade mit den leistungssportlichen Spitzenmannschaften des Vereins.

K.: „Ja, Heimspiele sehe ich sowieso immer und zu den Auswärtsspielen bin ich auch schon ein paar Mal mitgefahren; hier zuhause habe ich in dieser Saison noch kein Spiel der ersten Mannschaft verpaßt" (368—370).

7.3 Bindung von Jugendlichen an den Sportverein

Die zunehmende Bindungslosigkeit von vielen Jugendlichen sieht Karsten als großes Problem an.

K.: „Ja ich kann mir da auch nicht richtig vorstellen, was man da machen könnte..., aber es sind ja so viele andere Angebote da; es sind eben nicht mehr so viele Leute für das Handballspielen zu begeistern. Ich weiß auch nicht, was der Verein da machen sollte; aber es muß irgendetwas gemacht werden, damit es anders wird; es gibt nun einmal die Konkurrenzangebote, da muß jeder Verein versuchen, daß eine bestimmte Sportart immer wieder attraktiver gemacht wird, damit viele Leute dafür begeistert werden können. Sonst gab es eben nur Handball ... sonst keine andere Möglichkeit, da war es damals kein Problem; aber heute sind ja, was weiß ich, viele viele Sportarten dazugekommen, die man machen kann, so als Jugendlicher, da muß der Verein jetzt einiges tun" (394—410).

Obwohl ein gewisses Maß an bewußter Bindungslosigkeit bei vielen Jugendlichen zu beobachten ist, treten mittlerweile auch umgekehrte „Suchbewegungen" nach einfachen Bezügen immer häufiger auf.

K.: „Ja, das kann ich ja nicht so genau beurteilen, ich weiß ja nicht, wie es sonst so war, aber ich glaube neuerdings ist es wieder so, daß manche schon irgendwie in ihrem Verein eine Identität suchen, z. B. welche aus Pöddinghausen wollen jetzt unbedingt in dem Verein Fußballspielen; oder wie hier in Lenzinghausen, da spielen die meisten aus unserer Klasse schon im Verein; aber ich kann mir vorstellen, daß das sonst viel stärker war" (414—419).

Parallel dazu sind auch deutliche Prozesse der „Entrivalisierung" ehemals konkurrierender teilgesellschaftlicher Gemeinschaften zu beobachten.

K.: „Ja, ich glaube schon diese Erzfeindschaft zu Spenge ist nicht mehr so ganz doll da, weil, wenn welche in Spenge zur Schule gehen, da haben wir auch automatisch welche in unserer Mannschaft, warum sollen die sich jetzt immer streiten mit denen aus Spenge, das wäre ja auch nicht so besonders gut; aber so ein gewisser Konkurrenzkampf ist also immer noch da" (423—427).

Karsten kann sich durchaus vorstellen, daß er nach dem Ende seiner aktiven sportlichen Karriere Ehrenämter, wie sie sein Vater oder Onkel lange Jahre innehatten, ebenfalls übernehmen wird.

K.: „Also ich glaube schon, daß ich, wenn ich nicht mehr aktiv Handball spielen würde, daß ich dem Verein dann doch treu bleibe durch irgendwelche Ämter, die man da so übernehmen kann; ich glaube nicht, daß ich, wenn ich aufhöre, Handball zu spielen, auch aufhöre dem TVL treu zu bleiben; also das kann ich mir nicht vorstellen" (461—465).

Gleichzeitig ist er sich durchaus darüber im klaren, daß er als exzellenter Schüler eines neusprachlichen Gymnaisum aus studien- und/oder beruflichen Gründen zwangsläufig seine „Heimat" verlassen muß.

K.: „Ich glaube, dann muß der Verein schon noch ein bißchen zurückstehen, also ... Ich kann nicht meine berufliche Karriere, sage ich mal so, aufgeben nur um jetzt hier Ehrenämter zu übernehmen, also so extrem würde ich es nicht machen, aber wenn ich die Möglichkeit hätte, dann würde ich dem TVL treu bleiben, sonst nicht" (471—475).

7.4 Möglichkeiten der Attraktivitätssteigerung

Als wertvolle Verbesserung sieht er die Ausweitung informeller Anschlußaktivitäten an.

K.: „Also, ich glaube so Angebote, die neben der eigentlichen Sportart herlaufen, wie wir eben schon angesprochen haben, so wie Ausflüge, etc, das müßte eben noch stärker gemacht werden, um halt Leute für den Sport zu begeistern. Ich glaube, das ist noch ein bißchen wenig, was jetzt gemacht wird" (487—491).

Die feste Etablierung demokratischer Mitbestimmungsstrukturen sieht er als weiteren Schritt in die richtige Richtung an.

K.: „Das wäre bestimmt ganz gut, wenn man so eine Vertretung der Jugendabteilung im Gesamtvorstand hätte". „Ich glaube, mit solchen Sachen, wie Vertretung im Vorstand, ‚Patenschaften', läßt sich schon viel verbessern in der Jugendarbeit. Das müßte gemacht werden" (496—503).

7.5 Zur Fluktuation von Jugendlichen

Obwohl einige Spieler aufgrund mangelnder sportlicher (Lern-)Erfolge recht bald dem Sportverein den Rücken zugekehrt haben, ist es in einigen Fällen dem Übungsleiter gelungen, die Akteure zu überzeugen, den Schritt rückgängig zu machen und mehr Geduld an den Tag zu legen.

K.: „Ja also, manche haben schon frühzeitig aufgehört, aber wie gesagt, dann hat Bodo mit denen gesprochen und überredet kann man nicht sagen, überzeugt, daß es halt nicht von heute auf morgen klappen kann, daß man gut wird. Man braucht auch eine lange Zeit, um seine Leistung zu kriegen. Und dann muß man auch dafür etwas tun. Und man kann nicht verlangen, daß man nach zwei Wochen ein Spitzenspieler wird und einige haben gesagt, ich mache nicht mehr mit, ich werde sowieso nichts, aber eigentlich hat Bodo immer wieder überzeugen können" (257—264).

7.3.2 Interview mit Paul, Lehrling im Bereich Maschinenbau, aktiver Handballspieler, 18 Jahre alt

1. Der Weg in den Sportverein

1.1 Sozialmoralische Milieubindung und Vereinsengagment

Paul wächst in unmittelbarer Nähe eines Sportplatzes auf, wo auch schon frühere Generationen (Eltern, Großeltern) gemeinsam mit Nachbarn und Freunden Handball gespielt haben.

P.: *„Ja also es fing damit an, daß bei uns auf dem Sportplatz immer Sportwerbewoche war. Und da waren sie immer alle am Handball spielen, und überhaupt am Sporttreiben und da habe ich mir überlegt, das könntest du auch machen. Und meine Eltern und Geschwister waren sowieso schon im Verein, im VFB, und vorher habe ich schon in Turngruppen mitgemacht...; und daher sind wir dann von dieser „Krabbeljugend" zum Handball gekommen" (17–23).*

Paul ist gewissermaßen durch seine Eltern und ein entsprechendes Umfeld in seinen Verein „hineingeboren" worden.

P.: *„Ja, ich meine durch meine Eltern, daß die schon im Verein waren. Und mein Vater, als ich damals in diese Krabbeljugend hineinkam, als Kassierer tätig war. Und so bin ich praktisch reingeboren worden" (33–35). Irgendwie gehört man schon dazu. Man hat die Leute von Grund auf kennengelernt; die kennen einen und man duzt sich auch mit den Älteren und irgendwie gehört man da mit rein. Das ist, hört sich vielleicht etwas komisch an, wie eine große Familie" (44–47).*

Seine gesamte Familie ist im Verein engagiert.

P.: *„Also meine Schwester hatte eine Zeitlang den Vorsitz von der Jugend; mein Vater ist erster Vorsitzender und meine Schwester macht bei einer Tanzgruppe mit, ich bin beim Handballspielen und meine Mutter wandert immer mit dem Verein" (198–201).*

Im Binnenraum der Familie nimmt der Sportverein einen besonders hohen Stellenwert ein.

P.: *„Man hat sonntags ab und zu den Eindruck, wenn dann noch die Freundinnen von meinen Schwestern da sind,... daß eine „kleine" Vorstandssitzung ist. Dann kommen die Spiele dazu, wie die abgelaufen sind und was man noch verbessern könnte, dann bespricht sich die Familie schon untereinander, wie man das ändern könnte oder wie man das machen könnte." (201–207).*

Pauls Verein rekrutiert seine Mitglieder aus einem bestimmten Wohngebiet.

P.: *„Also es sind mehr Jöllenbecker aus einem ganz bestimmten Wohnkreis, der in einer Gegend zusammenhängend wohnt. Es gibt zwar mehrere jetzt, die kommen durch Freunde oder Schule aus einer anderen Gegend von Jöllenbeck, aber meist nur aus Jöllenbeck" (51–54).*

1.2 Karriere als Sportler

Paul spielt mittlerweile seit mehr als elf Jahren Handball.

P.: „Der Herr G. J. hat damals die E-Jugend übernommen. Dann habe ich zwei Jahre unter ihm E-Jugend gemacht und bin dann unter O. L. in die D-Jugend gekommen, und habe unter ihm bis zur A-Jugend Training gehabt und gespielt. Und jetzt bin ich seit vier Wochen in der ersten Mannschaft" (23—27).

Paul war von Anfang an einer der körperlich stärksten und talentiertesten Spieler in seiner Mannschaft. Die ersten sportlichen Erfolge stellen sich entsprechend schnell ein.

P.: „Also ich war der Größte in der ganzen Mannschaft und vielleicht auch der Stärkere von allen und dadurch etwas bevorzugt gegenüber den anderen. Und die Erfolge lagen darin, daß ich, wenn ich eben Tore geworfen habe, und die Leute, die da zugeschaut haben, die haben einen dann nett angeguckt und Beifall gegeben. Und das hat einen immer mehr in diesen Sport hineingesteigert. Und das war eben für einen Jungen mit acht Jahren ein Erfolgserlebnis" (70—76).

Paul hat sehr früh „Verantwortung" in seiner Mannschaft übernehmen müssen.

P.: „Also, ich würde sagen, wenn es in der Mannschaft nicht so gelaufen ist, oder es klappte nicht richtig, dann habe ich irgendwie, ... dann habe ich mich immer noch hineingesteigert und habe versucht, da noch etwas zu retten ...; aber man hat sich manchmal durch solche Sachen kaputt gemacht, weil manche zogen da überhaupt nicht mit und dann hat man es eben alleine versucht" (88—95).

1.3 Entwicklung spezifischer Sinnpräferenzen

Die Wertigkeit bestimmter Sinngebungen hat sich mit zunehmenden Engagement graduell verschoben:

P.: „Also mit der Geselligkeit, das hat sich erst zum Schluß in der A-Jugend und jetzt in den letzten vier Wochen in der 1 Mannschaft richtig ausgeprägt. Man kennt ja die Leute von vorher schon und jetzt spielt man mit denen zusammen und jetzt kommt auch die Geselligkeit mehr durch. Vorher war das Spaß mit Freunden haben, Spiel, Sport, ein bißchen Mannschaftsgedanke; vielleicht auch Hobby und Freizeitbeschäftigung; aber jetzt, wo ich mit der ersten Mannschaft zusammen bin, da ... fühlt man sich als Mitglied einer Gruppe und versucht es auch mit der so gut, so gut wie möglich hinzukriegen" (100—108).

In Hinblick auf bestimmte Motivkonstellationen setzt Paul in der Zwischenzeit klare Präferenzen.

P.: „Also ich würde sagen an erster Stelle kommt die Leistung, Gesundheit liegt ..., da Handball sehr kampfbetont ist und man manchmal etwas auf die Knochen bekommt, würde ich die Gesundheit an zweite Stelle setzten. Schöner Körper, oder was da sonst noch so war, darauf kommt es mir überhaupt nicht an. Es muß vielleicht nach außen hin das Spiel der Mannschaft schön aussehen, aber dazu braucht man glaube ich, keinen schönen Körper" (114—119).

Angespornt durch seine Erfolge im Jugendbereich, möchte Paul sich nun auch im Seniorenbereich sportlich weiter entwickeln. Besonders im leistungssportlichen Spitzenbereich gibt es Spieler, die für ihn Vorbildfunktion haben.

P.: „Also Vorbilder habe ich schon . . .; irgendwie bin ich ich auf die Leute neidisch, die z. B. in der ersten Bundesliga spielen. Also der mir am letzten Wochende gut gefallen hat, war Martin Schwalb. Das ist für mich ein Leistungsträger in seiner Mannschaft, und Jochen Fraatz zum Beispiel. Die beiden verkörpern schon ein bißchen Ansporn und wenn man so denkt, daß man mal so werden kann oder so werden könnte, wie die beiden schon sind, dann ist das schon in Ordnung" (228—295).

2. Bedeutung und Stellenwert des Vereinssports im Alltag

2.1 Der Vereinssport im Ensemble anderer Gelegenheiten des Sports

Pauls sportliches Zentrum bildet sein Verein. Daneben partizipiert er allerdings auch an zahlreichen anderen Gelegenheiten des Sports.

P.: „Also zunächst den Schulsport nebenbei, Leichtathletik und Schwimmen usw; dann ein bißchen Radfahren, das haben wir gemacht, Radtouren und natürlich im Sommer ein bißchen gebolzt auf dem Sportplatz, und dadurch haben wir uns konditionell da schon gesteigert" (80—83).

Den derzeitigen Trend zu den sogenannten Mode-Sportarten in den kommerziellen Fitneß-Studios betrachtet Paul sehr kritisch.

P.: „Also, Fitneßstudios brauche ich nicht, das mache ich nicht mit. Ich meine der Körper spielt schon seit elf Jahren Handball, und der hat sich da hineingesteigert. Wenn man jetzt z. B. Leute sieht, die ihren Körper weit hochpowern usw . . .. die können ja vor Kraft gar nicht mehr laufen, wie man so schön sagt. So nebenbei spielen wir noch ein wenig Squash, ab und zu, und Schwimmen, Radfahren dann im Sommer wieder. Man versucht auf jeden Fall nicht im Kraftstudio herumzuölen, sondern in der Natur so ein bißchen zu machen" (128—134).

2.2 Der Verein als soziales Unterstützungsnetzwerk

Der Vereinssport hat für Paul einen sehr hohen Stellenwert.

P.: „Weil dieser Sport mir einfach ans Herz gewachsen ist und vielleicht ein zweiter Lebensinhalt geworden ist" (168—170).

Bei dem gegenwärtigen Prüfungsstreß in Schule und Beruf erfüllt der Vereinssport eine wichtige Ausgleichsfunktion.

P.: „Mir hilft dieser Sport einfach auch, um aus dem Lernstreß herauszukommen. Das heißt, wenn ich den Tag über gelernt habe und so, und habe dann am Abend meinen Sport, dann brauche ich den Sport einfach, um davon wieder abzuspannen, um aus diesem Lerntrott, aus dem ‚Völlegefühl' von Stoff entlastet zu werden" (149—153).

Der Verein ist für Paul nicht „nur" eine sportanbietende Instanz, sondern eine Institution, die auch wichtige soziale Funktionen wahrnimmt.

P.: *„Es fing schon von klein auf an, daß diese Gemeinschaft da war, z. B. Ostern Ostereier suchen und so. Und das kleine Netz wurde dann so aufgebaut, daß man untereinander jetzt, wenn man aus der Schule kam und eine Lehrstelle suchte, hätte anfangen können, dann gab es eben auch Leute, die gesagt haben, du kommst jetzt aus der Schule und ich könnte dir helfen, eine Lehrstelle zu finden oder du könntest auch bei mir anfangen" (181—187).*

Paul hat mittlerweile den Punkt erreicht, daß er selber das soziale Netzwerk aktiv mitgestalten will.

P.: *„Ich habe jetzt z. B. mit einem anderen Freund eine E-Jugend übernommen als Trainer und man versucht dann auch für die Kleinen, ein großer Bruder zu sein; der immer mit beim Sport ist und der auch ganz nett ist; und mit dem man auch reden kann auch über die Probleme, die die Kleineren vielleicht auch schon haben. Einfach, daß man für sie da ist und daß sie auch auf einen zugehen können oder so" (187—193).*

Weitere Funktionen des Vereins sieht er in der Herausbildung sozialer Kompetenzen.

P.: *„Also, weitere Erfahrungen liegen darin, daß ich gemerkt habe, daß es doch verschiedene Leute gibt, also verschiedene Einstellungen, verschiedene Charaktertypen, wie sie dich ansprechen, was sie nun von dir halten. Man weiß, wo man sie einsortieren muß, ob man sich nun lieber mit denen ein bißchen unterhält, ob die nun einem was bringen können, also vom Sport her gesehen oder ob man sagt, der, der redet sowieso nur quer, den lassen wir lieber links liegen" (871—884).*

Für Paul existieren zwar durchaus auch Gefährdungspotentiale im Umfeld des Vereins, doch in gewisser Weise muß jeder selbst damit fertig werden.

P.: *„Ja, Saufen und Rauchen. Also, dieses ganze, sagen wir auch mal das Zeltlager, man ist von zu Hause weit weg und man hat nur den Übungsleiter da und vielleicht noch zwei, drei Aufpasser, die auch noch ein bißchen auf dich achten, und dann kommt es schon mal vor, oder es wird dazu ausgenutzt, daß man mal ein Bier trinkt oder auch eine Zigarette raucht, nur ich meine, daß man irgendwann auch einen klaren Kopf bekommt und sich denkt, das gehört hier irgendwie nicht hin. Ich rauche z. B. nicht. Ich mache lieber meinen Sport, meine Ausbildung, ich bin lieber mit Freunden zusammen, als daß ich mich künstlich irgendwie aufputschen muß" (550—573).*

2.3 Juventalisierungs- und Versportlichungstendenzen

Paul kann dem derzeitigen Trend nach Sportivität, Fitneß und Körperkult nur wenig „Sinnvolles" abgewinnen.

P.: *„Also, sagen wir mal so, so etwas Spinnerei hat jeder bei sich. Mir ist das eigentlich, auf Deutsch gesagt, Jacke wie Hose, wie ich da nun herumlaufe. Ordentli-*

che Sportschuh sollten dabei schon herumkommen, der Rest ist eigentlich egal. Manche brauchen es vielleicht, daß sie immer Adidas-, Nike- oder Pumaklamotten tragen und andere sagen auch, morgen fahren wir wieder Surfen oder ich gehe ins Kraftstudio. Aber irgendwie, ich weiß, daß ich den Sport irgendwie beherrsche und ich kann mir da auch so helfen, ohne daß ich irgendwelche Markenklamotten trage" (245–252).

3. Schulsport versus Vereinssport

3.1 Vergleich der Lernleistungen

Die Lernleistungen im Verein schätzt Paul sehr hoch ein.

P.: „Wenn ich jetzt auf mich bezogen den Handballsport sehe, würde ich sagen, daß man im Verein mehr lernt. Wenn man jetzt den Schulsport als Allgemeinsport nimmt, um sich allgemein zu betätigen, dann nimmt der Schulsport schon die ersten Grundlagen auf. Wenn man in der Grundschule das Geräteturnen und alles so nimmt, dann sind das Grundlagen, die man für andere Sportarten auch braucht: Bewegung, Schwimmen, Körperaufbau usw." (333–339).

3.2 Fertigkeitsniveau und Sportengagement

Für Paul ist es sehr wichtig, in einer Sportart an die individuellen Leistungsgrenzen zu stoßen. Während im Schulsport eine Vielzahl von Disziplinen „nur" kurz berührt werden können, bietet ihm der Vereinssport die Möglichkeit, sich in einer Sportart kontinuierlich zu steigern.

P.: „Tja, eine Sportart gut beherrschen zu können. Für mich ist es jetzt der Handballsport, den möchte ich eigentlich sehr gut können, weil ich den ja auch betreibe. Wenn ich jetzt z. B., was weiß ich Squash nehme, das können andere bestimmt besser. Und ich meine, ich hätte damit auch früher mit anfangen müssen, mit der Sportart. Dann würde ich es bestimmt auch besser können. Ich habe mich auf das Handballspielen konzentriert, und ich meine, wenn man schon eine Sportart ausübt, dann sollte man nie aufhören, immer besser zu werden" (344–353).

4. Der Übungsleiter als Bezugsperson

4.1 Der Übungsleiter in den Augen der Jugendlichen

Der Jugendtrainer zeichnet sich im Gegensatz zum Sportlehrer durch eine wesentlich emotionalere Bindung aus.

P.: „Also den Sportlehrer, den verliere ich vielleicht nach zwei Jahren, oder der wechselt nach einem Schuljahr. Und wenn ich jetzt z. B. den Jugendtrainer sehe, das wird ein Freund auf sechs Jahre und wir sind immer noch gut befreundet, Oliver L. und ich. Und ich würde auch ganz gerne mit ihm zusammen

Handball spielen. Also man duzt sich immer noch, und z. B. dieses duzen, das man in der Schule nicht hat, also dieses Herr..., das nimmt einem schon irgendwie den Mut" (357–363).

Für Paul nimmt der Übungsleiter eine besondere Stellung als „Freund" ein. In der Hierarchie emotionaler Bindungen kommt er gleich nach der Familie und Freundin.

P.: „Den Übungsleiter würde ich als guten Freund unter meiner Familie und meiner Freundin eingruppieren; aber über jeden Lehrer und über jeden Ausbilder und allem drum und dran. Mit weitem Abstand, ja. Also ich würde sagen, man kann einen Trainer, den man duzt und mit dem man auch gut klarkommt, den fragt man auch mal nach anderen Problemen; der ist schon älter, der hat seine Erfahrung schon gemacht, der hat seine Lehre oder seine Schule hinter sich, und ist nun vielleicht im Beruf oder im Studium und wenn man den jetzt fragt, ja wie hast du das denn damals angefangen und man geht schon auf ihn zu und fragt auch schon mal nach privaten Problemen" (367–374).

Paul hat sehr konkrete Vorstellungen von den Beweggründen, die Jugendtrainer zu der Übernahme eines derartigen Amtes motivieren.

P.: „Jugendtrainer machen so einen Job, weil z. B. diese Leute auch in ihrem Sport, den sie schon seit Jahren, sagen wir mal, man hat jetzt einen älteren Übungsleiter, der vorher auch Jugendhandball betrieben hat, daß der nun Nachwuchs in seinem Sport haben möchte, in dem Sport, den er schon seit Jahren selber getrieben hat, daß der nun auf gut Deutsch gesagt vor die Hunde geht, und dadurch versuchen Leute, sich diese Aufgabe ans Herz zu legen, sich mit Jüngeren, wie ich auch, diesen Sport zu betreiben und die dann weiter aufzubauen und auch in diesen Sport einzuführen" (439–446).

Der „ideale" Jugendtrainer muß für Paul sportliche Kompetenz mit pädagogischem Geschick in Einklang bringen.

P.: „Also Pädagoge, reiner Pädagoge wäre vielleicht etwas schlecht. Reiner Sportoder Handballübungsleiter wäre auch schlecht. Also ich meine 75 % Handball und 25 % Pädagoge, der sich auch ein bißchen einfühlsam in die Leute reinsteigern kann. Daß man vielleicht auch weiß, was die einzelnen Personen für Probleme haben, z. B. wenn es körperliche Probleme gibt, daß sie mit der Leistung der anderen nicht ganz zu vergleichen sind, daß sie etwas hinten liegen. Sich dann um diese Leute besonders oder etwas mehr zu kümmern, damit die nicht gleich den Kopf hängen lassen und sagen, ja also Klasse, der kümmert sich immer nur um die Besseren und läßt uns dann so ein bißchen hängen" (450–459).

Für die langfristige Bindung von Jugendlichen an den Verein ist der Jugendtrainer von entscheidender Bedeutung.

P.: „Im Jugendbereich, ein guter Trainer oder Übungsleiter, der zeichnet sich bestimmt dadurch aus, daß die Leute nicht nach ein oder zwei Jahren weglaufen, sondern daß die Leute weiterhin unter ihm weiter machen wollen, weitere

Jahre und danach irgendwie im Seniorenbereich auch noch weiter zu spielen. Und wenn die Leute nicht mitziehen oder zufrieden und einverstanden sind, dann verlassen sie entweder den Verein oder man sagt es dem Übungsleiter und man versucht dann irgendwie anders mit ihm klarzukommen (430–437).

4.2 Bewertung der Erziehungsstile

Mit den in der Regel durchaus autoritären Führungsstilen von Jugendtrainern hat Paul keine Probleme.

P.: *„Also ich meine ein Trainer z. B., der während des Spiels was zu sagen hat und in der Pause und überhaupt, der muß schon durchgreifen können. Wenn er immer nur so ein bißchen nebenbei und nimmt sich jeden einzeln vor, das ist irgendwie nicht das richtige. Er muß schon mal aus sich herauskommen und sagen, so Jungs jetzt müßt ihr aber mal. Er muß auch mal Leistung fordern und die Leute ein bißchen anschreien" (379–384).*

4.3 Zur Fluktuation von Übungsleitern

Obwohl viele Jugendliche immer wieder die hohe Fluktuationsrate „auch" bei Übungsleitern in den Sportvereinen beklagen, kann Paul auf eine äußerst geringe Anzahl von Übungsleitern verweisen, die ihn betreut haben.

P.: *„Also die ersten zwei Grundjahre, die E-Jugendjahre, habe ich einen Trainer gehabt, der uns erst aufgebaut hat, also uns persönlich aufgebaut hat, uns in diesen Sport eingebracht hat. Den haben wir dann mit Beginn der D-Jugend gegen einen jüngeren und leistungsfähigeren, sagen wir mal besseren Handballspieler eingetauscht, der uns auch mehr beigebracht hat, uns auch mehr gesteigert hat im Können und in der Leistung. Und jetzt in der 1. Mannschaft wird, ja diese Grundvoraussetzung wird eigentlich in der Jugend hochgetrieben, und in der 1. Mannschaft versucht man das zu halten, was man hat". (393–403).*

5. Inhalte sportlicher Jugendarbeit

5.1 Essentials

Training und Spiel bilden die Hauptinhalte der sportlichen Jugendarbeit.

P.: *„Training und Wettkampf, wir haben zweimal in der Woche Training, in der Saison haben wir am Wochenende immer Spiel, wir haben unser Pfingstfest, wir haben die Sportwerbewoche, wo auch Jugendsport auf Rasensportplätzen betrieben wird. Wir haben auch andere Turniere, dann Fahrten, wir haben für die Jugend immer eine Winterfahrt zum Supercup, der alle zwei Jahre in Dortmund stattfindet. Und wir machen in den Jahren dazwischen, also zwischen den zwei Jahren eine Fahrt nach Lemgo, als Weihnachtsfahrt auch. Dann hatten wir auch einmal ein Zeltlager am Dümmer und Ostern immer Ostereier-*

suchen für die Jüngeren und kleineren Jugendlichen. Und ich meine Zeltlager, das könnte man immer wieder in Angriff nehmen, weil das immer ein bißchen bindet, also als Gemeinschaft" (503–513).

5.2 Stellenwert überfachlicher Themen und Inhalte

Überfachliche Themen, wie z. B. Menschenrechtsfragen oder ökologische Risikopotentiale spielen in Pauls Verein überhaupt keine Rolle.

P.: „Ich würde sagen, solche Probleme, die versucht man im Sport immer so ein bißchen wegzuräumen. Also, ich meine, daß nun wegen so einer Sache der Sport zurückfällt, daß da irgendwelche Sportsachen ausfallen wegen dieser Golfkrise, z. B., daß irgendwelche Länderspiele oder Fußballspiele ausfallen, finde ich eigentlich nicht korrekt, weil es schon schlimm genug ist, was man im Fernsehen sieht. Und die Nachrichten bringen immer solche Sachen wie Ölpest und Katastrophen und so. Und wenn da mal erfreuliche Bilder zwischen sind oder sportliche Bilder, dann wär das doch mal eine Auflockerung. Man darf diese Katastrophen natürlich nicht vergessen, das ist schon richtig. Nur man sollte nicht nur damit leben, irgendwann bricht man unter diesem Streß dann zusammen" (517–527).

5.3 Bedeutung informeller Anschlußaktivitäten

Informelle Anschlußaktivitäten sind für Paul von außerordentlicher Bedeutung.

P.: „Also, ich habe nun zwei Cliquen, wenn man das so nennen will. Das ist einmal die Mannschaft, und einmal der Freundeskreis aus dem Jugendbereich mit Freundinnen und so. Und Freitags nach dem Training gehen wir immer noch in die Spielersitzung, essen und trinken auch etwas. Und danach wird dann am Wochenende noch mit Freunden weggegangen. Jetzt z. B. am Wochenende haben wir eine Geburtstagsfeier von Sportkameraden. Diese Feier nutzen wir dann auch zur Abschlußfeier der Saison. Und wenn jetzt ein Sportkamerad Geburtstag hat, dann trifft man sich eben da und veranstaltet etwas gemeinsam" (532–546).

6. Vereinssportliches Engagement und Bedeutung der Gleichaltrigengruppe

6.1 Sportliche Leistung und Gruppenstatus

Obwohl das Konkurrenzdenken bei Jugendlichen im Sport extrem ausgeprägt ist, sollte das „Miteinander" und „Füreinander" nicht vernachlässigt werden.

P.: „Also, wenn man jetzt die Jugendlichen untereinander nimmt, die versuchen alle, irgendwie Sport zu treiben, der eine besser, der andere schlechter. Und man sagt vielleicht aus Scherz mal, daß Frauenhandball, das sieht ein bißchen komisch aus, aber warum nicht. Jeder versucht es eben und jeder muß damit *durchkommen. Und ich meine, man sollte sich nicht gegenseitig herunterputzen, also den Schneid oder die Lust nehmen. Man sollte sich untereinander helfen und sich gegenseitig ein bißchen hochpowern, daß man es schafft, da durchzukommen"* (306—314).

Jenseits der sportlichen Rangfolge, die besonders in der „Jugend" eindeutig definiert war, existieren relativ diffuse Hierarchiemuster sozialer Kompetenz.

P.: *„Ja also, es sah immer etwas komisch aus. In der Jugend haben sich bei uns immer zwei, drei Leute immer die Tore geteilt. Wenn 18 Tore gefallen waren, dann hieß es immer, der P . . . hat sieben geworfen, die anderen haben fünf und der hat drei und der zwei. Also von der Leistung, von der Stärke war das wohl immer aufgeteilt. Wenn es aber zum lustigen Teil überging, vom Aussehen der einen und vom Verhalten so, also da lag man da schon ein bißchen hinten an. Es teilte sich jedesmal"* (594—601).

6.2 Sportliche Leistung und Selbstkonzept

Paul steht uneingeschränkt hinter dem Leistungsprinzip.

P.: *„Jeder sollte das Beste geben, was er kann. In der Mannschaft wird von jedem verlangt, ja, sagen wir mal das Beispiel 1. Mannschaft. Wenn man da die Leistung nicht bringt, könnte es einem passieren, daß man in die zweite Mannschaft versetzt wird oder daß der Trainer auf einen zukommt und sagt, ja also, die Leistung für die 1 Mannschaft ist nicht mehr da, es gibt stärkere, es gibt bessere, dann sollte man doch dieses Angebot für die 2. Mannschaft annehmen"* (579—588).

Die unmittelbare Gratifikation sportlicher Leistungen sind für ihn von entscheidender Bedeutung.

P.: *„Also ich finde es jedesmal schön, wenn man nach Hause kommt und man hört von seinen eigenen Eltern, hast wieder gut gespielt und es war ganz Klasse. Also es ist besser, als wenn man nach Hause kommt und alle gucken einen mit einem langen Gesicht an. Und auch, wenn man aus der Halle kommt und da stehen noch welche und unterhalten sich und sagen, es war ein Superspiel, habt ihr gut gemacht, und ich finde, man sollte nicht einzelne Personen hervorheben, vielleicht auch wenn die es entschieden haben, also es ist immer eine Mannschaft"* (605—613).

Im Gegensatz zu besonderen Leistungen in Schule und Beruf haben sportliche Leistungen einen sehr persönlichen Charakter.

P.: *„Das angenehme und schöne an der sportlichen Leistung ist, daß man immer wieder hört, ja, hast du gut gemacht, hast du toll gemacht. Wenn man in die eigene Familie kommt, und die sagen ja, hast wieder gut gespielt, oder wenn die auch mal sagen, war heute nicht so Klasse, vielleicht wird es nächstes Mal besser, oder was kannst du dagegen machen oder was könnt ihr daran machen. Da wird die Mannschaft gesehen und ich meine, die eigene Familie kann im Beruf oder in der Schule nicht helfen, weil sie davon zu weit von entfernt ist.*

Da steht vom Elternteil keiner neben einem in der Firma und sagt, die Schraube mußt du anziehen und da kannst du noch etwas besser machen. Da ist man auf sich selbst gestellt" (678–691).

7. Einbindung in die Institution Verein

7.1 Aktuelle Problembereiche und Stellenwert der Jugendarbeit

Paul bemängelt besonders die rückläufige Bereitschaft von einem Großteil der Vereinsmitglieder, Funktionen im Verein zu übernehmen.

P.: „Es möchten immer mehr Leute in den Verein hinein, nur keiner möchte die Verantwortung übernehmen diesen zu führen. Also, wir haben jetzt gut 500 Mitglieder, und wenn ich da sehe, daß sieben den Vorstand bilden und über diese 500 entscheiden müssen, daß sich da keiner findet, der sagt, ja ich möchte auch die Leitung mit übernehmen, das ist dann schon ein bißchen schwach. Die Leute wollen immer mehr tun, aber Verantwortung dann auch zu übernehmen, das ist dann so eine Sache" (216–223).

Für Paul macht sich leider immer mehr eine gewisse Form von Konsumentenhaltung breit.

P.: „Zum Beispiel haben wir ja bald Pfingsten und da braucht man Leute für die Bier- oder Würstchenbuden, die sich mal für zwei, drei Stunden dahinterstellen und sagen, o. k. ich mache das jetzt. Man merkt schon, wenn der Festausschuß herumgeht und fragt, ja, wollt ihr nicht mal, macht ihr nicht mal, und dann sagen viele Leute, oh Pfingsten, da stellen wir uns lieber vor die Bierbude und trinken einen, anstatt sich dahinter zu stellen und die Leute zu bedienen. O. k., jetzt haben wir gesagt, die Jugend müßte so langsam mal rankommen, und ich mache es jetzt eben auch mit meinen Freund Samstag Abend Pfingsten von 19 Uhr bis es eben zu Ende ist, machen wir da die Theke. Ich meine nur, es sind 500 Leute im Verein und es werden sich mehr finden müssen als nur die erste oder zweite Mannschaft oder der Vorstand" (227–238).

Die Eltern von vielen Kindern und Jugendlichen wählen immer mehr den Verein nach „leistungssportlichen Gütekriterien" aus.

P.: „Sagen wir mal so, der TuS Jöllenbeck spielt weit höher als unsere 1. Mannschaft. Dieses deutet gleich wieder auf die Leute hin, die nun sagen, es liegt viel an den Eltern, die sagen, die vom TuS, die spielen nun so hoch und die vom VfB Jöllenbeck, die liegen nun etwas weiter unten. Da wird die Jugendarbeit beim TuS auch besser sein und da schicken wir unsere Kinder mal zum TuS Jöllenbeck. Und Leute, die jetzt im Verein z. B. meinen Vater besser kennen, die Leute aus der 1. Mannschaft, die überhaupt nur im Verein sind, die fragen sich natürlich, wo ist es denn nun besser. Riskiere ich jetzt die Freundschaft zu meinen anderen Freunden und gebe mein Kind zum TuS oder riskiere ich lieber gar nichts und lasse mein Kind auch im VfB Jöllenbeck spielen, da, wo es auch gute Trainingsarbeit erwartet oder erwarten kann" (836–856).

Für Paul liegt die Hauptaufgabe der Jugendarbeit der Vereine darin, den leistungssportlichen Apparat durch geeignete Nachwuchsspieler zu reproduzieren.

P.: *„Ja also, der Verein versucht, durch seine Jugendarbeit Spieler oder eine ganze Mannschaft in den Seniorenbereich zu bekommen und mit dieser Mannschaft erfolgreich zu sein. Und dabei würde ich sagen, ist der Stellenwert jedes Vereins, nicht nur unseres Vereins, sondern auch von dem TuS und wie sie alle heißen, Lemgo und so, ist die Jugendarbeit doch nun in jedem Verein sehr wichtig. Und um da seine eigenen Leute hochzuziehen und das Beste daraus zu machen"* (718–724).

7.2 Identifikation mit den Vereinszielen

Obwohl das pädagogische Moment dabei ein Stück weit auf der Strecke bleibt, steht Paul relativ kritiklos hinter diesen Organisationszielen.

P.: *„Das ist schwer, dem Verein ist der gute Spieler vielleicht wichtiger. Der Mensch vielleicht, kommt ganz darauf an, wie man ihn sieht, ob er nun, also, die schulischen oder beruflichen Leistungen interessieren den Verein bestimmt nicht. Kann man bestimmt glatt raussagen, daß es dem Verein nur darum geht, den Spieler zu haben und diesen Spieler, der es nun wirklich beherrscht, auch zu halten und weiter durchzuziehen oder mitzunehmen"* (727–733). *„Um so höher der Verein spielt, um so besser ist es". „Der ganze Verein sollte dafür arbeiten, weil, ich meine, wenn die 1 Mannschaft hoch spielt, ist auch mehr Zulauf im Verein"* (941–942).

Seine eigenen sportlichen Zukunftspläne orientieren sich sehr stark an typischen leistungssportlichen Karriere-Modellen.

P.: *„Nach Zielen und Wünschen ist nach oben hin eigentlich keine Grenze gesetzt. Man versucht gut zu werden und immer weiter hochzuziehen, bis es eben nicht mehr geht. Ich wünsche mir schon, irgendwann mal in der 1. Bundesliga zu spielen, nur dieser Wunsch hat sich doch etwas abgeflacht. Früher in der Jugend war es etwas mehr. Dann weiß man, es gibt Bessere, es gibt Stärkere als man selbst und man ist mit dem zufrieden, was man erreicht hat"* (616–622).

7.3 Bindung an den Verein

Pauls Bindung an seinen Verein ist „noch" ungebrochen.

P.: *„Ja, den Verein verlassen, das ist so eine Sache. Also mein Vater ist 1. Vorsitzender im Verein und sehr engagiert und man schaut auf ihn hoch und ja, man zieht sich an ihm hoch. Man sagt, der P. ist immer noch aktiv, und ich habe schon mit meinem Vater darüber gesprochen, und er sagte, er würde mir keinen Stein in den Weg legen, und wenn ich zu einem anderen Verein wechseln würde. Er sah auch die Jugendspiele und sah auch, daß ich etwas besser als die anderen war und hat mir auch schon die Frage gestellt, ob ich nicht mal wechseln wollte. Da hab ich ihm gesagt, daß ich das nicht möchte, weil die Leute* *ihn dann angucken würden und sagen, du läßt deinen Sohn wechseln und wir sollen unsere Kinder, die vielleicht auch ein bißchen besser sind, im Verein halten" (625—638).*

Obwohl Paul bei höherklassigen Vereinen bessere Entwicklungschancen besäße, lassen ihn die sehr starke sozial-moralische Milieubindung und die Angst vor potentiellen Stigmatisierungstendenzen im Umfeld des Vereins bisher noch von einem Vereinswechsel absehen.

P.: *"Meine Zukunft verbauen, eigentlich nicht, vielleicht ein wenig einschränken. Wenn ich jetzt ein Angebot bekommen würde, in der 1. Mannschaft und also in der Jugend wollte ich überhaupt nicht wechseln. Da war mir der Freundschaftskreis und so, der war mir da zu groß und im Moment, die Leute in der 1 Mannschaft, das sind auch alles gute Freunde, die man von früher kennt. Also es wäre schwer, da herauszukommen. Und wenn ich mal wechseln sollte, dann möchte ich diese Freundschaft eigentlich nicht aufgeben" (658—660).*

Im Gegensatz zu früher hat sich dieses traditionelle „Ausschlußdenken" aber schon ein Stück weit verflüchtigt.

P.: *"Früher kam das Denken immer noch viel extremer rüber, in Jöllenbeck ist es so, daß man drei Vereine hat, CVJM, TuS Jöllenbeck und VfB Jöllenbeck. Und für mich war in der Jugend, war der TuS ehrlich gesagt, immer ein rotes Tuch. CVJM, die waren kirchlich angehaucht, das soll nichts gegen die Kirche heißen, sondern ich kam mit den Leuten vom CJVM nie klar, also habe ich mich auch nicht mit denen beschäftigt und beim TuS, mit denen hatten wir mal geredet, aber nie so auf Freundschaftsbasis, sondern immer nur so als Gegner auch gesehen auf Turnieren, wo man sich öfters getroffen hat. Und dann immer gesagt, also vom TuS, das ist so ein bißchen eine andere Welt" (665—674).*

Parallel zur leistungssportlichen „Karriere" engagiert sich Paul mittlerweile selbst in der Jugendarbeit.

P.: *"Also ich habe nun Jugendarbeit im Verein übernommen und das bindet doch eine ganze Menge. Und ich würde auch, wenn ich später kein Handball mehr spiele, trotzdem in dem Verein bleiben" (745—747).*

Das ständige „Kommen und Gehen" in den Jugendabteilungen seines Vereins hält er für ein typisches Phänomen unserer Zeit.

P.: *"Also wenn man jetzt z. B. ein Bild aus der E-Jugend nehmen würde und die Leute da aufzählen und ein Bild aus der A-Jugend nehmen würde, dann wären da mehr Abgänge als dazugekommen sind. Beeinflußt vielleicht durch Umzug, daß die Leute weggezogen sind, vielleicht auch daher, daß die Leute keine Lust mehr hatten, daß die Leute mit dem Sport, wie er nun da war, nicht zurechtkamen, daß die Eltern gesagt haben, wir nehmen lieber unser Kind heraus, weil es dem Kind nichts bringt" (772—780).*

Außerdem lassen sich eben nicht alle Jugendliche für den Vereinssport langfristig begeistern.

P.: „*Es ist schwer. Ja, die haben eben keine Lust auf Leistung, die hängen vielleicht lieber herum oder gucken den ganzen Tag Fernsehen oder sind mit schulischen Aufgaben beschäftigt. Also irgendwie haben die Angst vor ihrer eigenen Leistung würde ich sagen*" *(865—868).*

7.4 Möglichkeiten der Attraktivitätssteigerung

Die frühzeitige Einbindung von vielen Jugendlichen in die demokratischen Entscheidungsstrukturen des Vereins hält er für einen entscheidenden Schritt in die richtige Richtung.

P.: „*Ja aber, da sieht es bei uns momentan sehr schlecht mit aus, wir haben keinen Jugendvorstand mehr*" *(791—792).* „*Früher hatten wir einen. Der Jugendvorstand war da, wurde dann aber nicht weitergeführt, weil sich da keine Leute gefunden haben. Also, ich hätte es mit zwei Freunden, wenn wir uns den Vorstand geteilt hätten, hätten wir gerne gemacht und da muß ich dem Vorstand ein bißchen den Vorwurf machen, daß die sich um so etwas nicht gekümmert haben. Aber es fängt da schon an, daß es schwer ist, Leute zu finden, um diese Verantwortung zu übernehmen. Die die Planung für die Fahrten, für die Weihnachtsfeier übernehmen. Ja das war früher viel besser*" *(794—810).*

Eine weitere Steigerung der Attraktivität des Vereinssports wäre für ihn durch die Verbesserung der Hallenkapazitäten und eine deutliche Intensivierung von informellen Anschlußaktivitäten zu erreichen, bei denen bisweilen auch die verschiedenen Vereinsgenerationen aufeinander treffen könnten.

P.: „*In Jöllenbeck ist es schwer, mit drei Vereinen die Trainingszeiten zu kriegen. Daß man sich mit mehr Trainingszeiten besser dem Sport widmen kann und mehr auch an die Leute herankommt. Daß man z. B. mehr Fahrten macht, also über das Wochenende, wenn spielfrei ist. Daß man diese Zeit vielleicht nutzt, andere Handballspiele anzugucken oder über das Wochenende Zelten zu fahren mit den Leuten und irgendwie mehr Gemeinschaft da reinbringt, nicht alles so nur auf das Training und das Spiel zu beziehen*" *(823—830).*

Zunehmenden Versuchen, durch eine Erweiterung der „Angebotspalette" den Verein für breite Kreise attraktiver zu machen, steht er eher skeptisch gegenüber. Sein Verein sollte weiterhin um eine „Identität" als erfolgreicher und attraktiver Handballverein bemüht sein.

P.: „*Also Großvereine, die haben bestimmt auch mehrere Abteilungen, wie z. B. Schwimmen, Leichtathletik, Tennis. Und wo es mehr Sportarten gibt in einem Verein, gibt es auch mehr Zulauf. Das hat jetzt nichts mehr mit Handballspielen allgemein zu tun, denn wenn ich einen Handballverein habe, dann habe ich da eben hauptsächlich nur Handballer drin und der Zulauf ist nicht so groß. Und die Jugendarbeit ist vielleicht so gut, wie die 1. Mannschaft spielt, um so besser die 1. Mannschaft spielt, um so mehr Leute laufen da vielleicht auch hin oder kommen auch und wollen sehen, ja okay, die spielen so hoch, vielleicht schaffe ich das auch mal. Und das da mal welche abspringen und wieder welche zukommen, das ist nun der Wechsel der Jahre*" *(946—956).*

7.3.3 Interview mit Christine, 23 Jahre alt, BWL-Studentin, ehemalige Handballspielerin

1. Der Weg in den Sportverein

1.1 Sozialmoralische Milieubindung und Vereinsengagement

Durch eine gezielte Werbekampagne in der Schule wird Christine auf den Vereinssport aufmerksam.

C.: *„Also, begonnen hat alles, als ich im Alter von acht Jahren in der dritten Klasse von älteren Handballern angesprochen wurde, eine Nachwuchsgruppe zu gründen. Vier weitere Klassenkameradinnen und ich haben uns dann entschlossen, in den Handballverein zu gehen"* (3–6).

Christines Vater unterstützt ihr Engagement nachhaltig.

C.: *„Mein Vater war früher auch Handballspieler, war also auch sehr aktiv und hat mich unterstützt"* (11–12).

Der Verein, dem Christine beitritt, liegt in unmittelbarer Nähe ihres Elternhauses.

C.: *„Es war von zu Hause mit dem Fahrrad fünf Minuten. Es war also sehr zentral gelegen"* (19–20).

Christines Verein rekrutiert seine Mitglieder vorwiegend aus der näheren Wohnumgebung.

C.: *„Größtenteils waren es, wie gesagt, Schulkameradinnen und die weiteren Mannschaftsmitgliederinnen wohnten halt in unmittelbarer Umgebung, da es halt ein Vorort von Minden war, der räumlich sehr begrenzt war und man sich so vom Sehen kannte, wenn man nicht sogar zur gleichen Schule gegangen ist"* (48–52).

Christine ist als einziges Familienmitglied im Sportverein engagiert.

C.: *„Aus meiner Familie war sonst keiner im Verein organisiert"* (24).

1.2 Karriere als Sportlerin

Nach kleineren Anpassungsproblemen findet sich Christine im Verein schnell zurecht.

C.: *„Am Anfang war der Einstieg für mich recht schwierig, weil ich vorher überhaupt nicht sportlich aktiv gewesen bin und vor allen Dingen auch dieses disziplinierte Verhalten beim Durchführen von Übungen, das kannte ich halt nicht, daß man sich irgendwie dem Trainer unterordnete. Mit der Zeit hat sich das aber gebessert und auch die Leistungssteigerung wurde immer größer"* (59–64).

Christine ist bald vom (Handball-)Sport im Verein begeistert.

C.: *„Also, zum ersten hat mir der Sport selber gefallen und die Zusammensetzung von Laufen, Schnelligkeit, der Umgang mit dem Ball, Wendigkeit und auch das Kämpferische und das Zusammenspiel in der Mannschaft, was auch die*

Kommunikation zwischen mir und den anderen Mitspielern halt begünstigt hat und es mir auch leichter gemacht hat, mit anderen oder Gleichaltrigen umzugehen, mich in dieser Gruppe einzuordnen und sich auch positiv auf mein Verhalten in der Schulklasse ausgewirkt hat" (28—34).

1.3 Entwicklung spezifischer Sinnpräferenzen

Im Laufe ihrer vereinssportlichen Karriere haben sich spezifische Sinnpräferenzen herausgebildet.

C.: *"Also das erste, was mir am wichtigsten war, das war, daß ich halt selber eine gute Leistung erreiche, und die von anderen anerkannt wurde. Also von meinen Mitspielerinnen und auch von den Zuschauern, Eltern und vom Trainer, der mir auch als Bezugsperson wichtig war. Und zweitens war für mich wichtig, daß man sich durch den Sport abreagieren konnte, daß man da einen Ausgleich hatte zur Schule z. B. oder auch manchmal Aggression, die man hatte, dadurch, daß man körperlich unheimlich beansprucht wurde, einfach abgebaut hat. Und als drittes natürlich auch ganz wichtig, halt das Zusammenspiel mit den Freunden, das verbindet einen und das brachte einen auch irgendwie näher"* (88—96).

Neben den sportlichen Inhalten gewinnen mit zunehmendem Alter auch diffuse Formen von Geselligkeit an Bedeutung.

C.: *"Vorrangig war bestimmt der Aspekt, daß halt meine engsten Freundinnen mit in diesem Verein waren und daß man, wenn man dort hinging, eben nicht nur Sport machen konnte, sondern halt auch mit den Freundinnen zusammentraf. Das war ein Zeitpunkt, wo man sich mit den anderen traf und austauschte, und die Regelmäßigkeit halt auch, daß man von zu Hause aus auch keine Erlaubnis brauchte, um mit den Freunden etwas zu machen"* (39—44).

Durch ihr Engagement im Sportverein konnte Christine ihre (allgemeine) sportliche Kompetenz enorm verbessern.

C.: *"Ich hab mich nachher so gesteigert, daß ich eine außerordentlich gute Leistung erbracht habe, auch innerhalb der Mannschaft, aber auch in allen anderen Sportarten. Das Erlernen von anderen Sportarten habe ich unheimlich leicht empfunden, ich habe eine gute Koordination und Kondition bekommen und auch das Durchsetzungsvermögen ist gegenüber anderen Leuten gestärkt worden"* (76—81).

2. Bedeutung und Stellenwert des Vereinssports im Alltag

Für Christine hatte der Vereinssport „damals" einen sehr hohen Stellenwert.

C.: *"Also für mich kam der Sport unmittelbar nach der Schule. Das lag daran, daß ich zweimal trainiert habe, dann am Wochenende oftmals lange Turniere waren oder Spiele"* (101–103).

2.1 Der Vereinssport im Ensemble anderer Gelegenheiten des Sports

In ihrer Freizeit betrieb Christine ausschließlich Sport im Verein.

C.: "Also, solange wie ich in dem Verein war, habe ich nebenher keinen Sport gemacht außer dem Schulsport" (111—112).

2.2 Der Verein als soziales Unterstützungsnetzwerk

Im Umfeld des Vereins hat Christine wichtige soziale Erfahrungen gesammelt.

C.: "Also direkt der Verein nicht, aber indirekt hat mich der Verein schon irgendwie gefördert" (117—118).

Ihre soziale Kompetenz ist durch ihr Vereinsengagment deutlich gefördert worden.

C.: "Soziale Kompetenz ja sicher, sich unterzuordnen, dann die Willenssteigerung, also die Willensbildung, Ziele konsequent zu verfolgen, was sich dann auch auf andere Bereiche auswirkt, das Durchsetzungsvermögen" (463—465).

Besondere Gefährdungspotentiale im Umfeld des Vereins gab es für Christine kaum.

C.: "Ja, ich weiß nicht, ob Gefährdung ein bißchen extrem ausgedrückt wäre. Was auf alle Fälle kam, war, daß in der Pubertätszeit, das Training war am Abend, da die Trainer berufstätig waren, daß wir an diesen Tagen etwas länger ausbleiben konnten und es fing dann so an, daß die Freunde von den einzelnen Mannschaftsmitgliedern dann halt vor oder nach dem Training vor den Hallen warteten und da wurde dann auch geraucht, weil die halt draußen standen und warteten, bis die Mädchen rauskamen" (305—311).

Mit Alkohol oder Drogen ist Christine so gut wie gar nicht in Kontakt gekommen.

C.: "Drogen überhaupt nicht und Alkohol, vielleicht Bier. Aber es war meistens so, daß das nur die Jungens gemacht haben. Wir Mädchen haben damit keinen Kontakt gehabt" (313—315).

2.3 Juventalisierungs- und Versportlichungstendenzen

Der derzeitigen „Versportlichungswelle" steht Christine eher distanziert gegenüber.

C.: "Ich würde sagen, daß die Motivation und Zielsetzung, warum jemand Sport treibt, heute sehr differenziert ist gegenüber dem, was früher jemanden dazu bewegt hat, in einen Verein einzutreten. Heute gibt es verschiedene Modewellen und Trends, die jemand verfolgt, gar nicht so sehr, weil es seine eigene Persönlichkeit oder seinen Bedürfnissen entspricht, sondern scheinbar doch eher, um sich einer bestimmten Gruppe anzuschließen und es gibt bestimmte Schablonen, an denen Leute halt erkennen können, welche Gruppe, welche Sportart sich wie kleidet und wo in den Urlaub fährt. Daran orientieren sich viele und wählen danach ihren Sport aus" (129—137).

Für Christine hat der Sport selbst absolute Präferenz.

C.: "Ich selber bin mehr an dem Sport interessiert, und an dem, was er mir persönlich bringt" (141—142).

3. Schulsport versus Vereinssport

3.1 Vergleich der Lernleistungen

Die Lernleistungen im Verein schätzt Christine sehr hoch ein.

C.: „Also, der Schulsport beschränkte sich ja meistens darauf, daß man kurzzeitig verschiedene Sportarten halt angelernt bekommt, daß man eine Einführung bekam, während der Vereinssport halt mehr in die Tiefe ging. Man betrieb ausnahmslos nur eine Sportart und versuchte da, sich immer mehr zu perfektionieren . . . Auf alle Fälle ist der Vereinssport effektiver, weil er halt konzentrierter ist. (148–155).

3.2 Fertigkeitsniveau und Sportengagement

Für ein langfristiges sportliches Engagement ist das erreichte Fertigkeitsniveau von zentraler Bedeutung.

C.: „Für mich hat die Kompetenz eine enorme Bedeutung für mein Engagement und die Motivation in diesem Sport" (164–165).

3.3 Sportlehrer versus Übungsleiter

Die sportfachliche Kompetenz der Übungsleiter im Verein stellt Christine über die der Sportlehrer.

C.: „Also es gibt gute und schlechte Sportlehrer. Aber generell würde ich sagen, daß der Trainer im Verein für seine Sportart auf alle Fälle der kompetentere ist" (158–160).

Der Jugendtrainer im Verein ist viel näher am Menschen als der Sportlehrer.

C.: „Also der Trainer im Verein achtet halt auch auf die Konstellation in der Mannschaft selber, der einzelnen Persönlichkeiten, die in der Mannschaft gegeben sind und wie die am besten aufeinander eingespielt werden . . . Er ist einfach näher am Menschen. Das kommt aber auch daher, weil die Zahl der Teilnehmer oder der Mitspieler einfach geringer ist als die in einer Klasse, und in einer Mannschaftssportart z. B. hat jeder Spieler seinen angestammten Platz und das ist bei einem Schulsport, der allgemeines Wissen vermitteln soll, halt nicht der Fall, weil jeder mal auf jeder Position spielt und ausprobiert haben muß" (168–177).

Während viele Sportlehrer zunächst einmal ihren Job machen, sind ein Großteil der Jugendtrainer eher mit „ganzem Herzen" engagiert.

C.: „Von meiner Seite aus hat sich das so dargestellt, daß mir der Trainer auf alle Fälle näher war als der Sportlehrer in der Schule. Kommt aber vielleicht auch daher, daß der Trainer von sich aus sehr bemüht ist, einen selbst an dem Sport zu halten, einen zu fördern, halt die ganze Mannschaft voranzubringen, während in der Schule, da muß man ja sowieso am Sport teilnehmen und jeder muß kommen und wird auch kommen, weil halt die Pflicht dazu gegeben ist" (182–188).

4. Der Übungsleiter als Bezugsperson

4.1 Der Übungsleiter in den Augen des Jugendlichen

Für Christine ist die „biographische Verbundenheit" zum Verein und zur jeweiligen Sportart das entscheidende Motiv für das Engagement der Übungsleiter.

C.: *„Ich stelle mir vor, daß es meistens Personen sind, die selber in diesem Sport aktiv gewesen sind und dann vielleicht zu alt gewesen waren oder vielleicht hat es zu viel Zeit gekostet, daß sie sich aber dennoch mit diesem Sport verbunden fühlten und deswegen halt eine Nachwuchsmannschaft aufbauen wollten und sich so einbringen wollten" (223—227).*

Die pädagogischen Fähigkeiten ihrer Jugendtrainer schätzt Christine recht hoch ein.

C.: *„Also, eine pädagogische Ausbildung hatten sie nicht, aber in meinem Fall war es so, daß sie ein gutes Gefühl dafür hatten, vielleicht durch die Kameradschaft, die sie früher im Vereinsleben erfahren haben und das hat sich halt günstig auf den Umgang mit Jugendlichen ausgewirkt" (230—234).*

Christine hat sehr konkrete Vorstellungen vom „idealen" Übungsleiter.

C.: *„Also, er müßte ein gutes Gefühl entwickeln für zwischenmenschliche Beziehungen, für Spannungen, die in einer Mannschaft zwischen den Spielern auftreten können, er muß auf den einzelnen eingehen können und vielleicht anhand von gewissen Merkmalen auch Persönlichkeiten analysieren können und wissen, wo er sie aufbauen kann, auf welche Art, das ist sicher bei jedem unterschiedlich, und für ihn auch den entsprechenden Platz innerhalb einer Mannschaft zu finden" (238—244).*

Eine besondere Bedeutung kommt der sportlichen Kompetenz zu.

C.: *„Also, die sportliche Kompetenz sollte auf jeden Fall möglichst hoch sein, wenn es halt darum geht, daß man bestimmte Ziele verfolgt, daß man nicht nur einfach just for fun spielt, um halt eine Sportart zu betreiben, sondern wenn man bestimmte Ziele gesteckt hat, daß man z. B. irgendeine Liga erreichen will, oder daß diejenigen, die in der Mannschaft sind und sich so stark mit dem Sport identifizieren, daß sie sagen, ich möchte mal in eine bestimmte Gruppe aufsteigen, daß er in diesem Verein die Möglichkeit findet, dort hingeführt zu werden" (248—255).*

4.2 Bewertung der Erziehungsstile

Obwohl ihre Übungsleiter durchaus auch autoritäre Erziehungsstile einsetzten, war für Christine „der Ton" immer angemessen.

C.: *„Ich habe es als okay empfunden, weil es halt darum geht, eine möglichst hohe Leistungssteigerung zu erzielen und das heißt, daß man halt immer wieder weitermacht und disziplinierter trainiert. Und die Form, wie ich es erfahren habe, die natürlich massiver war als beim Sportlehrer, habe ich als in Ordnung empfunden" (193—197).*

4.3 Zur Fluktuation von Übungsleitern

Eine Fluktuation von Übungsleitern gab es in Christines Verein nicht.
C.: „Das war in unserem Verein nicht der Fall. Ich habe während der ganzen sportlichen Aktivität in diesem Verein keine Trainerwechsel miterlebt, außer daß wir noch einen Zusatztrainer bekommen haben, aber es wurde kein anderer abgesetzt" (216—219).

5. Inhalte sportlicher Jugendarbeit

5.1 Essentials

Training und Spiel bilden die Essentials der Jugendarbeit.
C.: „Ja, Kernaktivität war natürlich das Training und die Spiele an den Wochenenden" (259—260).
Der zeitliche Umfang ist relativ hoch.
C.: „Pro Woche waren es acht Stunden" (263).

5.2 Stellenwert überfachlicher Themen und Inhalte

Überfachliche Themen und Inhalte fanden überhaupt keine Berücksichtigung.
C.: „Nein, gar nichts" (274).

5.3 Bedeutung informeller Anschlußaktivitäten

Informelle Anschlußaktivitäten waren wichtig, aber längst nicht ausreichend.
C.: „Feten oder derartiges haben wir nur einmal im Jahr gemacht; und die Weihnachtsfeier, das war sehr wenig. Wir haben aber auch noch eine A-Mädelmannschaft gehabt, die in einer höheren Liga gespielt hat, die oft zu Auswärtsspielen gefahren sind. Da wurden Busse organisiert und die haben wir dann auch noch begleitet" (264—267).

6. Vereinsengagement und Bedeutungsgewinn der Gleichaltrigengruppe

6.1 Sportliche Leistung und Gruppenstatus

Der sportlichen Leistung kommt innerhalb der Gruppe eine zentrale Funktion zu.
C.: „Die sportliche Leistung war von großer Bedeutung vor allem für die Anerkennung in der Mannschaft. Wer leistungsmäßig führte, der war auch in der Meinung führend, opinion leader, kann man ruhig so nennen und der hatte auch die Sympathien der anderen meistens sicher. Und um ihn herum konzentrierte sich auch das Spiel, das baute darauf auf" (279—283).

6.2 Sportliche Leistung und Selbstkonzept

Leistungen im Sport haben für Christine auch nach dem Ende ihrer Vereinskarriere immer noch einen herausragenden Stellenwert.

C.: *„Also sportliche Leistungen, die ich heute erbringe, ist für mich immer noch wichtig und ich versuche auch noch, meine Leistung zu steigern . . . Früher im Verein war sie mir ebenso wichtig, vielleicht noch mehr, weil man halt da innerhalb dieser Mannschaft immer noch zusätzlich um die Führungsstellung gerangelt hat. Und auch um die Anerkennung der Außenstehenden"* (320—326).

6.3 Verarbeitungsleistungen in der Sportgruppe

Neben der sportlichen Leistungsfähigkeit gewinnen mit zunehmendem Alter allerdings auch Ästhetik, Schönheit und soziale Kompetenz an Bedeutung.

C.: *„Die weibliche Perspektive spricht natürlich das äußere an . . . Das war altersabhängig. Also ganz zu Anfang, bis elf, zwölf Jahre, war es halt so, wer gute sportliche Leistungen hatte und wer lustig war, und wer hübsch war, der hatte auch die Sympathien der anderen sicher. Als wir dann so dreizehn, vierzehn waren, wer da hübscher war, der mußte schon eine große soziale Kompetenz haben, um trotzdem noch der Liebling innerhalb der Gruppe zu sein. Weil, da war auch viel Neid dabei"* (289—299).

7. Einbindung in die Institution Sportverein

7.1 Aktuelle Problembereiche und Stellenwert der Jugendarbeit

Mangelnde Sensibilität für die spezifischen Bedürfnisse und Entwicklungsprozesse von Mädchen und jungen Frauen im Vereinssport stellen für Christine entscheidende Schwachstellen in der Jugendarbeit dar. Während die sportliche Leistungsförderung mit zunehmendem Alter immer mehr in den Mittelpunkt des Vereinsinteresses rückt, wird den komplexen Interaktionen innerhalb der Sportgruppe und den individuellen Umorientierungen nur wenig Beachtung geschenkt. Um den talentierten Nachwuchs längerfristig zu binden, wird seitens des Vereins ein effektives Anreizsystem institutionalisiert.

C.: *„Ja, man konzentrierte sich halt vor allen Dingen auf die Ausbildungsstellen. Damals war es sehr knapp mit Ausbildungsstellen und es gab verschiedene größere Unternehmen in Minden, wo halt Leute beschäftigt waren, die wiederum Kontakt zu dem Verein hatten und an einflußreichen Stellen auch saßen und somit Ausbildungsplätze als Anreiz anbieten konnten. Daß man halt nicht nur bei dem Sport blieb und dann in Aussicht gestellt bekam, wenn man zu der und der höheren Damenmannschaft wechseln würde, daß man dann in der und der Firma eine Ausbildungsstelle bekommt"* (444—452).

7.2 Identifikation mit den Vereinszielen

Für Christine hat die Jugendarbeit im Sportverein eine zentrale Funktion.

C.: „Ja, einfach um den Bekanntheitsgrad des Vereins zu erhalten; natürlich über die sportliche Leistung, um immer wieder für Nachwuchs zu sorgen, damit der Verein in allen Tabellen vertreten ist" (436—439).

7.3 Bindung an den Verein und weiteres Sportengagement

Im Alter von ca. vierzehn Jahren entstehen zum ersten Mal innerhalb der Sportgruppe ernste Konflikte.

C.: „Also, daß halt Freundinnen, die dicke Freundinnen auch außerhalb des Sportvereins waren, sich dann halt auf jemand anders konzentrierten, daß es andere Cliquenwirtschaften gab. Es kam unter Umständen vor, daß die einen auch mehr Freiheiten von zu Haus hatten, während andere von zu Hause noch eingeschränkt wurden. Ich glaube, daß sich in diesem Alter auch die Interessen wandelten bei den einzelnen und von daher unterschiedliche Wertungen auch vorgenommen werden ... und komischerweise hatten wir gerade in der Zeit eine Phase, in der wir unheimlich leistungsfähig waren. Wir hatten viele Erfolge und waren auch Tabellenführer über zwei Saisons hinweg und trotzdem, obwohl wir uns hätten freuen müssen und der Erfolg uns näher zusammenbringen müßte und uns bestätigen müßte in unserem Team, hat sich das nicht so ausgewirkt, sondern die Mannschaft zerfiel irgendwie von innen her. Es traten Antipathien auf und Spannungen" (342—362).

Das nachlassende Engagement ihres langjährigen Jugendtrainers verschärft die Situation.

C.: „Dann kam hinzu, daß wir früher hauptsächlich von diesem Trainer trainiert wurden, der auch gleichzeitig noch die A-Mädelmannschaft hatte. Und dann kam halt eine jüngere Trainerin dazu, zu der wir ein gutes Verhältnis hatten, aber trotzdem keinen Erfolg hatten, also keiner hatte die Signale dafür aufgenommen, und der Trainer kam halt immer seltener und es war niemand da, der das ausgleichen konnte oder der uns miteinander in ein Gespräch gebracht hätte. Ja und das wirkte sich dann so aus, daß einige Leute immer unregelmäßiger zum Training kamen. Bis zu dem Zeitpunkt halt, bis die Beteiligung so gering war, daß man die Mannschaft nicht mehr aufrecht erhalten konnte und dann wurde die Mannschaft tatsächlich aufgelöst" (362—376).

Mit dem „Ende" der Mannschaft lösen sich auch einzelne Freundschaften auf.

C.: „Für mich war damit zunächst der Vereinssport zu Ende. Für mich hatte es aber insofern noch Auswirkungen, daß ich dadurch auch meine Freundinnen verloren hatte und auch meine Begeisterung für den Sport und daß man auch in einer Gruppe integriert war" (381—384).

Vom Verein selbst wurde nur wenig für den weiteren Bestand der Mannschaft unternommen.

C.: „Es gab zwar Bemühungen, daß man halt weitermachte, aber halt mehr mit Druck, also daß gesagt wurde, wer nicht mehr zum Training kommt, der darf *nicht mehr spielen. Aber da das Spiel auch nicht mehr die Freude brachte, war das den Leuten eigentlich ziemlich gleichgültig. Und die Mannschaft wurde dann aufgelöst" (386—394).*

Mehr Sensibilität und Einfühlungsvermögen seitens des Vereins hätten den Auflösungsprozeß verhindern können.

C.: *"Wenn man aufmerksamer gewesen wäre, auf bestimmte Indikatoren, die man halt während des Trainings im Umgang der einzelnen Mitspieler miteinander zu spüren bekommt, wenn man die besser beachtet hätte, dann hätte man daraus ableiten können, daß sich da irgendwas zusammenbraut, daß da Antipathien und z. T. auch Aggressionen auftreten und man hätte durch Gespräche diese Dinge klären können, weil sie halt nicht irgendwie begründet waren, sondern rein emotional waren... Irgendwie haben wir aber auch eine ganz normale Entwicklung vollzogen. Wenn man halt in der Pubertät ist, gerade so junge Mädchen im Alter von dreizehn, vierzehn, fünfzehn Jahren, die haben oftmals in dieser Zeit etwas schwierige oder depressive Phase und man hätte vielleicht durch die Organisation von gemeinschaftlichen Unternehmungen vielleicht etwas machen können, was von der Vereinsleitung aus gemacht wurde, was dann aber nur nach dem Gießkannenprinzip sich auswirkte, das war, indem man mit Lehrstellen winkte" (415—433).*

Nach dem Ende der Vereinskarriere individualisiert sich Christines weiteres Sportengagement.

C.: *"Ich hab dann Sport in der Schule getrieben und für mich alleine Sport gemacht, also bin ich halt Joggen gegangen. Aber ich habe dann Sportarten gemieden, in denen man in einer Mannschaft ist. Das war mir vielleicht auch unangenehm, in eine neue Mannschaft einzutreten, die schon besteht und da als ganz neues Mitglied aufzutreten, man kennt keinen, die anderen kennen sich alle. Also, da hatte ich auch ein bißchen Hemmungen und ich muß auch sagen, daß es keine andere Mannschaft gegeben hätte, die für mich so attraktiv gewesen wäre, daß ich bei denen gerne hätte mitspielen können. Es war einerseits räumlich, also regional nicht der Fall und andererseits kannte ich keine Freundin, die ebenfalls Handball spielte in einer anderen Mannschaft, daß ich gesagt hätte, da würdest du gerne mitspielen" (402—412).*

Schließlich versucht Christine doch wieder in einem Verein Sport zu treiben.

C.: *"Ich habe es dann noch einmal versucht, als ich in die Ausbildung gekommen bin. Da hatte ich eine Kollegin, die ein Ausbildungsjahr über mir war und die ebenfalls Handball spielte; es war zwar zehn Kilometer von mir entfernt der Trainingsort, aber da ich halt diese Kollegin gerne mochte und der Sport mir auch fehlte, habe ich da zugesagt, als die erfuhr, daß ich schon mal Handball gespielt hatte und als sie mich aufforderte, mitzuspielen. Und das habe ich dann auch versucht, allerdings habe ich mich in dieser Mannschaft nicht so geborgen gefühlt, also aufgenommen, weil die, wie gesagt, sich schon alle untereinander kannten. Ihre Freunde waren auch meist dabei, das war dann halt so,* daß die Freunde von den Mädchchen in dem Jungenverein von diesem Verein spielten und nach dem Training stand fast die gesamte Jungenmannschaft draußen vor der Tür und dann gingen die noch zusammen in die gemeinsame Kneipe oder Jugendkneipe. Und das war einfach nicht mein Ding, das wollte ich nicht" (535–550).

Integrationsprobleme lähmen Christines Engagement.

C.: „Ich würde sagen, daß ich von Anfang an nicht den Eintritt in diese Mannschaft gefunden habe. Ich habe zwar mit denen gespielt, habe auch gut gespielt und bin von denen auch beim Spiel unterstützt worden, aber es war doch ein etwas befremdendes Gefühl, wenn ich mich mit denen etwas persönlicher unterhalten wollte. Da klappte die Kommunikation recht schlecht... Das habe ich dann ein dreiviertel Jahr versucht, habe dann gemerkt, daß es sich nicht verändern würde und daß es mir nicht die Freude bringen würde, jedenfalls nicht das, was ich mir davon erwartet hatte. Ich bin dann also ausgetreten" (553–563).

Nach einem halben Jahr verläßt Christine den Verein und beginnt in einem kommerziellen Fitneßcenter mit Kraftsport.

C.: „Ich habe dann immer alleine trainiert; ich bin zwar herangeführt worden, dadurch daß ich einen Freund hatte, der das machte. Aber wir haben nicht miteinander trainiert, sondern ich habe mir das halt mal angeguckt und habe mir gesagt, das wäre eine Sportart, die mir auch gefallen würde. Vor allem dann in Verbindung mit Laufen und Schwimmen, was ich dann nebenbei noch gemacht habe. Da ging es mir nur um die Leistungsfähigkeit und um die Gesundheit, also körperlich fit zu sein, konditionell" (566–573).

Doch auch das hochgradig individualisierte Engagement im Fitneßcenter hat einige Schattenseiten.

C.: „Das war aber auch sehr einseitig und vor allen Dingen die Leute, die sich da sonst noch in dem Fitneßcenter sportlich betätigten, das war halt nicht die Gruppe von Leute, mit denen ich mich anfreunden wollte. Es gab einmal welche, die waren schlicht und die kamen da hingelaufen, die hatten ein etwas einfaches Gemüt, würde ich sagen. Dann gab es noch die Damen, die halt sehr schick waren und eigentlich mehr erpicht waren, die Blicke der muskulösen Männer auf sich zu ziehen" (573–579).

Der größte Unterschied zwischen Verein und kommerziellen Sportanbietern ist der gegensätzliche soziale Einbindungsmodus.

C.: „Ja, auf alle Fälle war es in diesen kommerziellen Fitneßstudios so, daß man halt vollkommen frei war, wann man trainieren wollte, wie lange man trainieren wollte und was man trainieren wollte. Man mußte auf niemanden Rücksicht nehmen. Was anderes, es war sehr stupide und wenn man halt gehen wollte, dann ging man einfach. Im Verein ist es so, da sind die anderen, die wollen halt trainieren und wenn da die Hälfte der Mannschaft fehlt, dann kann man gewisse Sachen nicht machen. Da war eben auch eine soziale Ver-

pflichtung. Und es war auch gewiß, daß man die anderen da trifft. Das hat schon Spaß gebracht, dort hinzugehen. Es war unangenehm, wenn man mal gefehlt hatte und beim nächsten Mal dann gesagt wurde, Mensch, wo warst du denn. Man hatte dann keine richtige Ausrede, weil man nicht gekommen war, weil die Lust fehlte. Das passiert dann einmal, aber dann nicht wieder. Und bei den kommerziellen ist es so, daß man so die Schwierigkeit hat, immer wieder den inneren Schweinehund zu überwinden, oder daß es auch nicht so eine hohe Priorität hatte wie vorher der Vereinssport. Dann hieß es ja, dann gehe ich morgen hin und was ich dort sehr häufig erlebt hatte, war, daß Leute Verträge abgeschlossen haben, man war da an ein halbes Jahr gebunden oder sogar ein ganzes Jahr. Man mußte dafür bezahlen und viele haben es angefangen mit sicherlich guten Vorsätzen, sind ein paar Mal gekommen und dann nicht mehr, haben aber trotzdem weiter zahlen müssen" (610—630).

Nachdem Christine ihren Sechs-Monatsvertrag abtrainiert hat, verläßt sie auch das Fitneßstudio.

C.: *"Ja, die Leute gingen mir auf den Geist und dann war es die Sportart. Es war mir einfach zu stupide, daß man sich da an ein Gerät setzt oder drauflegt und halt nur diese eine Muskelpartie trainierte, das war nichts für mich. Ich brauchte halt mehr Bewegung, halt auch die Action. Ja, dann war erstmal mit organisiertem Sport wieder Pause und ich bin... dann nach Hamburg gezogen. Da habe ich ein Jahr gelebt und gearbeitet" (634—641).*

In der Folgezeit wechselt Christine aus beruflichen Gründen häufiger den Wohnort. Mit ihren sozialmoralischen Milieubezügen und Vereinsbindungen von früher hat sie längst abgeschlossen. Einen Weg zurück gibt es nicht mehr.

C.: *"Für mich wäre es nie so weit gekommen, selbst wenn der Verein für einen fortbestanden hätte und wir auch eine gute Mannschaft gewesen wären, und auch dabei Erfolge erzielt hätten, hätte es bei mir nie den Stellenwert eingenommen, daß ich dem meine beruflichen oder persönlichen Wünsche oder Zukunftsziele untergeordnet hätte. Ja, dann bin ich von Hamburg nach Bielefeld gezogen und habe hier mein Studium aufgenommen. Dann gibt es hier in der Universität verschiedene Angebote an Sportarten, die man hier betreiben kann. Ich habe das in Erwägung gezogen, daran teilzunehmen, allerdings ist hier eine hohe Fluktuation beim Training, also daß einmal sehr viele Leute da sind, aber die kommen halt unregelmäßig. Man ist irgendwie nicht so eingebunden in eine bestimmte Gruppe. Und halt auch die Vielzahl der Teilnehmer hat mich abgeschreckt und ich habe dann nach reiflicher Überlegung mich entschlossen, wieder in einen Verein einzutreten. Allerdings kein Verein, in dem man halt sehr viele Verpflichtungen, was das Organisatorische anbelangt und vom Zeitaufwand einnimmt. Das sind auch ältere Leute, mit denen ich zusammen trainiere. Und da habe ich jetzt eine schöne Alternative gefunden" (650—684).*

Die Übernahme von Ehrenämtern im Verein ist für Christine derzeit unvorstellbar.

C.: *„Für mich persönlich nicht, weil ich da nicht mehr den engen Bezug habe zu einer Mannschaft, auch das Gefühl und Interesse, was dazugehört, um Jugendliche zu betreuen beim Sport. Da bin ich so weit von entfernt, daß es für mich keine Überlegung wäre. Es ist einfach zu lange her ist, daß ich selber im Verein organisiert war und gut, früher war ich damit gleichsam verwachsen und der Sport spielte in alle meine Lebensbereiche, also auch in meine Familie. Es war alles miteiander verwachsen und man hatte zu allem einen näheren Bezug. Ja und das ist ja schon seit mindestens fünf oder sechs Jahren abgerissen, ich habe da nie wieder den Kontakt zu bekommen und von daher gibt es für mich auch nicht irgendwie die Motivation oder Intention, einen Verein irgendwie am Leben zu erhalten oder zu fördern"* (688—712).

Christines hochgradig individualisierte Lebensführung und -planung lassen ein entsprechendes Engagement gar nicht mehr zu.

C.: *„Auch die räumliche Veränderung ist natürlich sehr gravierend. Weil ich hier keinen Zugang mehr finde zu Vereinen oder zu Leuten, die in irgendwelchen Vereinen sind. Es wäre auch zu spät, um jetzt noch mal in einen anderen Verein einzusteigen, wenn man nicht mehr diese Intensität an den Tag legen könnte für das Vereinsleben. Weil da spielt jetzt der Beruf, das Studium oder die Ausbildung mit hinein, daß ich einfach zu wenig Zeit habe und einfach auch flexibler sein muß in meiner Freizeit. Von daher hätte es auch wenig Sinn, sich wieder fest an einen Verein oder an eine Gruppe anzuschließen, und die man dann in ein paar Monaten wieder verläßt"* (715—739).

Der Verein rückt in weite Ferne.

C.: *„Und dann ist es auch so, daß ich mich halt mit diesem Vereinsleben und mit den Leuten, die im Verein organisiert sind, gar nicht mehr identifizieren kann. Ich habe da keinerlei Bezug mehr zu"* (739—742).

Ihre alte Sportvereinskarriere ist für Christine ein Stück Lebensbiographie, an das sie sich gerne erinnert, das nun aber abgeschlossen ist.

C.: *„Ja, also nachtrauern tu ich dem nicht. Ich sehe es so, es war eine schöne Zeit, es hat mir auch damals eine Menge gebracht, ich habe auch viel Spaß dabei gehabt und auch viel gelernt dadurch, viele Freunde gewonnen dabei. Aber das war halt auch sehr eingleisig und eintönig. Jetzt bin ich vielseitiger orientiert und ich muß sagen, daß ist eine Entwicklung, die ich durchgemacht habe und abgeschlossen habe. Da bin ich jetzt irgendwie weiter"* (746—751).

7.4 Möglichkeiten der Attraktivitätssteigerung

Möglichkeiten der Mitbestimmung oder Kontaktaufnahme zu Vorstandsvertretern existierten nicht.

C.: *„Nein, solcherlei gab es überhaupt nicht"* (457).

Eine entscheidende Möglichkeit der Attraktivitätssteigerung sieht Christine in der deutlichen Verbesserung der Anschlußaktivitäten.

C.: "Ich würde vielleicht versuchen, ein größeres Freizeitangebot, auch unabhängig von dieser einen Sportart, die man da betreibt zu konzipieren und die Vielseitigkeit der Jugendlichen oder das Interesse zu fördern, um mehr Zusammenhalt zu bringen auch außerhalb des Sports" (485—488).

7.5 Zur Fluktuation von Jugendlichen

Eine gewisse Fluktuation von Jugendlichen gab es auch in Christines Mannschaft.

C.: "Ja, es gab schon einige, die vorher schon keinen Spaß mehr daran hatten. Das waren aber auch meistens welche, die nicht so leistungsfähig waren ... und je nachdem wie stark oder wie gut ich in einem Sport bin, desto intensiver betreibe ich ihn auch und mache da Kompromisse mit anderen Rahmenbedingungen. Also jemand, der gut spielt, der sieht da auch seine eigenen Ziele drin, daß er halt noch weiter kommen will und deswegen wird der erstmal auch in der Mannschaft bleiben, selbst wenn er merkt, daß es etwas schwieriger wird, während jemand anders, der halt den Sport macht, um etwas Spaß zu haben und weiß, ich werde nie Höchstleistungen dabei bringen, der wird dann schon eher abspringen, wenn es irgendwo Konflikte gibt" (493—505).

Obwohl der Abgang von einzelnen Spielerinnen vielfach Bedauern auslöste, wurde es doch einfach hingenommen.

C.: "Also, es war schon bedauerlich für uns. Allerdings war es auch in der Regel der Fall, daß es sich dabei um Spielerinnen oder Freundinnen handelte, die man auch nicht im sonstigen Alltag sehr oft gesehen hat, die also nicht zur gleichen Schule gingen oder vielleicht auch nicht in dem gleichen Vorort wohnten, sondern in einem anderen Stadtteil und eh immer alleine mit dem Auto gebracht wurden oder mit dem Bus zum Training kamen. Von daher war es so, daß man sich relativ schnell aus den Augen verlor. Aber schade war es auf alle Fälle und es war auch schwierig neue Mitspielerinnen zu finden" (512—520).

7.4 Vergleichende kategoriale Abstraktion: Interview-Ergebnisse im thematischen Vergleich

1. Der Weg in den Sportverein

Eine mehr oder minder stark ausgeprägte familiäre Vorsozialisation (Sportvereins-Tradition) und die insbesondere in ländlichen Regionen durchaus „noch" strukturtypische hohe Integration und Bindung an ein sozialmoralisch verbindliches Milieu, in dem der Verein als intermediäre Organisationsform zur Zeit „noch" einen festen Platz einnimmt, bahnen gewissermaßen biographisch sedimentiert den Weg zum organisierten Sport. Entsprechend emphatisch ist bei einem Großteil der beforschten Jugendlichen auch der vordefinierte Selbstbezug zum Verein. Da ist die Rede von dem Verein als „zweiter Heimat", oder vom Verein als „Familie", zu der man zumindest ein Stück weit irgendwie dazu gehört. Grundlegende Individualisierungs-, Enttraditionalisierungs- und Entsolidarsierungsprozesse sind auf den ersten Blick kaum zu identifizieren. Das „alte" Konzept des Vereins als Institution traditionsgebundenen kollektiven Handelns hat — ungeachtet erster Auflösungserscheinungen — formal gesehen auf der Basis der eigenen empirischen Befunde „noch" Bestand. Familiale Traditionen, hohe Integrationsgrade innerhalb der Nachbarschaft und des unmittelbaren Wohnumfeldes sowie eine (wenn auch rückläufige) Festkultur verweisen auf die durchaus noch vorhandene sozialmoralische „Milieunähe" der Vereine insbesondere zu Beginn der Sportvereinskarriere der beforschten Jugendlichen.

Sportliches „Talent" und „Bewegungsdrang" zeigen sich bei allen Jugendlichen bereits recht früh in anderen Situationen des Sports und bilden, verbunden mit sportlichem Ehrgeiz und Mannschaftsgeist, günstige Voraussetzungen für eine Spezialisierung im Verein. Die persönliche Bekanntschaft oder Verwandtschaft mit Mitspielern und Trainern im Umfeld des Vereins ermöglichen trotz ungewohnt rigider Führungs- und Ordnungsstile eine schnelle Integration. Als Hauptmotive für die Karriere als Vereinssportler werden die Möglichkeiten der Erprobung und Präsentation sowohl der individuellen als auch kollektiven Leistungsgrenzen, des körperlichen Ausgleichs und des ungezwungenen — pädagogisch kaum aufbereiteten — Kontakts mit Gleichaltrigen angeführt. Im Laufe des vereinssportlichen Engagement werden „Leistung" und „Erfolg" sowie „Geselligkeit" und „Teamgeist" zu zentralen Sinngebungen. Gesundheit, Spannung und/oder ästhetische Dimensionen (in Hinblick auf Bewegungsvollzug und/oder den Körper selbst) sind eher von untergeordneter Bedeutung. Bei besonders leistungsstarken Spielern bildet sich aufgrund der sehr hohen individuellen sportspezifischen Kompetenz ein Stück weit „kollektives" Verantwortungsbewußtsein heraus.

2. Bedeutung und Stellenwert des Vereinssports im Alltag

Der Vereinssport nimmt bei allen beforschten Jugendlichen eine zentrale Funktion in der Freizeitgestaltung ein; obwohl sie an zahlreichen anderen Situationen des Sports aktiv partizipieren, steht der Verein im Ensemble anderer Gelegenheiten des Sports eindeutig im Zentrum. Während die kommerziellen „Modesportarten" bei den meisten der beforschten Jugendlichen auf Abneigung stoßen, stehen sie „weichen" eher breitensportlich ausgerichteten „Varianten" (z. B. Lauf- und Radsportaktivitäten) neben ihrem leistungssportlichen Hauptengagement im Verein aufgeschlossen gegenüber. Nicht selten betrachten sie es sogar als willkommene Anreicherung ihres sportlichen Lebens. Der mit diesen verschiedenen sportlichen Praxen unmittelbar verbundene Wertedissens (Leistung/Erfolg — Spaß/Freude) erfordert von den Jugendlichen längst keine problematischen Verarbeitungsleistungen mehr, da sie gewissermaßen strukturell in Schule und Freizeit fortdauernd mit der Aufarbeitung diametraler Werthorizonte konfrontiert sind. Das Sporttreiben im Verein stellt einen unverzichtbaren Bestandteil der aktiven Freizeitgestaltung dar. Ein Vergleich mit anderen Freizeitaktivitäten (Jugend-Musikschule, kirchliche Gruppen, etc . . .) fällt für den Vereinssport überaus positiv aus: Freundschaften entstehen bzw. werden intensiviert in einer scheinbar zweckfreien und zwanglosen Atmosphäre. Der Sportverein hat große Bedeutung als Zentrum sowohl sportbezogener als auch außersportlicher Kommunikation. Bei den leistungssportlich besonders erfolgreichen Jugendlichen avanciert er neben Beruf oder Schule sogar für eine bestimmte Lebensphase zum Hauptlebensinhalt. Freunde und Freundinnen haben diese dominante Stellung des Sports in der Lebenswelt entsprechend zu akzeptieren. Als soziales Unterstützungsnetzwerk wird dem Vereinssport von allen beforschten Jugendlichen eine große Bedeutung beigemessen. Soziale Funktionen des Vereins wie emotionale und affektive Geborgenheit in der Sportgruppe und/oder in dem erweiterten Umfeld des Vereins, kompensatorische Effekte (Schulstreß), Unterstützungsleistungen wie z. B. Hilfe bei der Lehrstellensuche sowie die Herausbildung sozialer Kompetenzen (Soziales Lernen, intergenerative Kommunikation, Askesebereitschaft, Leistungsethik) werden von den Jugendlichen bewußt wahrgenommen und auch als solche deklariert. Gefährdungspotentiale im Umfeld des Vereins werden relativ gering eingeschätzt. Die erfolgreiche Bewältigung möglicher Gefährdungen und/oder der souveräne Umgang mit Alkohol und Nikotin liegt ferner — so die beforschten Jugendlichen — zunächst einmal in der Handlungsautonomie jedes Individuums. Der derzeitigen „Juventalisierungs- und Versportlichungswelle" begegnen die Vereins-Jugendlichen eher skeptisch. Die Qualität des Sportgeräts und der Sportkleidung ist von entscheidender Bedeutung. Demonstrativer Sport-Konsum und übertriebene Lebensstilpassungen passen nicht in ihr Sportkonzept.

3. Schulsport versus Vereinssport

Das Moment der Freiwilligkeit sowohl bei der Wahl der auszuübenden Sportart als auch beim Eintritt in den Verein, hat bei allen Jugendlichen erhebliche Auswirkungen auf die Motivation und Intensität des Engagements. Während der Schulsport — als Pflichtfach — an viele verschiedene Sportarten heranführen muß, und dies weitgehend unbeeinflußt von bestehenden, sportartbezogenen Interessenlagen der Jugendlichen, nach dem jeweiligen Lehrplan durchgeführt wird, zeichnet sich der Vereinssport besonders durch die „freiwillige" Möglichkeit, der sportspezifischen Spezialisierung und dem damit korrespondierenden höheren Fertigkeits- bzw. Leistungsniveau aus. Zudem findet das Sporttreiben im Kreise vertrauter, gleichgesinnter Mitspieler statt. Die sportspezifischen Lernleistungen werden nicht zuletzt auf dem Hintergrund der fachlichen Kompetenz des Übungsleiters und der — im Vergleich zur Schule —

hohen Leistungshomogenität der Sportgruppe vergleichsweise hoch eingestuft. Dabei scheint insbesondere das erreichte Fertigkeitsniveau für ein langfristiges Vereinsengagement von zentraler Bedeutung zu sein. Das Bemühen um Perfektionierung und Steigerung der individuellen wie auch kollektiven Leistungsparameter und die damit unmittelbar korrespondierende hohe Leistungsgratifikation motiviert die Jugendlichen in ganz besonderem Maße. Im Gegensatz zum Sportlehrer ist das Verhältnis zum Übungsleiter wesentlich emotionaler. Wenn auch ein Altersunterschied zu den Jugendlichen eine gewisse Distanz schafft, wird der Übungsleiter bewußt als Vertrauensperson und nicht als Autorität gesucht.

4. Der Übungsleiter als Bezugsperson

Dem Übungsleiter kommt insgesamt eine kaum zu überschätzende Bedeutung zu. Eine „biographische Verbundenheit" zum Verein und zu seiner Sportart zeichnet den Übungsleiter in den Augen der Jugendlichen aus. Auf längerfristige Vereinsbindung hat der Übungsleiter entscheidenden Einfluß. Aufgrund der hohen sozialen Kompetenz und der in der Regel hoch eingestuften menschlichen Qualitäten werden ihm von den beforschten Jugendlichen durchaus auch identitätsbildende Leistungen zugesprochen. In der Hierarchie emotionaler Bindungen liegt er als Person des persönlichen Vertrauens bei vielen Jugendlichen sehr weit vorn. Der „ideale" Übungsleiter zeichnet sich — so die Jugendlichen — durch ein hohes Maß an sportfachlicher Kompetenz aus, das durch (sport-)pädagogische Kenntnisse und das Wissen um den derzeitigen Entwicklungsstand sowie mögliche Problemlagen der Jugendlichen angereichert sein sollte. Obwohl ein Großteil der Übungsleiter autoritäre Erziehungsstile bevorzugt, werden sie von den beforschten Jugendlichen als durchaus angemessen empfunden, da das sportbezogene Miteinander — wenn es nicht zum Chaos kommen soll — nur auf der Grundlage eines vergleichsweise rigiden Sportcodes zu realisieren ist. Zu hohen Fluktuationsraten von Übungsleitern ist es bei den beforschten Jugendlichen bislang noch nicht gekommen.

5. Inhalte sportlicher Jugendarbeit

Training und Wettkampf (Spiel) bilden die Essentials der sportlichen Jugendarbeit. Der zeitliche Umfang für derartige Aktivitäten divergiert bei den beforschten Jugendlichen zwischen sechs und acht Wochenstunden. Der Stellenwert überfachlicher Themen und Inhalte ist äußerst gering. Entweder finden sie im Rahmen der sportlichen Jugendarbeit der beforschten Jugendlichen überhaupt keine Berücksichtigung oder haben eher den Charakter informeller Anschlußaktivitäten. Die von den „Sportjugenden" propagierten überfachlichen Themen und Inhalte haben die Basis der beforschten Jugendlichen — so gesehen — bis heute (noch) nicht erreicht. In der Selbstwahrnehmung der Jugendlichen handelt es sich hierbei überdies um eine überflüssige

„Überfrachtung" und „Pädagogisierung" ihres sportlichen Miteinanders, das ihnen weder attraktiv noch sinnvoll erscheint. Wenn überhaupt allgemeine Problemkomplexe im Rahmen der sportlichen Jugendarbeit thematisiert werden (müssen), sollten sie wenigstens — so die beforschten Jugendlichen — direkten Bezug auf sportspezifische Fragestellungen aufweisen. Von wesentlich größerer Bedeutung sind für die Jugendlichen informelle Anschlußaktivitäten, wie z. B. Feten, Mannschaftsfahrten, etc . . ., die für den sozialen Zusammenhalt in der Sportgruppe selbst und die Einbindung in die Institution Sportverein äußerst bedeutsam sind, im Vereinsalltag selbst allerdings aufgrund fehlender Unterstützung und Förderung in der Regel viel zu wenig Berücksichtigung finden. Insbesondere unter dem Gesichtspunkt der langfristigen Bindung (auch schwächerer Jugendlicher) kann der Stellenwert vielfältiger informeller Anschlußaktivitäten nicht hoch genug eingestuft werden.

6. Vereinssportliches Engagement und Bedeutung der Gleichaltrigengruppe

Das Streben nach Erfolg und Leistung steht eindeutig im Mittelpunkt des vereinssportlichen Engagements der beforschten Jugendlichen. Die Anerkennung sportlicher Erfolge durch Mitspieler, Freunde und Erwachsene ist das zentrale Motiv für ein Engagement im Vereinssport. Statuszuweisungen innerhalb der Gleichaltrigengruppen erfolgen hauptsächlich über sportliche Leistungen. Mit dem Primat der sportlichen Leistung ist in der Wahrnehmung der Jugendlichen aber nicht „blindes" Leistungsstreben verbunden, sondern auch kollektive Verantwortung und Rücksichtnahme auf schwächere Sportler. Jenseits der sportlichen Statuszuweisung existieren allerdings weitere, relativ diffuse Hierarchiemuster sozialer Kompetenzzuweisungen. Eine Reduzierung des Leistungsmotivs im Jugendvereinssport bedeutet für einen Großteil der beforschten Jugendlichen eine starke Einschränkung des eigenen sportlichen Engagements. Auf das Selbstkonzept der Jugendlichen hat das Streben nach Leistung und Erfolg erhebliche Auswirkungen. Die unmittelbare Präsentation und Gratifikation sportlicher Leistung in der Selbstwahrnehmung und in der Wahrnehmung durch andere besitzt für die Jugendlichen einen sehr persönlichen Charakter. Die Verarbeitungsleistungen in der Gruppe haben in der Regel ambivalenten Charakter. Während Belastungen von „Außen" im Rahmen der Gleichaltrigengruppe recht umfassend aufgearbeitet werden, entstehen im Binnenraum der Gruppe in starker Abhängigkeit von Geschlecht und dem Grad der Entwicklung „Spannungen", die nicht immer ohne persönliche Konsequenzen einzelner (Ausstieg) aufgelöst werden. Verstehen, Liberalität und Akzeptanz von Andersartigem sind so gesehen auch in der Sportgruppe keine Selbstverständlichkeiten, sondern eher „pädagogische" Wunschvorstellungen, deren erfolgreiche Realisierung in besonderen Maße von den pädagogischen Fähigkeiten des Leitungspersonals abhängig ist.

7. Einbindung in die Institution Verein

Als zentrale Problembereiche stellen sich, neben den — aufgrund demographischer Entwicklungen — rückläufigen Mitgliederzahlen in den Jugendabteilungen, in der Wahrnehmung der beforschten Jugendlichen die zunehmende Kommerzialisierung und Professionalisierung des Vereinssports dar. Hierbei handelt es sich insgesamt um Fehlentwicklungen, deren härteste Konsequenz die „schwindende" Bereitschaft zur Übernahme von Ehrenämtern und Funktionen im Verein selbst ist. Sowohl im „engen" sportlichen Kontext als auch im Bereich der selbstorganisierten Festkultur prägt sich in immer stärkerem Maße eine bisher nicht gekannte Konsumentenhaltung aus, die sich auch unmittelbar auf die Qualität der Jugendarbeit auswirkt. Die Bedeutung und der Stellenwert der Jugendarbeit hat nicht zuletzt auch vor dem Hintergrund der Verselbständigung des leistungssportlichen Apparats und der zunehmenden Möglichkeit, geeignete Spieler „einzukaufen", in den letzten Jahren deutlich nachgelassen. „Verfremdungstendenzen" und „neue Wertmaßstäbe" für den sportlichen Sinn von Jugendarbeit sind — so die beforschten Jugendlichen — die ersten Folgen dieser Entwicklung.

Trotz dieser von den Jugendlichen diagnostizierten Fehlentwicklungen, identifizieren sie sich ausnahmslos mit den traditionellen Vereinszielen. Die Hauptintention des Vereinsvorstandes kann nicht darin liegen, die Jugendlichen beim Erwachsenwerden zu unterstützen, sondern muß sich eindeutig auf sportliche Leistungssteigerung konzentrieren. Die sportliche Jugendarbeit im Sinne einer Talentförderung ist besonders wichtig für weniger finanzkräftige Vereine. Dennoch wird neben der im Vordergrund stehenden sportlichen Selektion eine indirekte „Entwicklungshilfe" bzw. Hilfe beim Erwachsenwerden wahrgenommen. Die relativ hohe Fluktuationsrate von Jugendlichen wird der Unfreiwilligkeit des Eintritts in den Verein (Eintritt auf Wunsch der Eltern) und der zunehmenden Härte und Komplexität des Spiels zugeschrieben. Insbesondere weibliche Gruppen spielen im Vereinsalltag eine untergeordnete Rolle. Dementsprechend werden sie eher mangelhaft ausgestattet, mit nicht altersspezifischem Sportgerät bzw. nicht altersspezifischer Sportbekleidung. Ein gewisses Maß an Verständnis für diese offensichtliche Benachteiligung ist, aufgrund der Akzeptanz des für den Vereins so bedeutungsvollen Leistungssports im männlichen Seniorenbereich, vorhanden.

In der zunehmende Bindungslosigkeit von Jugendlichen sehen alle beforschten Jugendliche ein ernsthaftes Problem für die Sportorganisationen. Die Vielfalt konkurrierender Freizeitangebote (auch im Sport), die rigiden Einbindungsmodi der Vereine, soziale Konflikte innerhalb der Sportgruppe und der bisweilen allzu „graue" Vereinsalltag bewirken, daß sich eine nicht unerhebliche Anzahl von Jugendlichen „nur" kurzfristig an die Vereine bindet. Darüber hinaus werden auch teilgesellschaftliche Auflösungserscheinungen diagnostiziert, die sich etwa in einer kaum noch aufrechtzuerhaltenden Festkultur oder auffälligen

„Entrivalisierungstendenzen" ehemals konkurrierender (Sport-)Gemeinschaften artikulieren und parallel zur Aushöhlung von „innen" (Kommerzialisierung, Professionalisierung) die sozialmoralische Anbindung der Vereine erodieren und an die Stelle der für ein traditionelles Vereinsengagement ehemals strukturtypischen „Gewohnheiten des Herzens" in wachsendem Maße Zweck-Nützlichkeitserwägungen treten lassen. In Abhängigkeit von sozialmoralischer Milieu- und Vereinsnähe, sportlichen Erfolgen, Alter und Verortung im Bildungsgefüge verkörpern die beforschten Jugendlichen selbst sehr unterschiedliche Bindungsgrade. Während Christine — gewissermaßen als wohlfahrtsstaatliches Modernisierungsprodukt — mit ihren ehemals eng geknüpften Milieu- und Vereinsbezügen längst abgeschlossen hat und ihre — durch die Bildungsgänge zwangsläufig hochgradig individualisierte — Lebensführung den Weg zurück zu Ehrenamt und Tradition längst verstellt hat, stehen Karsten und Paul „noch" für ein unverfälschtes Maß an Vereinstreue, das sich im Selbstverständnis zwischen Kontinuität und Wandel, Kollektiv- und Selbstbezug bewegt. Möglichkeiten der Attraktivitätssteigerung des Vereinssports sehen die Jugendlichen vor allem in der Ausdehnung informeller Anschlußaktivitäten, der festen Etablierung demokratischer Mitbestimmungsstrukturen, der Verbesserung von Betreuungs- und Raumkapazitäten (Jugendräume) sowie der Intensivierung der Kommunikation zwischen Jugend- und Seniorenabteilungen (Patenschaften).

8 Jugend auf Distanz — neue Herausforderungen für den organisierten Sport?

Am Ende eines Forschungsvorhabens gilt es üblicherweise, wesentliche Ergebnisse zusammenzufassen und kritisch zu resümieren. Ich will die nun folgenden abschließenden Überlegungen mit einem sehr subjektiven und nicht allzu optimistischen Szenario über die zukünftige Rolle der Jugend(-arbeit) in den Sportorganisationen einleiten. Dabei kann es sich zum gegenwärtigen Zeitpunkt „nur" um eine erste und vorläufige differenzierungs- und individualisierungstheoretische Ideenskizze handeln, die im wesentlichen darum bemüht ist, den theoretischen und empirischen Ertrag der Arbeit in komplettierender Absicht zusammenzutragen und konstruktiv zu wenden. Wenn durch diese Gedanken auch „nur" ein analytisch sensibleres Problembewußtsein geschaffen würde, wäre zumindest (vorerst) eine zentrale Intention sozialwissenschaftlicher Aufklärung gesellschaftlicher Praxis und möglicher pädagogischer Implikationen erreicht. Unter dieser Prämisse sind die nun folgenden Überlegungen zu sehen, deren Ziel nicht darin bestehen wird, in unmittelbaren Handlungsempfehlungen einzumünden.

8.1 Systemische Globalgefährdung und „Sport für alle"

Die im Rahmen dieser Arbeit ausführlich behandelte — in Hinblick auf ihre Dynamik und verändernden Kräfte allerdings „noch" wesentlich unterschätzte — Differenzierung und Individualisierung von Jugend und Sport wird, so lautet die Kernthese, das „Koordinatensystem" des Sports mit seinen schon heute in Bewegung geratenen Fixpunkten neu bestimmen. So gesehen, stehen wir erst am Anfang einer Entwicklung im Bereich des Sports, wo ehemals feste Größen wie Ehrenamt, Vereinsstrukturen, Sportkonzepte, etc. neue Dimensionen erhalten, die unweigerlich auch sportpolitische Konsequenzen nach sich ziehen (müssen). Die Zauberformel des „unbegrenzten Wachstums" scheint schon heute zum Auslaufmodell zu werden. Der „Sport für alle", ist er wirklich in die uns „noch" bekannte Organisationsform Sportverein integrierbar? KURZ (1988, 139) präzisierte bereits vor Jahren berechtigte Zweifel: So verweist die Frage: „Was suchen die Menschen im Sport" auf die andere: „Was für Menschen sucht der Sportverein? Heißt die Antwort wirklich: alle?"

Gemäß der Rekonstruktionslogik der Theorie gesellschaftlicher Differenzierung handelt es sich hierbei um ein typisches Inklusionsproblem, das SCHIMANK (1990, 2 f.) wie folgt beschreibt: „Für das Sportsystem stellt sich" durch die enorme Expansion des Breitensports „die Frage, ob und unter welchen Umständen ein durch Inklusion erzeugtes Größenwachstum eines gesellschaftlichen Teilsystems dessen innere Einheit" und Definitionsmonopol „erodieren kann". Auf der konzeptionellen Ebene scheinen die mit dieser Entwicklung verbundenen systemischen Globalgefährdungen von den Hauptakteuren und -funktionären des Sportsystems kaum gesehen zu werden. Erste Problemdiagnosen und Deutungsmuster liegen lediglich aus dem Bereich der Sportpädagogik (KURZ 1986, 1988; GRUPE 1987) und Sportsoziologie (HEINEMANN 1989; DIGEL 1988, 1990; CACHAY 1989) vor.

Die expansive Integration von ehemals „sportfremden" Gesellschaftsmitgliedern in das etablierte Sportsystem mußte zwangsläufig eine ungeheure Heterogenität sportbezogener Motive zur Folge haben (vgl. HEINEMANN 1988). Mit dem imposanten Mitgliederwachstum der Vereine, der Ausdifferenzierung der klassischen Inhalte und Organisationsstrukturen des Sports und latent wirkender Kommerzialisierungsprozesse hat sich insbesondere aber auch jener personale Kern verändert, der früher den Verein und seine Jugendarbeit getragen und geprägt hat. Dies hat weitreichende Konsequenzen für die Institution Sportverein, die insbesondere von DIGEL (1988, 1990, 84f.) dezidiert beschrieben wurden: „Dem Sportverein wurde in der Vergangenheit vorgeworfen, er sei Gesinnungsgemeinschaft. Ist mit diesem Vorwurf gemeint, daß jene, die Mitglieder in einem Sportverein waren beziehungsweise sind, sich durch gemeinsame Ideale, Wertvorstellungen, Interessen, politische Überzeugungen etc. von jenen unterscheiden, die außerhalb der Vereine sind bzw. waren, so kann heute mit Blick auf zahlreiche Untersuchungen festgestellt werden, daß dem Sportverein von heute dieses Merkmal kaum mehr zukommt" (DIGEL 1990, 84).

Die wissenschaftliche Analyse der sich mit bislang ungekannter Dynamik abzeichnenden „Erosion" der inneren Verfassung und äußeren Gestalt des organisierten Sports befindet sich — so muß man den Eindruck gewinnen — in der Phase der Evaluation einzelner Teilbefunde. Die zentrale Frage nach möglichen sportpolitischen „Korrekturen" bleibt bisher „noch" weitgehend ausgespart. Dafür gibt es gute Gründe, die nicht zuletzt aus der derzeitigen paradoxen Situation des gesamten Sportsystems resultieren. Denn während die Ökonomie der großen Zahlen und die damit unmittelbar verbundene Differenzierung und Professionalisierung der sportlichen Inhalte und Organisationsformen sowie die erhebliche sportpolitische Aufwertung (die populistischen Stichworte sind hier mit direktem Bezug zur bisweilen „überdehnten" Gesundheitsdebatte vor allem: Prävention, Intervention und Rehabilitation) als zentrale Interessen der Sportorganisationen und ihrer Hauptakteure angesehen werden können, scheinen die insbesondere von GRUPE akzentuierten „Schattenseiten" dieser Entwicklung nicht zuletzt darin zu liegen, „daß es zunehmend schwerfällt, genau zu erkennen, was denn noch das Unverwechselbare des Sports in Vereinen und Verbänden ist und wie sich dieser eigentlich versteht" (GRUPE 1988, 50ff.). Vor dem Hintergrund dieser Entwicklung zieht GRUPE zumindest formal zwei

„Antworten" in Erwägung: Zum einen ist da die Rede von der „Vernünftigkeit" des Sportsystems und der grundsätzlichen Option, der weiteren Entwicklung freien Lauf zu lassen. Die zukünftigen Folgen dieser Laissez-faire Politik malt GRUPE allerdings sehr düster aus: „Wer mag da noch mit Kindern umgehen, Minis zu ihren Spielen bringen, Talente fördern, junge Talente trainieren, Jugendarbeit" im klassischen Sinn „betreiben, alte und behinderte Menschen betreuen, Ausländer integrieren, Geld sammeln, Kasse führen, Wettkämpfe organisieren, Vorstand sein, Weihnachstfeiern durchführen, nach Leistungen streben, wo doch eigentlich Spaß angesagt ist, für ehrenamtliche Tätigkeiten Zeit opfern, wenn doch den Vereinsmitgliedern Konsumieren empfohlen wird?" (GRUPE 1988, 52f.). Zum anderen — und für diese Variante votiert GRUPE recht eindeutig — darf die weitere Entwicklung des Sports eben nicht sich selbst überlassen werden, sondern es gilt, sie vielmehr „ohne Anpassungsbereitschaft, Problemlösungsfähigkeit und Kreativität in den Vereinen zu behindern, bis zu einem gewissen Grad auch durch die Verdeutlichung wichtiger Grundsätze zu beeinflussen" (GRUPE 1988, 53). Welches konkrete Ausmaß diese von GRUPE angedeutete „Blockade-Politik" in der Praxis tatsächlich haben könnte, läßt GRUPE zum gegenwärtigen Zeitpunkt „noch" unbeantwortet.

Aber gerade hier scheint sich der im Rahmen der vorliegenden Arbeit ausführlich behandelte, durchaus ambivalente Charakter, gesamtgesellschaftlicher Differenzierungs- und Individualisierungsprozesse zu verdichten und neue Fragen auf die „sportpolitische" Tagesordnung zu setzen. Denn während GRUPE und andere renommierte Sportwissenschaftler „noch" aus der Logik der traditionellen Sportverfassung — mit der dezidierten Bezugnahme auf eine „Vergangenheit, die ihn (den Sport) verpflichtet" (GRUPE 1988, 53) — ihre Argumente formieren, hat die zunehmende Vielfalt lebensweltlicher Realitäten den Weg zurück in die Tradition längst verstellt.

8.2 Zur „Irreversibilität" konsumistischer Orientierungen im modernen Sportsystem

Die Pluralisierung und Individualisierung von Lebenslagen und Lebensformen sind irreversibel. Auch das modernisierte System sportiven Handelns ist „unwiderruflich" mit Elementen der individualisierten Konsum- und Dienstleistungsgesellschaft verschmolzen. Hohe Identifikationsgrade und Bindungen an die Institution Sportverein, wie sie „noch" in den rekonstruktiven Wirklichkeitsdeutungen einzelner — im Rahmen der vorliegenden Arbeit beforschten — vor allem in ländlichen Sozialstrukturen eingebundener Übungsleiter und Jugendliche zu Tage treten, („Die freundschaftlichen und familiären Bindungen ... und die 14 Jahre erste Mannschaft ... sind eben so gut gewesen, daß ...ich dem Verein wieder zugute kommen lassen wollte, daß er mich also ganz gut von der Straße weggeholt hat") muten heute eher schon wie historische Dokumente ehemals noch eng geknüpfter sozialmoralischer Milieubindungen an, als realistische Aussagen, an denen sich die zukünftige Gestaltung des Sportsystems orientieren könnte. Hieraus ergeben sich zentrale Fragestellungen:

Besteht für das in Vereinen und Verbänden organisierte Sportsystem überhaupt noch die Option, eine Strategie der „sozialen Schließung" (SCHIMANK 1990, 17) zu verfolgen? Hat der Tatbestand gesamtgesellschaftlicher Differenzierung und Individualisierung nicht längst den Boden der traditionellen Verfassung des Sports unfruchtbar gemacht? Ist nicht vielmehr der Zeitpunkt erreicht, wo kaum noch ersichtlich ist, wie traditionelle Formen organisierten gemeinschaftlichen Handelns mit einer gewissen Dauerhaftigkeit und Stabilität gemäß den solidarisch-altruistischen Grundsätzen des Vereins traditioneller Prägung langfristig zu realisieren sind? Läßt das — bisweilen mit allzu „schrillen" postmodernen Klängen — versehene „Leben aus eigener Regie" überhaupt noch derartig überkommene Konsens- und Engagementformen zu?

Die Mehrheit auch der sporttreibenden Menschen — so die zentrale differenzierungstheoretische These — trifft vor dem Hintergrund der zunehmenden Auflösung teilgesellschaftlicher Gemeinschaften in immer stärkerem Maße auf individualisierte Handlungsstrukturen, die trotz strategischer „Gegenwehr" kaum vor den Toren des Sports haltmachen dürften. Obwohl das Ausmaß des Zerfalls überkommener Traditionsstrukturen in Familie, Verein und Gemeinde stark divergiert (in der Großstadt mehr als auf dem Dorf), ist die Entwicklungsrichtung, wie aktuelle empirische Untersuchungen zeigen, durchaus vergleichbar. Im Rahmen dieses in der soziologischen Forschung längst diagnostizierten „gesamtgesellschaftlichen Freisetzungsprozesses" entsteht eben nicht nur ein wachsender Handlungsspielraum für Individualität, sondern entwickelt sich gleichzeitig auch ein individueller „Zwang". Kulturelle Praxen (Sport), Lebensstile und auch Wertvorstellungen, wie z. B. soziale Orientierungen lösen sich — so gesehen — zwangsläufig immer mehr aus allgemeinverbindlichen Konsensstufen heraus. Indem die fortschreitenden Individualisierungs- und Differenzierungsprozesse die subjektiven Voraussetzungen von Organisationsformen des Typs Sportverein in Gestalt zunehmender individueller Orientierungs- und Handlungsmuster sowie Verhaltensmuster demontieren und ihre traditionellen Sozialcharaktere auflösen, kommt es unweigerlich zu einer allmählichen, äußerst folgenreichen „Aushöhlung" ihres traditionellen Bestandskonzepts. Die insbesondere von BECK (1983, 1986) beschriebene Spaltung eines in den Institutionen geltenden Selbstbildes und der tatsächlichen Vielfalt lebensweltlicher Realitäten, erodiert auch die lebensweltlichen Grundlagen der sportlichen Institutionen und ihrer Konsensformeln. Organisationsformen wie Sportvereine werden, in traditionellen Kategorien gedacht, unweigerlich zu Konservatoren einer sozialen Wirklichkeit, die es immer weniger gibt. Die von BECK (1990) herausgestellte „Individualisierung der Institutionen", berührt zwangsläufig auch intermediäre Organisationsformen wie Sportvereine, da insbesondere sie im Licht der dort zentral agierenden Individuen „neu" gedacht werden müssen.

Der ständig wachsende Zwang zu Selbstthematisierung der eigenen Lebensplanung und -führung, der in den letzten Jahren insbesondere bei den jüngeren Generationen zu beobachten ist, läßt ehemals vorgezeichnte lebenszyklische „Handlungsräume" nur noch diffus erscheinen. Während für ältere Generationen soziale Schicht, Ehepartner, politische Orientierung und Freizeit- und Sportengagement meist noch aus einem Guß waren, zerfällt dieses biographische Paket jetzt in seine Bestandteile (vgl. BECK 1990). Dies hat zwangsläufig auch grundlegende Auswirkungen auf den organisierten Sport. Lebenslanges Vereinsengagement, ehrenamtliche Jugendarbeit, etc... sind längst keine Selbstverständlichkeiten mehr, in die man quasi über die „erfolgreichen" und damit lebenspraktisch bedeutsamen Stationen Jugend- und Seniorenmannschaft hineinwächst. Früher ging die leistungssportliche Karriere der Akteure vielfach nahtlos in eine Funktionärskarriere (selbstverständlich im selben Verein) über bzw. bildete die entscheidende Voraussetzung für ein weiteres Engagement. Heute weisen die ständig steigenden Fluktuationsraten bereits im leistungssportlichen Bereich auf einen deutlichen Verlust an Bindungsintensitäten „traditioneller Qualität" hin, die für den Sportverein klassischer Prägung unabdingbare Bestandsvoraussetzungen darstellen. Das von den Vätern nicht selten zelebrierte alte Denken des „mit ganzen Herzen" noch TVLer zu sein, wirkt für ihre Söhne und Töchter — pointiert formuliert — eher schon wie ein Stück Sportgeschichte. Kontinuität im Wandel? Der Sport(-verein) ist tot, hoch lebe der Sportverein. Zwischen Verein(-igung) und Vereinzelung(-sinstanz) — so etwa läßt sich das Profil des Sportvereins von morgen charakterisieren. Wer diese Entwicklung nicht erkennt, wird langfristig kaum adäquat reagieren können.

Bei der derzeitigen — bisweilen allzu dramatisch wirkenden — Suche nach Authentizität und Identität des Sports scheint es geboten, den durchaus ambivalenten Charakter der beschriebenen Differenzierungs- und Individualisierungstendenzen in die Analyse miteinzubeziehen. Auf der einen Seite weist eine sich dynamisch verändernde soziale Wirklichkeit immer weniger solidarisch kollektive Bezüge auf, die den Vereinen klassischer Prägung eine irreversible historische Dimension verleiht und an die Stelle sozialmoralisch verpflichtender Bindungen die freie Betätigung des einzelnen im Sinne der Entstandardisierung von Lebenslagen (Stichworte sind hier: Vereinsamung, Atomisierung und Kommerzialisierung) setzt. Auf der anderen Seite, und hier liegt der „Segen" des Wandels und die gleichzeitige Chance für die Sportorganisationen, wird der einzelne aus den ehemals vorgezeichneten traditionalen Bindungen und damit oftmals verbundenen Klassenschicksalen befreit, so daß die Individuen gewissermaßen in moralischer und existentieller Selbstreflektion ihre sozial-integrierten Lebens- und Aktionsformen auch im Sport selber erzeugen können (vgl. HABERMAS 1988, 240). Schon heute deuten sich diametral zur freien Selbstbestimmung des einzelnen Suchbewegungen in Richtung kollektiver Sicherheitszonen sowie einfachen Bindungen und Lösungen an. An dieser Stelle sollten die sportwissenschaftlichen und -politischen Analysen des Wandels von Sport und Gesellschaft ansetzen, denn die zumindest in ihren ersten Erscheinungsformen diagnostizierten dynamischen Veränderungen fordern nicht nur zum Verstehen auf, sondern legen auch sportpolitische Entscheidungen und praktisches Handeln nahe (vgl. auch DIGEL 1990, 90).

8.3 Neun Thesen zum Wandel von Jugend und Sportvereinsengagement

Welche Rolle wird Jugend im modernisierten System sportiven Handelns spielen? Schon heute fördert die konkrete Strukturanalyse von Jugend — in ihrer zentralen Funktion als seismographische und innovative Mitte des Sports — aufschlußreiche Befunde zutage, die im folgenden kurz dargstellt werden und abschließend — selbstverständlich mit gebotener Zurückhaltung — in konkrete pädagogische Handlungsempfehlungen einmünden. Folgende Entwicklungslinien zeichnen sich zum gegenwärtigen Zeitpunkt mehr oder minder deutlich ab.

These 1: Verbürgerlichungstendenzen

Die „neuen" Quantitäten und auch Qualitäten der modernen Jugendphase werden den Zugang zum Sport und ein Engagement im Sport(-verein) ganz allgemein weiterhin wesentlich verbessern. Nicht zuletzt durch die wohlfahrtsstaatliche Modernisierung und den erheblichen Ausbau des Dienstleistungssektors werden immer breitere Bevölkerungskreise umfassender in das ehemals vornehmlich bildungsbürgerliche Reformprojekt „Jugend" miteinbezogen. Der Massenkonsum höherer Bildung hat — so gesehen — nicht nur maßgeblichen Anteil am umfassenden Abschied breiter Kreise der Bevölkerung von ehemals vorgegebenen klassenkulturellen Bindungen, sondern verändert auch sehr nachhaltig das Sportsystem. Argumentiert man nur auf der Basis der Bildungsexpansion, läßt sich pointiert sagen, daß durch die deutliche Zunahme von Realschülern, Gymnasiasten und Studenten erheblich veränderte und zugleich verbesserte Zugangsvoraussetzungen zum Sport entstanden sind, die in benennbarem Zusammenhang mit latenten Idealen dieser Bildungsinstitutionen und ihres spezifischen Umfelds stehen und zu einer deutlichen Popularisierung eines bildungsbürgerlichen, elitären Körper-Habitus und Sportcodes geführt haben. Dies hat in doppelter Hinsicht Konsequenzen:
a) Bereits im Jugendalter kommt es (durch die Eltern, bzw. durch die Jugendlichen selbst) zu einer verstärkten Vorselektion geeigneter Sportarten, die immer deutlicher an einem bürgerlichen, elitären Sportcode orientiert sind

und etwa im Sinne von BOURDIEU hohe „Distinktionsprofite" versprechen. Erste nicht unerhebliche Mitgliederverschiebungen innerhalb der Spitzenverbände (vom Fußball zum Tennis) deuten schon heute auf mögliche Konsequenzen hin.

b) Parallel zur zunehmenden Verbürgerlichung des modernen Sportsystems und Versportung der Gesellschaft kommt es zu einer „Neucodierung" sportlicher Inhalte und Interaktionsformen. Die Popularisierung dieses erweiterten Sportcodes korrespondiert, so lautet die These, sehr eng mit allgemeinen zivilisatorischen Tendenzen. Die in der jüngeren Diskussion insbesondere von Jürgen ZINNECKER (1989) entfaltete zivilisationstheoretische Deutung der „neuen" Wachstumsrichtungen sportlicher Disziplinen besagt, daß insbesondere die Sportarten an Popularität gewinnen, die sowohl erhöhten Standards der Verhaltensregulierung (Affektbeherrschung und Körperdistanz) als auch neuen Mustern hochgradig individualisierter Körper-Selbstbezüge gerecht werden (vgl. ELIAS 1977).

These 2: Jugendkulturelle Differenzierung

Für einen Großteil der Jugendlichen hat sich das Spektrum freizeitbezogener Öffentlichkeit und die Optionsvielfalt in Hinblick auf individuelle Lebensstile in den letzten beiden Jahrzehnten enorm vergrößert. Mit der neuen „kulturellen Dimensionalität" von Jugend hat sich zwangsläufig sowohl äußere Gestalt als auch innerer Sinn grundlegend verändert. Schon heute stellt die enorme Pluralisierung und Differenzierung von jugendlichen Lebenslagen und -formen die Jugendforschung in Hinblick auf die Erstellung gegenstandsadäquater Rekonstruktionsschemata vor nahezu unlösbare Probleme. Während in den 50er Jahren nur wenige, milieuspezifisch klar eingrenzbare jugendkulturelle Szenen existierten, gibt es heute eine kaum noch zu überblickende Vielzahl von soziokulturellen Orientierungen und expressiven Jugendstilen. Diese über Musik, Mode, Film und Sport ausdifferenzierten Stile übernehmen für viele Jugendliche quasi identitätsstiftende Funktionen. Sie treten an die Stelle der durch zunehmende Individualisierungsprozesse geschwächten Funktionen traditionalkollektiver Lebensformen. Obwohl in diesem Zusammenhang einiges für die These spricht, daß den Veränderungen von Jugend- und Sportkulturen Prozesse der wechselseitigen Adaptation und Ausdifferenzierung zugrundeliegen, stehen bis heute beide Phänomene, wie zahlreiche Beschreibungs- und Erklärungsversuche dokumentieren, seltsam unverbunden nebeneinander. Welche Konsequenzen hat diese Entwicklung für den organisierten Sport?

Die wachsende Vielfalt an jugendkulturellen Erscheinungsformen wird — so gesehen — den Sport nicht nur „weiter" bereichern, sondern ihn „zwangsläufig" auch vor neue organisatorische Herausforderungen stellen. Diesen Herausforderungen werden die Sportorganisationen allerdings nur dann erfolgreich begegnen können, wenn sie die neuen Vielfalten sportiver Praxen als integrative

Bestandteile (jugend-)kultureller Gesamtkonzeptionen verstehen lernen. Schon heute ist eine hohe Korrespondenz in Hinblick auf Veränderung und wechselseitige Adaptation von Jugend- und Sportkulturen zu beobachten. Ein kurzer Blick auf die „alternativen" oder „distinktiven" Sportformen mag dies verdeutlichen. Von den Protagonisten dieser Sportformen werden die für geeignet befundenen sportiven Praxen selektiv als Elemente kultureller Selbstdarstellung und Differenzierung eingesetzt. Auf diese Weise werden sie zu „tranchierten" Seinsstücken, die erste Rückschlüsse auf lebensweltliche Gesamtkonzeptionen gestatten.

These 3: Motivationaler Mehraufwand

Jugendliche haben heute die Möglichkeit, vielfach allerdings auch den Zwang, eine bunte Vielfalt von Alltagen erleben zu können. Für einen Großteil der Heranwachsenden ist es sehr viel schwerer geworden, den Alltag so zu strukturieren, daß es ein eindeutiges Zentrum gibt; es existieren zwar „funktionale Zentren" wie z. B. die Schule, daneben gibt es aber auch eine Vielzahl anderer bedeutsamer Zentren, die in Hinblick auf die Intensität des Engagements sehr weit differieren können. Im Vergleich zu früheren Generationen ist es in den letzten Jahren zu einem erheblichen Anstieg der Optionsvielfalten gekommen. Während die Wahlmöglichkeiten bezüglich der Freizeitgestaltung bspw. eines Gymnasiasten in den 60er Jahren noch vergleichsweise eingeschränkt waren, ist heute die Fülle der Angebote und möglichen Aktivitäten scheinbar grenzenlos. Dieser indirekte Zwang zur Option zwischen bspw. Sportverein, Musikschule und/oder Jugendkonsummarkt läßt bei vielen Jugendlichen allerdings das Gefühl aufkommen, etwas verpassen zu können. Während sie noch in einen spezifischen Kontext eingebunden sind, denken viele schon wieder an weitere Optionen. Es gilt, möglichst viel mitnehmen zu können, ohne allzu viel zu verpassen. Dieser latente Optionszwang bedeutet im Vergleich zu früher allerdings auch einen deutlichen motivationalen Mehraufwand, um eine Sache längerfristig durchzuhalten. Wenn diese Sache dann auch noch durch mehr oder minder sinnvolle pädagogische Inhalte angereichert wird und damit das, was Jugendliche hier zu erwarten haben, zunehmend diffuser wird, liegt die Annahme durchaus nahe, daß die Fluktuationsraten – ähnlich wie in anderen Jugendverbänden mit diffuser werdenden Inhalten – ein Ausmaß erreichen, das weder pädagogisch sinnvoll ist, noch im Interesse der auf Bestandssicherung unweigerlich bedachten Sportorganisationen liegen kann. Wenn abgesicherte empirische Befunde zu dieser Problematik bislang auch „noch" nicht vorliegen, scheint es ohnehin in diesen Tagen für die Sportorganisationen schwer genug zu sein, eine langfristige Bindung von Jugendlichen an die Institution Sportverein vor dem Hintergrund der Differenzierung und Individualisierung von jugendlichen Lebenslagen und -formen sicherzustellen. Eine grundsätzliche Umorientierung des Jugendvereinssports und der damit einhergehende „Verlust an Konturen" würde — wie zahlreiche Beispiele aus anderen Bereichen der Jugendarbeit eindrucksvoll dokumentieren — diesen Prozeß nicht nur wesentlich beschleunigen, sondern das gesamte Bestandskonzept des in Vereinen und Verbänden organisierten Sports langfristig gefährden.

These 4: Neubestimmung der intergenerativen Kompetenzzuweisungen

Das Monopol der älteren Generationen, mit Weisheit und Klugheit die jüngeren Generationen anzuleiten, verliert vor allem durch die Dynamik technischer und (jugend-)kultureller Innovationen und der Allgegenwart der Medien an Bedeutung. Jugendliche sind wesentlich umfassender eingeschlossen in das Allgemeine. Neue Kompetenzen, wie bspw. geometrisierende Wahrnehmungsfähigkeit, die etwa beim Umgang mit den neuen Technologien von großer Bedeutung sind, stellen sie sogar oftmals über die Erwachsenen. Bestimmte Vorrechte der Älteren werden nicht mehr einfach so hingenommen, sondern diskursiv verhandelt. Für den Bereich der außerschulischen Jugendbildung bedeutet es, daß das Leitungspersonal immer mehr an erkennbarer Kompetenz entfalten muß. Der Rekurs auf Statusunterschiede und/oder pädagogische Semantiken scheint immer weniger geeignet zu sein, die Jugendlichen langfristig zu binden.

Exkurs: Umgekehrt korrespondieren partielle Formen von Früherwachsenheit mit Merkmalen gestreckter Kindheit. Denn Kinder und Jugendliche bekommen im zeithistorischen Vergleich immer früher und umfassenderen Zugang in die symbolische Welt der Erwachsenen. Insbesondere POSTMAN (1987) hat diesen Bruch der Grenzen zwischen den Generationen sehr kritisch herausgearbeitet. Die zunehmende Schwierigkeit der Statusunterscheidung ergibt sich für ihn aus der „Entdifferenzierung der Wahrnehmungswelten durch Medien" (POSTMAN 1987). Während Erwachsene in medialgesteuerte Juvantalisierungprozesse involviert sind, würden, so POSTMAN, Kinder und Jugendliche immer früher zu Erwachsenen. In der Tat scheinen Jugendliche heute kaum noch die pubertäre Schlüssellochposition einnehmen zu müssen, um Einblicke in die Erwachsenenwelt und ihre Sinndeutungen bekommen zu können. Andererseits, und dies scheint POSTMAN nicht zu sehen, erlaubt gerade das kulturell mittlerweile zugestandene „hohe Maß an Informalität" (ZIEHE 1990), das sich bspw. an der deutlichen Lockerung von Benimmregeln, dem Verzicht der Durchsetzung von Ordnungsstrukturen wie z. B. Schönschrift und vielem mehr zeigen läßt, kindliche Züge bis ins hohe Jugendalter hinein. Es entsteht also vielmehr das Paradoxon partieller Formen von Früherwachsenheit, die gleichzeitig mit gestreckter Kindlichkeit durchsetzt sind. Diese interessante Mischung aus Elementen der Früherwachsenheit und gestreckter Pubertät erzeugt eine merkwürdige intersubjektive Gemengelage, die auch (sport-)pädagogische Implikationen hat.

These 5: Zunehmender Wertedissens

Jugendliche werden heute mit mindestens zwei diametralen Werthorizonten konfrontiert. Zum einen gilt es in Schule, Universität, Arbeitswelt und Kirche die klassisch abendländischen Tugenden, wie z. B. Leistungsethos, Disziplin, Pünktlichkeit, Planungsverhalten zu leben, zum anderen werden in der hedonistischen Freizeitwelt eher Bereitschaft zur Lust, Spontaneität, zum freudvollen Genuß und schier grenzenloser Konsum abverlangt. Der Sportverein scheint in diesem Zusammenhang für einen Großteil der Jugendlichen durchaus Brückenkopf-Funktionen wahrzunehmen. Nicht zuletzt im Sportsystem selbst artikuliert sich allerdings auch die hohe „Verarbeitungskompetenz" vieler Jugendlicher; denn während in den leistungssportlichen Jugendabteilungen der Vereine der spezifische Sportcode durch ein hohes Maß an Leistungsethos und Askesebereitschaft gekennzeichnet ist, können die gleichen Jugendlichen in anderen Situationen des Sports durchaus lustbetont und jenseits konventioneller sportiver Praxen durchaus variantenreich agieren.

These 6: Gesteigertes Anspruchsdenken und verstärkte soziale und ökonomische Teilhabe

Die Motivation von Jugendlichen, Engagement zu zeigen oder spezifische Kompetenzen zu entfalten, ist wesentlich konditionaler geworden. Erst wenn spezifische Bedingungskonstellationen (wie z. B. ein ansprechender Raum, eine entsprechende Ausstattung, die richtige Atmosphäre, ein möglichst kompetentes Leitungspersonal) gegeben sind, können viele Jugendliche sehr viel. Während früher Engagement und Kompetenz in wesentlich höherem Maße kontextfrei abrufbar waren, gehört mittlerweile ein ganzes Bedingungsset dazu, Energien freizusetzen (vgl. ZIEHE 1990). Ob sich gesteigertes Anspruchsdenken und ein hohes Maß an Konditionalität tatsächlich auch auf den Feldern des Sports artikuliert oder durch die hohe Attraktivität der sportlichen Inhalte „eher" kontextungebunden ist, dürfte in diesem Zusammenhang eine interessante Fragestellung sein. Mit dem frühen Ende „patronisierender" Jugend wachsen auch die Ansprüche an wirtschaftlicher, sozialer und politischer Teilhabe. Lüste, Vergnügungen und hochgeschätzte Güter werden sowohl in materieller als auch immaterieller Hinsicht immer früher in Anspruch genommen. So sind im zeithistorischen Trend vom bescheidenen Taschengeld zum selbstverständlichen Jugendeinkommen und der Ausweitung jugendspezifischer Märkte Kaufkraft und Konsum von Jugendlichen deutlich angestiegen. Für den organisierten Sport hat diese Entwicklung durchaus ambivalente Folgen. Aufgrund der deutlichen Steigerung der Kaufkraft vieler Jugendlicher haben in den letzten Jahren insbesondere in den städtischen Ballungsräumen die kommerziellen Sportanbieter diese „neue" Käufergruppe entdeckt. Vielen Jugendlichen bietet sich so gesehen auch zum ersten Mal eine „Alternative" zu langjährigen, bisweilen allzu muffigen, Vereinsmonopol.

Gleichzeitig wächst bei vielen Vereinen der Druck, aber auch das Potential, jenseits bildungstheoretischer Argumentationssemantiken, die Jugendlichen frühzeitig in die demokratischen Entscheidungsstrukturen mit einzubeziehen. Frühe Mitbestimmung, ein eigenverantwortlicher Raum (Jugendvorstand, Patenschaften) sind hier nur einige Stichworte, die nicht zuletzt in Hinblick auf längerfristige Vereinsbindung von entscheidender Bedeutung sind.

These 7: Enttraditionalisierung

Mit der zunehmenden Auflösung teilgesellschaftlicher Gemeinschaften und verpflichtender sozial-moralischer Milieubindungen kommt es zu einer „Neudefinition" der Bindungen insbesondere an intermediäre Organisationsformen wie z. B. Sportvereine. An die Stelle sozial-gewachsener emotionaler Bindungen (Stichworte: Hohe Identifikationsgrade, Veränderungen im Bereich der Festkultur, Wechsel zum Nachbarverein), tritt in immer stärkeren Maße funktionalistisches und/oder konsumistisches Denken. In einer Zeit, in der Jugendliche immer mehr ihre Lebensbiographie jenseits verbindlicher Orientierungsmuster und „Fahrpläne" in die eigene Hand nehmen müssen, sind Flexibilität und Offenheit „neue" Verhaltensformeln; langfristige Bindungen (Ehe, Ehrenamt, ...) und soziale Orientierungen sind unnötiger Ballast. Die Fähigkeit und Bereitschaft zum freiwilligen Gestalten sozialer Beziehungen geht immer weiter verloren zugunsten individualitäts-, nützlichkeits- und situationsorientierter warenförmiger Tauschbeziehungen. Die repräsentative Längsschnittuntersuchung von BRÄHLER/WIRTH (1990) weist bereits in diese Richtung. Während sich 1975 gerade die Jugendlichen mit hohem Bildungsabschluß „noch" durch ein ausgeprägtes Sozialinteresse auszeichneten, hat sich das Verhältnis 1989 umgekehrt. Heute entwickeln insbesondere diejenigen, die die Hauptnutznießer des Massenkonsums höherer Bildung darstellen, in immer stärkerem Maße individualitäts- und zweckorientierte Durchsetzungsstrategien. Die Bildungsexpansion insgesamt hat — so gesehen — nicht nur zu einem erheblichen qualitativen wie auch quantitativen Wandel der modernen Jugendphase geführt, sondern gleichzeitig einen tiefen Graben zwischen den Generationen entstehen lassen, der erst ganz allmählich in seiner Breiten- und Tiefenwirkung auf das Verhältnis zwischen den Generationen und Geschlechtern, die (Vereins-)Kultur, das Sportverhalten sowie in Hinblick auf grundlegende Veränderungen traditioneller Wertorientierungen (Ehre und Ehrenamt) sichtbar wird. Früher stellte das Hineinwachsen in die Gesellschaft einen für den einzelnen überwiegend vorbestimmten Prozeß dar, „der auf der Familienerfahrung und dem sich in ihr immer (interpretiert) spiegelnden Herkunftsschicksal aufbaute, dann über die Stationen von Nachbarschaft", Jugend-Sportverein etc. bis zur beruflichen Sozialisation gleichsam vorgezeichnet war. Heute ist dies übergreifende „Erfahrungs- und Kontrollband" eines sozial- moralisch verbindlichen Milieus vielfältig gebrochen (vgl. BECK 1986, 129).

These 8: Zunehmende Herausbildung „individueller" Leistungsmoral und Gratifikationsmuster

Durch das — lebenszyklisch betrachtet — sehr lange „Verharren in einem Typ rezeptiver Tätigkeit und praxisentzogener Lernprozessse" anstelle der ehemals selbstverständlich erscheinenden „frühen Erfahrung konkreter Arbeit" kommt es zu einer „mentalen Entkoppelung von Lernen und Arbeiten" und damit zu einer inneren Verselbständigung von Lernen (BAETHGE 1989, 305). Dieser Wandel von einer eher arbeitsintegrierten bzw. arbeitsbezogenen hin zu einer vornehmlich schul- bzw. universitätsorientierten jugendlichen Lebensform begünstigt statt kollektiver Orientierungsmuster wesentlich die Herausbildung individueller Leistungsmoral und individueller Identitätsmuster auch im Sport. Insbesondere BAETHGE hat die grundlegenden Auswirkungen dieser Umstrukturierung des jugendlichen Erfahrungsfeldes herausgearbeitet. Nach BAETHGE läßt sich dieser Wandel in all seinen Dimensionen nur dann richtig erfassen, wenn dieser Prozeß nicht nur als schlichter Wechsel von Bezugspunkten für das Handeln in der Jugendphase betrachtet, sondern als langsame Umwälzung der Sozialisationsmodi in der Adoleszenz verstanden wird. „Was sich äußerlich als Wechsel institutionell definierter Aufenthaltsräume darstellt, beinhaltet einen die ganze Person und ihre Entwicklung betreffenden Wandel" von spezifischen Formen der Erfahrung und der inneren Auseinandersetzung mit Umwelt in dieser Altersphase (BAETHGE 1990).

BAETHGE charakterisiert diese Veränderung begrifflich „als Wandel von einem produktionistischen hin zu einem konsumistischen Sozialisationsmodell". Dieser grundlegende Perspektivwechsel hat weitreichende Konsequenzen. So betont BAETHGE in diesem Zusammenhang, daß eine derartige Umstrukturierung unweigerlich „auch eine Aushöhlung kollektiver gesellschaftlicher Erfahrung nach sich zieht und die Tendenz zur Vereinzelung verstärkt" (ebenda). Wenn die Verlängerung von Lern- und Ausbildungszeiten auch mehr individuelle Entfaltungsspielräume eröffnet und das deutlich höhere Budget an verhaltensbeliebiger Zeit größere Chancen in Hinblick auf Selbstverwirklichung und/oder ein Engagement in kulturellen/sportlichen Bereichen ermöglichen oder auch die Gleichaltrigenkommunikation zu intensivieren vermag, das Gefühl gesellschaftlicher Nützlichkeit, kollektiver Einbindung und Verpflichtung wird sich trotz aller pädagogischer Inszenierungen und höchst artifizieller kompensatorischer Akte kaum einstellen können. Im Kontext dieser fortschreitenden psycho-sozialen Akzeleration stellen insbesondere die „cross-pressures" des Gratifikationsaufschubs auf der einen Seite und das immer frühere Streben nach Autonomie und rascher Wunscherfüllung auf der anderen Seite zentrale Merkmale zum besseren Verständnis der inneren Belastung und gesellschaftlich vermittelter Inkonsistenzen Jugendlicher dar.

Daß sich Jugendliche vor diesem Hintergrund ihres ureigensten Kapitals besinnen und mit Hilfe sportlicher Modellierung und modischer Stilisierung ihren

Körper in das soziale Kräftefeld effektvoll einzubringen versuchen, scheint verständlich zu sein und sollte von den Sportorganisationen entsprechend aufgegriffen werden. Neben den körperbezogenen „Selbst"-Thematisierungs- und Profilierungschancen, die insbesondere die neuen „weichen" Sportformen ermöglichen, enthält aber auch ein im wesentlichen über Leistung und Wettkampf definierter Jugendvereinssport Elemente, die speziell von Jugendlichen durchaus als orientierungs- und ich-bedeutsam angesehen werden und als Hauptgrund für den „ungebrochenen" hohen Zuspruch eines Großteils der Jugend zum leistungsorientierten Vereinssport verstanden werden müssen.

Wer allerdings nun aus der Logik eines „Sports für alle" heraus meint, den genuin sportspezifischen Siegescode und das Leistungsprinzip außer Kraft setzen zu müssen, gefährdet nicht nur das im Vergleich zu anderen Jugendorganisationen durchaus erfolgreiche Gesamtkonzept des herkömmlichen Jugendvereinssports, sondern zerstört einem Großteil der Heranwachsenden eines der wenigen leistungsthematischen Felder, auf denen gesellschaftlich anerkannte Gratifikationen überhaupt „noch" zu erringen sind. Nicht zuletzt hier liegt der Schlüssel zum besseren Verständnis der — trotz Borniertheit und autoritärer Altlasten — beispiellosen Attraktivität des in Vereinen und Verbänden organisierten Sports im Jugendalter und (möglicher) identitätsfördernder Beiträge. Dieser Sport, der im wesentlichen im Trainings- und Wettkampfsystem einer Sportart betrieben wird, in dem es vor allem — aber nicht nur — um Leistung geht, „der auch den Körper leistungsthematisch instrumentalisiert, der in der Sicherheit einer Sportlerrolle betrieben wird, umgeben von Gleichaltrigen, die ebenfalls Spaß an den Sozialisationsspielen im Umkreis der Ambivalenzen des Sports haben" (KURZ/BRINKHOFF 1989, 110), fasziniert nicht ohne Grund seit Jahrzehnten einen Großteil der Jugendlichen.

Dem pädagogisch sinnvollen Umgang mit den Ambivalenzen (Sieg — Niederlage; Leistung — Nicht-Leistung) des modernen Sports sollte vielmehr Aufmerksamkeit beigemessen werden anstatt eine wenig durchdachte und voreilige Abkehr von einem durch sportlichen Siegescode und Leistungsprinzip bestimmten Orientierungshorizont im traditionellen Jugendvereinssport zu propagieren. Um etwa in der Gleichaltrigengruppe Statusgewinne verzeichnen zu können, ist neben demonstrativem Konsum und einem in der jeweiligen peergroup allgemein anerkannten Lebensstil in besonderem Maße auch ein spezifisches Leistungsvermögen notwendig, das insbesondere im Sport auf der Grundlage weitreichender Akzeptanz immer wieder präsentiert und beim Kampf um die „Gunst" der peers effektvoll eingesetzt wird. Da bei diesem Prozeß allerdings sowohl bei Übungsleitern als auch den Jugendlichen selbst nur wenig Verstehen, Liberalität, Akzeptanz von unterschiedlichen sportlichen Ausgangsniveaus zu beobachten ist und Stigmatisierungsprozesse aufgrund der sportlichen Vorsozialisationen der zentralen Akteure und der spezifischen Organisationsziele der Vereine vorprogrammiert sind, sollte in der Zukunft insbesondere bei der konzeptionellen Planung und Abstimmung von sportpädagogischen Inhalten etwa im Bereich der Übungs- und Jugendleiterausbildung (-weiterbildung) mehr Aufmerksamkeit geschenkt werden. Die Abkehr vom Leistungsprinzip als klassischer Sinnmitte des Sports (KURZ 1986), der Verbindlichkeitsverlust der „alten" Sportlerrolle würde nicht nur die Reproduktionslogik des organisierten Sports gefährden, sondern insbesondere auch in der Wahrnehmung der Jugendlichen einen Verlust an Eindeutigkeit und klar erkennbaren Konturen bedeuten, nach denen sie mehr denn je Ausschau halten.

These 9: Alternative Konzepte

Es kann zwar kaum bestritten werden, daß die insbesondere von RIDDER (1986) und BRINCKMANN/SPIEGEL (1986) entwickelten „alternativen" Angebotsideen unter sportpädagogisch hochqualifizierter Anleitung durchaus attraktiv sein können, doch werden sie von dem Großteil der Übungsleiter, die zur Zeit die Jugendarbeit in den Vereinen tragen, kaum umgesetzt werden können. Wie die eigene „qualitative" Studie über Übungsleiter gezeigt hat, handelt es sich hierbei in der Regel um Akteure, die über spezifische sozialmoralische Milieubindungen und ein mehr oder minder erfolgreiches Engagement in einer Sportart in „ihren" Verein hineingewachsen sind, dort eine Vielzahl von sozialen und sportartspezifischen Erfahrungen gesammelt haben, die sie gewissermaßen als Meister im Umgang mit ihrer Sportart auf der Grundlage „naiver" pädagogischer Konzeptionen an die Jugendlichen in ihrem Verein weitergeben wollen. Ihre Karrieren zum bzw. als Übungsleiter werden durch die verschiedenen Ausbildungsgänge der Verbände lediglich ergänzt und ein Stück weit methodisiert. Ihre pädagogische Autorität in den Augen der Jugendlichen lebt — so gesehen — für alle transparent von ihrer früheren vereinssportlichen Karriere und ihrer noch heute erkennbaren sport(art)fachlichen Kompetenz. Die Sportorganisationen wären sicherlich schlecht beraten, wenn sie gewissermaßen den allgemeinen Trends „blind" folgend, neue „Unübersichtlichkeit" und sportpädagogische Diffusität an die Stelle der klar erkennbaren „meisterlichen" Sicherheit im Umgang mit einer Sportart und daraus resultierender „naiver" — von vielen Jugendlichen allerdings durchaus geschätzten — pädagogischer Konzeptionen setzten.

Die keiner staatlichen Instanz direkt verpflichteten freien Träger sportlicher Jugendarbeit verfolgen — organisationssoziologisch betrachtet — zwangsläufig nicht die objektiven Interessen und Bedürfnisse der Jugendlichen, sondern betrachten sie, wie alle anderen freien Träger, zunächst als Nachwuchsreservoir. Als Folge dieser Form von Jugendarbeit werden vor allem Integrationseffekte erreicht, indem die eigenen Sinngebungen und Werthaltungen an die Jugend weitergegeben werden. Diese Werthaltungen sind trotz eines bisweilen unheimlich erscheinenden gesamtgesellschaftlichen Wertewandels zumindest in den Jugendabteilungen der Vereine noch eindeutig von Leistungsstreben und daraus resultierender Anerkennung gekennzeichnet. Auf dieser Grundlage funktioniert das System. Unter dieser Voraussetzung sind Übungsleiter, Jugendleiter und Vereinsfunktionäre zur Zeit „noch" bereit, sich im Bereich der sportlichen Jugendarbeit ehrenamtlich zu engagieren. Doch auch im traditionellen Jugendvereinssportkonzept sind erste „Erosionen" kaum zu übersehen. Während „draußen" gesamtgesellschaftliche Individualisierungsprozesse die uns bekannten vereinsstrukturellen Voraussetzungen außer Kraft setzten (und allmählich mit den neuen Akteuren in das Sportsystem implantieren), zeichnen sich im Sportsystem selbst parallel dazu erhebliche Kommerzialiserungs- und Professionalisierungstendenzen ab, die eine folgenreiche Neudefinition von Ehrenamt, Vereinsstruktur und Mitgliederstatus zwangsläufig mit sich bringen müssen.

Literatur

ADORNO, TH. W.: Zur gegenwärtigen Stellung der empirischen Sozialforschung in Deutschland. In: Ders.: Gesammelte Schriften, Band 8. Frankfurt 1972, 478—523.
ALLERBECK, K. R./ROSENMAYR, L.: Einführung in die Jugendsoziologie. Theorien, Methoden und empirische Materialien. Heidelberg 1976.
ALLERBECK, K. R./HOAG, W. J.: Jugend ohne Zukunft? Einstellungen, Umwelt, Lebensperspektiven. München 1985.
ALTHEIDE, D. L.: Airplane accidents. Murder, and mass media: Comment on Phillips. In: Social Forces 60 (1981), 593—596.
AMELSBERGER, M., u. a.: Alltäglicher Sportunterricht — Realitätsdeutungen von Lehrern und Schülern. In: ADL (Hrsg.): Schüler im Sport — Sport für Schüler. Schorndorf 1984, 240—245.
ANDERS, G.: Sport und Youth Culture. In: Internationale Review of Sport Sociology 17 (1982), 49—60.
Arbeitsgruppe am Max-Planck-Institut für Bildungsforschung (Hrsg.): Das Bildungswesen in der Bundesrepublik Deutschland. Reinbek 1984.
Arbeitsgruppe Bielefelder Jugendforschung: Das Individualisierungs-Theorem — Bedeutung für die Vergesellschaftung von Jugendlichen. In: HEITMEYER, W./OLK, TH. (Hrsg.): Individualisierung von Jugend. Gesellschaftliche Prozesse, subjektive Verarbeitungsformen, jugendpolitische Konsequenzen. Weinheim/München 1990, 11—34.
ARIES, PH.: Geschichte der Kindheit. München/Wien 1975 (Original 1960).
ATTESLANDER, P.: Methoden empirischer Sozialforschung. Berlin 1974.
AUSUBEL, D. P.: Das Jugendalter. Fakten — Probleme — Theorie, München 1979 (6. Auflage).
BAACKE, D.: Lebensweltanalyse von Fernstudenten. Zum Problem „Lebenswelt" verstehen. Hagen 1978.
BAACKE, D.: Die 13- bis 18jährigen. München 1979.
BAACKE, D.: Einführung in die außerschulische Pädagogik. Weinheim/München 1985 (2. überarbeitete Auflage).
BAACKE, D./HEITMEYER, W.: Neue Widersprüche. Jugendliche in den achtziger Jahren. Weinheim/München 1985.
BAACKE, D.: Sport braucht Jugend — Jugend braucht Sport. Festvortrag. Unv. Manuskript. Saarbrücken 1986.
BAACKE, D.: Jugend und Jugendkulturen. Weinheim-München 1987.
BAACKE, D.: Wechselnde Moden. Stichwörter zur Aneignung eines Mediums durch Jugend. In: BAACKE, D. et al.: Jugend und Mode. Opladen 1988, 11—65.
BAACKE, D.: Jugend ist anders — Jugendarbeit auch? Köln 1989.
BACHLEITNER, R.: Soziale Schichtung im Sport. Eine Problemanalyse. In: Sportwissenschaft 18 (1988), 237—253.
BAETHGE, M.: Individualisierung als Hoffnung und als Verhängnis. Aporien und Paradoxien der Adoleszenz in spätbürgerlichen Gesellschaften oder: die Bedeutung der Subjektivität. In: LINDNER, R./WIEBE, H.-H. (Hrsg.): Verborgen im Licht. Neues zur Jugendfrage. Frankfurt/Main 1985, 98—122.
BAETHGE, M.: Jugend und Gesellschaft — Jugend und Arbeit. In: Benseler, F., u. a. (Hrsg.): Risiko Jugend. Leben, Arbeit und politische Kultur. Münster 1988, 28—38.

BAETHGE, M.: Die politischen Folgen fortschreitender Individualisierung in der Arbeitsgesellschaft. In: HEITMEYER, W./JACOBI, J. (Hrsg.): Politische Sozialisation und Individualisierung. Weinheim/München 1991, 35—54.
BAUDRILLARD, J.: Das andere selbst. Wien 1987.
BAUR, J.: Zur Bewegungssozialisation in der Herkunftsfamilie. In: Sportwissenschaft 12 (1982), 121—151.
BAUR, J.: Körper und Bewegungskarrieren. Dialektische Analysen zur Entwicklung von Körper und Bewegung im Kindes- und Jugendalter. Schorndorf 1989.
BECK, U.: Jenseits von Stand und Klasse? Soziale Ungleichheit, gesellschaftliche Individualisierungsprozesse und die Entstehung neuer Formationen und Identitäten. In: KRECKEL, R. (Hrsg.): Soziale Ungleichheiten, Sonderband 2 der Sozialen Welt. Göttingen 1983, 35—74.
BECK, U.: Jenseits von Stand und Klasse. Auf dem Weg in die individualisierte Arbeitnehmergesellschaft. In: Merkur 38 (1984), 480—497.
BECK, U.: Risikogesellschaft. Auf dem Weg in eine andere Moderne. Frankfurt/Main 1986.
BECK, U.: Die Industriegesellschaft schafft sich selber ab. In: Frankfurter Allgemeine Zeitung, 19. Oktober 1990, 15.
BECKER, H./EIGENBRODT, J./MAY, M.: Pfadfinderheim, Teestube, Straßenleben. Jugendliche Cliquen und ihre Sozialräume. Frankfurt/Main 1984.
BECKER, P.: Normalitätsfabrik Sportverein. In: PILZ, G. A. (Hrsg.): Sport und Verein. Reinbeck 1986, 145—158.
BERNING, H.-H.: „Selbstfindung" als zentraler Inhalt neuer Bewegungs- und Körperkultur. In: KLEIN, M. (Red.): Sport, Gesundheit und die neue Bewegungs- und Körperkultur. Clausthal-Zellerfeld 1986, 40—56.
BERTRAM, H.: Jugend heute. Die Einstellung der Jugend zu Familie, Beruf und Gesellschaft. München 1987.
BETTE, K.-H.: Körperlichkeit und Modernität. Zur gesellschaftlich erzeugten Paradoxie von Körperdistanzierung und Körperaufwertung, Habilitationsschrift, Deutsche Sporthochschule. Köln 1987.
BETTE, K.-H.: Körperspuren zur Semantik und Paradoxie moderner Körperlichkeit. Berlin 1989.
BILDEN, H.: Geschlechtsspezifische Sozialisation. In: HURRELMANN, K./ULICH, D. (Hrsg.): Handbuch der Sozialisationsforschung. Weinheim-Basel 1980, 777—812.
BILDEN, H./DIEZINGER, A.: Individualisierte Jugendbiographie? Zur Diskrepanz von Anforderungen, Ansprüchen und Möglichkeiten. In: Zeitschrift für Pädagogik (ZfPäd) 30 (1984), 191—207.
BLÜCHER, V. G.: Die Generation der Unbefangenen. Düsseldorf/Köln 1966.
BÖHNISCH, L.: Jugend und Konsum: Konsum total? In: Sozialwissenschaftliche Information 17 (1988), 148—151.
BÖHNISCH, L./BLANC, K.: Die Generationenfalle. Von der Relativierung der Lebensalter. Frankfurt/Main 1989.
BÖHNISCH, L./MÜNCHMEIER, R.: Wozu Jugendarbeit? Orientierungen für Ausbildung, Fortbildung und Praxis. Weinheim-München 1987.
BÖHNISCH, L./SCHEFOLD, W.: Lebensbewältigung. Soziale und pädagogische Verständigung an den Grenzen der Wohlfahrtsgesellschaft. Weinheim/München 1985.
BOLTE, K. M./Voss, G. G.: Veränderungen im Verhältnis von Arbeit und Leben. Anmerkungen zur Diskussion um den Wandel von Arbeitswerten. In: REYER, L./KÜHL, J. (Hrsg.): Arbeitsmarkt- und Berufsforschung und Politik. Festschrift für Dieter Mertens. Beitr. AB. 111. Nürnberg 1988, 72—93.
BOURDIEU, P.: Historische und soziale Voraussetzungen modernen Sports. In: Merkur 39 (1985), 575—590.

Bourdieu, P.: Historische und soziale Voraussetzungen modernen Sports. In: Hortleder, G./Gebauer, G. (Hrsg.): Sport — Eros — Tod. Frankfurt 1986.
Bourdieu, P.: Die feinen Unterschiede. Kritik der gesellschaftlichen Urteilskraft. Frankfurt/Main 1987.
Brand, K.-W. et al.: Aufbruch in eine andere Gesellschaft. Neue soziale Bewegungen in der Bundesrepublik Deutschland. Frankfurt/Main 1986.
Brähler, E./Wirth, H.-J.: Abwendung von sozialen Orientierungen: Auf dem Weg in einen modernisierten Sozialdarwinismus? In: Heitmeyer, W./Jacobi, J. (Hrsg.): Politische Sozialisation und Individualisierung. Weinheim/München 1990, 77—98.
Brettschneider, W.-D./Baur, J./Bräutigam, M.: Zum Verhältnis von Jugend und Sport. In: dieselben (Hrsg.): Sport im Alltag von Jugendlichen, Schorndorf 1989, 7—16.
Brettschneider, W.-D./Bräutigam, M.: Sport in der Alltagswelt von Jugendlichen — Forschungsbericht. Materialien zum Sport in Nordrhein-Westfalen. Eine Schriftenreihe des Kultusministeriums. Düsseldorf 1990.
Brinckmann, A./Spiegel, E. (Hrsg.): Freizeitsport mit Jugendlichen. Modelle für Vereinssport und Jugendarbeit. Reinbek 1986.
Brinkhoff, K.-P.: Jugendarbeit im Sportverein. Theoretische Einordnung und Wirklichkeitsdeutungen von Betroffenen. Examensarbeit. Bielefeld 1987.
Brinkhoff, K.-P.: Jugend im Spannungsfeld gesellschaftlicher Widersprüche. In: Olympische Jugend 32 (1987), 16 ff.
Brinkhoff, K.-P.: Was steckt hinter der Erfolgsbilanz? Im Spiegel von Zahlen: Zur Mitgliederentwicklung des Deutschen Sportbundes in den 80er Jahren. In: Olympische Jugend 34 (1989), 12 ff.
Brinkhoff, K.-P./Ferchhoff, W.: Jugend und Sport. Zur Karriere einer offenen Zweierbeziehung. In: Heitmeyer, W./Olk, Th. (Hrsg.): Individualisierung von Jugend. Weinheim/München 1990.
Brinkhoff, K.-P./Ferchoff, W.: Jugend und Sport. Eine offene Zweierbeziehung. Zürich 1990.
Bronfenbrenner, U.: Die Ökologie der menschlichen Entwicklung. Stuttgart 1981.
Bryman, A.: The debate about quantitative and qualitative research: A question of method or epistemology? In: The British Journal of Sociology 35 (1984), 75—92.
Bühl, W. L. (Hrsg.): Verstehende Soziologie. Grundzüge und Entwicklungstendenzen. München 1972.
Cachay, K.: Perspektiven der künftigen Entwicklung von Sportvereinen und Sportverbänden. In: Digel, H. (Hrsg.): Sport im Verein und im Verband. Historische, politische und soziologische Aspekte. Schorndorf 1988, 219—233.
Cachay, K.: Versportlichung der Gesellschaft und Entsportlichung des Sports — Systemtheoretische Anmerkungen zu einem gesellschaftlichen Phänomen. In: Gabler, H./Göhner, U. (Hrsg.): Für einen besseren Sport. Themen, Entwicklungen und Perspektiven aus Sport und Sportwissenschaft. Schorndorf 1990, 97—113.
Clausen, L.: Jugendsoziologie. Stuttgart 1976.
Coleman, J. C.: The Nature of Adolescence. New York 1980.
Denzin, N. K.: The research act. Chicago 1970.
Der Spiegel, Heft 30/1989.
Deutscher Sportbund (Hrsg.): Jahrbuch des Sports. Frankfurt 1980—1988.
Dierkes, E.: Jugendverbandsarbeit im Sport. Schorndorf 1985.
Digel, H.: Über den Wandel der Werte in Gesellschaft, Freizeit und Sport. In: Deutscher Sportbund (Hrsg.): Die Zukunft des Sports. Materialien zum Kongreß „Menschen im Sport 2000". Schorndorf 1986, 14—43.
Digel, H.: Schlucken die Großen die Kleinen? Die Zukunft des Sportvereins. In: Gieseler, K./Grupe, O./Heinemann, K. (Hrsg.): Menschen im Sport 2000. Dokumentation des Kongresses „Menschen im Sport 2000". Schorndorf 1988a, 162—189.

DIGEL, H.: Sport im Verein und Verband. In: DIGEL, H. (Hrsg.): Sport im Verein und Verband. Historische, politische und soziologische Aspekte. Schorndorf 1988b, 8—16.

DIGEL, H.: Die Versportlichung unserer Kultur und deren Folgen für den Sport — ein Beitrag zur Uneigentlichkeit des Sports. In: GABLER, H./GÖHNER, U. (Hrsg.): Für einen besseren Sport. Themen, Entwicklungen und Perspektiven aus Sport und Sportwissenschaft. Schorndorf 1990, 73—96.

DÖBERT, R./NUNNER-WINKLER, G.: Adoleszenzkrise und Identitätsbildung. Frankfurt 1975.

DÖBERT, R./HABERMAS, J./NUNNER-WINKLER, G. (Hrsg.): Entwicklung des Ichs. Königstein 1976.

DREHER, E./DREHER, M.: Wahrnehmung und Bewältigung von Entwicklungsaufgaben im Jugendalter: Fragen, Ergebnisse und Hypothesen zum Konzept einer Entwicklungs- und Pädagogischen Psychologie des Jugendalters. In: OERTER, R. (Hrsg.): Lebensbewältigungen im Jugendalter. Weinheim 1985, 30—60.

DURKHEIM, E.: Über die Teilung der sozialen Arbeit. Frankfurt 1977 (Original 1893).

EISENSTADT, S. N.: Von Generation zu Generation. Altersgruppen und Sozialstruktur. München 1966.

ELIAS, N.: Zur Grundlegung einer Theorie sozialer Prozesse. In: Zeitschrift für Soziologie 6 (1977), 127—149.

ELIAS, N.: Über den Prozeß der Zivilisation. Soziogenetische und psychogenetische Untersuchungen. Frankfurt/Main 1981.

ELIAS, N./DUNNING, E.: Sport im Zivilisationsprozeß. Münster 1984.

ELSCHENBROICH, D.: Kinder werden nicht geboren. Studien zur Entstehung der Kindheit. Bensheim 1980.

ENGEL, U./HURRELMANN, K.: Psychosoziale Belastungen im Jugendalter. Empirische Befunde. Zum Einfluß von Familie, Schule und Gleichaltrigengruppe. Berlin/New York 1989.

ENGELHARDT, M.: Zerstört den Jugendlichen nicht gleich ihre Träume. In: Olympische Jugend 26 (1981), 10—11.

ERIKSON, E. H.: Kindheit und Gesellschaft. Stuttgart 1968.

ERIKSON, E. H.: Jugend und Krise. Stuttgart 1970.

ERIKSON, E. H.: Identität und Lebenszyklus. Drei Aufsätze. Frankfurt 1971.

ESSER, H.: Rezension Risikogesellschaft. In: Kölner Zeitschrift für Soziologie und Sozialpsychologie, 39 (1987), 806—811.

FEND, H.: Sozialgeschichte des Aufwachsens. Bedingungen des Aufwachsens und Jugendgestalten im zwanzigsten Jahrhundert. Frankfurt/Main 1988.

FEND, H.: Zur Sozialgeschichte des Aufwachsens. In: Deutsches Jugendinstitut. Jahresbericht 1988. München 1989, 157—173.

FERCHHOFF, W.: Zur Differenzierung und Pluralisierung von Lebenszusammenhängen bei Jugendlichen. In: Baacke, D./Heitmeyer, W. (Hrsg.): Neue Widersprüche. Jugendliche in den 80er Jahren. Weinheim/München 1985, 46—85.

FERCHHOFF, W.: Zur Lage der qualitativen Sozialforschung in den achtziger Jahren. In: Zeitschrift für internationale erziehungs- und sozialwissenschaftliche Forschung 3 (1986a), 240—281.

FERCHHOFF, W.: Zur Differenzierung qualitativer Sozialforschung. In: HEITMEYER, W. (Hrsg.): Interdisziplinäre Jugendforschung. Fragestellungen, Problemlagen, Neuorientierungen. Weinheim/München 1986b, 215—244.

FERCHHOFF, W.: Der postmoderne Abschied vom Mythos Jugend. In: Universitas 43 (1988), 1001—1018.

FERCHHOFF, W./SANDER, U./VOLLBRECHT, R.: Jugendarbeit ohne Jugendliche? In: deutsche Jugend 36 (1988), 313—322.

FERCHHOFF, W.: Jugendkulturen im 20. Jahrhundert. Von den sozialmilieuspezifischen Jugendsubkulturen zu den individualbezogenen Jugendkulturen, Frankfurt/Main 1990.

FERCHHOFF, W./NEUBAUER, G.: Jugend und Postmoderne. Analysen und Reflexionen über die Suche nach neuen Lebensorientierungen. Weinheim/München 1989.
FERCHHOFF, W./OLK, TH.: Strukturwandel der Jugend in internationaler Perspektive. In: dieselben (Hrsg.): Jugend im internationalen Vergleich. Sozialhistorische und sozialkulturelle Perspektiven. Weinheim-München 1988, 9—31.
FIEGE, J.: Jugendverbände ohne Jugend. Frankfurt 1981.
FISCHER et al.: Jugend '81. Bd. 1. und 2. Opladen 1982.
FILSTEAD, W. J.: Soziale Welt aus erster Hand. In: GERDES, K. (Hrsg.): Explorative Sozialforschung. Stuttgart 1979, 29—40.
FLITNER, A./HORNSTEIN, W.: Kindheit und Jugend in geschichtlicher Betrachtung. In: Zeitschrift für Pädagogik 10 (1964), 311—339.
FRITSCH, U.: Tanz im Trend. Aufschwung und Abstraktion im Bereich der symbolischexpressiven Bewegungskultur. In: DIETRICH, K./HEINEMANN, K. (Hrsg.): Der nichtsportliche Sport. Schorndorf 1989, 84—97.
FUCHS, W.: Jugendliche Statuspassage oder individualisierte Jugendbiographie? In: Soziale Welt 34 (1983), 341—371.
FUCHS, W.: Biographische Forschung. Opladen 1984.
FUCHS, W.: Sport und Sportverein. In: Jugendwerk der Deutschen Shell (Hrsg.): Jugendliche und Erwachsene '85. Generationen im Vergleich, Band 2. Opladen 1985, 107—126.
FUCHS, W.: Methoden und Ergebnisse der qualitativ orientierten Jugendforschung. In: KRÜGER, H.-H. (Hrsg.): Handbuch der Jugendforschung. Opladen 1988.
FUCHS, W./FISCHER, C.: Aerobic, Bodybuilding, Jogging — Ein neues Sinnmuster in der jugendlichen Alltagskultur? In: BRETTSCHNEIDER, W.-D./BAUR, J./BRÄUTIGAM, M. (Hrsg.): Sport im Alltag von Jugendlichen, Schorndorf 1989, 160—178.
FISCHER, W./KOHLI, M.: Biographieforschung. In: VOGES, W. (Hrsg.): Methoden der Biographie- und Lebenslaufforschung. Opladen 1987, 25—49.
FRÜH, W.: Inhaltsanalyse. Theorie und Praxis. München 1981.
GARSKE, U.: Zur pädagogischen Orientierung des Sports mit Kindern im Verein. In: sportunterricht 34 (1985), 250—258.
GEBAUER, G.: Festordnung und Geschmacksdistinktion. Die Illusion der Integration im Freizeitsport. In: HORTLEDER, G./GEBAUER, G.: Sport-Eros-Tod, Frankfurt 1986, 113—143.
GEULEN, D./HURRELMANN, K.: Zur Programmatik einer umfassenden Sozialisationstheorie. In: HURRELMANN, K./ULICH, D. (Hrsg.): Handbuch der Sozialisationsforschung. Weinheim 1980.
GIESECKE, H.: Die Jugendarbeit. München 1971 (6. Auflage 1983).
GIESECKE, H.: Veränderungen im Verhältnis der Generationen. In: Neue Sammlung 23 (1983), 450—463.
GILLIS, J. R.: Geschichte der Jugend. Tradition und Wandel im Verhältnis der Altersgruppen und Generationen in Europa in der zweiten Hälfte des 18. Jahrhunderts bis zur Gegenwart. Weinheim/Basel 1980.
GRAS, F. et al.: Jugend und Sport. Ost-Berlin 1987.
GRATHOFF, R.: Grenze und Übergang. Frage nach den Bestimmungen einer cartesianischen Sozialwissenschaft. In: GRATHOFF, R./SPRONDEL, W. (Hrsg.): Maurice Merlau-Ponty und das Problem der Struktur in den Sozialwissenschaften. Stuttgart 1976, 108—126.
GRIESE, H. M.: Sozialwissenschaftliche Jugendtheorien. Weinheim 1987.
GRÖSSING, St.: Der Sportverein — ein Bildungsfaktor in der modernen Gesellschaft. In: HASIBEDER, J./KAPUSTIN, P. (Hrsg.): Der zeitgemäße Sportverein. Linz 1978, 33—39.
GRUPE, O.: Sport als Kultur. Zürich 1987.
GRUPE, O.: Von der Verantwortung der Person und der Verpflichtung der Organisation. In: GIESELER, K./GRUPE, O./HEINEMANN, K. (Hrsg.): Menschen im Sport 2000. Dokumentation des Kongresses „Menschen im Sport 2000". Schorndorf 1988, 44—66.

GUGGENBERGER, B.: „Liebt, was Euch kaputtmacht!" Intimität und Identität — „postmoderne" Tendenzen in der Jugendkultur. In: Aus Politik und Zeitgeschichte, B 40—41 vom 3. Oktober 1986, 3—20.

GUGGENBERGER, B.: Schönheit ist alles — alles andere zählt nicht. In: Frankfurter Allgemeine Zeitung vom 9. Dezember 1989.

GÜNTHER, W.: Wie heil ist die Sportwelt unserer Kinder? In: Olympische Jugend 26 (1981), Heft 7, 16—17.

HABERMAS, J.: Theorie des kommunikativen Handelns. Band II. Frankfurt/M. 1981.

HABERMAS, J.: Individualisierung durch Vergesellschaftung. In: HABERMAS: Nachmetaphysisches Denken. Philosophische Aufsätze. Frankfurt/Main 1988, 187—241.

HAMMERICH, K./LÜSCHEN, G.: Grundzüge soziologischer Bestimmungen von Leibesübungen und Sport. In: GRUPE, O.: Einführung in die Theorie der Leibeserziehung und des Sports. Schorndorf 1980, 183—214.

HARTMANN, G.: Sportjugend: „Abwehrmittel gegen die Vergiftung unserer Jugend?" Nachbetrachtung versuchter Initiativen. In: FIEGE, J. (Hrsg.): Jugendverbände ohne Jugend? Frankfurt 1981, 63—82.

HAVIGHURST, R. J.: Developmental Tasks and Education. New York 1972.

HEINEMANN, K.: Zum Problem der Einheit des Sports und des Verlusts seiner Autonomie. In: Deutscher Sportbund (Hrsg.): Die Zukunft des Sports. Materialien zum Kongreß „Menschen im Sport 2000". Schorndorf 1986, 112—128.

HEINEMANN, K.: Zum Problem ehrenamtlicher und hauptamtlicher Mitarbeiter im Verein. In: DIGEL, H.: Sport im Verein und Verband. Schorndorf 1988, 123—137.

HEINEMANN, K.: Der „nicht sportliche Sport". In: DIETRICH, K./HEINEMANN, K.: Der „nicht sportliche Sport" — Texte zum Wandel im Sport. Schorndorf 1989, 11—28.

HEINEMANN, K.: Sport unter den Gesetzen des Marktes — Das Beispiel des kommerzialisierten Zuschauer-Sports. In: DIETRICH, K./HEINEMANN, K. (Hrsg.): Der nichtsportliche Sport. Schorndorf 1989, 170—182.

HEITMEYER, W.: Jugendforschung und (interdisziplinäre) Wissenschaftspraxis. Ein Beitrag zur Soziologie der Jugendforschung. In: HEITMEYER, W. (Hrsg.): Interdisziplinäre Jugendforschung. Weinheim-München 1986, 17—40.

HERRMANN, U.: Jugend in der Sozialgeschichte. In: SCHIEDER, W./SELLIN, V. (Hrsg.): Sozialgeschichte in Deutschland, Band IV. Soziale Gruppen in der Geschichte. Göttingen 1987a, 133—155.

HERRMANN, U.: Das Konzept der „Generation". Ein Forschungs- und Erklärungsansatz für die Erziehungs- und Bildungssoziologie und die historische Sozialisationsforschung. In: Neue Sammlung 27 (1987), 364—377.

HOFFMANN-NOWOTNY, H.-J.: Gesamtgesellschaftliche Determinanten des Individualisierungsprozesses. In: Zeitschrift für Sozialreform 11/12 (1988), 659—670.

HOFFMANN-RIEM, CH.: Die Sozialforschung einer interpretativen Soziologie. Der Datengewinn. In: Kölner Zeitschrift für Soziologie und Sozialpsychologie 32 (1980), 339—372.

HOLSTI, O.R.: Content Analysis for the Social Sciences and Humanities. Reading, Mass. 1969.

HONNETH, A.: Der Affekt gegen das Allgemeine. Zu Lyotards Konzept der Postmoderne. In: Merkur 38 (1984), 893—902.

HONNETH, A.: Soziologie. Eine Kolumne. In: Merkur 42 (1988), 315—319.

HORNSTEIN, W.: Jugend in ihrer Zeit. Hamburg 1966.

HORNSTEIN, W. et al.: Lernen im Jugendalter. Ergebnisse, Fragestellungen und Probleme sozialwissenschaftlicher Forschung. Gutachten und Studien der Bildungskommission des Deutschen Bildungsrates. Stuttgart 1975.

HORNSTEIN, W.: Die Erziehung und das Verhältnis der Generationen heute. In: Deutsche Gesellschaft für Erziehungswissenschaft: Beiträge zum 8. Kongreß der Deutschen Gesellschaft für Erziehungswissenschaft vom 22.—24. März 1982 in Regensburg, hrsg. von BENNER, D.: Zeitschrift für Pädagogik, Beiheft 18, 1983, 59—79.

HORNSTEIN, W.: Jugend. Strukturwandel im gesellschaftlichen Wandlungsprozeß. In: HRADIL, S. (Hrsg.): Sozialstruktur im Umbruch. Opladen 1985, 323—342.
HORNSTEIN, W.: Strukturwandel der Jugendphase in der Bundesrepublik Deutschland. Kritik eines Konzepts und weiterführende Perspektiven. In: FERCHHOFF, W./OLK, TH (Hrsg.): Jugend im internationalen Vergleich. Sozialhistorische und sozialkulturelle Perspektiven. Weinheim/München 1988, 70—92.
HURRELMANN, K./ULICH, D. (Hrsg.): Handbuch der Sozialisationsforschung. Weinheim/Basel 1980.
HURRELMANN, K.: Das Modell des produktiv realitätsverarbeitenden Subjekts in der Sozialisationsforschung. Zeitschrift für Sozialisationsforschung und Erziehungssoziologie 3 (1983), 91—103.
HURRELMANN, K./ROSEWITZ, B./WOLF, H. K.: Lebensphase Jugend. Eine Einführung in die sozialwissenschaftliche Jugendforschung. Weinheim/München 1985.
HURRELMANN, K./WOLF, H. K.: Schulversagen im Jugendalter. Weinheim/München 1986.
HURRELMANN, K.: Familienstreß, Schulstreß, Freizeitstreß. Gesundheitsförderung für Kinder und Jugendliche. Weinheim/Basel 1990.
INGLEHART, R.: The silent revolution. Princeton 1977.
JOAS, H.: Das Risiko der Gegenwartsdiagnose. In: Soziologische Revue 11 (1988), Heft I, 1—6.
Jugendwerk der deutschen Shell (Hrsg.): Jugend 81. Lebensentwürfe, Alltagskulturen, Zukunftsbilder. 3 Bde. Hamburg 1981.
Jugendwerk der deutschen Shell (Hrsg.): Jugendliche und Erwachsene '85. Generationen im Vergleich. 5 Bde. Hamburg 1985.
KALLMEYER, W./SCHÜTZE, F.: Zur Konstitution von Kommunikationsschemata der Sachverhaltsdarstellung. In: WEGENER, D. (Hrsg.): Gesprächsanalyse. Hamburg 1977, 159—274.
KOSINSKI, T./SCHUBERT, M.: Kommerzielle Sportanbieter. In: DIETRICH, K./HEINEMANN, K. (Hrsg.): Der nichtsportliche Sport. Schorndorf 1989, 139—149.
KAMPER, D./WULF, C. (Hrsg.): Die Wiederkehr des Körpers. Frankfurt 1982.
KASCHUBA, W.: Sportivität: Die Karriere eines neuen Leitwertes. Anmerkungen zur „Versportlichung" unserer Alltagskultur. In: Sportwissenschaft 19 (1989), 154—171.
KETT, J. F.: Rites of passage. Adolescence in America. 1790 to the Present. New York 1977.
KLEIN, M. (Hrsg.): Sport, Gesundheit und die „neue" Bewegungs- und Körperkultur. Clausthal-Zellerfeld 1986.
KÖNIG, R.: Menschheit auf dem Laufsteg. Die Mode im Zivilisationsprozeß. München 1985.
KÖPPE, G./WARSITZ, K.: Sportabstinenz bei Jugendlichen: Deutungsmuster, Interpretationen, Schlußfolgerungen. Köln 1989.
KOHLI, M.: Wie es zur „biographischen Methode" kam und was daraus geworden ist. Ein Kapitel aus der Geschichte der Sozialforschung. In: Zeitschrift für Soziologie 10 (1981), 273—293.
KOHLI, M.: Die Institutionalisierung des Lebenslaufs. Historische Befunde und theoretische Argumente. In: Kölner Zeitschrift für Soziologie und Sozialpsychologie 37 (1985), 1—29.
KOHLI, M.: Gesellschaftszeit und Lebenszeit. Der Lebenslauf im Strukturwandel der Moderne. In: BERGER, J. (Hrsg): Die Moderne — Kontinuität und Zäsuren, Sonderband 4 der Sozialen Welt. Göttingen 1986, 183—208.
KRAPPMANN, L.: Soziologische Dimensionen der Identität. Stuttgart 1969/1971.
KREUTZ, H.: Sport, Zukunftsbezug und soziale Integration der Jugend. In: Kultusminister des Landes NRW (Hrsg.): Sportentwicklung. Einflüsse und Rahmenbedingungen. Köln 1984, 31—36.
KREUTZ, H.: Sport, Zukunftsbezug und soziale Integration der Jugend. In: KREUTZ, H. (Hrsg.): Pragmatische Soziologie. Beiträge zur wissenschaftlichen Diagnose und praktischen Lösung gesellschaftlicher Gegenwartsprobleme. Opladen 1988, 221—230.
KROCKOW, CH. VON: Sport — eine Soziologie und Philosophie des Leistungsprinzips. Hamburg 1974.

KROCKOW, CH. VON: Sport und Industriegesellschaft. München 1980.
KRÜGER, H.-H.: Geschichte und Perspektiven der Jugendforschung — historische Entwicklungslinien und Bezugspunkte für eine theoretische und methodische Neuorientierung. In: KRÜGER, H.-H. (Hrsg.): Handbuch der Jugendforschung. Opladen 1988, 13—26.
KURZ, D.: Elemente des Schulsports. Grundlagen einer pragmatischen Fachdidaktik. Schorndorf, 3. Aufl. 1990.
KURZ, D.: Vom Sinn des Sports. In: Deutscher Sportbund (Hrsg.): Die Zukunft des Sports. Materialien zum Kongreß „Menschen im Sport 2000". Schorndorf 1986, 44—68.
KURZ, D.: Was suchen die Menschen im Sport? Erwartungen und Bedürfnisse der Zukunft. In: GIESELER, K./GRUPE, O./HEINEMANN, K.: Menschen im Sport 2000. Dokumentation des Kongresses. Schorndorf 1988, 126—139.
KURZ, D.: Grußworte. In: Bundesinstitut für Sportwissenschaft (Hrsg.): Bewegungswelt von Kindern und Jugendlichen: Bericht über den 8. Sportwissenschaftlichen Hochschultag der Deutschen Vereinigung für Sportwissenschaft. Schorndorf 1989, 9—12.
KURZ, D./BRINKHOFF, K.-P.: Sportliches Engagement und jugendliche Identität. In: BRETTSCHNEIDER, W.-D./BAUR, J./BRÄUTIGAM, M. (Hrsg.): Sport im Alltag von Jugendlichen. Schorndorf 1989, 95—113.
KURZ, D.: Von der Vereinsfamilie zur Verbrauchervereinigung? Zur Zukunft des Sportvereins. Festvortrag zum 100jährigen Bestehen des Olympischen Sport-Clubs Berlin. Unv. Manuskript. Bielefeld 1990.
LEFEBVRE, H.: Einführung in die Modernität. Frankfurt 1978.
LENK, H.: Leistungssport: Ideologie oder Mythos? Stuttgart 1972.
LENK, H.: Eigenleistung. Plädoyer für eine positive Leistungskultur. Zürich 1983.
LENZ, K.: Alltagswelten von Jugendlichen. Eine empirische Studie über jugendliche Handlungstypen. Frankfurt/Main-New York 1986.
LENZ, K.: Die vielen Gesichter der Jugend. Jugendliche Handlungstypen in biographischen Portraits. Frankfurt/Main-New York 1988.
LENZ, K.: Abschied von „der Jugend". Eine empirische Studie über Alltagswelten von Jugendlichen. In: BRETTSCHNEIDER, W.-D./BAUR, J./BRÄUTIGAM, M.: Sport im Alltag von Jugendlichen. Schorndorf 1989, 40—67.
LUHMANN, N.: Soziale Systeme: Grundriß einer allgemeinen Theorie. Frankfurt 1984.
LUHMANN, N.: Die gesellschaftliche Differenzierung und das Individuum. In: OLK, TH./OTTO, H.-U. (Hrsg.): Soziale Dienste im Wandel. 1. Helfen im Sozialstaat. Neuwied/Darmstadt 1987, 121—137.
MAYRING, P.: Qualitative Inhaltsanalyse. Grundlagen und Techniken. Weinheim/Basel 1983.
MAYRING, P.: Einführung in die qualitative Sozialforschung. München 1990.
MANNING, P. K.: Qualitative methods. In: SMITH, R. S./MANNING, P. K. (eds.): Handbook of Sozial Methods Voll. II. Cambridge, Mass. 1982, 1—28.
MANSEL, J./HURELLMANN, K.: Alltagsstreß bei Jugendlichen. Eine Untersuchung zu sozialen Lebenschancen, Lebensrisiken und psychosozialer Belastung beim Statusübergang. München 1991.
MATTHES, J.: Zur transkulturellen Relativität erzählanalytischer Verfahren in der empirischen Sozialforschung. In: Kölner Zeitschrift für Soziologie und Sozialpsychologie 37 (1985), 310—326.
MEAD, G. H.: Geist, Identität und Gesellschaft. Frankfurt 1988 (Original 1934).
MERTENS, D.: Das Qualifikationsparadox — Bildung und Beschäftigung bei kritischer Arbeitsmarktperspektive. In: Zeitschrift für Pädagogik 30 (1984), 439—455.
MILLS, T.-M.: Soziologie der Gruppe. München 1969.
MITTERAUER, M.: Sozialgeschichte der Jugend. Frankfurt/Main 1986.
MOOSER, J.: Auflösung proletarischer Milieus. Klassenbindung und Individualisierung in der Arbeiterschaft vom Kaiserreich bis in die Bundesrepublik Deutschland. In: Soziale Welt 34 (1983), 270ff.

Mooser, J.: Arbeiterleben in Deutschland 1900—1970. Klassenlagen, Kultur und Politik. Frankfurt/Main 1984.
Muchow, H. H.: Sexualstruktur und Sozialstruktur der Jugend. Reinbek 1959.
Müller, C. W./Kenteler, H./Mollenhauer, K./Giesecke, H.: Was ist Jugendarbeit? Vier Versuche zu einer Theorie. München 1964.
Newman, B./Newman, P.: Development through life. A psychosocial approach. Homewood 1975.
Nipkow, K. E.: Neue Religiösität, gesellschaftlicher Wandel und die Situation der Jugendlichen. In: Zeitschrift für Pädagogik (ZfPäd) 27 (1981), 379—402.
Nunner-Winkler, G.: Identität und Individualität. In: Soziale Welt 36 (1985), 466—482.
Oerter, R.: Jugendalter. In: Oerter, R./Montada, L.: Entwicklungspsychologie. Ein Handbuch in Schlüsselbegriffen. München/Wien/Baltimore 1982, 242—313.
Olbrich, E.: Jugendalter-Zeit der Krise oder der produktiven Anpassung? In: Olbrich, E./Todt, E. (Hrsg.): Probleme des Jugendalters. Berlin 1984, 1—48.
Olk, Th.: Jugend und gesellschaftliche Differenzierung. Zur Entstrukturierung der Jugendphase. In: Heidt, H./Klafki, W. (Hrsg.): Arbeit-Bildung-Arbeitslosigkeit. Beiträge zum 9. Kongreß der Deutschen Gesellschaft für Erziehungswissenschaft. 19. Beiheft der Zeitschrift für Pädagogik (1985), 290—302.
Olk, Th.: Jugend und Gesellschaft. Entwurf für einen Perspektivwechsel in der sozialwissenschaftlichen Jugendforschung. In: Heitmeyer, W. (Hrsg.): Interdisziplinäre Jugendforschung. Weinheim/München 1986, 41—62.
Olk, Th.: Gesellschaftstheoretische Ansätze in der Jugendforschung. In: Krüger, H.-H.: Handbuch der Jugendforschung. Opladen 1988, 113—134.
Opaschowski, H. W.: Sport in der Freizeit. Hamburg 1987.
Palm, J.: Vom florierenden Handel mit Kraft und Schönheit. In: Olympische Jugend 34 (1989), Heft 2, 4—7.
Paris, R.: „Schön". Warum wir in der Sonne braten: oder die soziale Bedeutung der Sonnenbräune. In: Frankfurter Rundschau vom 8. Juli 1985.
Parsons, T.: Das Problem des Strukturwandels: eine theoretische Skizze. In: Zapf, W. (Hrsg.): Theorien des sozialen Wandels. Königstein 1979.
Peukert, D.: Alltagsleben und Generationserfahrungen in der Zwischenkriegszeit. In: Dowe, D. (Hrsg.): Jugendprotest und Generationenkonflikt in Europa im 20. Jahrhundert. Deutschland, England, Frankreich und Italien im Vergleich. Bonn 1986, 139—150.
Phillips, D. P.: Airplane accidents. Murder and the mass media: Torwards a theory of imagination and suggestion. In: Social Forces 58 (1980), 1001—1024.
Phillips, D.P.: The complementary virtues of qualitative and quantitative research-reply. In: Social Forces 60 (1981), 597—599.
Pilz, G. A. (Hrsg.): Sport und Verein. Reinbek 1986.
Postman, N.: Das Verschwinden der Kindheit. Frankfurt 1987.
Pöggeler, F.: Jugend und Zukunft. Salzburg 1984.
Projektgruppe Jugendbüro und Hauptschülerarbeit: Subkultur und Familie als Orientierungsmuster. München 1977.
Reichardt, C. S./Cook, Th. D.: Beyond qualitative versus quantitative methods. In: Cook, Th. D./Reichardt, C. S. (eds.): Qualitative and quantitative methods in evaluation research. Beverly Hills/London 1979.
Reulecke, J.: Jugend — Entdeckung oder Erfindung? Zum Jugendbegriff vom Ende des 19. Jahrhunderts bis heute. In: Deutscher Werkbund e.V./Württembergischer Kunstverein (Hrsg.): Schock und Schöpfung. Jugendästhetik im 20. Jahrhundert. Darmstadt/Neuwied 1986, 21—25.
Ridder, H.: Breitensport für Kinder und Jugendliche. In: Landessportbund NRW/Kultusministerium NRW (Hrsg.): Breitensportentwicklung. Duisburg/Düsseldorf 1986, 233—265.

Rittner, V.: Zur Soziologie körperbetonter sozialer Systeme. In: Neidhardt, F. (Hrsg.): Gruppensoziologie. Kölner Zeitschrift für Soziologie und Sozialpsychologie, Sonderband 25 (1983), 233—255.
Rittner, V.: Wenn der Körper zur Institution wird. In: Olympische Jugend 31 (1986), Heft 8, 10—14.
Rittner, V.: Soziale und psychische Aspekte von Gesundheitssicherung und Gesundheitserziehung. In: Allmer, H./Schulz, N. (Hrsg.): Gesundheitserziehung. Wege und Irrwege. Brennpunkte der Wissenschaft 1 (1987), 37—56.
Rittner, V.: Sport als ökonomisches Interessenobjekt. In: Digel, H. (Hrsg.): Sport im Verein und im Verband. Historische, politische und soziologische Aspekte. Schorndorf 1988, 158—187.
Rittner, V.: Körperbezug, Sport und Ästhetik. Zum Funktionswandel der Sportästhetik in komplexen Gesellschaften. In: Sportwissenschaft 19 (1989), 359—377.
Rittner, V./Mrazek, J.: Neues Glück aus dem Körper. In: Psychologie Heute 13 (1986), 54—63
Rosenmayr, L.: Jugend. in: König, R. (Hrsg.): Handbuch der empirischen Sozialforschung. Stuttgart 1969.
Rosenmayr, L.: Jugend als Faktor sozialen Wandels. In: Neidhardt, F. et al. (Hrsg.): Jugend im Spektrum der Wissenschaften. Beiträge zur Theorie des Jugendalters. München 1970, 203—228.
Rosenmayr, L. (Hrsg.): Die menschlichen Lebensalter. Kontinuität und Krisen. München 1978.
Rosenmayr, L.: Über Familie in den Strukturumbrüchen heute. Forschungen und Erwägungen in disziplinübergreifender Absicht. In: Archiv für Wissenschaft und Praxis der sozialen Arbeit 17 (1986), 48—81.
Rosenmayr, L.: Jugend als Spiegel der Gesellschaft? In: Janig, H./Hexel, P. C./Luger, K./Rathmayr, B. (Hrsg.): Schöner Vogel Jugend. Analysen zur Lebenssituation Jugendlicher. Linz 1989, 4—35.
Roth, L.: Die Erfindung des Jugendlichen. München 1983.
Sack, H.-G.: Die Fluktuation Jugendlicher in Sportvereinen, 2 Bände. Frankfurt/Main 1980 u. 1981.
Sack, H.-G.: Soziale Funktion des Sportvereins im Jugendalter, 2 Bände. Frankfurt/Main 1984 u. 1985.
Sack, H.-G.: Zur Bedeutung des Sports in der Jugendkultur. Eine Reanalyse der Studie Jugend '81. In: Pilz, G. A. (Hrsg.): Sport und Verein. Reinbek 1986, 114—131.
Sand, H./Benz, K. H.: Jugend und Freizeitverhalten. Stuttgart 1979.
Schulke, J.: Sportvereine sind zwar keine Apotheken, aber auf der Gesundheitswelle sollten sie schwimmen. In: Olympische Jugend 34 (1989), 4—7.
Schelsky, H.: Die skeptische Generation. Eine Soziologie der deutschen Jugend. Düsseldorf/Köln 1957.
Schimank, U.: Die Entwicklung des Sports zum gesellschaftlichen Teilsystem. In: Mayntz, R., u. a. (Hrsg): Zur Entwicklung gesellschaftlicher Teilsysteme. Frankfurt/Main-New York 1988, 181—232.
Schimank, U.: Größenwachstum oder soziale Schließung? Das Inklusionsdilemma des Breitensports. Unv. Manuskript. Bielefeld 1990.
Schlagenhauf, K.: Sportvereine in der Bundesrepublik Deutschland, Teil 1. Schorndorf 1977.
Siegert, M. T.: Adoleszenzkrise und Familienumwelt. Frankfurt/Main 1979.
Silbereisen, R. K.: Entwicklung als Handlung im Kontext. Entwicklungsprobleme und Problemverhalten. In: Zeitschrift für Sozialisationsforschung und Erziehungssoziologie 6 (1986), 29—46.
Sinus-Institut: Die verunsicherte Generation. Jugend und Wertewandel. Opladen 1983.
Sinus-Institut: Jugendforschung in der Bundesrepublik. Ein Bericht im Auftrag des Bundesministers für Jugend, Familie und Gesundheit. Opladen 1985.

Sinus-Institut: Jugend privat. Verwöhnt? Bindungslos? Hedonistisch? Opladen 1985.
SIMPSEN, R. G./EAVES C. E.: Do we need more qualitative research or more good research? A reaction to Stainback and Stainback. In: Exceptional Children 51 (1985), 325—329.
SMUDITIS, A.: Die Entdeckung der „Körperlichkeit". Bruchstücke aus der jüngeren Geschichte. In: JANIG, H./HEXEL, P. C./LUGER, K./RATHMAYR, B. (Hrsg.): Schöner Vogel Jugend. Analysen zur Lebenssituation Jugendlicher. Linz 1989, 337—369.
STAINBACK, S./STAINBACK, W.: Broadening the Research Perspektive in Special Education. In: Exceptional Children 50 (1984), 400—408.
STAINBACK, S./STAINBACK, W.: Quantitative und Qualitative Methodologies: competitive or complementary? A response to Simpson and Eaves. In: Exceptional Children 51 (1985), 330—334.
STEINWACHS, B.: Stilisieren ohne Stil? Bemerkungen zu „Design" und „Styling". In: GUMBRECHT, H. U./PFEIFFER, K. L. (Hrsg.): Stil. Geschichten und Funktionen eines kulturwissenschaftlichen Diskurselements. Frankfurt/Main 1986, 342—357.
STICHWEH, R.: Sport-Ausdifferenzierung, Funktion, Code. In: Sportwissenschaft 20 (1990), 337—389.
SÜSSMUTH, R.: Kind und Jugendlicher. In: SPECK, J/WEKLE, G. (Hrsg.): Handbuch pädagogischer Grundbegriffe. Bd. 1. München 1978, 599—636.
TAFERTSHOFER, A.: Der Spitzensportler als Idol. In: Sportwissenschaft 15 (1985), 301—319.
TENBRUCK, F. H.: Jugend und Gesellschaft. Soziologische Perspektiven. Freiburg 1965.
TENBRUCK, F. H.: Moderne Jugend als soziale Gruppe. In: FRIEDEBURG, L. VON (Hrsg.): Jugend in der modernen Gesellschaft. Köln 1976 (Orig. 1965), 87—98.
TENBRUCK, F. H.: Jugend. Gesellschaftliche Lagen oder gesellschaftliches Versagen? In: REMSCHMIDT, H. (Hrsg.): Jugend und Gesellschaft. Realitätsbewältigung, Krisen und Auswege. Stuttgart 1986, 29—44.
TENORTH, H.-E.: Geschichte der Erziehung. Einführung in die Grundzüge ihrer neuzeitlichen Entwicklung. Weinheim/München 1988.
TREUMAN, K.: Zum Verhältnis von qualitativer und quantitativer Forschung. Mit einem Ausblick auf neuere Jugendstudien. In: HEITMEYER, W. (Hrsg.): Interdisziplinäre Jugendforschung. Fragestellungen, Problemlagen, Neuorientierungen. Weinheim/München 1986, 193—214.
TROMMLER, F.: Mission ohne Ziel. Über den Kult der Jugend im modernen Deutschland. In: KOEBNER, TH./JANZ, R.-P./TROMMLER, F. (Hrsg.): „Mit uns zieht die neue Zeit". Der Mythos Jugend. Frankfurt/Main 1985, 14—49.
TIMM, W.: Sportvereine in der Bundesrepublik Deutschland. Teil II: Organisations-, Angebots- und Finanzstruktur. Schorndorf 1979.
VAN DEN BERG, J. H.: Metabletica. Über die Wandlungen des Menschen. Göttingen 1960.
VAN USSEL, J.: Sexualunterdrückung. Geschichte der Sexualfeindschaft. Gießen 1979.
VEBLEN, T.: Theorie der feinen Leute. Frankfurt 1987 (Original New York 1899).
VOLKAMER, M.: Sport in der Schule — Sport im Verein. In: Sportunterricht 36 (1987), 205—212.
VON TROTHA, T.: Zur Entstehung von Jugend. In: Kölner Zeitschrift für Soziologie und Sozialpsychologie 34 (1982), 254—277.
WEBB, E. et al.: Unobstrusive Measures. Nonreactive Research in the Sozial Sciences. Chicago 1966.
WILSON, T. P.: Qualitative „oder" quantitative Methoden in der Sozialforschung. In: Kölner Zeitschrift für Soziologie und Sozialpsychologie 34 (1982), 487—508.
WINKLER, J.: Das Ehrenamt. Soziologie ehrenamtlicher Tätigkeit dargestellt am Beispiel der Sportverbände. Schorndorf 1988.
WITZEL, A.: Verfahren der qualitativen Sozialforschung. Überblick und Alternativen. Frankfurt 1982.

ZAPF, W. u. a.: Individualisierung und Sicherheit. Untersuchungen zur Lebensqualität in der Bundesrepublik Deutschland. München 1987.
ZIEHE, TH: Vorwärts in die 50er Jahre? Lebensentwürfe im Spannungsfeld von Postmoderne und Neokonservatismus. In: BAACKE, D./HEITMEYER, W.: Neue Widersprüche. Jugendliche in den achtziger Jahren. Weinheim/München 1985, 199—216.
ZIEHE, TH: Jugendlichkeit und Körperbilder. In: Deutscher Werkbund e. V. und Württembergischer Kunstverein (Hrsg.): Schock und Schöpfung. Jugendästhetik im 20. Jahrhundert. Darmstadt-Neuwied 1986, 16—20.
ZIEHE, TH: Jugend heute. Unv. Manuskript. Bielefeld 1990.
ZINNECKER, J.: Jugendliche Subkulturen. In: Zeitschrift für Pädagogik 27 (1981), 421—440.
ZINNECKER, J.: Kindheit, Erziehung, Familie. In: Jugendwerk der Deutschen Shell (Hrsg.): Jugendliche und Erwachsene '85: Generationen im Vergleich, Band 3. Jugend der 50er Jahre — heute. Opladen 1985, 97—292.
ZINNECKER, J.: Jugend im Raum sozialer Klassen. Neue Überlegungen zu einer alten Frage. In: HEITMEYER, W.: (Hrsg.): Interdisziplinäre Jugendforschung. Weinheim/München 1986, 99—132.
ZINNECKER, J.: Jugendkultur 1940—1985. Opladen 1987.
ZINNECKER, J.: Die Versportung jugendlicher Körper. In: BRETTSCHNEIDER, W.-D./BAUR, J./BRÄUTIGAM, M. (Hrsg.): Sport im Alltag von Jugendlichen. Schorndorf 1989, 133—159.

Eine Auswahl aus unserem umfangreichen Angebot an Fachliteratur zur Sportwissenschaft

Aus unserem umfangreichen Angebot an Sport-Fachbüchern bieten wir Ihnen nachfolgend eine Auswahl von speziellen Büchern zur Sportwissenschaft:

Bielefelder Sportpädagogen:
Methoden im Sportunterricht
Format DIN A 5, 216 Seiten ISBN 3-7780-4961-5

Haag:
Einführung in das Studium der Sportwissenschaft
Format 17 x 24 cm, 352 Seiten ISBN 3-7780-7881-X

Haag/Hein:
Informationswege zur Theorie und Praxis des Sports
Format 17 x 24 cm, 456 Seiten ISBN 3-7780-7885-2

Haag/Strauß/Heinze:
Theorie- und Themenfelder der Sportwissenschaft
Format 17 x 24 cm, 352 Seiten ISBN 3-7780-7884-4

Kuhn:
Funktionelle Anatomie des menschlichen Bewegungsapparates
Format DIN A 5, 192 Seiten ISBN 3-7780-4732-9

Martin/Carl/Lehnertz:
Handbuch Trainingslehre
Format DIN A 5, 354 Seiten ISBN 3-7780-4001-4

Nöcker:
Die biologischen Grundlagen der Leistungssteigerung durch Training
Format DIN A 5, 188 Seiten ISBN 3-7780-4038-3

Nöcker:
Die Ernährung des Sportlers
Format DIN A 5, 118 Seiten ISBN 3-7780-3574-6

Rieckert:
Leistungsphysiologie
Format DIN A 5, 160 Seiten ISBN 3-7780-4931-3

Röthig (Red.) u. a.:
Sportwissenschaftliches Lexikon
Format DIN A 5, 460 Seiten ISBN 3-7780-4495-8

Verlag Karl Hofmann · D-7060 Schorndorf
Postfach 1360 · Telefon (0 71 81) 78 11 · Telefax (0 71 81) 78 14

Eine Auswahl aus unserem umfangreichen Angebot an Fachbüchern für Vereine und Verbände

Aus unserem umfangreichen Angebot an Sport-Fachbüchern bieten wir Ihnen nachfolgend eine Auswahl von speziellen Büchern für Vereine und Verbände:

Baur: **Nachwuchsarbeit in Sportorganisationen**
Format DIN A 5, 304 Seiten ISBN 3-7780-8731-2

Haag/Heinemann: **Berufsfeld Sport**
Format DIN A 5, 348 Seiten ISBN 3-7780-6201-8

Heinemann: **Betriebswirtschaftliche Grundlagen des Sportvereins**
Format DIN A 5, 280 Seiten ISBN 3-7780-6811-3

Heinemann/Schubert:
Ehrenamtlichkeit und Hauptamtlichkeit in Sportvereinen
Format DIN A 5, 248 Seiten ISBN 3-7780-8781-9

Mrazek/Rittner: **Übungsleiter und Trainer im Sportverein**
Format DIN A 5, 488 Seiten ISBN 3-7780-8751-7

Müller/Pilz: **Sei sportlich — sei fair**
Format DIN A 5, 152 Seiten ISBN 3-7780-3310-7

Schlagenhauf: **Sportvereine in der Bundesrepublik Deutschland, I**
Format 17 x 24 cm, 280 Seiten ISBN 3-7780-3971-7

Schraag/Jansen: **Geräte und Materialien in der Bewegungserziehung**
Format 15,2 x 22 cm, 152 Seiten ISBN 3-7780-3770-6

Timm: **Sportvereine in der Bundesrepublik Deutschland, II**
Format 17 x 24 cm, 304 Seiten ISBN 3-7780-3131-7

Winkler: **Das Ehrenamt**
Format DIN A 5, 249 Seiten ISBN 3-7780-8611-1

Winkler/Karhausen: **Verbände im Sport**
Format 17 x 24 cm, 192 Seiten ISBN 3-7780-7441-5

Verlag Karl Hofmann · D-7060 Schorndorf
Postfach 1360 · Telefon (0 71 81) 78 11 · Telefax (0 71 81) 78 14